中国农村社会学研究

（第二辑）

王晓毅 主编

中国社会科学出版社

图书在版编目(CIP)数据

中国农村社会学研究.第二辑/王晓毅主编.—北京：中国社会科学出版社，2016.5

ISBN 978-7-5161-8251-2

Ⅰ.①中… Ⅱ.①王… Ⅲ.①农村社会学—研究—中国 Ⅳ.①C912.82

中国版本图书馆 CIP 数据核字(2016)第 116777 号

出 版 人	赵剑英
责任编辑	姜阿平
责任校对	邓晓春
责任印制	张雪娇

出　　版	中国社会科学出版社
社　　址	北京鼓楼西大街甲 158 号
邮　　编	100720
网　　址	http://www.csspw.cn
发 行 部	010-84083685
门 市 部	010-84029450
经　　销	新华书店及其他书店
印　　刷	北京君升印刷有限公司
装　　订	廊坊市广阳区广增装订厂
版　　次	2016 年 5 月第 1 版
印　　次	2016 年 5 月第 1 次印刷
开　　本	710×1000　1/16
印　　张	21
插　　页	2
字　　数	353 千字
定　　价	78.00 元

凡购买中国社会科学出版社图书，如有质量问题请与本社营销中心联系调换
电话：010-84083683
版权所有　侵权必究

《中国农村社会学研究》（第二辑）编委会名单

主　编　王晓毅

编委会

陈阿江	董磊明	付少平	贺雪峰	胡　荣
李远行	林聚任	刘金龙	陆益龙	卢晖临
鲁可荣	罗兴佐	毛　丹	王晓毅	吴重庆
吴理财	姚兆余	叶敬中	张玉林	张士闪
熊万胜				

出版说明

《中国农村社会学研究》是中国农村社会学论坛的成果，主要收集论坛参加者，以及论坛参加者推荐的、已经公开发表的、且经过一段时间检验，证明在学术界有影响的研究论文。全书在35万字左右，原计划每两年编辑出版一本。在我们编辑这本书的时候，曾经希望发表原创成果，但是由于现在盛行的考核制度，在此发表原创成果意味着作者无法计算成果，所以只能从已发表的论文开始收录。当然我们希望经过我们的努力，以及一个重视成果质量而非发表期刊的评价体系的出现可以使《中国农村社会学研究》变成一本发表原创成果的农村社会学研究的阵地。

农村社会学论坛是由国内一些有共同兴趣的研究机构和大学组织的学术研讨机制，每年举办一次，至今已经举办5次，分别由安徽大学、中国社会科学院社会学研究所、山东大学、中山大学和华中科技大学举办。论坛包罗了国内许多从事农村社会学研究的专家学者。论坛的主要参加人员可参见《中国农村社会学研究》编委会。这个论坛不同于当下的学术会议，强调非正式的交流。

《中国农村社会学研究》第一辑由李远行教授主持编辑，并在2011年由苏州大学出版社出版发行。本书是第二辑，收集论文范围是从2010年—2015年，主要作者为论坛的参加者，并收入了少量论坛参加者推荐的年轻学者的论文。

从19世纪开始，中国农村就一直经历着剧烈的变迁，但是与目前中国农村的变迁相比较，那些都算不上激烈。目前的农村是会继续衰亡，并最终走向终结，还是浴火重生，真正能够走出一条新的发展之路，在很大程度上与目前的决策息息相关。本辑从农村社区与组织、市场、资源剥夺和社会问题等几方面，收录了相关的研究。关于农村社会与农村社会学的讨论，也有所涉及。

感谢中国社会科学出版社的姜阿平编辑，通过她辛勤的工作，这些格式不同的文章终于被汇聚在一起，成为一本论文集。

王晓毅
2015 年 5 月 20 日

目　录

农村社区与组织

从社区走向组织 …………………………………… 李远行（3）
农民如何认识集体土地产权 ………………………… 张　浩（20）
社会界面视角下农村成员权认定的实践逻辑 ……… 张明慧等（43）
社会流动背景下农村用水秩序的演变 ………… 陈阿江　吴金芳（60）

市场与农村社会

市场里的差序格局 ………………………………… 熊万胜（75）
独辟蹊径：自发型巢状市场与农村发展 …………… 叶敬忠等（100）
农村市场化、社会资本与农民家庭收入机制 ……… 王　晶（115）

社会变迁

"界外"：中国乡村"空心化"的反向运动 ………… 吴重庆（145）
反思的发展与少数民族地区反贫困 ………………… 王晓毅（160）
村庄合并与农村社区化发展研究 …………………… 林聚任（177）
小农的嬗变 ………………………………… 鲁可荣　金　菁（186）
后乡土中国的基本问题及其出路 …………………… 陆益龙（203）

学术视野

英语学术界的乡村转型研究 ………………… 毛 丹 王 萍（221）
论中国农村的区域差异 ……………………………… 贺雪峰（243）

农村社会问题

当代中国农村宗教发展及其解释 ………………………… 吴理财（279）
阶层分化、代际剥削与农村老年人自杀 ………… 杨 华 欧阳静（291）

农村社区与组织

从社区走向组织
——中国乡村秩序重构的结构基础[*]

李远行

  以社区（村落/聚落共同体）为载体研究中国农村是中国农村社会学研究的传统。早期有费孝通先生的《江村经济》、杨懋春先生的《山东台头——一个中国村庄》和林耀华先生半小说体的《金翼》等，近期有阎云翔的《礼物的流动》、庄孔韶的《银翅》、王铭铭的《闽台三村五论》、朱晓阳的《罪过与惩罚》等。此一传统的形成并非无源之水，也非西学东渐之为，而是生长于中国社会结构上真切的表达。虽然，是用国家共同体还是用村落共同体定性中国传统社会存在一定争议，但是南宋以降尤其是明清时期村落共同体的普遍存在却是不争的事实。社区研究传统的显著贡献是建立了中国乡村的类型学，为现代中国社会转型理论设置了一个参照系。

  对村落社区的研究形塑了中国农村社会学研究的基本路径——以社区为载体，其中虽有基于区域类型的研究，尤其是汉学家如弗里德曼对广东、福建的宗族共同体研究，施坚雅对中国西南的市场共同体研究，黄宗智对长江中下游农村经济史研究以及杜赞奇对华北村落共同体研究，但是，其基点仍落在村落社区。原因是村落社区是传统中国社会结构的基本要素。因此，社区类型学研究既不同于基于国家层面的宏观解释，也不同于基于个体层面的微观分析，而是基于社会基本结构要素的一种中观的解释框架。但是，这并非意味着社区类型学研究自身不加修正即可延续其解释的有效性。中国社会转型具有外生特点，其传统内生结构在外部冲击下虽不至于一触即溃，但发生明显的调适是在所难免的。由此引出下面的问

---

[*] 原文发表于《华中师范大学学报》2013年第3期。

题：村落社区还是中国乡村社会的结构性基础吗？乡村秩序是形成于结构性基础上的，如果社区解体在中国乡村是基本事实，其后果必然伴随着乡村失序与秩序重构，那么新的结构性基础是什么？

与社区研究传统比较而言，组织研究在中国农村社会学研究中相对薄弱。已有的研究多侧重于乡村组织的功能层面，如自治组织的治理功能、合作组织的经济功能、文化组织的教化功能、社会组织的保障功能等，很少从结构的层面着墨。① 组织是现代社会的细胞，现代社会就是建立在承认各类组织利益特殊性的正当性和彼此之间相互承认基础上的，多元化是现代社会本质特征。不同于"主体—客体"架构中"我们与他们"的关系，多元化是"主体间性"架构中"我们与你们"的关系，是双方（或多方）同时在场（presence）的互动样态。② 这种规范的组织是现代社会的基石。从结构层面研究组织有助于厘清社会转型的连续性与断裂性的辩证关系。

由于村落社区解体在当前的中国乡村趋于普遍化，当前的农村社会学研究有去结构化的趋势，表现为更多地观照农民个体行为。例如，有研究者将集体行动、依法抗争、合作、治理等行为作为关注焦点，并试图引入国家、市场等外部因素加强互动；或者直接从问题的角度引入社会建设（新农村建设），以期改造农村。如此虽展现了当下农村社会样态，却无助于将农村社会作为社会事实进行社会学分析，实际上也并未缓解宏观结构性与微观多样性之间的紧张关系，尤其是针对乡村失序难以得出合理的解释。在他们看来，乡村失序只是现代化过程的伴生现象，虽然不是"例外"，但也绝非结构性致因。

对秩序的讨论在西方社会学视野中是与道德的讨论紧密关联的。现代性、个体、理性、资本主义、市场经济、民主法治等概念，只有在道德的维度中加以定位才有其实际内涵。"上帝之死"（尼采）置传统道德于尴尬之境，随后，"人之死"（福柯）、"知识分子之死"（利奥塔）③ 更是将其逼入绝境。道德自赎锻造了现代社会，道德重建是西方现代社会的自我

---

① 弗里德曼在《中国东南的宗族组织》中虽然使用了"组织"一词，但其含义是在共同体即社区意义上界定的。其他如家庭、家族、村落、地方性社会等概念也是如此。
② 李远行：《论中国农村基层组织的性质与建构》，《中国农史》2005 年第 4 期。
③ 李远行：《渎神与悼亡——西方后现代主义思潮探析》，《安徽大学学报》1999 年第 2 期。

救赎，所以现代性与后现代性、个体与团结、理性与共识、资本主义与社会主义、市场与国家、民主与商谈、法治与伦理始终处于一种力场中——均衡再造秩序。

而在中国的语境中，秩序是与国家政权建设过程相联结的。国家改造是中国社会转型区别于西方社会转型的最重要特点。从传统秩序（社区）—失序（社区解体）—国家秩序（国家政权建设）—失序（后国家政权建设）—秩序重构（组织）的秩序变迁路径来看，国家政权建设是节点。因此，我们无法沿用西方社会学的传统—现代二元分析模式，也无法套用古代—近代—现代—当代的历史学分期模式，而采用新中国成立前—新中国成立后，或改革开放前—改革开放后的革命史模式也会割裂国家政权建设过程。本文采取前国家政权建设时期（对应于传统社会）、国家政权建设时期和后国家政权建设时期（改革开放以来）的历史分期模式，同时结合上述三种分析或分期模式，将其运用于对中国社会秩序变迁梳理，以探寻中国乡村秩序重构的结构性基础。

一　社区与传统社会秩序

（一）传统秩序的社区载体

社区是社会学中最具歧义的概念之一。将 Community 译为"社区"是中国早期社会学者最具创意的贡献之一，也是源自西方的社会学在中国本土化的经典范例。社区由"社"和"区"构成。"社"从汉语词源学上看，从示从土，指"后土"或"后土之神"。社，地主也。《春秋传》中说：共工之子位社神。社是祭祀之地，同时也是公众聚会的场所。社至春秋战国之际则演变成地方基层组织：二五家为社，各树其土所宜之木（《周礼》），大意是说二十五家即置一社。这样，社遂具有了地方基层组织的性质。至西汉时，中央、郡、县、乡、里各级行政机构都普遍立社。乡以上的社由政府设置，官府致祭；里社则由居民自己组织祭祀，自愿参加。因此，自汉代起，社开始出现了自愿化、民间化的趋向。

"区"则兼具名词的"地域"、动词的"区别"以及形容词的"小型"之意。社、区合一，意味着我们可以结合地理要素（区域）、政治要素（依附与保护）、经济要素（经济生活）、社会要素（社会交往）以及社会文化心理要素（共同纽带中的认同意识和相同价值观念）来把握社区这一概念，社区可由此被视为生活在相对封闭的地理空间内、具有一定内生规范并相互依存的人群的基本结构单元，因而特别适用于指称中国传统村落。

社区的基层组织性质和私人性、自愿性的禀赋形塑了后来村落社区的基本形态。中国传统村落社区的形成是一个漫长的历史过程，从远古时期的部落制到中古时期的分封制，再到近古时期的部族门阀制，直至南宋时期才形成村落社区的雏形，而于明清时期臻于成熟。传统村落社区的形成是中国历史上两个比较长命的王朝——明朝和清朝政治社会相对稳定的基石。

从国家形态变迁来看，中国是一个国家形态早熟的文明类型，秦朝即已形成专制国家体制的雏形。所谓"车同轨、书同文、行同伦"即为其真实写照。之所以秦朝的专制体制难以维系，则与农业文明形态无力支撑专制统治成本有关。从某种意义上讲，专制是对封建制的终结。秦朝废分封诸侯之制，设36郡，郡设守、尉、监三种官职，郡下设县，实行中央集权统治。因为缺乏直至近代才出现的工商业税费的支撑，对农民的横征暴敛就成了维持集权统治的必然选择，所以秦以后的国家形态是专制与封建制的混合体，秦朝也因此成为历史上第一个短命的中央集权国家。

众所周知，社会稳定是建立在秩序基础上的，而秩序的形成并非单靠国家暴力或道德律令。离开了培育律法、道德、制度等规范的有效载体，不仅使维持硬性暴力的成本难以承受，软性的道德也会因缺乏教化母体成为无源之水。村落社区的成熟使之前的半专制半封建制的国家统治结构定格为由"大共同体"（国家）与"小共同体"（村落社区）构成的双中心结构。一方面是中央权力高度集中，另一方面是地方村落社区相对自治。朝廷与地方是一种互构与博弈的关系，其表现为连续性与断裂性的统一。连续性是指官僚系统与村落社区通过权力仪式象征系统相互印证彼此的合法性，从而获得家国一体的基本认同，形成基本秩序；断裂性是指官僚系统与村落社区由于利益差异造成博弈关系的解体，从而导致失序，被迫进行周期性重组（"改朝换代"）。[①] 所谓"马铃薯"（无差异的个体农户）结构是直到近代开端才逐渐形成的。西方在中国的殖民活动一方面造成了

---

① 李远行：《历史变局与农民合作之困》，《人民论坛》2011年第14期。

农产品商品化水平的急剧提高,从而改变了传统农业生产方式,农村不再是自给自足的社区经济,农户直接面对市场,对社区的依赖性减弱,导致地方共同体的解体;另一方面,西方文化侵入也破坏了传统官僚系统与社区在认同上的连续性,引发帝国统治的合法性危机,导致中国成为一盘散沙。

(二) 家—国连续统的社区中介

关于传统中国社会结构,代表性的观点是家国同构说。李安宅在《〈仪礼〉与〈礼记〉之社会学的研究》一书中指出:"总括来说,中国社会只有两种正式而确定的组织,那就是国与家——即国也不过是家的扩大,家的主是父,国的主是君。忠孝是人的大节,大节有亏,其他都是不值一提的。"[①] 家国勾连是靠"忠孝"。冯友兰的《说家国》一文,从社会形态的视角区分了"生产家庭化底文化"与"生产社会化底文化",认为传统中国特别重视家庭伦理关系,是适应小农经济生产的需要。冯友兰指出:"旧日所谓国者,实则还是家。皇帝之皇家,即是国,国即是皇帝之皇家,所谓家天下者是也。"[②] 即家国和国家是同义词。"文化"是勾连家—国的纽带而非生产方式。梁漱溟认为,传统中国的国家观念淡漠,"家"或"家族"构成了社会结构基础,在"天下"观的观照下构成了家国同构或家国合一的社会结构特征。[③] 可见,梁漱溟虽然淡化中国传统社会中的国家色彩,却用"天下"代替了"国家"位置,"道德"充当了"家"与"天下"之间的黏合剂。岳庆平在《中国的家与国》一书中,首次运用类型学方法抽象出"家庭"和"国家"两个理想型:"之所以将家庭与国家并列为中国传统社会的两极模式,一方面是中国传统社会的基本细胞,是最小的一极;而国家与天下、民族、社会等概念的结合使中国传统国家几乎成为中国传统社会的同义词,是最大的一极。另一方面是因为家庭与国家尽管范围狭广差别很多,但在中国传统社会中却有着一种不同寻常的特殊关系。"[④] 岳庆平认为,这种"不同寻常的关系"即伦

---

① 李安宅:《〈仪礼〉与〈礼记〉之社会学的研究》,上海人民出版社2005年版,第55页。
② 冯友兰:《新事论》,商务印书馆1940年版,第68页。
③ 参见梁漱溟《中国文化要义》,学林出版社1987年版,第26页。
④ 岳庆平:《中国的家与国》,吉林文史出版社1990年版,第3页。

理秩序。

  总的来看，上述学者虽着眼角度不同，但都持"家""国"同构的基本论断①。该论断主要从伦理的视角观照传统中国社会结构，其内在预设是家国之间经由"忠孝""文化""道德"与"秩序"相通包容形成伦理联结，因此强调形成社会秩序的道德维度，而疏于从行动的维度审视秩序的基础。

  与其判定中国传统社会结构是家国同构，不如说是一个家—国连续统。连续统是类型学概念，家和国是连续统的两个极点。两个极点之间有家庭、家族、宗族、社区（村落社区和市场社区）和更大的区域性社会等节点。从严格意义上来说，家就是指家庭。家庭是最基本的社会行动单位，但并非一个自足体②：一方面，无论是家庭内部成员的意识行动还是生产生活都受家庭外部更大的行动单位约束，家国同构说所强调的伦理规范也非单个家庭所能发生；另一方面，国家一般情况下也不会与家庭直接互动。家国连续统必须由某个相对自足和自主的行动单位为中介方能维持关系。村落社区就是这样一个中介。

  村落社区类型大致可归纳为自然村落、宗族村落、市场聚落。自然村落一般由两个以上的血缘共同体构成，家庭、家族之间关系相对松散，但是一般都有一个权力中心（或绅士，或豪强），其一方面维持村落公共事务与内部秩序，另一方面也是连接村落外官僚体系的媒介。典型案例是费孝通先生在《江村经济》中描述的江南村落开弦弓村。宗族村落是同一血缘的共同体，权力中心是由宗族族长、长老等构成的，区别于自然村落，宗族村落有着完整的规制，如族法、乡约等。此类村落的典型案例是弗里德曼描述的中国东南的宗族社区。市场聚落不太注重血缘关系，而是数个村落围绕基层集市形成的超级社区，其典型案例是施坚雅描述的中国西南地区的村落格局③。村落社区类型虽然呈现出异质性，但各类型的共

---

 ① 沈毅：《""家""国"关联的历史社会学分析》，《社会学研究》2008年第6期。
 ② 经济史学界一般流行传统中国的经济形态是小农经济的观点，即"自给自足的自然经济"，认定"小农"就是农户（家庭）。该观点是建立在将家庭看作一个自足体的假设前提上的。由该观点引起的公、私观念及制度争议因缺乏对假设前提的反思往往流于意识形态泥淖。例如，对联产承包责任制的基本经济制度设计持正、反两种态度的人都认为农户是自足体，只不过赞成者强调私有的合法性，而反对者强调公有的合理性。
 ③ 需要注意的是，传统中国村落并非限于上述三种类型，其具体形态往往是三者的变体或混合体，杜赞奇、黄宗智等人描述的华北平原和长江中下游地区村落即是这种混合体的范例。

性是村落社区边界相对清晰、空间相对封闭和拥有较高的自主性和自足性。

村落社区的自主性和自足性取决于村落社区外国家统制与村落社区内部协作功能。就自主性而言，中国传统国家大一统的政治体制和农业经济模式难以支撑国家对臣民实行总体性控制的成本，分散的农户（家庭）若不能得到有效地整合会使帝国统治失去稳定基础。因此，一个拥有一定自主性同时又不会游离于官僚体系控制之外的村庄聚落是既有助于降低成本又有助于统治臣民的载体。村落社区运用媒介——或代理人，或权力文化网络，或集市——与国家勾连，形成社会秩序。就自足性而言，其主要反映在以下几个方面，如村落社区家庭生产和交换，村落社区成员的集体意识，社区内部的协同生活，社区的公共设施，乡规民约和村落社区管理以及社区文化信仰等几个方面。村落社区内部的协同生活，除了反映出一定的秩序外，还表现为不断地调节因各种不同类型的冲突而引发的诸多紧张关系。明清以来的中国村落社区异质性很强，社会关系比较复杂。这种关系，既包括垂直的等级关系，又包括平行的相互关系。除了管理系统与社区的关系外，乡族关系也是村落社区间一种重要的社会关系。各个村落社区间既有协作，又表现出鲜明的张力。[①] 不少诉讼纠纷，都发生在毗邻的村落社区之间，但大多数情况下终究没能脱序。

二　组织与现代社会秩序

（一）现代社会秩序的组织载体

组织是现代社会最突出的特征。组织的存在和影响几乎嵌入了当代社会生活的所有层面。尽管在中国、希腊和印度的古代文明中就已经有组织存在，但是，组织作为承担几乎所有社会运转功能的形式直到在现代社会中才集中出现。从古代的军队、官僚和税收体系，到当今的发明与发现（研发机构）、教育（学校）、监控（精神病医院和监狱）、商品产销（企业和批、零售商）、各种服务（家政、酒店、代理、咨询、NGO）、人身及财产安全（警察局、保险公司、银行及信托公司）、文化保护（博物馆、画廊、图书馆）、通信（广播电台、邮局、电信网络公司）、娱乐休闲（保龄

---

① 参见李远行《中国农村社会学研究》，苏州大学出版社2011年版。

球馆、游泳馆、国家公园、职业足球队）等领域，组织无处不在，类型无所不包。① 总之，"仅仅通过自然人之间的关系已经不能精确描述现代的社会结构，对现代社会的理解必须扩展到自然人与集体行动者之间的关系，以及两个或多个集体行动者之间的关系"②。即我们必须"认识到，几个世纪以来社会的变化发生在组成社会的这些基本结构要素的改变上"③。

一般意义上讲，组织是一种拥有相对具体目标追求的、高度正式化的集体。目标具体化是指组织参与者的活动和他们之间的协调都是为了达到特定的目标，即是"有目的的"。组织目标的具体化要达到能够明确表述、清晰界定，从而能为不同的行动选择提供明确的准则。高度正式化是指参与者之间的协作是有意识的和经过协商的，即组织结构的正式化，从而使角色之间关系的规定不因具体占据这些位置的人的不同而不同。正是这种具体化目标和正式化结构的结合，将组织与其他类型的社会集体——如初级群体、家庭、社区以及社会运动等区别开来。家庭和血缘结合体虽然正式化程度高但目标具体化程度低；社会运动则是正式化程度低与目标具体化高的结合；而社区的结构正式化和目标具体化程度都较低。④

现代组织的井喷是社会结构转型过程中最重要的事件之一。组织是一个复杂的社会过程的结合，其中有的过程延续传统的行为模式，有的则挑战、颠覆、抵触或改造既有的常规。个人行动者既受制于现存结构，也诠释和修改它。当组织成为社会结构的基本要素时，了解组织如何运转会极大地有助于我们解释参与者的行为和经历。可以说，现代历史发生在组织中，通过组织而演进，并重塑社会秩序的基础。

（二）现代社会的组织中介

个体化是现代社会区别于传统社会最重要的特点。现代国家建构和市场力量侵蚀了传统共同体，导致传统共同体的衰落，在此基础上，产生了

---

① 参见 W. 理查德·斯科特、吉拉尔德·F. 戴维斯《组织理论——理性、自然与开放系统的视角》，高俊山译，中国人民大学出版社 2011 年版，第 38 页。
② 同上书，第 26 页。
③ James S. Colman, *Power and the Structure of Sociology*, New York: W. W. Norton, 1974.
④ Eugene Litwak, and Henry J. Meyer, "A Balance Theory of Coordination between Bureaucratic Organization and Community Primary Groups", *Administrative Science Quarterly*, Vol. 11, 1996, pp. 3 – 58.

一个崭新的社会。在传统社会中，秩序和行动逻辑的标志在于鲜明的社区边界和区分，即在个人、群体、活动、行动领域和生活形态方面有鲜明的边界和区分，这就使得统治权、成员资格和责任有了明确的规定。而个体化则使这种明确逻辑正渐渐被一种模糊逻辑，或者说不确定性原则所取代。可以说，个体化动摇了传统社会的核心原则，因而也蚕食了传统社会的秩序基础。具体表现有下述几个方面：

第一，作为生活世界的社区的瓦解使个体成为社会行动的主体。在中国传统社会中，只见群体，不见个体，[①] 个人或家庭相对缺乏自主性，生产活动和生活伦理受制于社区共同体，个体与群体之间是一种依附关系。而在现代社会中，个体挣脱了社区的联系，甚至作为社会结构最坚固堡垒的家庭也处于摇摇欲坠之中。社区不再是个人的生活世界，甚至也不再是个人生活意义的掩体。摆脱了依附关系的个体只能独自面对社会，同时社会因直接面对个体渐趋失序。

第二，由社区认同向社会认同的转化使个体获得社会成员身份。社区认同是社区成员基于共同体长期的生活经验形成的，社区边界的明确化和社区类型的异质性使得社区成员首先必须忠诚于所属社区，其次才是通过社区中介与传统国家勾连。现代社会中，个体与社区的联系减弱甚至完全析出社区，只有在社会中通过社会认同获得成员身份。因此，个体忠诚的对象是正式的制度规则，并以制度规则作为确立个体位置和行动的指南。而社会的陌生性、疏离感，尤其是国家的抽离化使个体失去亲身经验的庇护，陷入不确定性，个体行动风险因此陡增。

第三，社区文化母体的离场使道德陷入失范状态。在传统社会中，社区不仅是一个生产生活的时空整体，更是一个文化母体。从文化发生学意义上讲，个体（无论是家庭还是个人）是无法产生文化的，文化从来都是建基于群体生活之上的。社区成员频繁而持续的互动形成文化习俗，为社区成员提供了基本的道德价值规范和生活意义。尽管社区文化也受到社区外其他社区和国家伦理的影响，但是，家国连续统维系了社区文化的草根意义，使社区文化与国家伦理相互

---

① 所谓"差序格局"只能用来描述传统中国社会的公私观念，不能用来区分中西方社会行动的逻辑——团体主义还是个人主义。恰恰相反，中国人更像是团体主义者，个人从来都不是中国社会中自主的行动者。

支持形成统一性关系，这是传统社会秩序的基础。在现代社会中，个体一方面挣脱了社区的束缚，获得了充足的自主性；另一方面，也割断了自身与社区文化母体的脐带，只好在歧异纷呈且转瞬即逝的流行模范中碰运气。

于是，在社区作为社会秩序中介离场之后，组织填补了空缺。

首先，组织成为社会结构的基本要素是社会结构转型过程中的一场革命。组织数量的激增和对社会生活的全面渗透，使从前基于血缘和地域纽带的共同体形式，转变为基于目标和利益的共同追求的、个人之间的契约安排的"合伙"形式。个人得以摆脱共同体的强制性获得充分的自由选择权，并根据自身的需要依托组织实现利益诉求。因此，社会秩序的建构更多地表现在对组织之间利益博弈的整合上，而非对组织的依附关系上。

其次，组织参与绝大部分社会过程从而构成社会系统的基础。社会化、等级化、行为规则的制定，权力的运作以及目标的设定与实现等诸如此类的基本社会过程，一般都发生在组织之内。组织正在"吸收"社会，将原本由社区和社会承担的功能内化为自己的职能。[1] 社会系统是一个可以自我调节的系统，其良性运转依赖各子系统（组织）之间通过博弈（合作与竞争）形成的秩序。

最后，组织使集体行动成为可能。失去社区依附的个体（农户或农民个人）同时也失去了社区守护。个体行动的自由选择因受国家与市场力量的限制而呈现出明显的脆弱性，其政治、经济、社会、文化等诸多利益诉求只有借由组织媒介才能实现。

三 从社区走向组织

（一）社会转型的结构基础

首先，组织构成社会结构的基本要素。关键不在于社会存在与否和具体形态怎样，而是其如何运转。社会运转的前提是社会秩序，而社会结构是奠定社会秩序的基础。因此，在新的且有效的社会结构要素出现之前，现代社会秩序是不可能的，社会也是不可能的。现代社会的形成过程就是

---

[1] Charles Perrow, "A Society of Organizations", *Theory and Society*, Vol. 20, 1991.

组织这种社会结构要素的建构过程。① 组织弥补了社会转型过程中随个体化而生的秩序空场。社会学关于社会秩序基础的看法有两种：一种强调社会共识，另一种强调社会冲突。前一种观点认为，社会集体由拥有大体共同目标的个人组成，社会秩序是社会成员之间具有深层共识的反映，而组织稳定性和持续性恰好反映了集体行为与共同规范和价值的存在；社会冲突论则认为，社会秩序是一些利益集团压迫另外一些利益集团的结果，秩序来自组织的利益分化而非共识，因此，社会秩序存在不稳定性从而处于变革中。两种观点虽然相互对立，但是，组织而非个体在二者之中都是构成社会秩序的基石。

其次，组织代替社区成为集体行动者为个体实现自身利益提供了有效的渠道。个体无法直面国家，也无法直面市场。在中国传统社区生活中，社区成员的协作是生存的必要条件，这种协作是全方位的，反映了社区功能的多样性，如经济方面的生产协作、文化方面的规则和仪式以及村落共同体的权力运作与整合等，同时也有通过协作与外部的国家、市场以及相邻村落共同体等发生联系等。虽然村落社区的强制性限制了个体行动的自由度并将其利益诉求绑缚于村落集体，但是社区成员的基本利益诉求在一定程度上是受到保障的。随着村落社区的崩解，个体不再面临强制性约束，但挣脱依附的个体同时也失去了保障。因此，组织起来是一个必然的选择。组织凭借其高度正式化和目标具体化的优势通过整合组织成员的利益诉求使集体行动成为可能，并以此应对国家与市场力量。

最后，组织使社会结构获得延续性。社会结构由规则或模式（行动模式）和资源（包括环境和人）构成。无论是规则还是行动模式都不可能在个体的原子化状态下发生，而唯有在组织中获得意义和价值。组织搭起了社会结构与个体行动之间的桥梁。社会结构为组织化状态下的个体行动提供意义；组织化状态下的个体行动再生或改变现有的社会结构。社会结构的延续性取决于个体在组织中的行动所再生的新规则和新模式的程

---

① 所谓"社会转型"理论，重点不在于描述社会形态、价值观念和行为规范的转型，而是要厘清社会结构要素转换。从本质上讲，社会转型就是社会结构转型。人们一般习惯于从阶级或阶层分化角度去理解社会结构转型，造成结构概念过于宽泛，实际上难以操作。尤其是割裂了结构与行动之间的联系，导致结构固化，使作为行动载体的社区或组织游离于结构之外。

度，而非原子化状态下的个体行动的随意性。① 社会转型是连续性和断裂性的统一，个体的能动性只有借助组织中介才能反作用于社会结构，最终引发社会变迁，并沿着一定的轨迹前行。否则，转型只能是漫无边际的游荡。

（二）社区解体与失序

村落社区是传统中国社会的基本结构要素，其作为家—国连续统的中介，形塑了中华文明的基本形态——小农经济、伦理秩序和小康理想。从村落社区成熟时起，中国人一直生活在共同体的庇护中，即使是周期性的改朝换代，也没能撼动社区基础。

市场敲醒了梦中人。随着鸦片一起涌入天朝帝国的不只是商品，还有文化和社会制度。文化冲突和制度比较将中华文明带入百年血火困顿之中，中国从此走上社会转型之不归路，村落社区也因此而崩解。

首先，鸦片战争之后，西方列强通过与清王朝缔结不平等条约，强迫中国开放通商口岸，为其自身进一步拓宽商品市场。随着商品化程度的提高，小农经济难以维系。生产商品化，改变了传统农业生产方式，破坏了社区经济的自给自足性，农户直接面对市场，对社区的依赖性减弱，这些都使村落社区因经济基础受到侵蚀走向解体。

其次，国家政权建设是现代国家建构的核心内容，对于中国这样一个成熟的传统社会结构发生崩解后更是首要任务。近代以来，中国国家的重塑是以国家政权建设为主导的。无论是民国时期还是中华人民共和国时期，国家都试图通过将国家政权的末梢伸入社会底层，以求政制的统一性，从而获得国家动员能力。但是，这个任务是在中国共产党的领导下完成的。随着人民公社制度的确立，国家在政权建设上达到最高峰，并最终确立了威权政治体制——既不是传统社会结构的双中心，也不是近代时期的无中心，而是唯一中心的全能结构，农民以集体化的形式嵌入到这一全能结构中，成为国家共同体的一员。② 国家政权建设使人们从对村落社区的依附转化为对国家的忠诚，这造成社区边界的退隐。

---

① 吉登斯的结构—行动二重性理论虽然有助于解释社会结构的断裂性与连续性的统一，也为理解个体能动性提供了发挥空间，但是，由于缺乏组织中介，直接将社会结构与个体行动相连接，导致将社会唯名化的结果。

② 李远行：《对后税费改革时期乡村治理的沉思》，《小城镇建设》2006年第4期。

最后，改革开放后，随着经济市场化，国家与农民关系也发生了重大的变化。

改革开放前30年，我国实行的基本上是计划经济模式，国家垄断市场，或者说根本就没有市场。人民公社时期，从最初的"大公社"到后来定型的"三级所有，队为基础"设置，村落社区一直处于国家的全面监控下。但是，国家通过将农民利益嵌入到国家（集体）利益中实行合并打包的方式，建立了农民利益与国家利益的依附与保护关系。改革开放后，"大包干"体制虽然对于发挥农民生产积极性有所促进，但其主观能动性的"红利"很快就被市场化改革所吞噬。

联产承包责任制应对的是计划经济体制，是非市场条件下的增量改革，所谓"交够国家的，留够集体的，剩下都是自己的"即是其通俗的表达，所以能起到立竿见影的效果。而随后的市场化不仅凭着资本高度组织化的强势抵消了农户经济的"优越性"，使农民与市场的博弈陷入不对称状态，而且打破了原先农民与国家的依附与保护关系。同时，市场化出于资本的逻辑，竭力消解社区，以谋求廉价劳动力和全国性商品市场，造成村落社区的解体。

村落社区崩解的直接后果是失序。一方面，失去社区庇护的农民成了真正的"马铃薯"，挣扎在商品的汪洋大海中，没有依靠；另一方面，国家虽然撤去了将农民装起来的权力袋子，却没有给他们自由和秩序，使他们事实上成了一盘散沙。

（三）组织化与乡村秩序重构

实际上，从社区解体的一开始，人们就开始了对秩序重构的探索。最初的反应是危机意识。清末，村落社区已开始逐步解体，帝国统治的基础受到严重侵蚀。以引进西方技术为主旨的洋务运动不仅没能缓解统治危机，反而由于随技术引进同时带来的商品化水平提高以及西方价值观念与本土发生冲突，使危机进一步加重。

民国时期，中国只有名义上的统一，实际上处于军阀割据状态，加上后来日本侵占东北，内忧外患，当时的民国政府举步维艰。乡村破败，流民滥觞，不仅使政府税基（当时中国实际上还是农业国家）无从着落，而且导致无论是法律还是政令都无法施行，民国政府一直处于风雨飘摇之中。在此背景下发生的乡村建设运动正是对危机的应对。

以晏阳初、梁漱溟等为代表的一批知识分子发起的乡村建设运动旨在"改造乡村，改造中国"，以实现"民族再造"或"民族自救"。在"改造"的旗帜下，他们从兴办教育、改良农业技术、培养合作惯习、组织社区自治和自卫、建立农村公共卫生保障制度、移风易俗等着手，做了大量的尝试。其中梁漱溟的观点和方法更引人注目。他在《乡村建设理论》一书中指出，对中国社会的改造，只有在批判性继承传统文化的基础上，借助于西方的"团体组织"和"科学技术"两大工具，并且从农村着手才能取得成功。[①] 然而，由国民政府主导的乡村建设运动由于日本侵华战争被迫中断，无疾而终。

中国共产党的土地革命运动纲领就是"组织起来"。从政党、军队到民兵、农会、妇女会、儿童团等，将农民无一遗漏地纳入中国共产党领导下的各种政治组织，这也是共产党最终取得国家政权的根本保障。新中国成立后，上述政治组织仍然作为社会主义建设的基本力量发挥作用，最终在人民公社化中实现国家政权建设之未竟事业——由社区秩序到国家秩序的转换。

综上，传统中国农村的秩序主要由社区提供结构基础；新中国成立后则依靠强大的国家政权对乡村的强力渗透实现秩序重构；实行联产承包责任制后发生的农户原子化是村落社区资源遭清洗和国家权力后撤双重合力的结果。农户原子化不仅带来乡村失序，也导致了国家治理成本急剧抬升，农户更因为缺乏集体行动载体无法对接政府与市场，乡村发展因此迟滞。故而，组织建构是乡村复兴的基本手段，也是重构乡村秩序的首要任务。

首先，从政治层面看，关注点应放在村民自治制度上。如何看待国家政权建设与乡村草根自治的关系关乎乡村组织建构的可能性。村民自治制度源于人民公社制度解体后村民为应对村庄公共事务缺位，于体制外自发产生的自组织形式，这种制度的建构是对国家政权后撤导致乡村失序以及集体行动匮乏后果的自救行为。起初作为自发的民间组织，村民自治制度以传统村落社区（一般都是自然村）为单位。后来国家将其体制化，其才有行政区划的色彩。村民自治制度最初虽然以为国家政权后撤止血为出发点，但对于推动乡村组织化以及村民参与意识的培养、集体行动能力的

---

① 参见梁漱溟《乡村建设理论》，上海人民出版社2006年版，第16页。

提升、选举知识的普及以及社会认同，也具有很大意义。两者之间并非对立的，它们可以相互促进，从而形成一种良性互动关系：体制化影响了农民自组织的质量，但也降低了农民的组织成本。从乡村发展的角度来看，在既非社区又非行政区划的"行政村"，建立一个既要求自治又要求承担国家统治功能的组织，只是权宜之计。因此，当前乡村组织建构可以分别在两个层面上着手：在行政村，强化其国家治理主体的功能，以应对国家政权后撤导致的秩序空场；在自然村，因为自然村大多曾是传统社区，可以充分吸纳社区共同体的传统资源（如家族、宗族议事会、理事会等非正式组织），可因此强化自然村村民治理主体的自治功能。

其次，从经济层面看，关注点应放在农村合作组织上。如何在农民与国家、农民与市场对接的过程中寻得一种合适替代的组织方式将直接关系到农村未来的发展。

当前的农民合作组织建设把重点放在了农民专业经济合作社建设上，例如建立农民经济股份合作公司或其他类型经济合作组织等。这种合作组织形式的理想是建立一种明晰产权前提下的、体现契约精神的、非人格化的、规范化的市场交易活动和现代企业行为。然而，这种功能单一的经济组织形式在实际运作中效率很低，原因不仅是当下中国市场经济仍处于探索之中，尚存诸多不规范之处，更重要的是，因为这种经济组织形式将合作内容限定于经济领域，从而排除了政治、生活、文化等领域的合作，导致合作组织功能单一、成本畸高，使专业经济合作社建设成为不可能的任务。我们可参照传统社区协作模式，给当下合作组织建设提供有益的借鉴。传统社区协作是多功能、全方位的，经济协作只是其中一个向度，而其他如文化、政治、生活等也是协作的重要领域。同时，因为有社区作为依托，其中任何一个层面的协作都会为其他协作提供社区资源和意义支持，使协作过程得以持续进行。虽然合作不同于协作（合作对应现代市场，协作对应传统社区），但同样都是集体行动。乡村建设运动时期，梁漱溟先生主张兴办"村学"，即一种政教合一的农村社会组织形式，其意图就是借助合作的手段来解决中国乡村社会转型期失序的状况，进而为乡村复兴提供治理基础。韩国的"新村培养运动"则以村落社区（组织型社区）建设为抓手，培育农民的合作意识和集体行动能力，收效显著。即使是一定要将农民合作组织与其他社区组织区隔开来，多功能性仍然是合作组织发挥效用的条件：我国台湾的农会、日本的农协等合作组织，虽然从纵向上超越了社区，但是，其桩脚还是在社区。农会或农协也不仅发挥经济合作功能，其在政治、文化、社会生活等层面的合作也使经济合作成为可能，这不仅使农民在市场社会中利益最大化，而且建构了乡村秩序重构最重要的结构性基础——组织型社区。

最后，从社会、文化层面看，关注点应放在美好乡村建设上。美好乡村建设的目标是使乡村成为宜居之所，即和谐乡村。从价值评价角度可以区分出两类村庄：栖身型村庄与栖居型村庄。栖身型村庄主要是出于生计而选择的栖身之所，村民之间相互隔膜，少有交往，冲突频仍，社区认同淡漠，实际上是一个被破坏了的共同体。反之，栖居型村庄不仅着眼于生计之需，更重要的，它是寄托生命意义的精神家园。在栖居型村庄里，道德自律，村规民约可行，风俗习惯良善，从而保证村民合作能在比较理性的层面持久展开，邻里关系融洽，人际交往紧密，社会关系网络得到延展。因此，只有当乡村中的各种组织资源得以盘活，乡村公共事务和文化活动的开展得到相应的组织支撑，村庄中人们的公益心和文化需要才能有效满足，村庄才能富有意义感。

结语：共同体迷思与社区重建

作为传统"村落/聚落"的社区已淡出当今视野，今天我们谈及社区这个概念时一般不是在共同体意义上使用，而是社会组织意义上的。但是，社会结构发生从社区向组织的转型并不意味着社区共同体与当代社会彻底疏离。从社区走向组织是连续性与断裂性的统一。组织应对现代社会变迁自有其优势，但缺陷也是明显的，例如组织有利于个体实现利益诉求，却无法解决个体意义归属问题；组织可以形成秩序，但无法拯救道德。反之，社区作为人类生活最古老的共同体形式，具有天然首属群体的意义归属功能和道德教化功能。即使是全球化的当今社会，时空融合并没有彻底消除充满地方性色彩的社区形式，社区反而因其自组织功能成为现代组织社会的必要补充，并且因其可以弥补国家行政干预范围过窄造成的管理真空，发挥着社会稳定器的功能。在发达国家，社区复兴运动本身就是在20世纪初组织社会已趋成熟的背景下兴起的。对于中国这样一个具有长期社区生活历史传统的社会，农村社区重建，同样具有重要的意义：

一方面可以满足农民组织化资源需求,重构农村生活世界的图景;另一方面,可以推动合作,整合外部资源投入与乡村内部资源积聚,使外生发展与内生发展互相协调,从而推动农村和谐发展。

农民如何认识集体土地产权[*]
——华北河村征地案例研究

张 浩

一 问题的提出

中国30多年的改革历程，是一部逐渐引入市场机制的历史，也是一部重新界定产权的历史。不过迄今为止，市场机制的推进和新的产权制度的建立还是尚待完成的事业。

科斯指出：权利的界定是市场交易的基本前提，[①] 但是，如何界定产权，尤其是在市场机制不健全的情况下，如何进行清晰的产权界定，科斯定理并没有回答。中国经济学家讨论了公有制产权的模糊特征和非市场合约性质[②]，研究产权的中国社会学家则揭示了"产权的社会视角"[③]，指出产权是嵌入于社会结构、社会关系和社会过程之中的，[④] 他们因而致力于回答：在中国社会转型过程中，在实际的社会运作中，公有制产权的实践逻辑是什么？产权究竟如何界定？产权的界定和建构过程受到社会结构

---

[*] 原文发表于《社会学研究》2013年第9期。

[①] [美]科斯：《论生产的制度结构》，盛洪、陈郁译校，上海三联书店1994年版，第73页。

[②] 李稻葵：《论转型经济中的模糊产权》，海闻主编《中国乡镇企业研究》，中国工商联合出版社1997年版；周其仁：《产权与制度变迁：中国改革的经验研究》，北京大学出版社2004年版。

[③] 曹正汉：《产权的社会建构逻辑：从博弈论的观点评中国社会学家的产权研究》，《社会学研究》2008年第1期。

[④] 刘世定：《占有、认知与人际关系——对中国乡村制度变迁的经济社会学分析》，华夏出版社2003年版；周雪光：《"关系产权"：产权制度的一个社会学解释》，《社会学研究》2005年第2期。

和社会行动怎样的约束和形塑?①

产权的运作实践及其结果,取决于在大的结构背景制约下当事各方的行动策略和互动过程;而当事者所采取的行动和策略,则基于其对产权及产权变更的认知和预期。本文尝试探讨产权当事者的产权认知,具体而言,本文的问题是,作为产权重要主体的农民,是否了解以及如何看待包括征地制度在内的土地政策法规?他们对于农村集体土地究竟有着怎样的权属认知?

对这一问题的回答兼具理论与现实的意义。社会学对社会规则(包括法权)的关注,不仅重视规则本身,更重视规则被社会成员认知、认可和遵循的实际状况。关于社会认知在产权界定中的重要意义已为研究者所注意。刘世定区分了国家法定的产权边界与社会认知的产权边界,指出社会认知在规则建立和秩序达成的过程中起着基础性的作用。②农村土地制度改革关乎所有农民的利益和整个社会的稳定,涉及面广且难以处理,因而对农民土地认知的考察尤为必要和迫切。此外,一直以来,作为农村用地主体和征地对象的农民,除了被迫以抗争行动表态之外,鲜有机会表达他们对土地的观念和诉求。在笔者看来,他们的观念、声音和诉求理应获得重视和尊重,不单因为这是对一个人口庞大但处于弱势的社会群体的适合态度,更是因为,了解农民的土地认知,对于深入认识包括征地制度在内的农村土地制度的改革实践具有直接而重要的参考价值。

近年来,现行的征地制度在实施中引发了很多社会矛盾和冲突,研究表明,近年爆发的群体性事件,一半左右集中于征地拆迁,③农村征地纠纷已经成为农民维权抗争活动的焦点。④与此同时,我们也看到,尽管由

---

① 刘世定:《占有、认知与人际关系——对中国乡村制度变迁的经济社会学分析》,华夏出版社2003年版;张静:《土地使用规则的不确定:一个解释框架》,《中国社会科学》2003年第1期;张小军:《象征地权与文化经济》,《中国社会科学》2004年第3期;申静、王汉生:《集体产权在中国乡村生活中的实践逻辑》,《社会学研究》2005年第1期;折晓叶、陈婴婴:《产权怎样界定——一份集体产权私化的社会文本》,《社会学研究》2005年第4期;曹正汉:《产权的社会建构逻辑:从博弈论的观点评中国社会学家的产权研究》,《社会学研究》2008年第1期。

② 刘世定:《占有、认知与人际关系——对中国乡村制度变迁的经济社会学分析》,华夏出版社2003年版,第57—64页。

③ 中国社会科学院"社会形势分析与预测"课题组:《迈向全面建成小康社会的新阶段——2012—2013年中国社会形势分析与预测》,陆学艺、李培林、陈光金主编《2013年中国社会形势分析与预测》,社会科学文献出版社2012年版。

④ 于建嵘:《土地问题已成为农民维权抗争的焦点》,《调研世界》2005年第3期。

征地引发的社会冲突和农民抗争越来越多，征地的难度越来越高，但是总体上，在过去短短30年中，大量农村土地依然被相对平稳和相对容易地征走了。数据表明，1996—2005年，全国耕地保有量从19.51亿亩减少到18.29亿亩，人均耕地从1.59亩下降至1.39亩；1998—2005年，中国城市建成区面积从2.14万平方公里增加到3.25万平方公里，以年均6.18%的速度扩张[1]。2005年，全国各类开发区6866个，规划用地面积3.86万平方公里，超过当时全国城镇建设用地3.15万平方公里的总面积；经过整顿，国家级和省级的开发区还有1568个，规划面积1.02万平方公里[2]。为什么如此大量的土地能够轻易地被征走？无疑，被征走的土地构成了工业化、城镇化的基础，而农民也从工业化和城镇化中分享了收益，有了进城打工、进厂做工的机会，但这并不构成土地被低价乃至无偿拿走的正当和充分的理由。无疑，集体所有制的产权模糊和"所有者缺位"所导致的责任分散减少了征地的阻力，但这不足以解释代表农民集体行使土地所有权的村（组）组织为何一直没有站出来且在土地被征后并未被村民追究责任。无疑，政府的强力威慑，官员、开发商和部分乡村干部的强制、欺瞒等行为多少消减了征地的难度，但是大肆圈地之所以得以盛行，政府官员、开发商和部分乡村干部之所以能够肆无忌惮地强制、欺瞒乃至上下其手，不正多多少少地暗示，在农民那里存在某些因素，给了这样的行为以机会、空子、便利乃至某种激励？无疑，在一些情形下，征地引发了如广东乌坎事件那般的激烈抗争，而在另一些案例中，农民却并没有采取任何行动，是什么因素影响到农民的作为或不作为？

很难想象，缺少了农民在某种程度上的同意、容忍乃至配合，那么多的农村土地能够被如此轻易地低价乃至无偿拿走，而并没有在较大范围内引发社会冲突和动荡。本文试图表明，在既定结构和制度的约束及压力下，正是农民对土地的权属认知，在一定程度上决定了他们的行动选择，并在客观上使得征地变得相对容易，也为部分官员、开发商和乡村干部的欺瞒乃至上下其手提供了方便或机会。

---

[1] 张曙光：《博弈：地权的细分、实施和保护》，社会科学文献出版社2011年版，第36页。

[2] 蒋省三、刘守英、李青：《中国土地政策改革：政策演进与地方实施》，上海三联书店2010年版，第2页。

二 研究案例

河村是华北平原的一个大村，拥有村民3700多人、耕地4500亩、河滩地1000多亩。村南300米处，一条县域公路自西向东从农田穿过。随着居住条件的改善和村里人口的增加，村庄逐渐南扩至公路边沿。由于地理位置优越，公路两边陆续出现一些商铺，并于20世纪90年代中期形成了一条长约1500米的商业街，地段商业价值急剧上升。毗邻有两块土地，分别为乡电管所、乡供销社分站所用。

在商业街的核心部位，有一块约2亩的土地，其于20世纪80年代初被县电业局征收，建起乡电管所。1998年，电管所搬离，经与村委会协商，空出的地方由村委会买回做村委办公室。电管所搬迁的时候，村干部还去帮忙拉桌椅。但是这块地方最终却被当时村里的电工占去，该电工因工作关系与电管所所长熟稔，通过私下活动以4.5万元价格得到这块地，随即盖起一栋四层楼房出租。本来说好由村委会买回，结果却归了个人，对于这一横生枝节，部分村干部和村民心有不满，却也只好认了，按照他们的说法，毕竟那个电工是本村人。

与电管所毗邻的一块土地，面积达4.04亩，乡供销社于1976年与河村大队签订协议，在这里建起供销社分站，同年10月县革委会下发批复文件同意征用土地。改革开放后，当地供销社系统逐渐萎缩，1996年底，乡社主任径自将分站土地房屋作价8万元转让给县生产资料公司职工董某，河村村委会以分站土地属村里所有理应由村里买回为由，前往交涉未果，随即将部分房门上锁，并占据北库房4间用作村委会办公室。董某认为自己拥有合法手续，包括由县土地局批复的国有土地使用权证，故而有权使用分站土地房屋；村里则坚称分站土地属于村里，且村民拥有供销社股份，对于分站的购买有优先权，更何况乡供销社私自出卖分站，不合情理。双方几经协商未果，董某一纸诉状将河村村委会告上法庭。2000年县法院一审判决认定乡供销社与董某的买卖协议无效；2003年市中院终审判决，则改判该协议合法有效，要求河村村委会停止侵害。由于河村是大村，事涉社会稳定，判决"执行难"，而董某则持续上访至国家信访局，县法院受当地政法委责成，继续新一轮调解（执行和解）。董某一度同意以20万元将分站转给河村，村干部数度召开村民代表会议，征得村民同意接受这一要价，但董某旋即抬高价码至23万元。县法院为尽快了结此事，强行给村主任上铐施压，迫使村里接受新价码；不料，铐人事件导致村主任老伴心脏病复发身亡，河村村民悲愤莫名，大规模围堵县法院和县政府。县乡官员反复做安抚工作，勉强稳住事态。县法院再度被责成调解处理此案，县法院院长亲自出面向董某施压。董某不肯就范，但眼见占用分站无望，遂于2006年初向法院申请停止执行，随即将分站土地房屋转让给河村一地痞人物薛某。薛某找到村干部威逼利诱，用小动作不断蚕食分站，不过忌惮于村里舆论，却也不敢明目张胆占用那块地方。僵持局面持续至今。

商业街往东的公路两边，都是村里耕地。20世纪90年代初，市县政府致力于依托当地历史古迹发展旅游业，沿路两边征收了约30亩土地，以便将公路拓宽。地被征走后，村民并未获得补偿，但村民也并没有起来反对。据被访村民讲，按照当地政府说法，拓宽路面方便了村民行走，而旅游线路的开辟也带动了当地经济的繁荣，令村民从中受益。由于所征土地早已承包到户，损失不能单由这些户承担，村里从机动地中抽出一部分，给受损失户补足了土地，也就是说，全村共同承担了损失，而村民们对此并无不同意见。2000年后，当地政府曾动议再次拓宽路面，以便在公路两边搞绿化，却被村干部和村民拦下了。村民质疑，毁了庄稼种花草，没见过这么糟蹋土地的，路两边的庄稼难道还不够"绿化"吗？

三 集体土地权属：农民的不同认知

根据现行法规，农村和城市郊区的土地属于农民集体所有，农民个体享有对农地的家庭承包经营权；不过，农民对土地的使用权利只限于农业用途，农地要转用于非农建设，除了例外的情况，[①] 必须先经由政府征地，由集体所有转归国有。《宪法》第十条规定：国家为了公共利益的需要，可以依照法律规定对土地实行征收或者征用并给予补偿。《土地管理法》第四十三条规定：任何单位和个人进行建设，需要使用土地的，必须依法申请使用国有土地；依法申请使用的国有土地包括国家所有的土地

---

① 例外的情况包括兴办乡镇企业和村民建设住宅以及乡村公共设施和公益事业建设，参见《土地管理法》第四十三条。

和国家征收的原属于农民集体所有的土地。《土地管理法》第四十五条至第五十一条并对征地批准权限、方案实施、征地补偿、补偿安置公告、补偿费的使用、被征地农民的安置等相关事宜做出了具体规定。

在国家政策法规中，尽管不同历史时期的土地权属界定不同，而且无疑在某些内容上存在繁复芜杂或模糊不清之处，例如，何谓公共利益的需要，农民集体究竟何指，等等，但是国有与集体所有之间的权属界定是相对明确的，土地一旦被征收即由集体所有转归国有，这一点也是清楚的。

现在回到研究案例。在前两个案例中，两幅土地初始皆属河村，均是在"文革"后期或改革开放初期被县乡相关单位征收，征收过程中都不曾出现问题，之后这些单位或萎缩或退出，相继将土地转让。所不同的是，电管所土地转让没有出现什么大的问题，而供销社土地却引发了一场旷日持久的冲突，酿成在县乡挂号的重大群体事件。同是国有土地转让，何以结果迥异？村民们给出的回答是，前一宗土地转给了本村人，后一宗土地却不经与村里商量就给了一个外人。电管所的土地转让，虽然令部分村干部和村民颇有怨言，不过毕竟只是村内分配出现的问题，土地终归没有落入外人手中。供销社问题就完全不同，本是村里的土地，却被一个外人占了去，这是断断不能接受的（"土地是老祖宗留下的基业，岂能让外人占了去！"）。虽则董某最后将土地转给了本村人薛某，表面看土地回到了村里人手中，但在村民看来，这很可能只是两人玩儿的一个花招（假买卖），薛某"本就不是个正样人（好人）"，是个见利忘义帮董某"抄村里后路"的"十足的卖国贼"；而即便他们的买卖是真的，也并不意味着纠纷的合理解决。供销社在最初若是给了一位村民，如同电管所土地那样，可能就不会有什么事，现在则只能由村委会堂堂正正接手，因为供销社的事情前后历经十数年波折，耗费了村民大量时间、钱财、精力和情感，一位村主任家中被砸，另一位村主任屈辱被铐、其老伴病发身亡，"供销社"早已成为一个高度敏感和具有特殊意涵的符号。

土地一旦由集体所有转为国有，即与村庄和村民脱离关系，村民为何还要对其使用权的转让横加阻拦呢？村民的理由是，地是村里的地，国家（当初建供销社）需要用地，就应该给，也不能不给；但是，国家用完了，就该把地归还村里，退一步讲，即便土地不归村里了，因为当初是归村里的，要转让的话，也应先征求村里意见，村民也拥有购买优先权。

> 供销社那片地方，原先是我们八队的地，被乡供销社占用作了分站。后来分站要卖，我们村里就说，你不用了，要卖，得先让我们村买，不能先卖给外边，因为是我们村的土地。结果乡供销社偷偷把地卖了，村里不干，就打起官司来了。（问：村里认为应将这片地方归还给河村的人多吗？）咳，全村老百姓都是这样认为！老百姓就是这么认为！这个差（错）不了！当初只是签了占用协议，没卖给他们，只是让他们用，他们只是赔了480块钱的青苗费。当时签了协议的，上面没有一个字说卖给他们了。（村支书 WYQ，2006年11月24日）

上述说法得到其他村民的证实。查看当初的用地协议及更正协议，这两份由大队会计起草的文件是这样写的：

> 兹有西乡供销社，需要在河村大队盖分站，经公社批准，西乡供销社与河村大队协商，河村大队愿将村南耕地让给西乡供销社占用……由西乡社给河村大队产量赔款每亩150元……（用地协议书，1976年3月15日）
> ……以上地4.04亩为我大队一级地。按国家规定每亩价格120.00元，共价484.80元。农业税和产量均按国家规定减免。（更正协议书，1978年3月10日）

鉴于数十年来土地制度变更频繁，土地权属认识模糊，历史遗留问题众多，屡屡引发冲突和争议，国家土地管理部门特别出台《确定土地所有权和使用权的若干规定》（1995），对不同情况予以澄清。其中第十六条明确规定："（自一九六二年九月）《六十条》公布时起至一九八二年五月《国家建设征用土地条例》公布时止，全民所有制单位、城市集体所有制单位使用的原农民集体所有的土地，有下列情形之一的，属于国家所有：1. 签订过土地转移等有关协议的；2. 经县级以上人民政府批准使用的；3. 进行过一定补偿或安置劳动力的；4. 接受农民集体馈赠的；5. 已购买原集体所有的建筑物的；6. 农民集体所有制企事业单位转为全民所有制或者城市集体所有制单位的。"在供销社案例中，双方签订协议的20

世纪 70 年代，供销社性质为全民所有制商业企业，正适用上述条款。①事实上，当初不仅签署了协议，经过了批准，进行了补偿，而且县革委会民政局专门下发了同意征用土地的批复。只是，这是一份村民在当时没有见到，即便见到也无法领会其含义的批复，在他们的理解中，有了上级批准和用地协议就足够了，当对方在法庭上出示了这份征地批复的时候，村干部和村民甚至一度怀疑那是对方刻意伪造的，村里后来专门派人前往县档案局查找，结果发现果真有那个东西，但是即便如此，笼罩在村民心头的困惑和疑虑依然无法消除。

（问：土地一征走不就属于国有了吗？）是啊，征走了，属于国家了，本来就属于国家嘛。（问：按照国家法规，农地被外来单位转用作其他用途，就得先把地征了，一征走就不再属于村里了。）就是这个，我们想不通，不能接受！你想啊，邻居来借东西，好心好意借给他用，结果借着借着就变成他的了，这道理讲得通啊？退一步说，就算地不属于河村了，那也是从我们这儿征走的吧，你现在不用了，要卖，也得优先卖给河村，河村也有购买优先权，就跟说继承权似的，河村是第一继承人。（村支书 WYQ，2006 年 11 月 24 日）

那么村民的声称是否只是基于一种利益上的算计和考虑，即意图通过宣称土地权利来获取供销社土地的利益呢？村民对此给出了否定回答。事实上，大多村民对供销社的事情持一种矛盾心理，一方面希望村干部出头争一个说法，另一方面又怕他们借机挥霍贪污。

哎呀，那才值几个钱儿呀？就是争个理儿，争口气儿，那时候那片地儿不值多少钱。我们的地，老祖宗留下的东西，被人不言一声儿

---

① 除了土地管理部门出台的规定，国家其他相关部门也曾先后针对一些典型案例给出指导意见或发布相关文件，例如中华全国供销合作总社、国土资源部 2002 年曾分别对河南一起供销合作社土地权属纠纷案例给予复函作答，参见中华全国供销合作总社《关于渑池县西村供销合作社土地权属纠纷问题的复函》（http://www.nxcoop.com/web/zc729.htm）、《国土资源部关于供销合作社使用土地权属问题的复函》，中国土地矿产法律事务中心、国土资源部土地争议调处事务中心编，2006：364—365。但是由于相关文件和意见对民众认知和诉求重视不够，诸多冲突和争议并没有被圆满化解。

就拿走了，换了你能咽下这口气呀？砸锅卖铁也得打官司。现在无论是谁当干部，必须第一个解决这个事儿！（村委副主任 WXX，2012年5月7日）

在这个事儿上，糟的钱儿多了！打官司十年，每年都要糟进去两三万块钱。谁接手了谁挥霍，打官司成了给个人捞钱制造条件了……（村民 ZCM，2006年7月19日）

不仅村干部和村民认为供销社土地应当归属村里，接受访谈的当地县乡干部，也大都认同这一点。

这个事儿吧，从情节上考虑，还得尊重历史，这片地方应该归河村。即便不归河村，即便变成了国有土地，出让了也应该先给河村使用，毕竟这是人家的地块儿。这个事儿啊，合法不合理。（常务副乡长 TCQ，2006年11月19日）

上述两个案例，显示了村民对土地的强烈权利诉求，他们明确表示：土地是我们的。

再看第三个案例。土地无须补偿就被轻易征走了（或许补偿被截留了，待查），村民并未觉着有何不妥，也没有采取反对的行动。在他们的理解中，土地都是国家的。国家要修路，需要土地，自然得给，也不能不给。这次征地如此，前次供销社和电业局征地也是如此。

（问：上面有补偿款下来吗？）没有……不知道，反正大家都没有发。（没给补偿怎么就同意征地了？）地是国家的嘛。修路是好事嘛，对村里也有利。国家出钱修路，也没问我们要钱。（问：你说地是国家的？不是村里的地吗？）对嘛，是村里的地，村里的地也属于国家的嘛。（村民 SCL，2012年10月20日）

不过，尽管"土地都是国家的"，要用就征走，事情却并不到此为止。在村民的预期中，待土地用完了，还要还给村里（因为土地也是村里的），一给一还都是自然而然的事。

（问：假如十年后公路不再使用了，公路所占土地应该如何处置？）不用了就还给我们呗。（问：如果不还呢？如果给了其他人呢？）那不能！不应该呀。你政府用的时候，痛痛快快就给你了，你用完不得痛快还回来呀，得讲道理嘛。（村民SCL，2012年10月20日）

我们看到，土地被征走了，潜在的危机也同时埋下了。可以想见，假如公路一直使用下去，自然不会出现什么问题；而一旦规划变更，公路废弃，所占土地如何处置便成为问题，倘若如电管所土地那样仍归村里使用，自然问题不大，倘若如供销社土地那样被转让他人，权属争议的出现恐怕在所难免。从政策法规讲，土地征走，村民接受，征地即告顺利结束，之后若再出现争议，则属国有土地转让问题，前后相区别，一码归一码。而从农民的角度看，前后相连，是一连串事件，或者说是同一事件中的不同阶段，后面发生的事会影响到他们对前面的事的判断和评价。以供销社土地争端来说，村民们就认为：早知道你政府和供销社做事不地道，当初就不该把地给你。

在田野调研中，笔者专门就农村土地所有权归属问题询问了40位河村村民（包括10位现任或以前的村干部），结果显示，除了一名前支书表示归集体所有（原话是"归村委会所有"），两名村民回答归个人所有，其余所有村干部和村民都认为，自己耕种的土地是国家的（关于宅基地，28人回答归属个人，其余12人回答归属国家）。更有一位村民表示："国家要征地，那是国家给你脸面，你就得给，不能给脸不要脸。"（村民WXJ，2012年5月2日）

一方面宣称土地属于国家，另一方面又坚持"土地是我们的"，应该如何理解村民这看似矛盾的表达？

问题毋宁在于，在村民认知和表述中的"属于国家""征地"与国家法规中的"属于国家""征地"之间，存在着一定偏差。基于河村案例，我们可以将村民对土地权属的认知概括如下。

首先，农村土地所有权属于国家。在农民的认识中，"要说起来，一切都是国家的"，无论集体还是个体，都是这个"国家"（尽管农民也许对于这个国家并没有多少认识）的一部分，归属集体或者个体的物，也就都归属这个"国家"。简言之，个人、家庭、家族、村庄，一切都是国家的，仿佛传统社会"普天之下，莫非王土，率土之滨，莫非王臣"。不过不能由此认为，土地的国家所有权只是一种名分，只具有象征意义。在通常情况下，国家是蓄而不发的，一旦需要，就会行使其实实在在的权力。在农民眼中，无论集体化、人民公社化还是家庭承包制都是由国家决定，先前种地交公粮都是交给国家，现在给粮食补贴的也是国家，是国家规定了土地不能买卖，近年有些地方出现的合村并居也是在政府主导下实施的，等等，这些都是土地属于国家的明证，也是国家行使土地所有权的具体体现。

其次，集体和个体享有充分的支配土地的权利；相应地，在横向的村庄村民之间，土地权利有着清晰的划分。这一权利是在国家所有权之下的，是第二位的，但却是要超越于所谓承包经营权的（突出的表现是农民大多将宅基地和自留地视作个人私产）。在农民看来，尽管土地属于国家，但是终归要落实到谁去管理使用的问题，毕竟国家无法直接实现对土地的占有和使用，而农民就是种地的，就是要跟土地打交道，农民与土地本就是天然合一的。至于这一权利能在多大程度上实现，要取决于国家（代表国家的各级政府与官员）与农民之间的互动。可以认为，围绕土地权利，国家与农民之间存在着一条隐秘的话语和行动的边界，这一边界并非完全清晰，也并非一成不变，而是随着双方的互动及情势的变化而不断伸缩回旋。在通常情形下，农民固然处于弱势的地位，却也依然期许在承担了对国家的义务之外，自己能拥有支配土地的权利，事实上国家对此也是颇为微妙地予以小心翼翼的承认的。此外，前面提到，从农民与国家的纵向关系讲，难以将国家力量排除在外；而基于集体和个体的权利，在横向的农民个体、家庭、家族、村庄等之间，在对物的权属上，则存在着明晰的边界和确凿的排他性，相关各方的认知通常也是默契一致的。①

再次，在征地问题上，正因为土地属于国家，所以在有需要的时候，

----

① 在申静和王汉生所讨论的一起征地案例中，一旦有机会从中获益，村民对村社土地的支配权甚至能够顺延到被征后暂时处于无主状态的土地上去，研究者因此注意到乡村社会中一个具有普适性的原则：划地为界，尽管集体产权不时受到来自上边的权力的干扰，尽管集体内部存在着产权纠纷和争议，但是集体在横向上的排他性是很明确的（申静、王汉生，2005）。

国家就可以把土地征走；正因为农民同时拥有横向排他的支配土地的权利，所以国家在征地后也负有对农民的义务：在使用中代为守护征走的土地，在使用后把土地归还给农民，或者至少在处置时先征求农民的意见。对征地的这一态度，最集中地反映了农民的土地认知。

这里需要留意两个不同的法律概念："征用"和"征收"。征收是指为了公共利益需要，国家将农民集体所有的土地强制征归国有；征用是指为了公共利益需要而强制性地使用农民集体所有的土地。二者的共同之处在于，都是为了公共利益需要，都要经过法定程序，都要依法给予补偿。不同之处在于，征收涉及所有权的改变，征收后土地由农民集体所有变为国家所有；而征用不涉及所有权的改变，征用后土地的所有权仍然属于农民集体，使用完毕后需要将土地交还给农民集体。需要指出的是，国家自1953年《国家建设征用土地办法》及1954年第一部《宪法》开始，就没有区分上述两种不同的情形，而统称为"征用"，这一状况一直持续到2004年《宪法》和《土地管理法》的修正。2004年3月14日，十届人大二次会议审议通过《宪法修正案》，将《宪法》第十条第三款"国家为了公共利益的需要，可以依照法律规定对土地实行征用"修改为："国家为了公共利益的需要，可以依照法律规定对土地实行征收或征用。"同年8月28日，《土地管理法》做出相应修改，将第二条第四款修改为"国家为了公共利益的需要，可以依法对土地实行征收或者征用并给予补偿"，同时将其他条款中的"征用"修改为"征收"。一向为社会民众明了的两个意思，却被国家法律以同一概念长期混淆使用，直到近年才做出区分，这一事实耐人寻味。

通常所谓征地，主要是就征收而言，即征地涉及所有权的改变，由集体所有转归国家所有。农民理解的征地，则并不涉及所有权的改变，因为土地始终属于国家所有。就不涉及所有权的改变这一点而言，农民对征地的理解更接近于"征用"概念。目前的征地制度最令农民疑惑不解和无法认同的地方在于：第一，农地一旦转作非农用，必先经过征地程序（除了例外条款）。在农民理解中，自己拥有支配土地的权利，适合农用则农用，适合非农用则转用。第二，一旦土地被征，即由集体所有转为国有。在农民理解中，土地本就属于国有嘛。

回顾河村三个案例，三宗土地的征收过程都很顺利，征地补偿并不多甚或没有，村民也并无反对意见或阻拦行动，这正与农民土地认知的一方面关联——纵向不排斥国家，"土地是国家的"；及至后来电管所土地的处置安然无事，供销社土地的处置出现争端，公路占地将来是否引发争议则要视土地归入谁手而定，这与农民土地认知的另一方面关联——横向排斥其他个体或群体，"土地是我们的"。当然，电管所土地和公路占地的未来权属仍然存在隐患，因为这两块土地仍存在着被作为国有土地转让给外人的可能。

那么，上述概括具有多大程度上的普遍性和多大范围内的适用性呢？一些研究者就农民土地权属意识问题在一些区域进行了问卷调查，结果均显示，大部分农民都认定农用地所有权属于国家（参见表1）。与此同时，有研究者也注意到，认同土地属于国家，并不妨碍被访农民认为自己享有支配和处理土地的权利。[①] 一项专门针对农民宅基地权属认识的调查更表明，69%的农户认为自己享有宅基地所有权，74%的农户认为自己拥有包括将宅基地转卖村外人在内的处置权。[②]

表1　　　　　关于农民土地权属认知的相关调查

调查者	陈小君等	陈小君等	梅东海	史清华、卓建伟	肖乾等	彭长生
调查区域	10省30县市	5省20县	浙、鄂、渝3县	5省市	南京、鹰潭	安徽6县
调查时间	2007年	2003年	2007年	2003年	2007年	2010年
有效问卷	1799	430	251	1694	401	1413
权属认知	农用地	农用地	农用地	农用地	农用地	宅基地
国有	41.91%	60%	56%	51.1%	35.6%	17.2%
集体（村、组）	39.36%	34%	19%	48.9%	25.65%	14%
个人	17.62%	5%	20%	0	32.46%	68.8%

① 陈小君等：《农村土地法律制度研究——田野调查解读》，中国政法大学出版社2004年版；《农村土地法律制度的现实考察与研究：中国十省调研报告书》，法律出版社2010年版；梅东海：《社会转型期的中国农民土地意识——浙、鄂、渝三地调查报告》，《中国农村观察》2007年第1期。

② 彭长生：《农民对宅基地产权认知情况及其差异——基于安徽省6县1413个农户的问卷调查》，《华南农业大学学报》（社会科学版）2012年第2期。

这些研究表明，前面对农民土地认知的粗略概括，可以在更大地域范围内得到印证。当然，全国各地社会经济情势不一，社会认知自然有所差异；且随着时间的推移和对政策法规的了解渐多，对土地的认知也会出现改变。总体而言，越是远离城镇的乡村，越是社会经济状况相形落后的地区，上述概括越易于得到印证。

四 农民土地认知："规划的社会变迁"的历史遗产

如何理解农民的土地认知？这一认知是怎样形成的？

有研究者认为，农民的土地认知与国家法规之间的偏离，反映出农民的法律意识薄弱，加强普法教育是当务之急，送法下乡任重而道远。[①] 单从法规应当被遵守这一点讲，上述观点有一定道理，普通农民忙于生计，对政策法规往往颇多隔膜；不过，农民因为纷争出现而开始对政策法规有所了解时，对其却也并不认同，这意味着什么呢？正如亚里士多德告诉我们的："法治应包含两重意义：已成立的法律获得普遍的服从，而大家所服从的法律又应该本身是制订得良好的法律。"[②] 倘若问题出在法律的制定上，上述观点的解释力就有限了。

另有研究者认为，集体所有权的主体缺位、权能残缺，导致集体所有权在村民观念中是虚无的，村民因此倾向于认为土地所有权归属国家。[③] 集体所有权的模糊不清无疑导致了诸多的问题和纷争，也在相当程度上影响到农民的土地认知，但是，单单指出集体所有权的模糊、残缺和虚无，并不能为深入理解这一权属的性质及其何以出现提供更多启示，而且也无法解释，它为什么单向地促使村民在认识上接受土地属于国家而不是属于个体？在更深入的调查中，前述研究者意识到，问题的关键在于国家公权力在农村地权方面的强势介入使得村集体基本上沦为基层政府的附庸，农民普遍认为村集体代表国家甚或将其等同于国家机关，因而混淆了国家所

---

① 郑永流、马协华、高其才、刘茂林：《农民法律意识与农村法律发展——来自湖北农村的实证研究》，中国政法大学出版社 2004 年版；彭长生：《农民对宅基地产权认知情况及其差异——基于安徽省 6 县 1413 个农户的问卷调查》，《华南农业大学学报》（社会科学版）2012 年第 2 期。

② 亚里士多德：《政治学》，吴寿彭译，商务印书馆 1965 年版，第 199 页。

③ 陈小君等：《农村土地法律制度研究——田野调查解读》，中国政法大学出版社 2004 年版，第 8—10 页。

有与集体所有的内涵。① 这是值得一试的解释路径,可惜研究者只是一笔带过。

笔者认为,追溯土地集体所有制的演变过程,② 我们或可获得更深入的理解。

地主土地兼并、农民起义抗争,一向是解释中国历史的逻辑主线,也是共产党推行土地革命、推翻旧政权的道义理由。然而,越来越多的研究表明,这一描绘并不完全符合历史的真实③。中共党内农村问题权威专家杜润生也认为:"从中国农村看,可分配的土地并不多,地主富农占有的土地不到50%,而不是一向所说的70%—80%。直到最近,有几位学者对民国以来的历次调查重新做了整理,发现地主占有的土地,还不到总量的40%,其人口约占5%。土改的结果,农民所得只有为数不大的一块地租。"④ 既然如此,为什么中共还要以"打土豪分田地"为号召,发动和领导农民进行土改呢?问题的关键

---

① 陈小君等:《农村土地法律制度的现实考察与研究:中国十省调研报告书》,法律出版社2010年版。

② 经济史家秦晖试图从更长的历史时段中寻求对中国土地制度和"农民中国"的深入理解。他指出,依照历史学家赵俪生的研究,上古时期中国实行的井田式土地公有制实为一种"公社"而非"国有制"。从战国时期秦国推行"废井田,开阡陌"开始,这一带有很强血缘、公社色彩的井田制逐渐废除,土地私有制由此建立,但在皇权专制的背景下,这种土地私有制是有限度的,且不说"授田制""均田制"等制度安排的存在,国家权力可以轻而易举地根据统治需要收回土地或者对土地进行调整。"法家一方面强化国家垄断,一方面推行反宗法的'伪个人主义',实现了周秦之变,建成了极权帝国。因此,极权帝国通常都喜欢发展科层组织,而不喜欢小共同体——如同政治上喜欢官僚制,不喜欢贵族制……这以后'国有'和'私有'才在小共同体的废墟上并行不悖地(也就是说,并非'私有'取代'国有')发展起来。一方面国家对土地的控制比西周时大大强化,另一方面原来的宗族公社瓦解成'借父耰鉏虑有德色,母取箕帚立而誶语'的状态,当然,这种'私有'尽管可以发展到几乎六亲不认的地步,在官府面前却软弱无比,实际是'伪私有'而已。从这样的视野不仅可以重新认识农民史,对'农民中国'的宏观历史走向与现代化道路也会有更深刻的理解。"(秦晖:《教泽与启迪:怀念先师赵俪生教授》,《南方周末》2007年12月12日)在专制权力下,导致土地兼并的主要因素并非建立在平等自愿基础上的土地买卖,而是社会上大量存在的享有特权的"豪强劣绅"的巧取豪夺。"中国历史上所谓的'兼并'在本质上并不是经济行为而是权力行为……这样的'兼并'就其主流而言,与其说是富民兼并贫民,'大私有'兼并'小私有',不如说是有权者兼并无权者(包括无权的富民)、权贵兼并平民、统治者兼并所有者。"(秦晖:《中国经济史上的怪圈:"抑兼并"与"不抑兼并"》,《战略与管理》1997年第4期)

③ 赵冈、陈钟毅:《中国土地制度史》,新星出版社2006年版;秦晖、金雁:《田园诗与狂想曲:关中模式与前近代社会的再认识》,语文出版社2010年版。

④ 杜润生:《杜润生自述:中国农村体制变革重大决策纪实》,人民出版社2005年版,第18页。

在于，土改不仅是一项经济制度的改革，更是一场推进政治变革的阶级斗争，它打倒了原有的乡村精英阶层，颠倒了整个乡村权力结构，使得"农民取得土地，党取得农民"①，确立了共产党在乡村的权力基础，这不仅对新政权的建立至关重要，而且对后来的中国社会产生了深远的影响。

经过土地改革，"乡村中一切地主的土地及公地，由乡村农会接收，连同乡村中其他一切土地，按乡村全村人口，不分男女老幼，统一平均分配"②。土改极大地改变了无数人的生命历程和生活境遇，深刻地影响了人们对于生活的解释和对于周围世界的认知，使得人们强烈感受到国家这一来自外部的强大力量的存在，土改运动中的诉苦、翻身（以及后来的忆苦思甜）作为中国革命中重塑农民国家观念的一种重要机制，有效地促成了农民的建立在感激和敬畏双重基础上的国家认同③。因为土地、房屋、财产，"一切都是共产党、毛主席给的"，所以心存感激，在国家后来要求拿出土地的时候，拒斥心理就弱；因为感受到党和国家无所不能的强大力量，所以心存敬畏，不敢不给。

以河村为例，据一份完成于1971年的村史记载，在土改之前，河村计有土地4800亩、1700口人、380户，其中贫下中农240户，占有土地1500亩；中农120户，占有土地1500亩；地主富农共20户，占有土地1800亩。1944年，村里建立第一个党支部。1947年秋，国民党撤退后，"在共产党、毛主席的领导下"，河村组织贫下中农展开了轰轰烈烈的土地改革运动：

> 党派来工作组，组织长工、短工、贫下中农讲革命道理，进行诉苦教育，以增强对地、富强烈的阶级仇恨。广大的贫下中农很快地发动起来，向几十年来骑在人民头上的地、富展开了激烈斗争……把他们扫地出门，没收了全部家产，并把民愤极大、罪大恶极的地主分子关起来做反省，向贫下中农交代罪恶。
>
> 斗争了地主，广大贫下中农喜气洋洋，把斗争的胜利果实按着阶

---

① 杜润生：《杜润生自述：中国农村体制变革重大决策纪实》，人民出版社2005年版，第17—19页。

② 1947年10月《中国土地法大纲》。

③ 孙立平：《现代化与社会转型》，北京大学出版社2005年版，第399—405页。

级划分，合理地分下去，贫民团、农会按着党中央毛主席制定的土地法大纲，进行了土地平分，把地、富的土地分给贫下中农。从此，我们贫下中农彻底翻了身，有了地种，有了粮吃，有了衣穿，过上了幸福的生活，万众欢腾，载歌载舞，放声歌唱《伟大领袖毛主席》，歌唱领导我们翻身求解放的伟大、光荣、正确的中国共产党！（《河村村史》，1971）

如果说，土地改革带给普通农民的是感激与敬畏的双重感受，那么，随后的强制集体化和人民公社化以及一系列大大小小的政治运动所带给农民的，就更多的是一种敬畏乃至惊惧了。

对农业的社会主义改造是意识形态上的既定目标，土地改革为其提供了客观基础和条件。在经济学家周其仁看来，经由土改所形成的农民的土地私有制其实是一种国家制造的所有制，"这种私有制不是产权市场长期自发交易的产物，而是国家组织大规模群众阶级斗争直接重新分配原有土地产权的结果……领导了土地改革那样一场私有化运动的国家，就把自己的意志铸入了农民私有产权。当国家的意志改变的时候，农民的私有制就必须改变"，因为"通过政治运动制造了所有权的国家，同样可以通过政治运动改变所有权"[①]。本来计划要用15年乃至更长时间完成的社会主义改造，在短短几年内就强力推行了。正是在强迫集体化过程中，农民的私有土地被收归高级农业合作社所有（宅基地还属于私人所有），初步形成了土地的集体所有制。1956—1957年，农民对合作化不满，闹退社，被压制下来；部分地方偷偷试行包产到户，再被压制。

人民公社化后，农地所有权被划归公社或生产大队。1958年中共中央《关于在农村建立人民公社问题的决议》指出："人民公社的集体所有制中，已经包含有若干全民所有制的成分了。这种全民所有制，将在不断发展中继续增长，逐步地代替集体所有制。"在国家的设想中，集体所有制只是迈向全民所有制和共产主义的一种临时过渡，该决议豪迈地宣布："人民公社将是建成社会主义和逐步向共产主义过渡的最好

[①] 周其仁：《产权与制度变迁：中国改革的经验研究》，北京大学出版社2004年版，第10—11页。

的组织形式，它将发展成为未来共产主义社会的基层单位……共产主义在我国的实现，已经不是什么遥远将来的事情了……"当年8月，《人民日报》发表长篇报道宣称："……人民公社将会在不远的时期，把社员们带向人类历史上最高的仙境……"①②在河村，1953年成立了多个互助组，1954年出现第一个初级合作社；1955年冬天成立了高级农业合作社；1958年8月村所在地区成立了人民公社，"建起了通向共产主义的金桥"（《河村村史》，1971）。在经历了饥荒悲剧之后，虽然被迫进行调整，回归到"三级所有，队为基础"的高级社结构，但在1962年9月颁布的《农村人民公社工作条例（修正草案）》中这一被要求"每条每款一字不漏地、原原本本地告诉群众"的、被称作"人民公社宪法"的著名文件中，作为农民生活资料的宅基地所有权也被明确划归集体所有。③

"文革"10年后，进入改革开放时期，市场机制引入，民众权利稍有伸张。农村土地参照集体化时期的自留地政策，所有权与使用权分离，农地集体所有、家庭经营，宅基地集体所有、家庭使用。在河村，1981年7月，社员自留地由原来的9.6%扩大到15%，1983年实行包产到户。不过，1982年讨论颁布第四部宪法时，关于土地部分的法条，主要的考虑仍然是农村土地国有化，只是顾及"宣布国有，震动太大"，又鉴于要"先把城市定了"，农村土地可通过征地逐步过渡、用渐进办法实现国有，

---

① 薄一波：《若干重大决策与事件的回顾》（下卷），中共中央党校出版社1993年版，第740页。

② 当时各地向共产主义过渡如火如荼，一个极端的例子是，1958年10月中旬的一天，湖北当阳县跑马乡党委书记召开大会宣布：11月7日是社会主义结束之日，11月8日是共产主义开始之日，会一开完，大家就可以上街去拿商店的东西，商店的东西拿完之后，就去拿别人家的，小孩也不分你的我的了。乡党委书记补充说，只保留一条：老婆还是自己的；不过这一条，还得请示上级（薄一波：《若干重大决策与事件的回顾》（下卷），中共中央党校出版社1993年版，第754—755页。）提这个例子，是想表明，这些发生在农民眼前的事情，会对农民产生直接影响。相形之下，后来发生在庙堂之上关于法规政策制定的讨论，农民恐怕就隔膜了。

③ 这是第一个明确提及将农民宅基地划归集体所有的文件。该文件第21条规定：生产队范围内的土地，都归生产队所有。生产队所有的土地，包括社员的自留地、自留山、宅基地等，一律不准出租和买卖。在此之前分别于1961年3月和6月公布的《农村人民公社工作条例（草案）》和《农村人民公社工作条例（修正草案）》都规定：生产大队范围内的土地都归生产大队所有，尽管已经隐含地将农民宅基地收归集体，但是没有明确提及宅基地。

集体所有制始才得以暂时保留。①② 虽然农村土地国有化没有被写入宪法，"维护土地的社会主义公有制"的基本立法宗旨却一直延续至今。

回顾20世纪中叶以来的中国历史，我们看到，强大的国家权力和意识形态宣称无时无刻不在影响着农民的观感和认知。政权力量强势主导，始而划此私为彼私，继而划私为公，逐步实现对乡村的有计划、全方位的改造，形成对村庄与村民的严密而强力的控制。正是在这样一种费孝通先生所谓"规划的社会变迁"的独特的历史进程中，经历了强制集体化和人民公社化的洗礼，惊魂未定而又不无期许的普通农民，接受了土地事实上属于国家的现实，形成了土地属于国家的深刻认识。进入改革开放时期，农民土地权利有所伸张，但是政权力量的影响依然巨大，基层政府随意干扰村庄事务的事例层出不穷，依然在一定程度上持续强化着农民的既有认知。

不过，享有土地权利，是农民的天然诉求，哪怕历经非常时期，遭受遏制打压，却也生生不息，不绝如缕。"严重的问题在于教育农民"，这句话本身就表明了农民土地诉求的坚韧。改革开放以来，随着权利意识的日渐觉醒，农民的土地诉求愈益强烈。

在集体化时代，集体所有制作为一种暂时的过渡性质的制度安排，实质上成为国家汲取农村资源和控制乡村的工具。改革开放后，社会情势发生重大变化，随着市场化进程的推进，民众权益意识的苏醒和提高，原有的制度安排迫切需要改变；与此同时，社会主义意识形态得以延续并持续产生影响。一方面要坚持既有意识形态，坚持土地的社会主义公有制，一方面要被迫回应市场化的现实和挑战，满足民众和不同利益主体的权利诉

---

① 许崇德：《中华人民共和国宪法史》，福建人民出版社2003年版，第644—645、665—666、679—682页。

② 著名宪法专家许崇德先生亲历了1982年修宪全过程，在其著作中详细记录了宪法修改委员会关于土地所有权问题的历次会议讨论。另外需要指出的是，1982年宪法修正案宣布"城市的土地属于国家所有"，是第一次将过去宪法及其历次修正案确立的土地国有范围扩大到全部城市土地。1975年《宪法》第6条尚有如下表达："国家可以依照法律规定的条件，对城乡土地和其他生产资料实行征购、征用或者收归国有。"这表明至少到"文革"行将结束的时候，城市土地还没有完全属于国家所有，否则也就无须"实行征购、征用或者收归国有"。"文革"结束后的1978年宪法也没有宣布全部城市土地国有化，而且直到1982年前并没有关于国家如何对全部城市土地完成实行征购、征用或者收归国有的历史记载。可能的情形是，"城市土地属于国有"，并没有经过政府的具体作为，而直接由1982年宪法宣布而成。相关讨论参见周其仁《产权与制度变迁：中国改革的经验研究》，北京大学出版社2004年版。

求，通过名义上所有权和使用权的分离，农民的土地权益得以部分实现，集体所有制开始被赋予新的意涵，充实新的内容，由原来意识形态构想中暂时性和过渡性的安排转而成为一种妥协的和权宜的因而也是模糊的和不确定的制度。① 集体所有权如何有效实现，成为备受关注和需要解决的问题。

我们现在可以得出判断，看似矛盾的两个宣称"土地属于国家""土地是我们的"，其实并不矛盾。农民认同土地属于国家，这表明他们无力、无法排除因而接受了国家介入的权力；"土地是我们的"，则表明他们依然力图伸张自身的权利。在对中国传统社会的绅权的分析中，费孝通先生认为，封建解体、皇权确立之后，专制皇权无远弗届，被统治者随时面临权力的威胁，而借着在行政官僚系统中谋一个位置（成为官僚）做掩护，绅士们找到了一个"逃避权力的渊薮"。费孝通先生写道："这些欲求自保的资产阶级靠近政权、为皇帝当差、进入官僚的战略，却并不是攻势，而是守势；不是积极的目的，而是消极的目的——并不想去'取而代之'，而是想逃避，'吃不到自己'。"② 我们可以说，农民同样处于守势，也是出于消极的目的——通过承认国家介入乃至决定的权力，来换取自己作为农民使用土地的权利；承认对方的权力，实则希望对方少来干扰，隐然是一种"我都已经这样了，你还要怎么样呢"的态度。当然，这里需要补充一点，农民承认土地属于国家，并非完全出于被迫，实则也有相当的心甘情愿的成分。社会主义意识形态宣称对公平正义的强调，对美好未来的描绘，在很大程度上契合了农民的生存伦理观，对农民有着莫大的吸引力；此外，农村社会也需要拥有力量和权威的国家政权来充当农村社会内部的调停者、仲裁者乃至公平的资源分配者。

---

① 有学者注意到了土地集体所有权的不确定性和模糊之处，认为这种模糊和不确定性是政策设计者有意为之的结果，因为正处于经济转型期，关于土地权属的法律条款只有保持一定程度的模糊和不确定性，保持一定的回旋余地，农地产权制度才能顺利运行，才能应对社会发展过程中出现的突发事件。他称之为"有意的制度模糊"（Deliberate Institutional Ambiguity）（Peter Ho, "Who Owns China's Land? Policies, Property Rights and Social Conflict in China", Oxford: Oxford University Press, 2005.）。而在笔者看来，意识形态宣称与现实的要求，共同导致了目前的土地制度安排确有其模糊之处，但这却不是有意设计的结果，恰恰相反，是在无法做到明晰的情况下，不得已而进行妥协和权变的结果。

② 费孝通：《皇权与绅权》，载《费孝通文集》第五卷，群言出版社1999年版，第236—237页。

五 简短的小结与讨论

一直以来，中国城乡之间存在着一种不对等的关系，偏重城镇的国家对乡村的长期单向汲取，导致了目前城乡之间的巨大差距。改革开放前，国家通过低价粮食和统购统销制度汲取工业化发展资金，通过户籍制度将农民限制在乡村。改革开放以来，城镇化加速，虽然农村状况有所改善，但基本的体制因素并无根本改变，城镇需要土地，就通过低价补偿和征地制度征收土地，需要劳动力，就利用微薄的薪资吸纳农民工进城，但是，所实现的只是要素（劳动力和土地）的城镇化，而不是人的城镇化。需要则取，不需则堵，农民和农村的需要，则较少予以考虑。这种单向的汲取和剥夺导致一系列的社会后果，远至1959—1961年的灾难，近至当下面临的所谓乡村"空心化"。

近年来，随着国家财力的迅速增加，民众呼吁的日渐强烈，城乡关系开始经历深刻的调整，出现历史性的变化，总体上进入以工补农、以城带乡的发展阶段。破除城乡二元结构、形成城乡经济社会发展一体化新格局，成为今后一段时期面临的重大历史任务。

现行的征地制度，正是不对等的城乡关系的一个基本方面，也是它的一个结果。城乡关系进入调整时期，征地制度改革也就相应地提上日程。

回到本文开头提出的问题，我们看到，农民的土地认知极大地影响着他们在维护自身土地权益过程中的行动、策略和选择。在急速工业化、城镇化浪潮中大片土地之所以能够被轻易地征收，农民之所以在一些案例中采取了积极乃至激烈的行动而在另外一些案例中却选择了不作为，都与其对土地权属的认识有关。

有鉴于此，征地制度的改革，不仅需要考虑农民利益上的损失与补偿，也需同时顾及农民的认知观念。新制度的出台，要想获得切实的实施和拥护，必须倾听民众的声音和诉求，了解民众的认知和接受程度，沿着尊重民众权益的方向进行。具体而言，对征地制度有如下建议：

第一，严格限定并减少国家征地。既然农民对征地有着自己的一套认知和理解，严格约束和减少征地行为，就能减少和尽量避免国家征地的政策和行为与农民的认知发生抵牾和冲突。

第二，在严格遵守土地利用总体规划的前提下，推动集体土地直接入市流转，避开征地对农民造成的认识上的困扰。

第三，在土地征收过程中，向农民清楚解释"征收"意涵。在征地过程中把相关法规及其含义向农民具体说明、详尽解释，可以减少和避免因认识和理解问题所可能导致的征地后遗症。

第四，增加征地补偿额度，提高农民在土地增值收益中的分配比例。毋庸讳言，在农民的意识中，经济利益的考虑与对土地的认知紧密相关，征地补偿金额的提高，可以在一定程度上消弭农民基于土地认知而产生的对征地的不满。

第五，严格征地程序，增加征地透明度，将《土地管理法》第四十六条内容真正落到实处。

参考文献

杜润生：《中国农村制度变迁》，四川人民出版社2003年版。

郭于华、孙立平：《诉苦：一种农民国家观念形成的中介机制》，《中国学术》2002年第4期。

黄宗智：《清代法律、社会与文化：民法的表达与实践》，上海书店出版社2001年版。

《认识中国——走向从实践出发的社会科学》，《中国社会科学》2005年第1期。

陆学艺：《社会主义新农村建设需要改革现行土地制度》，《东南学术》2007年第3期。

"农村土地问题立法研究"课题组：《农村土地法律制度运行的现实考察——对我国10个省调查的总报告》，《法商研究》2007年第1期。

秦晖：《中国经济史上的怪圈："抑兼并"与"不抑兼并"》，《战略与管理》1997年第4期。

瞿同祖：《中国法律与中国社会》，中华书局1981年版。

全国人民代表大会常务委员会法制工作委员会编《中华人民共和国土地管理法释义》，法律出版社1998年版。

史清华、卓建伟：《农村土地权属：农民的认同与法律的规定》，《管理世界》2009年第1期。

孙立平：《实践社会学与市场转型过程分析》，《中国社会科学》2002年第5期。

肖乾、钱忠好、曲福田：《农民土地产权认知与征地制度改革研究——基于江苏、江西两省401户农民的调查》，《经济体制改革》2009年第1期。

张静：《二元整合秩序：一个财产纠纷案的分析》，《社会学研究》2005年第3期。

折晓叶:《村庄边界的多元化:经济边界开放与社会边界封闭的冲突与共生》,《中国社会科学》1996年第3期。

中国土地矿产法律事务中心、国土资源部土地争议调处事务中心编《土地矿产争议典型案例与处理依据》(第一辑),中国法制出版社2006年版。

周其仁:《收入是一连串事件》,中国发展出版社2004年版。

周其仁、刘守英:《湄潭:一个传统农区的土地制度变迁》,周其仁编《农村变革与中国发展(1978—1989)》(下卷),牛津大学出版社1994年版。

Peter Ho, "Who Owns China's Land? Policies, Property Rights and Deliberate Institutional Ambiguity", *The China Quarterly* 166.

——2005, *Institution in Transition: Land Ownership, Property Rights, and Social Conflict in China*, Oxford: Oxford Uinversity Press.

Popkin, Samuel, 1979, *The Rational Peasant: The Political Economy of Rural Society in Vietnam*, Berkeley: University of California Press.

社会界面视角下农村成员权认定的实践逻辑
——基于湖南 S 村集体林权改革的实践*

张明慧 孟一江 龙贺兴 刘金龙

谁是村集体的成员（或曰哪些人拥有成员权[①]）？什么条件和程序能决定村集体成员的进入和退出？哪些因素在成员权的集体行动过程中发挥着重要作用？为了回答上述问题，本文主要运用发展社会学中行动者导向理论的社会界面研究方法，就湖南省 S 村新一轮集体林权改革过程中如何对不同类别的成员权进行认定及其导致的林地分配结果进行研究，以丰富和扩展我国集体土地制度变迁中关于成员权认定的研究，并为集体林权改革政策的进一步完善提供基层经验支撑。

一 成员权认定的两个逻辑

成员权作为农村集体土地产权界定的基础原则，自农村土地家庭承包责任制实施以来，一直存在两个方向的回答：一个是国家法律政策的逻辑，主要强调遵循以户籍为基础、"人人有份，机会均等"的认定原则；另一个是乡土逻辑，认为成员权嵌入社区社会文化共同体中，如"村籍"[②]，具有复杂性、多样性。

---

* 原文发表于《中国农业大学学报》（社会科学版）2014 年第 3 期。

① 本文中的成员权指拥有村集体成员资格的权利，并非由此产生的各种成员权利，后者因前者而产生。

② 张佩国：《近代江南的村籍与地权》，《文史哲》2002 年第 3 期；张佩国：《公产与私产之间——"公社"解体之际的村队成员权及其制度逻辑》，《社会学研究》2006 年第 5 期。

（一）国家法律和政策逻辑

现有法律以户口为基础、"人人有份，机会均等"的成员权认定原则，主要来自于国家政治运动的路径依赖，以及熟人社会中生存权和公平权的传统文化。但是，现有法律对成员权认定持有一种有意的模糊态度，没有对成员权认定设定具体的标准，实践中一般以是否具有本集体经济组织户籍作为成员权认定的标准。例如，根据《农村土地承包法》的规定，农村集体经济组织成员有权依法承包由本集体经济组织发包的农村土地。最高法院同时认为，"农经成员资格事关广大农民的基本民事权利，不宜通过司法解释对此重大事项进行规定"。以至于，谁是中国土地的拥有者成为一个引人关注的议题。[①]

集体产权界定首先表现为对成员权的认定，成员权认定决定产权界定。然而，作为集体林地产权政策重要理论来源的产权经济学，侧重点在界定成员之间的产权关系、执行过程及其效果，认为只要均等地赋予农民充分、明晰的产权，就可以促进土地资源的有效利用，但并没有对谁有权参与权属分配及如何决定给予应有的关注。[②] 成员权认定被看成是一个既定条件或自然而然的结果，忽略了成员权的边界范围是可以根据集体行动、社区条件灵活变动的。

随着经济发展和社会流动性的增加，如外来户、迁出户、外出读书、外出务工等不同形式的人员流动增加，工业化、城市化也极大提升了作为农村集体成员所享受的土地升值福利，现有法律政策关于成员权的模糊认定成为农村土地制度变迁和土地用途转变中的焦点问题，并因此产生了严重的土地纠纷和官民、邻里矛盾。许多研究认为，既然成员权问题的产生来源于国家有意模糊的界定，那么解决出路应该是改革现有民事法律规定，对成员权资格进行完备的界定。[③] 例如，杨一介认

[①] 申静、王汉生：《集体产权在中国乡村生活中的实践逻辑——社会学视角下的产权建构过程》，《社会学研究》2005年第2期。

[②] 张红宇、刘玫、王晖：《农村土地使用制度变迁：阶段性、多样性与政策调整（一）》，《农业经济问题》2002年第2期；姚洋：《土地、制度和农业发展》，北京大学出版社2004年版，第7页。

[③] 吴兴国：《集体组织成员资格及成员权研究》，《法学杂志》2006年第2期；杨一介：《农村地权制度中的农民集体成员权》，《云南大学学报》（法学版）2008年第5期；张钦、汪振江：《农村集体土地成员权制度解构与变革》，《西部法学评论》2008年第3期。

为，应该以土地承包合同作为享有成员资格的依据。[1] 在实践中，山东省、浙江嘉兴、广东南海市等地区都相继出台了规定成员权的范围和认定程序的文件，然而其前提是假设政府拥有足够的理性、信息、行政能力去认定成员权。

（二）乡土逻辑

以新一轮集体林权改革的实施为例，改革政策同样遵循了模糊认定的逻辑。中共中央、国务院《关于全面推进集体林权制度改革的意见》要求，"在坚持集体林地所有权不变的前提下，依法将林地承包经营权和林木所有权，通过家庭承包方式落实到本集体经济组织的农户，确立农民作为林地承包经营权人的主体地位"。我们通过基层调研发现，成员权认定比法律规定更加复杂和多样，是村庄集体林权改革过程中争执最为激烈的环节；成员权认定并不唯一地遵循国家以户籍为基础、"人人有份，机会均等"的认定原则，对户口迁出者、外来户等流动人口存在各种特例，即使在相邻的两个村庄，认定原则和结果也不一样。这表明，对成员权认定的认识同样需要乡土视角。

集体产权界定受成员权认定的限制，且二者共同嵌入在社区共同体的社会关系网络中，并处于动态变动中。张佩国认为，在农民的村籍观念中，村落和宗族是合二为一的，拥有户籍、土地并不必然能够成为"村子的人"[2]。也就是说，农村集体经济组织作为一种社区身份，它仍以户籍为基础，但拥有户籍并不一定能取得成员资格；村庄内部的认定比户籍更加重要，获得了村庄的认可，才有可能拥有成员权，享受村集体财产的各项权利。集体成员权是来源于成员的集体决策，这不是一种抽象的权力，而是和成员的行动联系在一起的，是与村庄中的实践密切相连的，它体现了血缘、地缘关系等复杂的乡土性的社会关系。[3] 李培林对广州城中村的研究表明，有无村籍代表了不同的经济分层和社会结构，"村籍"意味着享有控制和参与整个村集体经济的权利，在集体利益分配中具有重要

---

[1] 杨一介：《农村地权制度中的农民集体成员权》，《云南大学学报》（法学版）2008年第5期。

[2] 张佩国：《近代江南的村籍与地权》，《文史哲》2002年第3期。

[3] 同上。

的作用。① 成员权认定的出发点更多是村庄农户的实际认知系统以及生计和道义准则②。我国在实施家庭承包责任制之后,需要对不同制度环境下村民是如何获得又如何丧失"集体产权人"的成员身份加以区别,村庄工业共同体的制度背景使得成员权的认定要依据"土地使用权人"和"共同创业人"这两种资格。③ 虽然我国经历了公社制度的洗礼,但在村队成员权的问题上,公社体制的新传统并不能突破村落家族文化传统,如传统的亲族关系、家族共财观念、生存伦理和互惠观念等。④ 而且,乡村社会公平逻辑的成员权分配原则并不能成为集体产权界定的唯一准则,传统文化所积淀下来的人情原则以及风险竞标入股等市场原则也发挥着作用,行动者会巧妙地策略应对政府规则。⑤

(三) 两个逻辑的小结

既然国家以户口为基础、"人人有份,机会均等"一直是农村成员权认定的基本原则和法理基础,乡土社会的社会结构、社会规范、文化传统又赋予了社区和行动者能动性地对国家规则进行辨别、应对的权力,那么对农村成员权具体实践逻辑的研究,尤其需要将国家对成员权的认定原则、社区和社区成员之间的动态互动整合起来,并考察国家规则、社会关系、文化传统等对成员权认定的作用。否则,任何单一逻辑,都无法完整地揭示出农村成员权认定的复杂性和多样性。

本文主要运用发展社会学行动者导向理论中诺曼·龙的社会界面研究方法⑥,观察新一轮集体林权改革中,一个传统侗族村落是如何认定成员权的,希望以此来丰富和扩展我国关于成员权认定的研究,并有助于理解农村传统知识和现代国家治理政策的融合和冲突过程。社会界面研究方法

---

① 李培林:《巨变:村落的终结》,《中国社会科学》2002 年第 1 期。

② 折晓叶、陈婴婴:《产权怎样界定——一份集体产权私化的社会文本》,《社会学研究》2005 年第 4 期。

③ 骆耀峰、刘金龙、张大红:《集体林权改革的基层解构实践逻辑研究——基于江西婺源的观察》,《中国农业大学学报》(社会科学版) 2012 年第 3 期。

④ 张佩国:《公产与私产之间——"公社"解体之际的村队成员权及其制度逻辑》,《社会学研究》2006 年第 5 期。

⑤ 参见周其仁《中国农村改革:国家与土地所有权关系的变化——一个经济制度变迁史的回顾》,《产权与制度变迁——中国改革的经验研究(增订本)》,北京大学出版社 2004 年版。

⑥ 参见 Norman L., *Development Sociology: Actor Perspectives*, London: Routledge, 2001.

源于对社会及其中行动者异质性和动态行动的观察,提出了"宏观"政策与"微观"政治系统相衔接的分析框架,以弥补新制度经济学和传统社会学对社会变迁的异质性元素和动态性过程的解释不足。[1]

二 社会界面的视角

行动者导向的研究方法兴起于20世纪六七十年代的社会学和人类学研究中,其主要推动者为荷兰瓦赫宁根大学,主要代表为诺曼·龙。该方法尤其关注行动者的能动性,强调"内部"因素与"外部"因素两者的关系的相互影响[2],试图从微观角度入手,通过理解个体动机、目的与兴趣来研究和解释宏观的社会结构与社会变迁。[3] 基层行动者具有异质性,每一个行动者都在积极地、能动地改变着自身以及周围的生活和环境,从而在相同或者相似的社会背景下产生异质性的结果。理解不同的行动者需要从不同的文化、权力、影响力等方面来考虑,所有的这些都具有异质性,尤其在文化方面表现得更为明显。因此,该方法适合考察外部干预下不同基层行动者如何基于其社会关系、知识文化、资源禀赋采取能动性的策略。

社会界面是所有内部和外部行动者采取行动的集合、场域,是矛盾、对立和谈判的地点。社会界面的概念提供了一个有益的解释工具,可以用于界定和分析社会组织不同场域或层级之间彼此交错的关键点。[4] 界面分析是行动者导向方法的一种常用方法,主要解释社会集体、文化差异、权力结构、社会网络在行动中是如何协调的问题。由于利益不同、权力不均、立场对立等原因,界面上经常会引起冲突。当政府机构等外部干预进入,并与当地目标群体之间产生相互作用和影响时,最需要关注的是带来的社会利益、文化传统、知识、权力等之间的差异,以及由此产生的融合和冲突。

---

[1] 叶敬忠、李春艳:《行动者为导向的发展社会学研究方法——解读〈行动者视角的发展社会学〉》,《贵州社会科学》2009年第10期。

[2] 骆耀峰、刘金龙、张大红:《集体林权改革的基层解构实践逻辑研究——基于江西婺源的观察》,《中国农业大学学报》(社会科学版) 2012年第3期。

[3] Norman L., *Development Sociology: Actor Perspectives*, London: Routledge, 2001.

[4] 骆耀峰、刘金龙、张大红:《集体林权改革的基层解构实践逻辑研究——基于江西婺源的观察》,《中国农业大学学报》(社会科学版) 2012年第3期。

国家林权改革政策在地方村庄的执行,就是国家干预、村庄内部社会关系、知识产生融合和冲突的过程。集体决策受到社区成员关于村庄社会结构、资源禀赋、传统文化知识、集体决策机制的认知影响,而这些因素本身就动态地受到外部政府和市场发展的影响。社区居民的能动性与理性、权利、知识等概念一样,都会受文化的影响,而且不可能脱离他们的社会实践、社会关系。社区居民不是被动地接受外部干预,而是能够通过利用自身信息和策略与其他人和外部机构进行互动。在社区成员参与集体决策的过程中,这些外来干预政策在不断重塑当地社区和农民对国家、林权改革、成员权的认知,而这种重塑本身就是基于当地社会网络和知识文化的。集体林权改革和国家以户籍为基础的成员权认定影响了社区成员的知识、结构、偏好和集体决策机制,进而通过集体决策影响社区成员对于成员权的看法和对自然资源的管理方式的看法(见图1)。也就是说,每一次政府外部干预,村庄都会根据原有社区界面做出适应和调整,形成集体决策和应对方式,并修改过去的知识和结构;待下一次冲击来到时,村庄又会做出反应。这样,村庄关于成员权、自然资源管理的实践会随着外部干预与社区结构、传统知识、村庄资源禀赋、个人偏好的动态互动,而形成不同的集体决策机制。当然,内部和外部行动者的互动并非线性的,而是交错着自上而下和自下而上的机制。

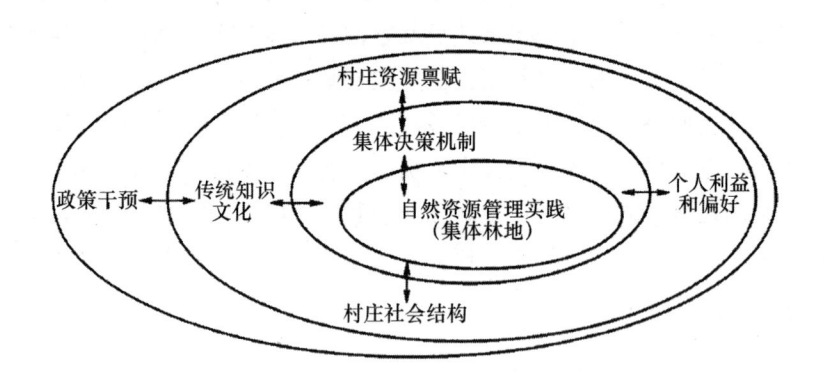

图1 自然资源管理实践的社会界面分析框架

三 S村集体林权改革

(一) S村的简介

S村位于湖南省西南部的侗族聚居地，处于大山深处，依山傍水，作为传统侗族村庄，有风雨桥、鼓楼等侗族独特建筑。全村2011年的人口为191户、805人，其中近30%的人口外出打工；水田面积889亩，旱地面积57亩，林地面积为9442亩，户均森林面积51亩，户均林地块数为5.1块；村民人均纯收入为2000元（上报数），60%来自外出务工，30%来源于农业，10%来源于办企业（小罐头厂）。[1] 林地面积中，集体管理林地面积220亩，家庭承包林地面积9222亩；S村林木对村民传统的功能有：收入、薪柴、建房、棺木、生活的保险和风水等生计与信仰方面。[2] 这些传统的森林意识也广泛存在于村民的脑海中，并被村民们运用于生产生活实践中。

S村有4个村民小组（生产小队），分田、分山都是以村民小组为单位的。村里黄姓为第一大姓，最先聚居于此，袁、杨、吴姓均为新中国成立前后迁移而来的小姓。在S村黄姓宗族力量最为强大，但S村很少存在歧视外姓村民的现象。黄姓宗族在S村分为4个房族，过节、喜事丧事时各个房族之间的交流比村民小组之间的内部活跃得多。

我们分别于2012年7月、2013年1月、2013年7月三次进入村庄调研。调研期间，通过参与式观察、半结构式农户问卷调研、农户访谈、关键人员深度访谈、老人小组访谈、年轻人小组访谈、参与式制图等方法，获得1份村级结构化问卷数据、28户家庭生计社会和自然资源情况数据库、村庄林地权属分布图以及各项自然资源利用等丰富的数据和案例资料。

---

[1] 数据来源：笔者2012年夏季在S村实地调研时收集。

[2] 村民告诉笔者，杉树是当地古人工造用材林的主要树种，20年左右成材，用于自建房屋、出售换急需的钱，或再留到60年做棺木。村民D写的《话S村》诗歌集中，有描述风水林、薪柴林、杉树林、十八杉、禁忌林木、伐林、放木排、种老树这些方面的林木习俗。根据诗歌集的描述和调研访谈所获的信息，可以归纳出林木对S村人们而言并不是商业资源，而是生计依赖和信仰对象。

（二）S 村的集体林权改革

1982 年，S 村开展林业"三定"改革，将除了后龙山、交鸟坡、放牛坡、己盲坡之外的所有集体林地都均分到户。S 村有 4 个村民小组，村委会首先确定具有分山资格的人口（即成员权）范围，然后将山林划分为 4 大块，将其交由各村民小组再自行分配。S 村的村民小组有的先分树再分山，有的直接分山；分配方式虽有差异，但各组对林地基本上都是采取这样的方式：各组村民代表上山划界，小组内部再依照各户人口数（4/户、5/户、6 人/户）将农户划分为 3 类；这 3 类农户再自行采取各自的分配方式进行划分，互不干涉，因此林地基本上都是按照人头平均分配的。

S 村林业"三定"改革之后的集体林地分配情况如表 1 所示。后龙山至今未分到户，因为这片山地是村子的风水林由此被设定为禁砍地带而保护起来。20 世纪 90 年代初，村庄为了建设村公路风雨桥，以交鸟坡的造林收益为预期还款来源通过林业局向世行贷款，村里按照 20 世纪 80 年代分山方式将交鸟坡分配到各户，以提高各户的造林积极性。放牛坡原本是一块 1500 亩左右的坡地，村民世代在此放牛，2008 年前每年放火烧山以养草来集中喂牛。近 10 年牛已被耕田机替代，几乎无人养牛，放牛坡对村集体的价值下降，于集体林权改革时分配到各户。己盲坡是村子为获得集体公共收益而世代保存的集体林地。2008 年前后集体林权改革期间，S 村分配了所有放牛坡和部分己盲坡的林地。本文所关注的集体林权改革特指我国 2008 年前后的新一轮集体林权改革，在 S 村则具体指 2008 年分配放牛坡和部分己盲坡的过程，后者采用的分配方式其实都源于 20 世纪 80 年代林业"三定"时的划分方式。

表 1　　S 村林业"三定"改革后的集体林地分配情况

集体林地名称	分到户时间	面积（亩）	分配缘由
后龙山	至今未分	130	村庄风水林，不分
交鸟坡	20 世纪 90 年代初消灭荒山运动时期	2000	消灭荒山运动，与政府合作造林
放牛坡	2008 年集体林权改革时期	1500	新一轮集体林权改革
己盲坡	2008 年集体林权改革时期	200	新一轮集体林权改革

资料来源：笔者 2012 年夏季在 S 村实地调研的村级问卷和 2013 年夏季访谈数据。

(三) S村集体林权改革的成员权认定

新一轮集体林权改革的主要任务包括将集体山林的承包权落实到农户。按照国家规定，拥有本村户籍是农民享有村庄集体林地承包权的依据，这在县和乡镇集体林权改革的文件中都得到了体现。例如，该县集体林权改革工作方案规定：集体山林属集体经济组织内部成员共同所有，每个成员享有平等的权益。

表2显示了S村在2008年集体林权改革中成员权认定的实践和国家政策逻辑的异同。S村这种以户籍为依据来认定成员权，继而以此为依据限定村民获取自然资源承包权利的规定较为公平，保障了每个成员的生存权，也易于管理和操作，实际上已经成为我国政府和农村土地产权界定的共识和惯例。但是在户籍原则之外，农村成员权的规定并非呆板和一成不变，而是常常根据社区情况对特殊群体（如流动人口、弱势群体和强势群体）变通某些规定，存在例外案例。因此，考察农村如何对这些特殊人口的成员权进行认定，可以更加深入地研究农村社会是如何认知、处理国家成员权政策和地方实情的关系的。

在S村，具体而言包括对以下流动人口的成员数的处理：（1）嫁出去的女性。如果其是分山以前出嫁的不可以分山，如果是分山以后出嫁的，要把山留到本村。S村出嫁的女性一般会将户口迁出，如果女儿嫁到本村外组，那么直接将山林调到外组。（2）嫁进来的女性。对于嫁进来的媳妇，会严格遵守国家的户籍制度，只要其将户口从原来的地方迁入S村，就可享有和当地人一样承包山林的权利。（3）上门女婿。上门女婿只要户口迁入本村，均可分得山林。（4）外出求学的大学生。一旦村庄的孩子外出求学，只要户口迁出，便不能分得山林；村里的大学生很少有将户口迁出的。（5）在外工作的人员。如果村民由于工作原因将户口迁出去，那么就不能和S村其他村民一样分得山林，而且在下一次调地的时候要将地收回。这种类型存在一些特殊情况，下文将具体分析。（6）外来户。S村的外来户主要是土地改革前后在S村或者附近村寨做长工的；根据1952年土地改革政策，长工在工作地落户，并获得土地；村里吴、袁、杨等小姓均属外来户，S村对于外来户给予了很大的包容，基本做到了一视同仁；如果外来户顺利办了迁入证，将户口迁入本村，那么他们就是本村人，享有和本地村民一样的权利；新一轮集体林权改革时，S村已经没有尚未办理迁入手续的外来户。

表2　集体林权改革中S村对流动人口成员权认定的实践与国家逻辑对比

成员类型	户口状况	国家逻辑	S村实践	例外案例
原住村民	户籍为依据	可以分山		
外嫁女	户口迁出	以户籍为依据；如果婚嫁妇女没有在迁入村庄获得土地承包权，原迁出村庄不得取消她的土地承包权	分山以前出嫁不得山，分山以后出嫁的，要把山留在本村一般都迁出	
	户口不迁出		可以分山	
嫁入女	户口迁入		一般都迁入	
	户口不迁入			
上门女婿	户口迁入	以户籍为依据	可以分山	
	户口不迁入		一般都迁入	
大学生	户口迁出	以户籍为依据	不可以分山	
	户口不迁出		可以分山	
在外务工大学生	户口迁出	以户籍为依据	一般不可以分山，但特殊情况可以分山	放牛坡分配（村民A、B和C）；己盲坡分配（村民D）
	户口不迁出		可以分山	
外来户	户口迁出	以户籍为依据	可以分山	
	户口不迁入		不可以分山	

可见，S村对村民成员权的认定主要遵循国家的户籍制度，只是在户籍系统之外，对特殊村民予以宽容或者另行安排。下面，将具体考察S村是如何处理成员权认定的"例外"情况的。

四　S村成员权认定的基层实践逻辑

集体林权改革政策由政府制定，抽象的政策能否与具体的乡规民约相结合直接影响到政策执行的程度。村庄作为基层社区，是一个汇集了各个行动者利益、关系、知识互动的社会界面，并且，在目前的乡村决策中，制定政策的政府官员与村民很少有直接的接触，所有政策的制定和实施都是通过这样一个界面完成的。在这个界面中，我们可以了解不同的基层行动者如何利用自身的资源、知识、权力采取行动，如何发展行动者策略来开展行动。本部分将重点研究村庄认同、社会关系与国家成员权政策的互动过程与安排，了解政策与基层行动之间的"相容"与"不容"。

（一）村庄传统认同与成员权认定

案例1：村民A去镇上当老师，当年将儿女的户口与其自身户口一并迁出，其家庭成员不再享有S村的各项成员权利。儿女长大后，在镇上并没有找到可以很好谋生的工作，家庭比较贫困。村民A多次向村委会提议，要求恢复分得山林的权利。村委会考虑到这项特殊情况，召开村民代表大会征求意见。村民顾念A曾经是本村人，并且现在已经没有田地、山林等财产，儿女又失去了谋生的手段。于是，村民全票同意A的儿女享有分山的权利。在2009年分配放牛坡时，村民小组给村民A的儿女划分了山林，并使其享有同本村村民一样的权利。

案例2：村民B一家三口户口全部迁出，但是其父母仍然在本村，且年岁已大，许多年来，B的父母与村民相处和谐，并且户籍并未迁出。由于B在外下岗待业，S村念其特殊情况，仍然给B一家三口划分了山林。当时与此户有亲戚朋友关系的人向村民小组提出建议，全组100多人均无异议。负责分配放牛坡的村书记说："虽然国家规定按照户口分配。他们户口已经迁出去，但是他们家这么多年以来一直为人亲善，我们还认为他是本村的人，在他们困难的时候仍然不能忘了这一点。"

如果遵循国家法律规定和林权改革的政策规定，户口一旦迁出，将无法享有承包山林的权利。而S村之所以赋予户口迁出者与拥有本村户口的人同样的权利，源于S村作为一个熟人社会长久以来形成的传统知识和文化认同。

笔者在调研中发现，村民经常将"我们村自己人"挂在嘴上。这源于当地的乡规民约，即对于已经将户口迁出S村的村民，村里仍然顾及其曾经是本村人，当这些"曾经的本村人"失去在外谋生的机会时，村民仍会以一种包容的态度对待他们，保障其基本的生活，给予其分山的权利。用村民的话说这些在外的人"回到村里也有自己的地方"。在当地看来，本村人的身份会伴随着每一个村民一生，如果在外的村民生活富足，文化程度较高，便会被认为是村里的榜样；相反，如果在外的村民贫困潦倒，那么S村仍然不会放弃他们。作为一个以黄姓为主的小村庄，村民之间或多或少都有一定的亲戚关系，日常的人情往来、互帮互助使得社会关系得以维系。只要村庄（主要是黄姓村民）有红白喜事，无论是仍然居住在村内的村民，还是已经迁移出去的"村民"，只要在本县的范围内，一般都要前往帮忙或者参加宴席。在农民的认知体系中，村庄成员权不单由户籍来判定、由效率所驱使，也由文化观念、社会关系等非正式制度来认定。

尽管政治运动和市场经济弱化了村庄为村民提供基本生活保障的公共功能，但这并不意味着这种功能的彻底消失，自此演化成弱肉强食、弱者抗争这一局面。社区对弱势村民基本生存的关注，并非一定来源于弱者的武器，而有可能来源于村庄共同体的传统习俗、文化和人情。"认自己人"的传统文化，以及村庄作为一个共同体来保障弱势群体的基本生活利益，结合在一起构成了成员权认定中的"例外"。由此，村庄作为一个社会文化共同体，将以户口为基础的"人人有份，机会均等"的认定原则，扩大到了所有具有"村籍"的人身上。这充分体现了政府理性认知和基层文化认知这两者的不同，社区成员权的认知远远比政府认知更复杂更具体。从S村的案例可以看出，在实践中，对成员权的认定是宏观的政策和基层的知识体系、文化认同的结合，其反映了当地风俗习惯和农民能动性。

（二）社会关系投资与成员权认定

所谓对社会关系的投资，即通过划分集体资源或者赠予某种福利，以达到建立、维护社会关系，树立村庄榜样的目的。村庄对社会关系的投资中，最重要的当属对村庄外出经商、从政、教学人员的关系投资。村庄对社会关系的投资，显然超出了经济投资，即不仅希望获得看得见的物质回报（如工业投资、基础设施项目等），也在意"看不见"的社会回报，比如榜样作用，培育一个好的村庄社会风气、村庄荣誉等。在国家对农村基础设施投资实行"一事一议"和有限配给制度的背景下，拥有一个有力的资源，即"当官的"，在与其他村庄的项目竞争中才有更大的可能胜出。这些外出人员也乐见自己的家乡建设得更好，愿意积极发挥村庄和各级政府部门正式、非正式游说的纽带作用。

案例3：村民C当年因为考学外出，毕业后就职于临近乡镇和县直属各部门，并担任领导。村民C的父亲仍然居住在本村。虽然村民C已经不在当地居住，并且户口已经迁出本村，但是经常会参与到S村的各项村集体决策中来，和村干部的关系很好，是当地的积极分子，比较活跃。每次回到村里，C都会到村主任家喝酒聊天，了解村庄的各项情况，并多次参与调解S村庄的各项纠纷。在分放牛坡时，村民C的父亲借机向村委会提议，自己女儿嫁出去了所以分不到田和山，儿子也在外工作，而无田无山也就没有依靠，希望村里能给孙女分山。村代表大会考虑村民C对村庄的贡献，给包括村民C在内类似情况的村庄户口迁出者的孩子辈划分了山林。

根据国家的政策，村民C的女儿户口不在本村，是不能分到土地的。但村民C的女儿为什么也分到了山地？调研发现，S村村民一直自豪于本村比周边其他村庄培养了更多的政府官员。村民C和其他在外工作的政府官员，利用他们见识广、资源丰富、利益相对较为中立的优势，一直对村庄发展寄予特别的关注，较容易取得村民的信任，因此深得民心。一般来讲，积极投入到维护村庄公共事务的在外工作的政府官员，主要做以下三件事情：一是带头做村庄公益事业，保护、宣传村庄历史文化遗产，如修建学校、鼓楼、风雨桥、石板路等；二是对违反村庄公共利益的个人如不赡养老人者、不务正业者等进行批评，三是监督村干部行为，可以直接或间接遏制村干部的不良行为，如不作为、挪用公款等。考虑到村民C对村庄公益事业所做的贡献，村民代表大会特允许村民C的女儿参与分配放牛坡。可以说，通过将土地这种最为重要和稳定的根"赠予"在外工作政府官员的后代，使村庄与这些积极分子的关系得以延续、巩固。

村庄的社会关系投资在2012年的火灾事件和申请生态文明村过程中就得到了很好的利用。2012年3月，因用火不慎，S村40户村民的木房遭到火灾严重烧毁。这些在外工作的政府官员积极利用他们的影响力，发动政府资源，直接参与了灾民救助和灾后重建活动，为灾后重建工作得到市县政府的高度重视和迅速开展做出了巨大的贡献。同样是这批人，也是恢复整个寨子原貌并对其重新规划的重要力量。他们意识到，侗族特色的村庄布局、青石板路、寨门是整个村庄的重要特色，必须予以保留或重建。他们也一直在寻求外部更大力量的介入和帮助。例如通过申请全省或全国生态村，来加强村庄的规划。在外工作人员已经成为乡村建设中的一支重要力量，其重要性已经得到了村民的普遍认可。

案例4：S村流传着这样一段佳话，20世纪50年代刚解放后，在当地县民族高中做老师的村民D，经干部培养北上到中央民族大学学习，后留中央民族大学任教，一时间，村民D成为了当地的骄傲。这是因为，同周边的村庄相比，S 村的一个重要特点就是重视教育。一直以来，当地人认为能够走出大山，在外面学习工作的人很"长脸"，而且这些在外的本村人一旦出息了就要给村里做出一些贡献。村民 D 现在已经八十岁高龄，他了解过去本村发生的大事小情，并且依然和家乡保持密切联系。另外，村民 D 很关心本村文化传承，曾经费心收集了 S 村侗寨的传统歌谣，进行整理汇总，撰写了《话 S 村》一书，积极地推广侗族文化，希望更多的人能够了解侗族、了解 S 村。2008 年新林改的时候，村里为了感谢他对村庄做出的贡献，在户籍制度之外，特地将已盲山的一部分山林分给村民 D，村民 D 毅然拒绝。他认为，他已不在村里，山林对他几乎多大用处，机会应该让给还在村里的人们。

村民 D 的案例同样体现了 S 村集体对社会关系的投资。虽说都是为了表达村庄对在外工作人员的感谢，但与案例 3 的村民 C 不同，村民 D 之所以能够获得山林，主要源于本村人试图通过他和 S 村的关系对内树立学习的榜样，营造一种好的社会风气。S 村有着浓厚的重视教育的传统，建立于民国时期的村小学曾是全县最先建立的小学之一。村庄成员若能考取大学，走出村庄，便是为 S 村做贡献，树立榜样。社会风气反映了一个村的村容村貌，是一种精神状态的体现，具体包括公共道德、榜样作用、人际关系等。村民积极关心村庄事物，社区活动丰富多彩，居民生活健康向上便是良好的社会风气的体现，反之，则表明这个社区混乱不堪、缺乏发展动力。社会风气是一种宝贵的社会资本，好的社会风气等同于对社会关系的一种投资。在基层社会实践中，如果某个行动者能够维护，甚至创造良好的社会风气，那么该行动者在社区内便会享有较高的政治地位和社会地位，他的行动和决策很有可能影响整个村庄的发展。显然，村民 D 属于这一类型的贡献者。归纳起来，虽然每个村民从林权改革中分配的收益减少了，却从村庄长期整体福利的增长中获得了更大收益，即社区作为一个社会共同体的重要特点是"放长线钓大鱼"，而非在乎"一城一池"的得失。

（三）小结：社会界面的不连续性和行动者的互动

作为政策制定者的政府机构和政策执行对象的基层行动者之间是相互影响的，界面分析的主要目的在于挖掘这种互动机制中的知识、权力、文化理解、社会利益的不连续性。S 村为户口在外的下岗村民、从政村民、大学老师分山，这些成员权认定的特例共同展示了地方性认知与国家管理逻辑的不一致,这种不一致就是社会界面的不连续性。地方性认知往往具备以下几个特点:第一,地方性的成员权界定认知是不同的,它反映的不是国家利益,而是复杂的社区利益。S村之所以为户口在外的下岗村民分山,正是S村传统文化的集中体现,"自己人""本村人"的概念早已在村民心中扎根。所以,在尊重国家户籍制度的前提下,S村另开特例,维护本村的集体利益,加大对社会关系的投资力度,并通过在外村民的力量传播和发扬村庄文化。第二,地方性认知体系是复杂而模糊的,它是潜藏在官方文本下像影子一样的地方制度系统。这种认知往往是村庄成员"自导自演"的,缺乏组织性。但是在村庄集体决策中,像成员权的认定这种村庄认知往往可以控制村集体行动,传递很多有价值的信息,由此成为当地社区的治理机制。

成员权认定的集体决策机制既可以是村民代表大会,也可以是村民小组会议。村集体决策的主要行动者有三类:在外村民、普通村民和村干部。表3是三类行动者在S村集体林权改革的分山特例中的行动总结,刻画了其中各行动者知识、权力、社会关系间的异质性、能动性和村集体行动决策的形成过程。

表3　　　　　　S村集体林权改革中各行动者的行动

行动者	在外村民	普通村民	村干部
放牛坡给下岗职工分山（案例1、2）	村民A/B在外生活困难,子女下岗,寄希望于村庄老乡们的帮助和保护	在S村的亲戚宗族,积极帮忙向组内反映村民A/B的情况,希望能够帮他们分山;其他村民认为,虽户口迁出不得山,但是他们也是"我们村自己人"	认定此事很合理,村小组组长召开小组内会议,并且经所有村民认定情况合理,举手表决一致通过
子孙分山（案例3）	村民C平时在县里工作,但是热心村里的事务,此次分山中,其父亲强调C在外工作不得山,姐姐出嫁也不得山,于是建议村集体为孙女分山	本村规定,只有户口在S村才有分得本村自然资源的权利。但是除村民C外,本组仍然有3户这样的类似情况（全家山很少）,这些村民均曾向村委会提出分山建议	接受了包括C以及类似村民C情况的其他3户的申请,并且认为村民C平时关心村里事务,并做出了很多贡献,所以经村小组大会同意给这些特殊户分山
在外的"S村人"分山（案例4）	在北京的大学当老师的村民D,已经迁出S村50多年,却仍然关心本村发展;拒绝得山	认为D是S村的榜样和光荣,一致同意要给其分山	积极组织村里分山,将集体山地己盲山作为划分给"在外的本村人"的财产

值得关注的是，S村户口迁出者的成员权认定主要由他们的亲戚提议并推动。为什么这些外出人口的亲戚有如此高的积极性呢？必须看到，除了保障"自己人"的基本生存权利和投资社会关系等良好愿望的驱动外，同样潜藏着经济利益的驱动。因为，这些户口迁出者的亲戚本身就是户口迁出者成员权认定的得益者。在所有的案例中，这些户口迁出者都有自己的职业，没有一个人以务农为生，也不可能专门来经营和管理林地。他们所分到的林地很自然地由他们的亲属代为经营、管理，如案例3中村民C的林地由其父亲经营。这就涉及两个问题，第一，政府按照户籍均分林地的原则，以及基层社区拥有具体问题具体解决的能力，已经成为社区村民的共识，否则户口迁出者自己就会主动提出参与林地分配，相关特例也没有办法通过村委会和村民小组会议的审议。第二，按照政府集体林权改革政策的规定，登记林权证明需要出示所在村的户籍证明，上述户口迁出者所获得的山林，基本上都登记到其亲戚的名下，由此产生了名义拥有者和实际拥有者的分离的现象；因为联户登记林权证是地方林业部门和村民默认的解决发证难、成本高的一个选择。

五　结论与讨论

政府以户口为基础、"人人有份，机会均等"的认定原则，是农村集体成员权认定的基本原则，尤其是在涉及每一个村民的林地产权改革中，以户口为依据的公平原则依然发挥着主要作用，契合了集体化时期的乡村遗产和乡村传统，从而实现了国家逻辑与基层实践的融合。市场主义的强力原则并没有想象的那么强大，尤其是在涉及面广、影响深远的土地产权改革中，政府以户口为基础、"人人有份，机会均等"的认定原则，给予了弱势群体维护自身土地权益的武器。然而，正如S村的案例，成员权认定中并没有出现政府的影子，而一旦市场的强力原则压过政府的公平原则，弱势的农民只能寄托于穷人的武器进行反抗，从而滋生出严重的土地冲突。

成员权认定嵌入在社会关系中，除了"人人有份，机会均等"的认定原则，成员权认定还受到乡规民约、文化习惯、社会关系等的影响。基层行动者不仅仅关注未来看得见的物质收益，也关注村庄认同、人情、社会关系等看不见的社会收益。此时，产生作用的不仅仅只是效率原则，因为按照效率原则，在特定群体中，每多一个参与者，每个个体的份额就相应减少。一方面，基层复杂的制度安排，包括乡规民约、风俗习惯等，在某种程度上能够有效地解决成员权认定问题，做出正确、公平的集体决策，并合理地解决资源的分配和利用问题，因此国家逻辑不能忽视地方认知。另一方面，国家逻辑和基层逻辑之间的冲突在所难免，因为国家逻辑是抽象理智的，而地方逻辑往往掺入了基层行动者的个人意志。成员权问题引起的土地纠纷是政府治理和地方自治、政府理性和村庄理性融合与冲突的结果。既然国家和地方在成员权认定问题上的冲突不可避免，政府就需要接受成员权认定中地方特殊性所带来的问题和冲突。因此，问题的关键是应该转向如何调节、处理问题，而不能寄希望于自上而下的统一干预、规定；政府只需要捍卫好以户口为基础、"人人有份，机会均等"的认定原则，保障弱势群体的机会均等和利用行政法律手段解决成员权冲突的机会和能力。

对成员权的认定需要更多地关注基层行动者和集体决策机制。各个基层行动者都可以参与到集体林改的集体博弈中来，并会根据自身所占有的资本、权力、文化经验在与不同行动者的关系中周旋，以维护自身所代表的利益，而基层的决策就是在这样的博弈当中形成的。这就是基层的行动者围绕集体林权制度改革做出行动和决策的实践逻辑。从集体林权改革过程看基层实践行动，基层社会界面中行动者如何行动和决策，取决于村民、村干部、在外从政经商和教学人员、政府等多个行动者的相互博弈，而这种博弈体现和利用了村庄中的社区文化、资源禀赋、权力利益、关系网络，不是简单的、政策自上而下实行的结果。林业政策保障基层行动者都能参与到林改的实践过程中来，但是由于他们所代表的资本、权力、社会关系等不同，他们采取的行动策略也必然是不同的。

社会流动背景下农村用水秩序的演变
——基于安徽蒋村的个案研究*

陈阿江　吴金芳

一　导言

  2011年中共中央、国务院出台了《关于加快水利改革发展的决定》的一号文件。一号文件聚焦水利，彰显出国家对水利事业的重视。中国是一个有着悠久农耕文明历史的国度，水利历来受到重视；人民公社时期，为满足农业发展的需要，国家及集体利用组织的力量，大兴农田水利，极大地改善了农村地区的用水条件。但随着农村社会现代性的发展，特别是进入新世纪以后，农田水利逐渐被淡忘，原有水利工程的"红利"逐渐被消耗。无疑，宏观格局的水利问题，一号文件已阐述清楚，但由于中国地域辽阔，各地的自然条件、经济水平、社会结构差异极大，微观层次的水利问题又是如何呈现的呢？

  关于农田用水问题，学界早有研究。如费孝通20世纪30年代在江苏吴江开弦弓村调查时发现，灌溉是农民各管各家的，而排涝则需要集体协作。万一有人不守约定，破坏用水秩序，就会受到严厉的惩罚。有意思的是，开弦弓村的排涝组织是在村落之下家户之上的水利组织——农民以一"塍"水田为单元开展合作。[①] 这与本文案例村的灌溉组织有着惊人的相似之处，却与近年来学界热议的"水利共同体"的组织特征有较大差异。这使我们认识到，需要什么样的组织，以及组织如何实际运行，可能与地

---

  * 原文发表于《南京农业大学学报》（社会科学版）2013年第6期。
  ① 参见费孝通《江村经济》，商务印书馆2002年版，第152—153页。

域状况、传统有密切关联。

近年来,学界热议的"水利共同体"是日本学者丰岛静英1956年提出来的。丰岛静英通过对中国北方地区水利社、地方社会组织的考察,指出地、夫、水之间形成有机统一是"水利共同体"的主要特征。[1] 随后,森田明进一步深化和拓展了"水利共同体"这一概念。他指出,水利组织与地方基层组织密不可分,应从"国家—水利组织—村落"三方面认识和理解传统中国社会。[2] 受到水利共同体概念的启发,中国的一些社会史研究者,如行龙等提出"水利社会"这一概念,即"以水为中心延伸出来的区域社会关系体系"。显然,他们关注的重点是"因水利而成的社会史"[3]。

贺雪峰等对税费改革后农田用水组织问题有深入调查与悉心研究。基层组织弱化是税费改革后农田用水陷入困境的主要原因。取消农业税后地方政府利益与农业脱钩,地方政府治水积极性下降;取消共同共生产费、撤销村民小组又进一步导致基本灌溉单元村社的解体。[4] 基层组织的退出致使原子化的小农无法与大水利实现有效对接,出现"治理性干旱"[5]。要走出农田用水困境,不能脱离小农经营的基本国情,强化国家及其基层代理人在水利供给中的组织者角色,方可解当前农田用水困境。[6]

水权划分也是影响地方用水的一个重要因素。萧正洪等考察了中国历史上水利产权问题。关中农村灌溉用水权属关系的最基本特点是所有权与使用权二者的分离,即国家享有所有权,农民只享有使用权。[7] 张俊峰发现山西乡村社会中存在集体水权与私人水权共存的现象,且二者并不矛

---

[1] 参见钞晓鸿《灌溉、环境与水利共同体——基于清代关中中部的分析》,中国社会科学出版社2006年版,第190—204页。

[2] 参见[日]森田明《清代水利与区域社会》,雷国山译,叶琳审校,山东画报出版社2008年版,第23页。

[3] 王铭铭:《"水利社会"的类型》,《读书》2004年第1期。

[4] 罗兴佐、贺雪峰:《乡村水利的组织基础》,《学海》2003年第6期;田先红、陈玲:《农田水利的三种模式比较及启示——以湖北省荆门市新贺泵站为》,《南京农业大学学报》(社会科学版)2012年第1期。

[5] 李宽:《治理性干旱——对江汉平原农田水利的审视与反思》,《中国农业大学学报》(社会科学版)2011年第4期。

[6] 贺雪峰、郭亮:《农田水利的利益主体及其成本收益分析——以湖北沙洋县农田水利调查为基础》,《管理世界》2010年第7期。

[7] 萧正洪:《历史时期关中地区农田灌溉中的水权问题》,《中国经济史研究》1999年第1期。

盾，指出，乡村社会对水权的界定与调整更多是一种文化上的安排。① 水资源产权的界定与区域地理、社会制度与国家制度、社群关系等直接相关。② 实际上，中国社会的水资源产权是一种复合形态产权，国家、认知、信仰、仪式、伦理观念以及相应的庙宇祭祀等，都影响和决定着水资源产权的系统和秩序，因而从单纯经济水权的角度，很难把握水资源产权的真谛。③

改革开放后，中国也在不断学习和借鉴世界其他国家和地区的经验，试图通过市场化改革和组建用水协会等解决水资源产权不清晰的问题。1995 年，世界银行提供贷款的长江水资源项目在湖北漳河灌区成立了第一个正式的农民用水者协会。2000 年，这种模式在全国主要大型灌区得到推广。④ 总体上看，水利产权制度改革把市场竞争机制引入水利工程的建设和管理，为解决小农种田与"大锅"用水的矛盾提供了方向。⑤

笔者认为，一个有效的用水组织应是与当时当地的自然地理及经济社会文化状况相适应的。因此，从一个较长的时段去看基层是如何用水的显得十分重要。基层水利设施是如何维护的？水是如何分配的？面临用水纠纷时，基层有什么样的社会机制去解决、协调？现代性渗入农村后，用水方式又是如何演变的？本文以安徽皖中丘陵地区的蒋村为案例，就蒋村塘田系统的用水进行分析，探讨塘田系统用水组织的维持、演变及其对农田灌溉用水的影响，以及村落社会、文化对用水组织及其维持的影响。

巢湖流域丘陵地区的农村，利用当地的自然地理环境，修缮了较为完整的塘堰灌溉系统，形成了完善的用水组织及管理办法。改革开放后，农村人口大量外流，特别是近年来村庄日益"空心化"，对当地农田用水提出了诸多挑战。笔者等人于 2012 年 3 月至 2013 年 2 月先后 3 次对蒋村进行调查，主要采用参与观察和深度访谈法收集了大量第一手资料。调查对

---

① 张俊峰：《前近代华北乡村社会水权的表达与实践——山西"滦池"的历史水权个案研究》，《清华大学学报》（哲学社会科学版）2008 年第 4 期。

② 赵世瑜：《分水之争：公共资源与乡土社会的权力和象征——以明清山西汾水流域的若干案例为中心》，《中国社会科学》2005 年第 2 期。

③ 张小军：《复合产权：一个实质论和资本体系的视角——山西介休洪山泉的历史水权个案研究》，《社会学研究》2007 年第 4 期。

④ 王金霞、黄季焜、Scott Rozelle：《激励机制、农民参与和节水效应：黄河流域灌区水管理制度改革的实证研究》，《中国软科学》2004 年第 11 期。

⑤ 张嘉涛：《对小型水利工程产权制度改革的反思》，《中国水利》2012 年第 14 期。

象以熟悉村庄历史的老人为主，同时访谈了部分外出人员。2013 年 6 月，笔者在巢湖流域的舒城县、肥西县、包河区及肥东县就农村问题进行调查，在了解区域宏观背景的基础上，再定位案例村的具体问题。

二 传统用水组织与规范

蒋村①曾是典型的丘陵地区农耕村落。1949 年蒋村共有 14 户，57 人。村庄坐东朝西，背靠小山，面对梯田，如图 1 所示。整个村庄的面积约为 600 亩，沿山而下可以划分出四种类型的土地：一是山林，面积在 300 亩左右，主要生长着松树。山林防止水土流失，涵养水分，是水塘的"水塘"；二是坡地，面积约为 100 亩。坡地是耕牛的天然草场，村民还在坡地中开垦出 10 亩左右的旱地，主要种植棉花、红薯等；三是村民的宅基地和庭院等，占地约 40 亩；四是梯田和水塘，约 180 亩，其中梯田 150 亩左右，水塘 30 亩左右。水塘蓄水，为水稻种植提供灌溉水源。水塘插花分布山下，地势高于梯田，可以对水田进行自流灌溉。

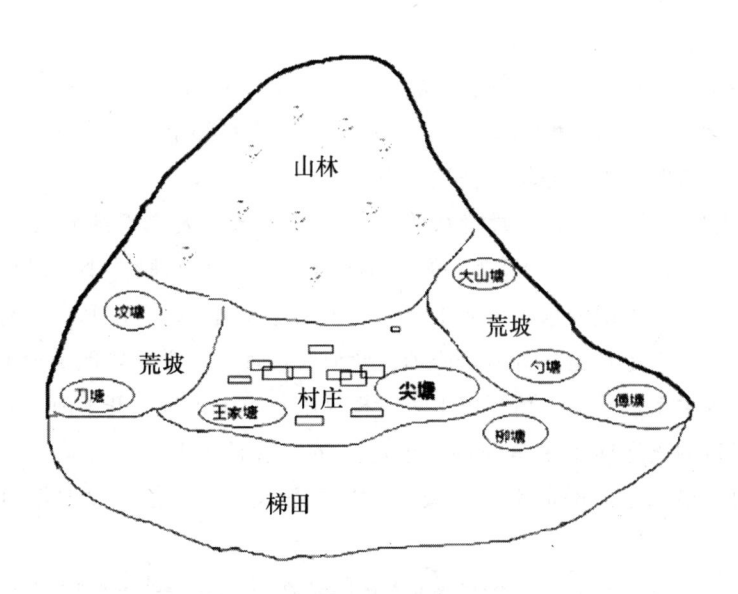

图 1 蒋村地形示意

---

① 按照学术规范，对地名、人名进行了技术处理。

水塘是蒋村最主要的水利灌溉设施。嘉庆《庐州府志·水利》记载了清巢湖丘陵地区的水利灌溉情况,"巢南多山……陇坂之间,塘之大小杂然相望。以塘为灌,皆民力自润"。目前,蒋村共有 8 口水塘,灌溉水田 160 亩左右,其中本村 150 亩,外村 10 亩。

由水塘及其所灌溉的土地构成"水塘—水田系统",可称之为"塘田系统",简称为"塘田"。农户以"塘口"[①]为单位共同用水。因土地的买卖或租赁,塘口内的用水户是变动的,用水户既可以是本村人,也可以是外村人。但水塘与水田是严格对应的,以保持塘口用水系统的稳定性。每一口水塘都下辖一定数量的"关系田",塘口所辖的"关系田"是固定不变的。水田买卖过程中,遵循"水随田走"的原则,农户在购买水田时,相应获得了附着在水田上的水塘股份。每一塘口都有一个"领头大户",他负责出面组织塘口修理和水源分配,塘口内的其他农户在"领头大户"的带领下,根据各户拥有水塘股份的大小参与塘口的修缮与维护,并获得相应份额灌溉用水。塘口产权较为清晰[②],有明确的责任人和自己的用水规范,规约"关系户"实际用水行为。下面以村中最大的水塘"尖塘"为例说明。

尖塘是蒋村最大的水塘。尖塘有"关系田"43 亩,"关系户"8 户。村中"地主"王某股份最大,一户占 20 亩,其他 23 亩归 7 户共有。尖塘的修理与水源分配事务均只在这 8 户内进行。

"大户领小户"是尖塘用水的基本组织形式。大户王某充当"领头人",牵头统领塘口内的其他小户。小户则依据自身水股大小,以户为单位参与到大户组织的水利事务中。大户王某是尖塘的总调度师和纠纷调解者。他有权决定水塘是否需要修理以及何时修理。如需要修理,则由他出面召集各关系户碰头。估算用工量,折算出每户出工量。开工前,王某则要到村口的土地庙里求签问佛,选定"黄道吉日"开工。开工后他负责记录每户出工量,保证不出现漏工。当工程较大时,他还要向塘口内的

---

① 在当地农民的话语中,"塘口"既指水塘的放水口,也指以某一口水塘为边界的用水单元,如某一水塘有多少关系户,多少关系田。

② 这里的"产权"更是一种实质论经济视角下的"复合产权",产权是人们在经济、社会、文化活动中受到广泛尊重的权利和义务,它与资本主义伴生物的私有产权制度有实质性区别。参见张小军《复合产权:一个实质论和资本体系的视角——山西介休洪山泉的历史水权个案研究》,《社会学研究》2007 年第 4 期。

"关系户"收取少量现金,用于开工前的"动工饭"。有时他也会出资请大家吃免费"动工饭"。决定和协调塘口水源分配是王某的第二项重要职责。他有权决定何时开塘放水以及每亩田放多少水。他还要负责协调人员分工、安排守香员和车水劳力等。王某是用水纠纷的主要调节者。虽然有点香计时的分水规则,但不能保证每个农户都会遵守,用水高峰时,时不时出现用水纠纷。一旦发生纠纷,他便充当纠纷的调节者。

小户在参与塘口水利事务过程中表现出两面性:依存与对立。一般情况下,普通小户在水利事务中表现出很强的依附性。大户不领头,分散的小户难以实现合作修缮水塘;分水时,没有大户的出面组织,也会混乱不堪。所以只要大户做到相对公正,小户都会采取积极配合的姿态。但是大户难免有"徇私舞弊"的行为,这时小户就会表现出"对立"的一面。当大户行为出现明显偏差时,小户会联合起来向他施压,轻者通过制造"舆论"给他施加压力;问题严重时,小户们也会联合采取集体对抗行动。1935年,蒋村所在地区出现大旱,大户王某偷偷给自己多放了两亩水。第二天,同一塘口内的其他小户发现后非常气愤,他们扛着铁锹去铲王某的田埂。王某自知理亏,只得自认倒霉。

大户与小户在塘口内组织合作是一种典型的"互惠性生存"①。水利设施的良好运转,可以使大户、小户共同受益,反之则共同受损,利益的共同性将双方紧密联结起来。小户依赖大户的组织权威。大户占有丰富的经济资本,享有较高的社会权威,具备实现权威性领导的社会条件,他们很容易对塘口内的其他小户施加社会影响。"只有大户能管好水,他说话没人敢不听!"大户在经济上也依赖于小户的配合,"水要是管不好,大户的损失最大"。双方只有通过互惠合作,才能实现对有限水源的高效利用。

"点香分水"是塘口分水的基本规范。尖塘放水时,大户王某根据实际情况确定每亩水田的灌溉时间,并燃香计时。同时在塘口内选出两三个被认为是较为公正的人担任守香员,轮流值班。轮到每户放水时,要点上一定长度的香。为防止风和雨等天气因素影响②,一般点上香以后,要立即用一个特制的瓦盆将燃烧的香扣起来,瓦盆上留有一气孔,以便空气流

---

① 参见杨善华《当代西方社会学理论》,北京大学出版社2004年版,第118页。
② 在露天环境下,风大时香的燃烧速度要比无风时快,该农户的放水的时间自然会相应缩短;如果遇到下雨天,雨会浇灭燃烧的香,正常的放水秩序也会受到影响。

通。守香者要不时观察香的长度，香燃尽时，就停止给该户放水。安排下一户放水，重新点香，依次进行。每户根据自己水田面积的大小，获得相应份额的灌溉水。整个放水过程有条不紊，避免了农户之间的相互扯皮。

如果说"点香分水"规范是农户之间合理分水的基础，那么守香员的公正、尽责是点香分水规范实施的前提条件。但守香员也是人，也有人情关系、利益考量，守香员如何才能公正、尽责地守香呢？首先，守香员的挑选是十分慎重的，在塘口内由各户公推产生。担任守香员的人要具有以下品质："有公心""有良心""厚道"。其次，如果守香员违规，不仅要面临周围舆论谴责，丢失守香员的职位，同时也会把面子给丢了。传统村落是一个熟人社会，熟人社会是一个相互熟识、信息公开透明、相互监督的社会。村民都清楚，"不管是哪个管水，背后都有好多双眼睛在盯着"。

人民公社时期，以塘口为单位的用水方式发生了改变，村庄农田用水被高度组织化。当时为了提高丘陵地区的抗旱能力，一系列大型水利工程被修建起来。蒋村在人民公社时期建成了一套三级抗旱保障体系：水塘—水库—电力灌溉系统。人民公社时期，蒋村变成一个生产队，村庄土地归集体所有。水塘、水库和电力灌溉系统归集体所有，由不同层级的集体组织负责修建和使用。水塘是第一道抗旱保障。八口水塘由生产队长统一放水，无须遵守塘口与"关系田"对应关系；修塘时队长根据需要派工，生产队记工分。水塘提供的灌溉用水约占用水总量的60%。公社修建的水库构成第二道抗旱保障。当旱情严重，水塘无法满足水田灌溉需要时，公社统一调度，蒋村和其他一些需要水的生产队一起从4公里外的水库引水灌溉。水库提供的灌溉用水约占总用水的30%。由若干公社联合建设的电力提灌系统是第三级抗旱保障，当水库灌溉仍然不足以应付旱情时，就通过电灌站从巢湖取水。三级抗旱确保村庄的水田无旱之忧。人民公社是一个特殊的时期，国家强调"以粮为纲"，使农业"命脉"的水利得到了足够的重视，同时，土地集体所有集体使用以及强大而完善的组织体系，使需要合作开展的水利事务成为比较容易解决的问题。

三 用水失序现象的产生及其原因分析

实行家庭联产承包责任制以后，水库和电灌站这类大中型水利工程与土地承包到户的经营体制很快出现问题。产权不清晰导致水利设施投入和维护主体不明确，农田水利建设开始"吃老本"，加上使用过程中的"搭便车"问题，作为第二、第三级抗旱保障体系的水库和电灌站运转出现困难，使用次数逐渐减少，2000年以后，村外水库和电灌站就被弃用了。

以塘口为用水单元的传统在"分田到户"后得到恢复传承。农户自发重建水田与塘口的一一对应关系，并依据水田的多寡重新划分塘口内各户水股的大小，在此基础上，农户依据自己水股的大小出力修塘、获得灌溉用水等，推选村民小组长充当塘口"领头人"以组织农户集体用水。恢复塘口用水单元实际上是农户的一种非正式化的私有化策略，塘口用水产权相对清晰，塘口建设维护与管理有明确的责任人，能够保证用水的可持续性。1998年，针对人民公社解体以后村内水塘失修的情况，村民以塘口为单位，根据塘口内各户水股大小，自发集资对村内两口最大的水塘进行了一次大规模修缮。

近年来，蒋村人口不断外流，传统的塘口用水组织和用水规范难以为继，村落用水失序。本来水塘每年都要利用冬闲时间进行维修，但目前村民对水塘的维修没有积极性。目前，村内8口水塘都面临不同程度淤塞，其中6口水塘严重淤塞，这6口水塘自人民公社解体以来从未得到有效修缮，直到1998年才彻底修缮了两口水塘。人们通常认为，资金是农田水利维护的最大的障碍，但现实中的情况显得比较复杂。2011年，蒋村所在的行政村从镇政府获得两个"免费修当家塘"的指标。行政村将一个指标分给蒋村时，蒋村村民却不要指标。修塘无人问津，分水时农户却争先恐后。过去是村民小组长统一放水，并且严格遵守塘与水田的对应关系。现在无人负责放水，并且塘与水田对应关系也被打乱。谁要用水，谁就开塘放水。想从哪个塘放，就从哪个塘放。一到用水高峰，混乱不堪。"谁抢得厉害，谁分的水多"，往往是天露微旱，塘里的水就被用光，旱情严重时，反而无水可用。为何一个有着良好用水传统的村庄，现在却面临如此困境？

人口外流使蒋村日益"空心化"态势明显。蒋村的人口外流可以划分为三个阶段：20世纪90年代中期以前，主要是单身青年进城务工；90年代中期之后，已婚人群加入到打工队伍中来；2000年以后，村民热衷于在城镇买房，外出定居的趋势逐渐明朗。最近几年，蒋村人迁入城镇的速度加快。据统计，2000年7月，蒋村户籍人口为148人，到2012年7月，户籍人口下降到56人，实际留下来常住的只有24人，且主要是中年人和老年人。

表 1　　　　　　　　　　2012 年蒋村常住人口

户序	姓名代码	性别	年龄（岁）	职业状况	备注
1	WSC	男	70	约种 10 亩田	子女全部移居城镇
2	MFL JGY FXY	女 男 女	65 80 79	约种 2 亩田	子女全部移居城镇
3	WXF	女	49	不务农	丈夫和子女都在城市，主要是照顾娘家患病的母亲
4	WS	女	85	不务农	其分居的儿子 XMF 留村务农
5	XMF CCF	男 女	64 64	不务农 约种 10 亩田	其分居的儿子 XMF 留村务农 子女全部移居城镇
6	WSD YC	男 女	71 73	约种 5 亩田	子女全部移居城镇
7	WSY FXX	男 女	83 84	仅种少量旱地	其分居的儿子 WCJ 留村务农
8	WCJ XQ	男 女	55 53	约种 20 亩田，兼养鱼、开拖拉机	子女都在城镇，智障
9	LGZ	女	76	不务农	女儿全部出嫁，没有儿子
10	JGM	男	57	不务农	有疾患，单身
11	WSC YQ	男 女	54 54	约种 20 亩田	子女都在城镇
12	WCL DGL	男 女	57 54	约种 20 亩田，兼养羊、开收割机	子女都在城镇
13	LYS XGH LQ LXX	男 女 女 女	41 33 17 13	约种 15 亩田，兼瓦工、开收割机及拖拉机	子女未成年，在家读书
合计	24 人，其中男性 11 人，女性 13 人。				

伴随人口外流，农村青壮年劳力外流，特别是农业精英缺失，造成了村庄的用水困境。在蒋村，传统的农业生产精英老化，新生代精英或外流，或对农田用水外行，导致"塘口"领头人缺失。2005 年以前，蒋村村民小组长（管水员）一直由一位吴姓老农担任，他对水利事务的管理办法很大程度上是对传统的继承，2005 年他因年迈辞去职务。村庄亟须推

选出一位年轻人接任村民小组长一职，但村中留守的几位中年男性都不适合承担这一职务。村民形容留下来的有三类人，"老的、没用的、坏的"，村里协商很长时间都没有选出合适人选，于是大家最后决定让留守的中年男性抓阄轮流担任。

农业精英缺失弱化了农户在水利上的合作。长期以来，村落内部一直存在着一个相对稳定的水利"专业人员"的延续机制。1949年以前村中"大户"是水利管理精英，人民公社时期生产队长"一把锹放水"，实行家庭联产承包责任制前期则由村民小组长组织农户集体用水。但随着精英的流失，公共事务缺乏组织者，各个家庭各自为核心，整个村庄犹如"一盘散沙"，集体行动也就难以达成。

人口大量外流造成的另外一个后果是外村人代耕蒋村的土地。2012年7月，蒋村有近四分之一的水田由外村人代耕。外村人的用水行为打乱了塘口内原本相对清晰的产权对应关系。外村人只是暂时获得水塘的使用权，水塘的股份仍归田主所有，加上代耕的不稳定，"种一年是一年"，他们无法获得水利投入的长期回报。因此，外村人不愿参与水塘的日常维护和管理，更不愿参加定期的水利修缮。用水时，代耕者不熟悉水塘实际产权划分情况，他们不遵守按照田与塘口的对应这一基本原则，采取"就近原则"，田离哪口水塘近，就从哪口水塘放水。

"外村人"身份也为村外代耕者逃避规范约束提供了方便。村落在长期的生产实践中，形成了行之有效的用水规范，但是这些"熟人社会"产生的规则对村外陌生的代耕者难以产生有效的约束。实际分水时，他们有时假装不清楚蒋村的用水规范，故意违规用水，有时他们还会故意从别人刚刚施肥不久的水田"过水"[①]。外村人之所以屡屡违规，主要是因为他们不在村中居住，与原住村民间社会联系少，无须面对村民的舆论压力，因此"熟人社会"的面子、道德约束机制难以奏效。

外人违规对本村人产生了不良示范效应。外村人不遵守村落用水规范，不仅侵犯了本村人的实际利益，而且挑战了传统的用水秩序。在用水

[①] 蒋村田间灌溉并无专门的水渠，所以农户灌溉自己的水田时，必须从别人水田中"过水"。当农户需要从别人水田"过水"时，一般都要事先与田主"打声招呼"。这种口头通知有两个好处：一是田主会事先留意一下自己农田原有储水量，做到心中有数，防止别人"过水"时借机多放自己的水。二是避开施肥等特殊时期。如果某户刚给稻田施肥不久，这时候从田中"过水"，肥料会随着水流而流失。

秩序遭到破坏又没有得到有效干预的情况下，本村人也开始纷纷仿效，加入到违规用水的行列中来，本村人不再遵守塘口统一放水的规则。现在，任何人都可以随时开塘放水，村庄水源分配变得无规可循。在水利的维修方面，外村人不参与水塘维护的行为也挫伤了本村人管理水塘的积极性。2010年春，一个多月的连阴雨使村中最大的水塘出现决口。由于下雨，加上气温低，中年男性村民都不愿意去堵决口。这种情况在以前是不可能发生的。

显然，把所有的责任都推到"外村人"身上是不合适的。因为假设蒋村本身的用水秩序坚不可摧，外人就不大可能普遍地越轨而是相反，越轨行为被既有的秩序所框正。

所以，人—地关系弱化是村庄用水困境的基本社会背景。费孝通曾用Earth-bound来形容中国传统社会的基本特征，可见中国传统社中人地关系是如何强大[1]，但今天蒋村的情况已经发生翻天覆地的变化。截至2012年7月，蒋村有19个家庭在城镇买房，67人迁至城镇。另有9户、32人（其中1户已在城镇买房，户口暂未迁出）虽然身份还是农民，但已经基本脱离农业生产。留守在村中的农民，共有13户、24人。这类农户主要是兼业户，以及依靠土地养老的老年户。他们虽生活在农村，但是对土地的依赖程度也已降低。可见，人—地关系弱化，不仅表现为居民对土地、对农业的依赖减弱了，在空间上越来越多的人离开乡村，而且在心理上、观念上，特别是从小在城镇长大的年轻人，对土地、对乡村的依恋降到了"冰点"。

四 结论与余论

以上主要讨论了蒋村过去与当前的用水情况。[2] 传统时期，塘田系统与用水的制度安排形成一个比较稳定的体系。人民公社时期，由于强政府

---

[1] 参见 Hsiao-Tung F., Chih C. I., *Earth-bound China: A Study of Rural Economy in Yunnan*, Chicago: University of Chicago Press, 1945.

[2] 需要说明的是，蒋村案例有一定的特殊性，蒋村的人口外流情况比较突出，村庄"空心化"特征明显；蒋村农田用水也具有一定的特殊性，进入新世纪以后，村庄基本放弃使用人民公社时期修建的第二、第三道抗旱保障系统，退守到村内传统水塘用水，这在其他农村地区可能也不多见。

强组织及国家对农业的重视，用水组织作为农业生产组织的组成部分使农田用水得到了组织保障。改革开放初期，基本上恢复了20世纪50年代以前的用水传统，但随着人口外流、现代性的渗入，进入新世纪以后用水问题日益突出。

人口外流致使村庄"空心化"，这是一种有形的变化；但实际上，存在另一种反向的流动，即"现代性"因素向村庄的渗入。中国最近30年来快速的工业化、城市化，对每一个农村社区都会产生不可估量的影响，更何况是蒋村这样的"空心村"呢？蒋村的大量劳动力在外地就业，家庭迁居城市，也相应地向村里反馈很多信息，影响着在村居民。按照韦伯的看法，现代性的根源在于理性化，而理性化最重要方面，就是深思熟虑地根据自我利益适应局面，而不是不假思索地接受古老习俗。[1]对日益理性化的农民而言，农业仅仅是一种不那么有利可图的"生意"了，所以他们在潜意识中认为没有必要花很多的时间精力去维持传统。像过去行之有效的"点香计时"办法，其实施和维持是需要成本的。对村民而言，与其去"点香守水"，还不如去打打零工挣现钱。是否参与水塘的维修，村民也更多地从经济的投入回报去考量。水利兴修投入大，回报周期长，老年人和外村人因耕种年限短，无法享受长期回报而不愿兴修水利，中年人因农业经济效益低，偏爱在非农领域投入。加上水稻生产技术的提高，比如化肥的使用，耕作方式的改变等，虽然用水不那么井然有序，但对水稻产量的影响也有限，即使水稻产量有所降低，对村民家庭经济的影响也十分有限。理性化也使传统的约束力不再那么有效力。以往，如出现违规用水时，他人的议论、述说及当事人的"面子"会起到重要的调节作用。传统村落用水规范产生并发挥作用主要是基于这样的一种社会现实，即传统村落是一个封闭的、稳定的、信息共享的熟人社会。然而，在日益"空心化"的农村，人口持续外流，农村社会变得日益开放和不稳定，传统用水方式所依赖的社会结构会受到了更大冲击。

未来，城市化水平仍将不断提高，某些地区村落"空心化"也将进一步加剧。2010年中国的城镇化率超过50%，2012年达到52.6%。[2]就

---

[1] 参见［德］马克斯·韦伯《经济与社会：第一卷》，阎克文译，上海人民出版社2010年版，第121页。

[2] 数据来自《中华人民共和国2012年国民经济和社会发展统计公报》。

蒋村一带的农村看,大量人口流出乡村进入城市,估计十年后会有相当一部分自然村落因无人居住而消失。以蒋村为例,2012年7月,蒋村户籍人口从10年前的150人左右减少到56人,减少了近三分之二。目前实际常住的只有24人,仅占原本意义上村民数的六分之一还不到。留守村庄的24人中,60岁及以上老人12人,占一半,且其子女均已定居城市(见表1)。由于大量人口外迁,地方社会建设、社会服务相应也滞后了,比如教育,因为学生少,乡村学校几乎到了难以为继的地步。社会服务的滞后反过来更加剧了人口的外流。按目前的发展趋势,十年后从事农业的60岁及以上老人绝大部分人将退出农业生产。以农业经济为主的中年家户有三户的劳动力平均年龄为55岁,十年后他们也难以成为农业生产的主要劳动力。

如果纯粹从用水角度看,很容易得出悲观的结论,进而提出加强农村基层组织建设、加强农民用水组织建设等建议。但如果从中国现代化发展的一般趋势去看,无论是回到传统时代,还是回到承包制初期的小规模经营,对像蒋村这样的"空心村"而言都已不可能。土地规模经营将成为一个必然的趋势。曾有四十来户为之四季劳作的250亩土地(150亩水田、100亩旱地),若干年后就只有两三户甚至只有一个家庭农场在经营了。① 土地规模经营,有助于解决蒋村的塘口用水问题。道理很简单,以前是若干户合用一个水塘,所以必须有户与户的用水合作;而规模经营以后,塘—田系统在经营者的范围之内,用水变为一个纯粹的内部事务,户与户之间的矛盾与纠纷不复存在了。但是如果要恢复水库和电灌站用水,则要结合地方农田经营方式变化、水利工程特点、地方文化安排等,做好这类水利设施的产权改革,此外还应明确水利设施对应的责任人,在此基础上探寻相配套的建设和管理模式,做到物尽其用。

---

① 蒋村旱地耕种面积波动较大。传统时期,全村只有大约10亩旱地。人民公社初期,村民开荒开到山顶,旱地面积300多亩,后因水土流失严重,旱地面积缩减到60亩左右。20世纪80年代以后,旱地面积又有所增加,此后维持在100亩左右。

市场与农村社会

市场里的差序格局
——对我国粮食购销市场秩序的本土化说明[*]

熊万胜

  市场秩序是如何可能的,这应该被看成是经济理论乃至一般社会理论里的一个重大问题,因为,科学社会主义理论的出现正是以这样一种判断为前提:市场经济的秩序必然崩溃,因而必须用计划控制取而代之。对于这个伟大的假定,历史既没有确证它,也没有否证它。在现实的复杂性和理论的简单性之间,理论家们进退两难;在尊重自发与大胆干预之间,发达国家的决策者们也是左右摇摆。但对于很多后发展国家的政治家来说,对于自发市场秩序的谨慎态度却是一以贯之的。在新中国成立后,对于自发资本主义势力扰乱经济秩序的担心,促使决策者加速了从新民主主义社会向社会主义社会过渡的进程,并且在整个计划经济时期,一直严厉打击各种投机倒把活动。在经济体制急剧转轨的过程中,如何实现市场秩序的问题也曾被广泛地讨论过。而今,社会主义市场经济体系已经基本建成,并在快速发展中保持了市场秩序的基本稳定,我们很有必要讨论一下这种新的独特的市场经济的秩序是如何实现的。特别是在刚刚击退了一场全球性的金融危机之后,思考这个问题就更有现实意义。对于这个问题,笔者将借助对我国粮食购销市场结构的历时性分析,试图提出一个本土化的解释框架。

一 文献脉络与解释框架

  在操作的意义上,我们可以认为,有秩序的市场指的是这样一种状

---

[*] 原文发表于《社会学研究》2011年第9期。

态：同时共生的各种制度或主体之间存在一种结构化的关系，这种结构化的关系具有自我再生产的能力。

在主流的经济学思想里，市场的秩序或者说稳定只是一个不太重要的关键词，毕竟资源配置的效率才是衡量经济系统质量的最高指标，但我们仍然可以在英法古典经济学——新老奥地利学派的理论脉络以及规制经济学里发现对这个问题的深邃思考。综合地看，经济学家强调可以依靠"两只手"——市场这只"看不见的手"与国家宏观调控这只"看得见的手"——的联合作用来实现市场的秩序。国家既可以是一种结构，代表了法治，也可以是一个超级行动者，深度地介入经济生活。我国经济体制的转轨可以理解为产品经济的秩序向市场经济新秩序的转换，这个过程是艰难的，旧秩序被打破了，新的秩序一时难以建立。中国经济学界的很多学者将市场无序理解成市场化程度不够和体制不健全，因此一定要更加彻底地市场化、加大市场开放力度，建立和健全符合市场经济标准的各种制度[①]。这是一个模仿西方市场经济的思路。今天看来，沿着这个思路思考下去其实无法完整地理解当下的市场实际，尤其是不能理解市场秩序的维持。每个国家的市场经济都是独具特色的，中国的市场也十分有个性。对于这种个性，我们首先应该追问的是，它究竟是怎么实现的？

秩序是社会学的传统研究范围，社会秩序是如何形成的，这恰是社会学的核心问题意识。只要我们把市场理解为一种嵌入社会中的结构体系或者直接就是一种社会结构体系，那么立刻就能够把市场秩序问题类比成甚至直接看成社会秩序问题。在经济学和数学紧密结合之后的时代，这样的转换是由波兰尼等人从不同的方向来完成的[②]，从社会秩序的角度来理解市场秩序，因此也分成了多种不同的路径，比如怀特对于

[①] 厉以宁：《市场经济新秩序》，中国人民大学出版社1993年版；樊纲：《渐进改革的政治经济学分析》，上海远东出版社1996年版；郭冬乐、宋则：《通向公平竞争之路——中国转轨期间市场秩序研究》，社会科学文献出版社2001年版；洪银兴：《市场秩序和规范》，上海三联书店2007年版。

[②] 高柏：《中国经济发展模式转型与经济社会学制度学派》，鲍威尔、迪马吉奥主编：《组织分析的新制度主义》，上海人民出版社2008年版，第1—20页；符平：《"嵌入性"：两种取向及其分歧》，《社会学研究》2009年第5期。

新古典经济学的市场观的社会学改造①、格兰诺维特等人对于企业嵌入社会网络的强调②，弗雷格斯坦将市场理解为场域的视角、历史与比较的制度主义研究视角③，以及对于市场中博弈均衡出现的社会条件的扩展④⑤，等等，本文重点讨论的是尼尔·弗雷格斯坦立足于场域视角的"政治—文化分析方法"。

弗雷格斯坦对于市场的研究重心，不在于分析供求关系或网络关联，而在于理解同一个产业里的企业之间的等级关系。这非常符合本文的研究意图，本文也是试图理解粮食购销市场中企业之间的等差级别。弗氏说：

---

① White, H., "Where do Markets Come from?", *The American Journal of Sociology*, Vol. 87, No. 3, 1981.

② Granovetter, M., "Economic Action and Social Structure: The Problem of Embeddedness", *American Journal of Sociology*, Vol. 91, No. 3, 1985; Boisot, M., & J., Child, "From Fiefs to Clans and Network Capitalism: Explaining China's Emerging Economic Order", *Administrative Science Quarterly*, Vol. 41, No. 4, 1996；林闽钢：《转变中的经济秩序》，人民出版社2003年版。

③ ［美］弗雷格斯坦：《市场的结构：21世纪资本主义社会的经济社会学》，甄志宏译，上海人民出版社2008年版；倪志伟：《经济学与社会学中的新制度主义》，［美］尼尔·斯梅尔瑟、［瑞典］理查德·斯维德伯格主编《经济社会学手册》，罗教讲、张永宏等译，华夏出版社2009年版；高柏：《中国经济发展模式转型与经济社会学制度学派》，［美］鲍威尔、迪马吉奥主编《组织分析的新制度主义》，上海人民出版社2008年版；［美］坎贝尔、约翰·L.、J.罗杰斯·霍林斯沃思和利昂·N.林德伯格编：《美国经济治理》，董运生、王岩译，上海人民出版社2009年版。

④ 王水雄：《镶嵌式博弈——对转型社会市场秩序的剖析》，上海人民出版社2009年版。

⑤ 其一，怀特的市场理论是独特的，他将市场理解为一种不断再生产的社会结构，这就具有了明显的秩序取向，以至于王晓路（《对哈里森·怀特市场模型的讨论：解析、探源与改进》，《社会学研究》2007年第1期）认为，他的名篇《市场从哪里来？》（*Where do Markets Come from?*）一文其实可以更名为《市场是怎样维持的？》（*How Do Markets Sustain Themselves?*）。可是他也忽视了国家的意义。其二，运用网络分析对市场的把握。网络分析从一种整体结构的视角来把握市场的宏观结构，这可以涉及市场的秩序问题。但是，这种分析也很难把国家的作用考虑进来，比如博伊索特和蔡尔德（Boisot, M. & J. Child, "From Fiefs to Clans and Network Capitalism: Explaining China's Emerging Economic Order", *Administrative Science Quarterly*, Vol. 41, No. 4, 1996）曾提出，当代中国的市场秩序要么是一种诸侯分割的"领地经济"，要么是一种群落经济或网络资本主义。漠视了纵向的控制维度。林闽钢也在利用网络思想理解经济秩序方面做出了一些努力，但他的局部秩序和这里讨论的全局性的经济稳定是不同的。其三，布迪厄提出，经由组织分析的新制度主义理论以及弗雷格斯坦发展的市场场域理论。其四，经济社会学中的历史与比较的制度主义研究的长处是更加彻底地肯定了国家作为行动者的角色，而且能够把行业作为研究单位，但问题在于，它们似乎受到了交易成本经济学更深的影响，更多地关注不同治理形式之间的替代，而不是并存，因此它没有把秩序作为中心问题。其五，对于博弈论的秩序观的社会学改造，比如王水雄《镶嵌式博弈——对转型社会市场秩序的剖析》，上海人民出版社2009年版。提出不能孤立地分析博弈均衡出现的条件，他的理论很能给人启发，但目前主要还是一种微观分析。

"我给市场下的一个操作性定义是：市场是一个这样的地位等级系统，即既存的主导销售商在其中得以持续进行自身再生产的场所。"他认为，这种主导的销售商是市场等级中的"在位者"，它借助于产业链的整合尤其是国家的帮助，努力维持自身地位的稳定，减少挑战者带来的不确定性。这种控制关系作为一种博弈均衡被制度化，将导致一种"控制观"的形成，也就是形成"对谁是强者及其为什么是强者的一套本土性的认识。另外，控制观还是企业领导者借以理解其他企业行为的认知框架"[1]。通俗地说，就是摆出了江湖座次，划定了座次之间的规矩。

弗雷格斯坦的分析方法既肯定国家在市场形成中的强大影响力，也十分重视企业之间的政治斗争，也没有忘记这种博弈格局中可能形成某些观念性的东西，所以，他将自己的方法称为"政治—文化分析方法"。在理论上，他的方法综合了组织分析里的资源依赖理论和新制度主义方法，借鉴了市场理论里怀特对卖方企业的偏重，以及新产业组织经济学对大企业的偏爱，尤其是发展了布迪厄的场域理论，堪称市场社会学理论的一次新综合。在经验上，政治—文化分析方法展示了熟练的多区域比较能力和技巧，并具备一定的历史分析色彩，因此形成了足够的理论一般性，对于我们理解粮食购销市场的秩序很有启发意义和针对性。

但是，弗氏的理论也存在着重要的缺陷，因为他的场域理论是不彻底的。[2] 他假定，在同一个社会中，国家作为一个主体的存在不会对企业之间的场域产生影响，国家有国家的场，企业有企业的场。他的政治—文化分析法中的文化规则主要是四种：产权、治理结构、交换规则和控制观，其中前三种的形成主要是在公共政治领域或国家场域里完成的，而控制观主要是在企业之间的市场政治领域或市场场域中形成的。他的国家只是一个不同政治主体斗争的场域，缺乏主体性，因此，它在控制观的形成过程中，只能作为规则存在，而不能作为行动者起作用，结果，他说的四种规则的前三种与控制观之间其实是完全脱节的。也就是说，他只看到诸场域之间的并列，忽视了场域之间的相互侵入和融合。这种场域的构型是简单

---

[1] [美]弗雷格斯坦：《市场的结构：21世纪资本主义社会的经济社会学》，甄志宏译，上海人民出版社2008年版，第67页。

[2] 符平：《迈向市场社会学的综合范式——评弗雷格斯坦〈市场的结构〉兼议其范式修正》，《社会学研究》2010第2期。他认为弗雷格斯坦的理论应该被修正，但他的修正方案似乎否定了其理论中最有特色的场域观念。

的平行构型，好比一个三明治，一层压一层，但每层之间都是可分离的。这种场域的平行结构观与西方社会理论中流行的国家—社会二分法是内在一致的，所以，这个缺陷不是弗雷格斯坦个人的缺陷，也有可能是西方社会理论体系里的一个集体无意识的盲点或者有意识地形成的一个特点。

事实是，场域之间的关系构型绝不限于平行结构，而是有很多类型。比如，完全可以是不同场域之间相互嵌套的构型，比如套箱式的，就像中国套箱或者俄罗斯套娃一样，最大的套统管全部，这可以类比最集权的科层制；或者是咬合式的构型，上层场域咬住了下层场域，这就像是下管一级的科层制度；或者是水波纹式的，一层一层向外推动，这就是"差序格局"式的①；还可以是不断内卷式的，或者旋涡式的等。其实，我们能想象出在多个磁铁之间的磁场可能有的构型，或一群气功大师之间的气场可能有的构型，或若干天体之间的引力场可能有的构型，在社会场域中也都可能有，甚至更复杂。

场域构型的单一化和简单化是弗雷格斯坦模式的主要缺陷，在该理论施用于西方社会时，这个缺陷可能不明显，但施用于中国社会时却是很严重的；施用到一般消费品和第三产业上，其缺陷也不明显，但施用到涉及国家安全的战略性产品上却很不合适，比如，美国政府对于军工产品和农产品生产的控制就比较直接，对一般消费品比如电视机、打火机或者鞋帽服装等产品的市场就放得比较开，在前者的市场上，政府实际上是个推销商，后者的市场上，市场内部的自治比较充分，其中的国家场域和市场场域的关系是十分不同的，并不能一概而论。所以，即便是美国，也不可能对所有产品市场一体同仁地对待，也存在一种内含等级区分的控制关系。

具体到我们要分析的中国粮食购销市场，弗雷格斯坦模式的缺陷就很明显了。农业在所有国家都是命脉行业，事关经济发展和社会稳定，因此，所有国家的政府都会积极介入。粮食产业在农业发展中的地位又特别突出，对于中国这个人口大国来说，粮食安全的任务尤为艰巨。我们总是说国以民为本，民以食为天，强调要确保95%的粮食自给率，要保证粮食市场秩序的稳定。为了实现这个高水平的粮食安全，掌控我国粮食购销市场的不可能是任何一种粮食购销企业，而必须和确实是国家本身，即国家通过粮食行政部门和公有制主渠道企业控制粮食购销市场。那么，这里

---

① 费孝通：《乡土中国 生育制度》，北京大学出版社1998年版，第27页。

的场域构型，就绝不可能是三明治式的，而更像是一个有中心的水波纹式的，或者更为本土化地说，是一个差序格局式的场域结构。

要从场域的纵向嵌套来理解差序格局，就必须承认差序格局不仅是横向的，也可以在纵向展开。从纵向的维度来理解差序格局，要说到阎云翔[①]和孙国东[②]的努力。阎云翔认为：差序格局与团体格局之间存在的是社会结构原则的差异，是基本价值观的差异，而不仅仅是传统与现代、乡村与城市，或者农业社会与工业社会之间的不同。因此，经济发展自身不会改变差序格局，相反，经济发展还有可能依赖于差序格局。有趣的是，孙国东也努力用场域概念来解释差序格局的再生产过程。他认为差序格局从根本上讲是行动者在诸场域的资本争夺中形成的不平等格局，但是，他没有点明场域本身的不平等。他们的贡献不仅仅是解释了为什么当亲情淡漠了之后，关系网却依然细密，更在于，一旦我们将差序格局与纵向的社会权力分层联系起来，也就立刻使得这个中层概念获得了解释宏观社会结构的能量。于是我们就可以理解，差序格局其实可以成为与国家—社会二分法等量齐观的结构概念，而不是一个只能刻画中国人生活方式的"小概念"。

现在，我们可以用差序格局来统一地理解市场主体在横向和纵向上的不平等，以及建立在这种不平等基础上的秩序。对应到本文讨论的问题，我们可以发现，在横向上，不同产业部门之间也存在着以中央政府代表的最高层国家为中心的差序格局，比如，在计划经济时代我们把农产品分成统购统销产品、派购产品、议购产品，这就是一个对于产品地位差别的认定。粮食是地位最重要的农产品，相关部门的地位也是最重要的。在纵向上，则存在着与不同层次的地方政府部门纠缠在一起的企业身份的尊卑不同。由于本文要专门探讨粮食购销市场的秩序，所以，主要是分析这种纵向上的差序格局。

本文试图提出的一个替代性的解释框架，或者说理论假设是：

我国粮食购销市场结构是一个以执行国家权力的中央粮食行政部门为核心的差序格局。在这个核心周围，中央储备粮系统、地方储备粮系统、

---

① 阎云翔：《差序格局与中国文化的等级观》，《社会学研究》2006年第4期。
② 孙国东：《"特权文化"与差序格局的再生产——对差序格局的阐发兼与阎云翔商榷》，《社会科学战线》2008年第11期。

地方国有或控股粮食购销企业、非国有购销企业和粮贩子队伍按照重要性、所有制和规模的不同等确定了身份上的等级。在这个差序格局里，中央国家对于各种市场主体实现了差序化的控制。

在对这个新的理论假设进行经验验证之前，还需要在理论上说明：为什么说我国的粮食市场主体之间的差别是身份上的等级差别？

主体之间的差序格局必然是和主体之间的不平等联系在一起的，所以，阎云翔在重新解释差序格局时，不仅提出了社会是如何构成的，也提出了人格的不平等问题，放在本文的语境里，就是要问市场主体之间的身份是否平等。我们说西方社会也曾经是一个身份社会，现在转化成了一个契约社会，因此人们也指望中国社会也可以转化成契约社会，现在看来，这种转化是很困难的。张宛丽[①]曾经提出，中国人的地位身份观念其实类似于一种势力范围观念。中国人的身份不是一种长期稳定的地位标志，而是取决于对资源的暂时占有以及这种占有的可能性。自古以来，决定这种占有的主要是国家权力。在一种概念化的意义上，身份与权力的关系可以这样表述：是权力建构了身份，而不是身份赋予了权力。所以，只要权力支配了社会中最核心的资源，那么身份以及身份观念就会不断地再生产。

从场域理论的视角来看，企业身份的形成是因为企业不只是停留在市场场域里，还能进入多个不同的其他场域，或者反过来说，将企业嵌套起来的场域的等级和数量是不同的。具体到粮食购销市场里，企业的社会身份至少是由以下的场域差异建构起来的。

第一，粮食企业在国民经济体系和部门经济体系中的重要性的差异。不同产业对于国计民生的意义是不一样的，农业被看成是国民经济的基础，其中粮食问题又是农业的首要问题。同一产业里不同属性的企业重要性也不同。在粮食产业的诸企业中，承担后备储备的储备粮系统，要比承担库存储备和经营业务的地方国有粮食购销企业受到中央政府更多的眷顾。在承担后备储备的储备粮系统中，中央直属的中国储备粮管理总公司无论是政治还是经济地位都明显高于地方各级储备粮管理公司，依此类推。

第二，主渠道与辅渠道组织之间的差异。粮食购销市场主体通常可划

---

① 张宛丽：《非制度因素与地位获得——兼论现阶段中国社会分层结构》，《社会学研究》1996年第1期。

分为主渠道组织和辅渠道组织。主渠道组织一般是指国有或国有控股的粮食购销企业，辅渠道组织一般是指非国有企业和粮贩子。国家对于国有粮食购销企业给予了更多的扶持。

第三，粮食企业规模之间的差异。在弗雷格斯坦的区分中讲到的规模差异主要是指同行之间的实力对比，在中国，企业不仅仅在市场上竞争，还要在政府的扶持体系里竞争，政府根据复杂的指标体系赋予企业不同的身份级别以及相应的扶持，其中，规模是最主要的一个指标。国家将那些较大的具有"带动"能力的企业评为"农业产业化龙头企业"，然后将所有龙头企业区分成国家级、省级、市级甚至县级。其中，政府更愿意扶持规模较大的企业，所谓"扶大扶强不扶弱"。

以上种种身份性的差异，其实是以权力为中心来评定的。距离权力中心越近，身份地位就越高，呈现出一种以权力中心为核心的差序格局。这种多场域嵌套的局面不只是企业钻营的结果，也是政府诱导的结果。企业为了巩固自己的市场地位，并获得政府的支持，积极地争取各种各样的资格；政府为了复杂的目标，也对企业实行纵向的选择性的再分配[1]，或者横向的分类控制[2]。由于不同的资格出自不同的场域，所以这种资格累积的过程也就创造了场域的嵌套构型。由于每个企业所能进入的场域的级别不同，所能累积的资格的齐全程度不同，于是不同企业之间就形成了身份的差别。

二 粮食购销市场主体之间差序格局的形成

改革以前的计划经济秩序可被视为一个被中央国家实施"总体性支配"[3]的场域，几乎所有的经济主体都按照行政级别进行排列，这样的场域嵌套关系中既不存在国家—社会的二分，又打破了历史上传统的差序格局，因而形成了一种超大规模的科层制构型。改革使得这个总体性的场域逐渐分化，形成了无数具有一定自主性色彩的次级和更次级的场域，这时候，我们要观察的是，这些场域之间的关系是在模仿西方的过程中形成了

---

[1] 熊万胜：《合作社：作为制度化进程的意外后果》，《社会学研究》2009 年第 5 期。
[2] 康晓光：《分类控制：当前中国大陆国家与社会关系研究》，《社会学研究》2005 年第 6 期。
[3] 孙立平、王汉生、王思斌、林彬、杨善华：《改革以来中国社会结构的变迁》，《中国社会科学》1994 年第 2 期；渠敬东、周飞舟、应星：《从总体支配到技术治理——基于中国 30 年改革经验的社会学分析》，《中国社会科学》2009 年第 6 期。

三明治结构，还是回归传统，出现了五花八门的、其实依然是有等差级序的嵌套构型。

改革以前，粮食部门是政企合一、政策性业务与经营性业务合一、中央与地方责任混合的部门。改革后，粮食市场主体逐渐多元化。这个多元化的过程大致是这样的，首先是在国有粮食部门之外发展出了粮贩子队伍；然后在粮食产业化经营的过程中，在主渠道企业之外发展出了辅渠道企业；继而国家通过改革实现了储备粮业务的垂直控制和独立，并要求地方建立储备粮系统；同时加大了对各类农业产业化龙头企业的扶持力度；最后是国家对地方国有粮食购销企业实施了产权改革，在地方国有粮食购销企业大面积民营化后，也自然实现了地方政府与企业的分离。如此，就从政企混同的"粮食部门"里分离出了作为管理主体的粮食行政部门；执行政策性业务的主体——中央储备粮系统和地方储备粮系统；从事经营性业务的主体——地方国有或控股粮食购销企业、非国有购销企业和粮贩子队伍。其中国有和国有控股企业称为主渠道，非国有主体称为辅渠道。截至2008年底，我国各类取得粮食收购资格的政策性和经营性主体达到了77498户，其中国有粮食企业18000多家[1]。这之外还有难以计数的粮贩子。

这个过程中最重要的事件有三个，一是粮贩子队伍的发展壮大与分层；二是主渠道企业的内部分化；三是辅渠道企业的发展壮大和分类。至于作为管理主体的地方粮食行政部门与企业的分离只是这三大事件的自然结果，地方粮食行政部门特别是市县级别粮食行政部门执行的政策性业务被上层垂直控制了，所管辖的企业也改制了，那么在地方层面上自然也就实现了所谓的政企分开。但在中央和省级层面上，粮食行政部门还直接掌控着储备粮系统的运作，控制着某些大型垄断性企业，其政企分开的水平相对较低。

（一）粮贩子队伍的发展壮大与分层

这里所谓粮贩子是指那些直接从农民手上购粮谋利的自然人或法人，主要包括从事粮食贩运的小企业、个体户和其他自然人。

在粮食购销的双轨制时期（1985—2003年），随着粮食产量的增加和市场化改革目标的明晰和确立，地方国有购销企业执行的国家定购任务基

---

[1] 聂振邦主编《2009中国粮食发展报告》，经济管理出版社2009年版，第48—52页。

数振荡式下调，给自由购销留出的空间越来越大，贩子越来越活跃。据1991年农业部农村固定观察点的材料分析，在大宗农产品的销售方面，集体统一运输和销售的只占4.1%。同时，由私营组织销售的大宗农产品也只占5.5%。绝大多数的大宗农产品是由农民自己和贩子来完成销售的①。

在全面放开粮食购销市场以后（2004年至今），随着粮食市场化改革条件的逐步具备，国家坚决地推动了全面市场化改革，贩子的生存空间和合法地位得以保证。与此同时，随着非农就业的发展，农业的继承人危机逐步凸显，结果，作为优质劳动力，贩子的地位更加重要。同时，管收购的不管生产，将粮食卖给粮食加工企业要通过贩子来完成，而且把粮食卖给储备粮库也大多通过贩子来完成②。

我们可以把当下的粮食收购市场结构图示如下：

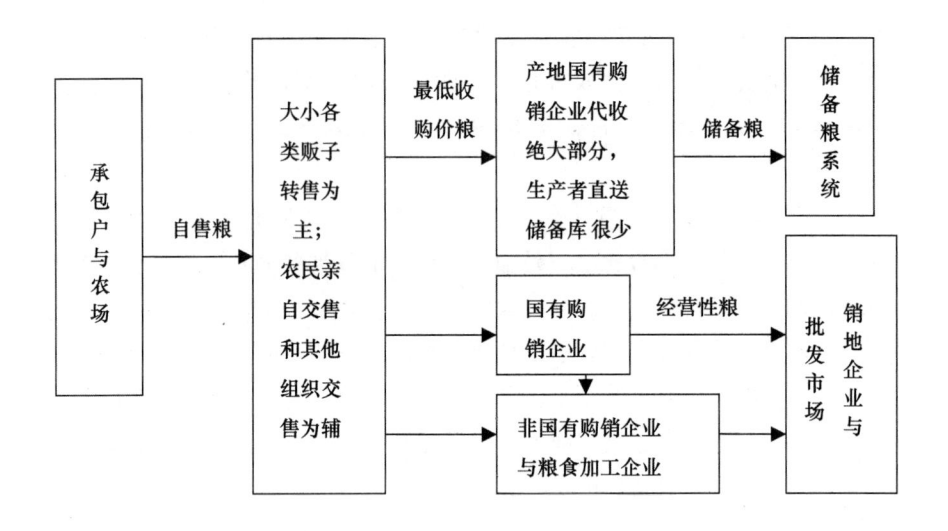

---

① 国务院研究室课题组：《农产品流通体制改革与政策保障》，红旗出版社1992年版，第11—12页；《农村·市场·政府》，中国农业出版社1994年版，第76页。

② 吉林的调查数据请参见乔百君《粮食流通体制改革下相关利益主体的行为分析》，《农业经济问题》1999年第3期；王小霞：《粮食最低收购价格为何难让农民满意？》，《中国经济时报》2009年9月1日（http://www.cet.com.cn/20090831/f1.htm/www.cet.com.cn/20090831/f1.htm"）。山东和河南的数据请参见胡作华《粮食经纪人：劳苦功高，依然被视为"粮贩子"》，《新华每日电讯》2007年12月8日第6版。安徽阜阳的数据请参见王永群《安徽麦农：丰收之下的喜与忧》，《中国经济时报》2009年6月14日。

随着经济的发展，粮贩子中的一部分发展成了龙头企业。在那些没有做大做强的贩子中，也有三个层次间的差别。

第一类是最低层次的贩子，他们以县级或者乡镇级的市场为活动中心，不从事远距离贸易，也没有能力直接把粮食卖给储备库或者代储单位，主要是帮助大贩子和加工企业收粮食。因此，他们处于市场体系和行政化体系的最底层。他们依靠出卖劳动力生活，赚取劳动力的价格，可以称为"劳动力贩子"。

第二类是可以从事长途贩运的贩子，他们往往具有加工和小规模收储的能力。用布罗代尔[①]的市场经济理论视角来看，他们已经可以脱离小范围的市场经济，但在下游资本和国家资本的打压下，也没有能力构成市场垄断，虽然依靠资本运营来谋利，却称不上资本家，只能叫作"资本贩子"。

第三类是可以直接把粮食卖给储备库或者收储单位的贩子，他们不一定是官商，但一定与官商有着理不清的关联。他们可以自己收粮食，也从前两类贩子手上收粮食。他们赚取的不是社会分工体系对于他们的合理补偿，实际上主要是寻租收入。因为他们可以凭借关系把同样的粮食卖出不一样的价钱，其中的差额是由国家最低收购价政策来补偿的。因为他们依靠寻租来发财，所以可称为"权力贩子"。1990年首次推行高于市场价的保护价时，就出现了这种权力贩子[②]。在历史上，农民必须交售公粮，为了及时交售，不得不向某些人缴纳陋规[③]。这些收取陋规代售粮食的人其实也是权力贩子，他们是市场管制与官吏腐败的必然产物。

（二）主渠道的内部分化

在计划经济时代，粮食经营渠道单一，国家设置了一个独立的粮食系统来完成粮食的购、销、调、转、存业务。在这个流程里，并不存在政策性业务与经营性业务的划分，粮食流动即是经营，粮食库存就是储备，也

[①] ［法］F. 布罗代尔：《资本主义的活力》，载布罗代尔《资本主义论丛》，顾良、张慧君译，中央编译出版社1997年版。

[②] 国务院研究室课题组：《农产品流通体制改革与政策保障》，红旗出版社1992年版，第36页。

[③] 黄仁宇：《十六世纪明代中国之财政与税收》，生活·读书·新知三联书店2001年版，第131页。

不存在政企的分离，粮食部门既是粮政部门，也是企业组织。随着工业化和城镇化的发展，跨区域流通的规模日益扩大，中央的计划调拨越来越不能胜任这个任务，客观上需要地方国有收储企业和其他多元主体自主经营。随着地方国有收储企业的市场化经营业务日渐扩大，出现了政策性业务与经营性业务的分工。出现了这种分工之后，两种业务之间的矛盾日益尖锐。最后，国家在国有粮食购销企业之外另建了一套独立的垂直控制的中央储备粮管理系统，同时要求各地区也建立地方储备，实现储备与经营的分离，政府与企业的分离。

主渠道的内部分化是对粮食经营队伍主力的改编，因此是市场主体差序格局形成的关键。与对一般的国有企业改革的解释逻辑有所不同的是，我们可以把这个过程理解成中央不断地建立对地方国有粮食企业的期望，却又不断失望的过程。

1990—1993年，国家的粮改思路基本形成，一是推进粮食市场化，推动建立多层次多类型的粮食市场体系；二是通过保护价敞开收购，保护农民种粮积极性；三是通过高储备来平抑市场波动；四是建立某种地方政府的责任制。① 从这些目标出发，国家对地方国有粮食收储企业的期望是：能贯彻保护价收购政策敞开收购农民余粮，能增强自身的市场

---

① 我国粮食市场化改革思路的形成经历了一个曲折的过程。1985年取消统购，减少定购基数，形成了购销双轨制，其实已经是市场化的一大步。但随之而来的粮食生产滑坡以及引发的严重争议，使得决策层认识到若要进一步推进市场化，需要很多条件来配套。1990年建立了郑州粮食批发市场，是健全粮食市场体系的第一步；同年建立的国家专储粮制度，体现了搞好宏观调控的意图。分管农业的田纪云［田纪云：《粮食商品化，经营市场化》（1991年11月17日），载田纪云《改革开放的伟大实践》2009年］在1991年参观郑州粮食批发市场时，明确提出了粮食商品化和粮食经营市场化的思路。1992年邓小平南方谈话更坚定了粮食市场化改革的方向。1990年、1991年和1992三年的粮食丰收，也增加了改革的底气。1993年下发的《国务院关于加快粮食流通体制改革的通知》（国发［1993］9号）中提到了为了实现"争取在二三年内全部放开粮食价格"的目标，必须做到的四件事：积极稳步地放开粮食价格和经营；继续实行粮食包干办法；继续加强和完善国家对粮食的宏观调控（包括储备系、三级市场体系等）；增强国有粮油企业的活力。同年提出要按照不低于国家合同订购价来设定保护价。《国务院关于建立粮食收购保护价格制度的通知》（国发［1993］12号）。至此，粮食市场化改革的基本思路已经形成。2004年发出的《国务院关于进一步深化粮食流通体制改革的意见》（国发［2004］17号）是我国关于粮食市场化改革思路的全面总结，其中讲到深化粮食流通体制改革的基本思路是："放开购销市场，直接补贴粮农，转换企业机制，维护市场秩序，加强宏观调控"，与1993年的思路相比，这里最主要的发展是直接补贴粮农，但这个做法很快被2005年最低收购价政策的启动所修正。其他方面也有很多发展，比如中央储备的超大规模、国企产权改革等，但也都是在原有思路上的深化。

生存能力，能以库存储备的形式配合国家宏观调控。但后来这些目标逐步落空。

首先是地方国有粮食购销企业无力贯彻敞开收购农民余粮的目标。国家对于敞开收购农民余粮的政策性目标十分看重，认为这是实现粮食市场化的先决条件，国务院的中发［2000］15号文件提出"只有敞开，才能放开"①。但在无法确保销售的情况下，地方政府和企业却不可能完成敞开收购农民余粮的政策目标。巨量库存反过来又增加了财政负担，这种负担不断地向上级和银行转移。国家越来越肯定：单纯依靠地方国有粮食购销企业来完成敞开收购是不切实际的。国家决心另建储备系统，并推进粮食产业化经营，以形成多渠道一起经营粮食的格局。

其次是地方国有粮食购销企业的市场生存能力难以提高②。在统销政策取消后，地方国有粮食购销企业运转经营性业务的能力严重不足，它们转而利用储备功能套取国家的财政和金融支持。由于地方政府有能力将国家对粮食部门的扶持挪用，所以，地方政府往往与企业共谋这类的机会主义行动，让上层防不胜防。在1998年的粮改中，为了防范地方国有企业的机会主义行为，国家委托农发行对购销企业的财务实行垂直管理，但这种微观控制成本高昂，效果不佳，而且进一步削弱了地方国有企业的活力。③

最后，依靠地方粮食收储企业来保管储备粮，也越来越不利于宏观调控。在市场化改革之前，国家需要通过计划调拨的方式完成宏观调控，但是，各地方的保护主义很强，遇到年成不好，中央可以调拨的粮食太少，

---

① 《国务院关于进一步完善粮食生产和流通有关政策措施的通知》（中发［2000］15号）。

② 发达地区的情况参见曹宝明、徐建玲等《粮食流通体制改革的"嘉定模式"》，中国农业出版社2008年版。其他地区请参见肖春阳、熊本国《国有粮食企业改革》，经济管理出版社2005年版。

③ 人们一般认为政企不分束缚了地方国有企业的活力，但是一旦脱离了政策的保护，地方国企的生存更加困难。就粮食流通体制改革而言，国家推进政企分开，主要目标并不是激活地方国企，而是为了维护政策性业务的安全。首先是从1990年起建立专项储备制度，然后不断地增强对专项储备的垂直管理力度，直至建立了独立的中储粮系统。这就使地方国有粮食购销企业失去了一大块低风险业务。特别是，国家储备库始终没有采取与地方国有粮食购销企业买断粮食的方式，而是采取委托收购的方式，这无疑是一种很集权的制度安排。其中，1995年提出的主营业务和附营业务分离使地方国有粮食购销企业失去了附加值较高的粮油加工业务。1998年以后不断深化的国企改制过程中又把优质的资产特别是粮库设施划给了储备粮系统，将老人、老粮、老账都留给了地方国有粮食购销企业。改革是一场博弈，地方国企的活力并不是最主要的考量。

而且也调不动。虽然设立了购销调包干制度,效果也不好,分管的国家领导对此深有体会①。在这个现实面前,国家决定从 1990 年起建立专项储备粮,增强中央的调控能力,这部分储备粮的规模越来越大。② 为了防范地方政府和企业的机会主义行为,管理体制也越来越集权,越来越独立。2000 年,国家成立了专门的中国储备粮管理总公司,由设在北京的总公司、设在各地的分公司、中央直属库、代储库构成了一个独立的集权体系,专司国家后备储备粮的管理。地方政府也按照产区 3 个月、销区 6 个月的规模逐步扩大和完善地方储备粮库的建设。

当中央和储备粮系统的硬件和垂直控制系统基本建成并投入使用后,粮食购销市场全面放开的时机也基本成熟了,所以,2004 年主产区的收购市场也全面放开了。③

新中国成立以来一直主要由地方国有粮食购销企业承担的政策性收购和储存粮食的工作,现在由一个独立的并且垂直管理的系统来接管;原来由地方国有粮食购销企业一家承担的敞开收购任务现在由储备库系统、地方国有(国有控股)粮食购销企业、非国有企业和粮贩子等多元主体共同完成。这样就在均质的粮食主渠道中分化出了各种级别不同、重要性不同的主体。而且,这种级别和重要性还与规模相挂钩。在国有粮食购销企业改革的过程中,国家还推动了大面积的兼并重组,这个兼并总是以上兼并下,很少有相反的情况,因此出现了级别越高的企

---

① 田纪云:《粮食商品化,经营市场化》(1991 年 11 月 17 日),田纪云:《改革开放的伟大实践》,新华出版社 2009 年版,第 115—123 页;朱镕基说:"实际上省际调拨已经没有了,都市场化了。如陕西,一个地区小麦丰收,一个地区缺粮,省里调拨都调不动"[朱镕基:《关于粮食购销工作需要进一步明确的几个问题》,1997 年 7 月 11 日 (http://www.ce.cn/xwzx/gnsz/szyw/200706/25/t20070625_11933153.shtml//www.ce.cn/xwzx/gnsz/szyw/200706/25/t20070625_11933153.shtml)]。

② 我国的后备储备粮甚至定购粮数量曾经是不公开的。2005 年开始实行最低收购价政策,这个政策的执行主体是中储粮总公司和地方储备粮公司,所以,我们可以从中测知储备粮数据。2005 年最低收购价收购 257 亿斤;2006 年收购 979 亿斤;2007 年收购 626 亿斤,其中中央储备收购 585 亿斤;2008 年收购 882 亿斤,另外,临时收储 1170 亿斤(参见历年国家粮食局主编的《中国粮食年鉴》)。

③ 到 2004 年时,2000 年计划建设的 750 亿公斤的中央储备粮库库容已经达到,各地省级储备粮系统也实质性地启动起来。因此,尽管 2004 年粮食产量还处于低谷,粮食价格也有上涨,中央还是有底气推进了粮食购销的全面市场化,一改原来被称为"紧时收,松时放"的"半周期改革现象"(卢锋:《半周期改革现象》,北京大学出版社 2004 年版)。这也说明,仅从粮食供求的松紧来理解改革的时机,是不够的。

业规模越大的格局。

（三）非国有粮食购销企业的发展壮大与分类

非国有粮食购销企业的发展壮大是粮食经营市场化的结果，但并不是其自然结果，它与各级政府推进和扶持粮食产业化经营大有关系。一个值得深思的现象是，粮食产业化直接导致了地方国企的大面积改制，即使在2001年的流通体制改革政策中被列为保护对象的产区国企也不能独善其身。

非国有粮食购销企业的发展经历了两个阶段：第一阶段是2004年粮食市场化改革之前，非国有粮食购销企业作为主渠道之外的辅渠道获得政府的支持。第二阶段是在粮食市场化改革之后，大批的地方国有粮食购销企业被改制，减少或取消了国有成分。

粮食产业化经营的直接含义就是要实现产供销的一体化，实现产销对接，以图在粮食市场竞争中扩大本地粮食企业的市场份额。这意味着地方粮食国有收储和加工企业必须走出家门，参与大范围的市场竞争，还要与粮贩子和民营企业贴身近战。但是，国有粮食收储和加工企业囿于自身的种种弊病，很难完成这个任务。1998年粮改时流行的一个说法是："敞开不收购，顺价不销售，封闭不运行"，但收购、储存、加工和销售本地粮食，又是一个必须完成的政策性和经营性任务。在这个政策环境下，地方政府必然要支持一切有能力实现粮食产业化的企业，不管它们是什么所有制，于是主渠道之外的辅渠道在地方获得了合法性。在粮食产业化的过程中，销区政府是很积极的，因为销区粮食相对短缺，可以利用辅渠道去冲击产区的主渠道。但产区也不完全反对产业化，在粮食丰收时，他们也指望自己的辅渠道去冲击销区的市场壁垒[1]。

粮食市场的全面放开为地方国有粮食购销企业的全面改革提供了压力和动力，这轮改革不只是在主渠道之外发展辅渠道，而是直接对主渠道实施产权改革。在这个消费者为王的时代，为了提高市场生存能力，政府必须选择更有活力的企业制度，要将小企业拍卖、出租，将较大规模企业实施股份制改造，只对少数核心企业实施国有独资经营。结果我们发现，所

---

[1] 卞正瑶：《构建多渠道粮食流通体制，发挥主渠道作用》，《粮食问题研究》1998年第1期。

谓的粮食产业化、发展龙头企业和企业产权改革,其实是"三位一体"的事情[①]。

　　目前,非国有粮食购销企业的发展很迅速,但其中存在某些区别,不仅规模大小不同,重要性也不同。从中央粮食行政部门的视角来看,粮食的收储要比加工重要,在改革过程中把前者称为国有粮食部门的主营业务,把后者称为附营业务。对于从事主营业务的收储企业国家抓得比较紧。一个表现就是,在2004年发布的《国务院关于进一步深化粮食流通体制改革的意见》中提出了比较激进的产权改革方案,认为对具备收储功能的小型国有粮食购销企业可以改造和兼并,或租赁、出售、转制。但在2006年发布的《国务院关于完善粮食流通体制改革政策措施的意见》中,对小型国有粮食购销企业,只提到可以通过改组联合、股份合作、资产重组、授权经营等形式放开搞活,并要求规范国有粮食购销企业产权制度改革,防止国有资产流失,而对于从事附营业务的加工企业,政策却放得比较开,民营化程度比较深。以2008年为例,在全国13681家主营粮食加工的企业中,有11760家非国有企业,占总数的86%,而且企业规模大,日加工400吨以上的企业有1354家,国有和国有控股企业只有75家[②]。

　　经过以上的变革,单一的粮食部门分离出了粮食行政部门、储备粮系统、地方国有购销企业、非国有购销企业和各层次的贩子。在这个差序格局体系里,政府部门相对于企业和个体处于核心地位。在政府部门中,中央部门无疑处于最核心的地位。各种从事政策性业务的主体相对于从事经营性业务的主体处于更为核心的地位。在政策性业务中,后备储备相对于地方购销企业的库存储备处于更核心更重要的地位。在后备储备体系里,从中央储备到省级储备,再到市县储备,其在行政化体系中的地位依次递减。在经营主体中,国有独资企业相对于国有控股或参股企业更重要,生存环境更优越。在所有的经营主体里,还有企业与个体的差别。在所有的企业里,还有龙头企业与非龙头企业的不同。在所有的龙头企业里,还有国家级、省级、市级和县级的等级之分。在所有的贩子里,是否与权力部

[①] 熊根泉:《推进"三位一体"改革　促进国有粮食企业发展》,聂振邦主编《中国粮食流通体制改革30年》,经济管理出版社2009年版。
[②] 国家粮食局:《中国粮食年鉴2009》,经济管理出版社2009年版,第627页。

门有"关系"也有差别。可以说,这个差序格局是一个以公权力为内核,按照差序格局依次排列的中心—边缘体系。

三 国家对于粮食购销市场主体的差序化控制

差序格局本身也兼有控制功能。国家不再像改革前那样采取科层制的方式以行政手段为主控制企业和个体,却也不能像理想市场经济状态下那样以法治化手段为主控制市场,国家依靠市场主体之间的差序格局结成了一个控制网络。对于这种十分柔性而且模糊的控制机制,我们可以这么来概括其内涵:其一是中央国家对于全国市场的一般化控制机制;其二是国家对不同身份企业实施的分类控制;其三是国家充分利用企业之间的牵制关系。

如果用场域的视角来分析,我们可以这样来问,改革使得原来比较总体性的场域高度分化,那么最高层的国家权力如何重建对于多场域的控制能力呢?我们可以发现,目前的粮食购销市场中已经形成了复杂多重的场域嵌套机制。前述第一种机制意味着所有的市场主体其实仍然都或多或少地处于中央政府的场域内,原有的总体性控制机制并没有彻底消失,而是有所遗留和转化。第二种机制说的是,不同的企业接近国家权力中心的层次是不同的,也就是它进入的场域的级别不同。那些中央政府不能直接触及的企业,其实也是在同级政府的场域的控制下的,而这个同级政府受到了上级政府乃至中央政府的直接控制。第三种机制说的是,即使有的市场主体距离权力中心很远,但是它受到市场场域里在位企业的控制,而国家对于这个在位企业的控制力度又是相对较大的。

(一) 中央国家对于全国市场的普遍化控制机制

在计划经济时代,国家对粮食购销的调控被称为以行政手段为主的硬调控,其手段主要包括:行政定价、国企购销、粮店直供和储备吞吐。在市场经济条件下,国企垄断的局面被打破,客观上需要发展普遍主义的法律手段。我国的法制建设也在不断发展,除此之外,国家还发展出了很多具有中国特色的普遍化控制机制。

1. 购销价格调控

其一，国家利用最低收购价政策等手段对粮食收购价施加强大影响力。最低收购价政策并非中国独创，它的本意是要在市场价下跌时启动，进行托市收购。它不同于保护价，它应该是可以启动，也可以不启动，可以上升，也可以下调，避免干扰市场价格的形成机制。但是，在实际执行中，它每年都启动，而且价格连年上升，目的是让农民对于种粮有良好的市场预期。从这个目的出发必然要干预市场价格的形成。其二，国家通过储备粮的巨量吞吐对于粮食销售价施加强大控制力。一方面提高收购价，另一方面又不允许销售价大涨，压缩了中间商的利润空间，所以有时会出现"稻强米弱"的局面。

2. 信贷手段

国家建立了农业发展银行专司政策性信贷业务，一度还实现了对国有粮食购销企业财务的直接控制。此外，中国农业银行、国家开发银行和中国邮政储蓄银行也开办了涉农贷款业务。地方政府控制了农村信用合作社及其变体。国家通过对不同身份的企业实施不同的授信额度，实现了对于龙头企业和相关市场主体的有效引导。

3. 财政手段

中央财政支农资金规模逐渐增加，2008年达到5625亿元，2009年达到7253亿元。国家将这些财政支农资金大部分都分解成各种项目，让各级政府涉农部门、企业和相关组织申请。2009—2010年度，农业部发布的申报指南有43项；财政部发布的有39项；国家发改委发布的有21项；商务部发布的有10项；科技部发布的有17项；水利部发布的有6项；工业和信息化部发布的有6项；国家林业局发布的有4项；其他部委办还有13项（全国工商联农业产业商会培训中心，2009）。另外还有一系列贷款项目。举例来说，财政部发布的农业综合开发项目包括土地治理项目，用于改造中低产田、生态综合治理等；产业化经营项目，包括几乎所有农产品类别的产业化经营项目；科技示范项目，包括农业高新科技示范、农业科技推广综合示范和农业现代化示范等名目。在财权上收、事权下放的体制下，国家项目几乎成为一种指挥棒，改变了各级政府部门和企业的行为模式。

4. 各级政府的行政介入

中央政府不仅直接引导市场，还通过遍布全国的地方政府和基层组织影响政府和企业的行为。一级政府管一级企业，上级政府管下级政府或基层组织。这种手段既是普遍的又是特殊的，与计划经济时代的行政调控一脉相承。在市场经济条件下，政府不能直接干预企业的自主经营，但是，政府会将各种制度化和人格化的手段综合运用起来影响企业决策，企业很难拒绝配合。

为了使这种行政介入有效运转，中央国家明确了各地政府的市场调控责任，实行了顺应市场化条件的米袋子省长（市长、主席）负责制。在2009年的中央一号文件中提出"进一步强化'米袋子'省长负责制，各地区都要承担本地耕地和水资源保护、粮食产销和市场调控责任，逐级建立有效的粮食安全监督检查和绩效考核机制"。为了确保各地政府切实负责本地供求平衡，中央投入了专项补助。自1994年起，国家利用粮改后结余的对粮食经营企业的亏损补贴，建立粮食风险基金，用于对于储备粮食经营中的补贴，以及对农民实施直接补贴。国家逐渐地增加了这笔基金中的中央投入额度，并包干给地方使用。到2004年粮食主产省区的粮食风险基金规模约250亿元。①

（二）国家对不同身份主体的分类控制

1. 对中央直属企业和储备粮系统的直接控制

粮食购销市场上的中央直属企业主要有三大家：将国有购销企业的政策性业务垂直管理后于2000年建立的中国储备粮管理总公司，2006年中国粮油食品（集团）有限公司（外贸部系统，简称中粮）合并中谷粮油集团公司（内贸部系统，简称中谷）而成的中粮集团公司，2007年建立的承担北粮南运的华粮物流公司。国家赋予中储粮公司和各地储备粮公司垄断最低收购价政策的执行权；② 授予中粮公司控制进出口贸易的权力；授予华粮物流公司主导北粮南运的权利和义务。应该说这些企业都具有一定程度的垄断性，它们对于政策制定可能具有超出一般的影响力。

---

① 《国务院关于进一步深化粮食流通体制改革的意见》（国发 [2004] 17号）中提出主产区粮食风险基金规模的40%为100亿元。

② 根据历年《中国粮食发展报告》，各年收购的最低收购价粮数量是：2005年257亿斤；2006年979亿斤；2007年至少585亿斤；2008年至少882亿斤，另加临时收储1170亿斤。2009年的数据根据新闻报道，估计超过800亿斤。这个规模约占我国商品粮数量的15%。

地方储备粮系统直接受地方粮食行政部门的领导。在组建的过程中，条件较好的国有购销企业粮库曾被逐级地上收给储备粮系统，故后者基础设施较好，而且它们还能得到储备费以及国家财政支付的超储补贴，几乎不存在经营风险，所以很受地方粮食行政部门的重视。

2. 对地方国有粮食购销企业实施的多元掌控机制

这是指对那些直接从事粮食收购、加工和销售的地方国有或国有控股企业，国家的控制机制是多元的。

首先，行政控制依然强大。在米袋子行政首长逐级负责制条件下，政府不可能放手地方国有企业自主经营，所谓的政企分开只能是相对而言的。从部门利益出发，地方粮食行政部门也不会缩小自己的权力范围。特别是对于地方国有的收储企业，粮食局管理的行政化更为彻底。地方粮食行政部门有权决定国有企业负责人的人选；粮食行政部门有权力和责任协同有关部门管理和监督粮食风险基金的使用，负责政策性经营粮油的利息和费用补贴的管理及拨付，负责对国有粮购销企业的审计和监督；粮食行政部门有权拥有办理《粮食收购资格许可证》的行政许可权，有权对粮食收购、储存、运输等环节的粮食质量、卫生实施监督检查，还要负责监督生产安全。

其次，经济手段得到发展。储备粮系统与上层粮食行政部门之间是利益联盟，政企之间相互借重。因为储备粮系统可以获得国家的补贴，粮食行政部门对这一块抓得比较紧，它们并不积极地让下级政府也建立和扩大自己的独立储备，而是宁愿扩大本级储备，让下级粮库成为自己的代储机构。上层粮食行政部门有权决定让哪些企业成为代储单位，有权决定上级投入和补贴的使用方向，甚至决定是否足额发放代储费用。相关行政部门还可以通过龙头企业资格申报以及各种相关项目申报等活动，对企业施加影响。比如，在企业申报各级农业产业化项目时，上级政府往往要求下级政府提供配套资金，这客观上将政府与企业的利益捆绑起来了。

3. 对非国有经营性主体实施的国家资本主义控制

国家虽然放开粮食市场，但是仍然要保护国有企业的主渠道地位，限制非国有购销企业的市场控制力。

首先，在价格形成的过程中，非国有购销企业处于十分被动的地位。国家左右收购和销售价格的能力很强大，非国有企业囤积居奇的能力被有效抑制，赢利空间并不大。

其次，国家对于各种粮食企业还有一种类行政化的控制机制，这就是龙头企业的评选和定级制度。由于这种评选事关企业的社会身份，以及获取政策支持的资格，所以是一种强有力的控制机制，或者说这是一种"非科层性的集权关系"[①]。

最后，直接参与企业管理。在国有粮食购销企业改制过程中，国有股不完全退出，就可以产生国家参股却不控股这种股权结构。在近期，还发展出了一个新的策略：国家对那些规模较大、得到扶持较多的民营企业也实施参股经营。到2007年底中央财政在全国扶持了84个项目，到2007年底投入股金1416万元[②]。

4. 对粮贩子队伍的工商管理和市场准入限制

在各类粮食市场主体中，粮贩子处于最底层，他们必须接受工商管理，可能要为市场准入资格担忧，得不到任何优惠。在舆论体系里，粮贩子连起码的"名分"问题都没有解决，仍然有人在批评粮贩子囤积居奇，扰乱市场，很多人批评粮贩子侵吞了国家本希望通过最低收购价政策给予农民的优惠，还有人批评粮贩子瓦解了购销企业与农民之间的联结，使得农民组织化变得更困难。

（三）企业之间的牵制

在差序化的控制体系里，不仅存在中央国家对于中央级企业的直接控制，以及地方国家对于地方各类粮食购销企业的多元掌控机制，还存在着企业之间的牵制关系。准确地说，是身份高的企业与身份低的企业之间存在一种控制关系。对于这种企业之间的控制机制，最常见的是产业链上的控制与反控制。弗雷格斯坦的控制观解释的是同行企业之间的控制关系，指的是在位企业通过引领经营方向、创制规则、品牌建设等而获得的市场控制能力。在中国，企业之间的牵制关系还要涉及以下几个方面。

1. 收储企业对粮源的控制

收购就是获得粮源，国家控制了粮源，其实也就从源头上控制了市

[①] 熊万胜：《合作社：作为制度化进程的意外后果》，《社会学研究》2009年第5期。
[②] 中国财政杂志社：《中国财政年鉴2008》，中国财政杂志社2008年版，第187页。

场，控制了产业链下游，所以，国家一直都十分看重对于粮源的控制。国家在对国有粮食企业的业务进行分类时，一种分法是分成政策性业务和经营性业务，另一种分法是主营业务和附营业务，其中主营业务主要就是收储和销售。在改革的过程中，国家对于到底要控制多少粮源，一直在反复斟酌。国家不断地降低定购比例，扩大了市场议购的比例。但在1993年改革试行粮价放开后，粮价大涨，国家又提出要控制70%—80%的议购粮。在1998年的粮改中，国家试图封闭收购市场，禁止私商，结果失败。2004年粮食市场全面放开后，国家依然保留了购销的主渠道，要求主渠道"尽可能多地掌握粮源"[①]。目前，主渠道收购的粮食在全国商品粮的50%左右波动。在粮食主产区，主渠道的控制力更加强大，压缩了其他经营企业的生存空间。

2. 批发市场对零售的控制

如果国家能控制所有的批发环节，那么也就控制了市场的上层结构，特别是控制了跨区域贸易，将私商限制在利润微薄的低层次地方性市场里。在社会主义改造的过程中，国家实施的国家资本主义手段之一就是要控制批发市场。1994年以后，国家对粮食销售一直坚持"掌握批发，放开零售"的原则，规定国有粮食购销企业应当是粮食批发的主要经营单位，所需资金由农业发展银行按规定供应。实际操作过程中投资主体也是多元化的，到2008年，我国各类粮食批发市场达到553家，其中投资主体是国有或国有控股占60%。为了加强对这些粮食批发市场的指导和管理，国家粮食局自2002年起开始建立重点联系粮食批发市场制度，至2008年联系了46家。其中又重点建设了18个国家粮食交易中心，基本掌控了全国性的粮食批发市场。

3. 储备粮系统的控制力

储备粮系统垄断了几乎所有的后备储备业务，国家储备粮食有国家财政垫底，市场风险很小，因此各类企业积极争取这类业务。目前国家将这类业务授予了储备粮系统，特别是中储粮系统。但是，储备粮系统却无法独立完成这个使命。中央和省级储备粮系统很难实现与农户的对接，库容也有限。根据中国农业发展银行的研究，2006年的储备粮中有90%左右

---

① 《国务院关于进一步深化粮食流通体制改革的意见》（国发［2004］17号）。

是通过代储单位收购的①,代储单位中99%以上都是地方国有或控股企业。到2008年底,全国共有1749户企业取得代储资格,其中国有及国有控股企业占99.6%,私营企业只占0.4%②。然而,又不是所有的国有或控股企业都有资格代储,要获取这一资格必须申报和竞争,极少数非国有企业也加入了争夺行列。竞争还比较激烈,比如2008年两批代储资格认定工作中,有454户企业申请,只有218户企业被授予了代储资格。代储资格也不是永久的,其有效期是5年,一个企业5年内如果连续三年没有存储备粮,就可能被取消代储资格。

中储粮系统控制了国内特别是产区的粮食收购价格。中储粮等主体的最低价收购主要是在产区执行,人为地拉抬了当地的粮食价格,使得这些地区的粮价不能反映地区间的比较优势,导致当地购销和加工企业生存困难③。这也迫使产区粮食购销企业十分看重代储业务。

4. 市场排挤

在竞争激烈的市场环境中,市场空间有限,国家财政和信贷的选择性投放,造成了一种排挤机制,使那些不能得到国家眷顾的企业往往很难做大做强。我们说企业之间由于重要性、所有制和规模形成了身份的差异,这个差异所以是一种身份的不同,一方面固然源于企业本身的市场竞争力的不同,更关键的一方面是国家的资源投入力度不同;一方面固然是高身份的企业市场生存能力强,另一方面也是因为它们在市场之外的生存能力强。

四 讨论:一种传统秩序的重生?

所谓以中央国家权力为中心的差序格局,也可以理解为一张以中央国家权力为中心的场域嵌套体系,其中,中央国家居于中心位置,影响遍及全局。我们似乎看到一种曾经绵延千年的古老秩序再次重生了。这个结果

---

① 朱远洋、郑先富:《粮食最低收购价政策问题研究》,李经谋主编《2006 中国粮食市场发展报告》,中国财政经济出版社 2006 年版。

② 聂振邦主编《2009 中国粮食发展报告》,经济管理出版社 2009 年版,第89 页。

③ 谢鹏:《最低收购价被扭曲——专访江西省粮食局调控处处长戴杭生》,《南方周末》2008 年9 月11 日 (http://www.infzm.com/content/17117//www.infzm.com/content/17117);王小霞:《粮食最低收购价格为何难让农民满意?》,《中国经济时报》2009 年9 月1 日 (http://www.cet.com.cn/20090831/fl.htm//www.cet.com.cn/20090831/fl.htm)。

并不是中央国家单方面建构而成的,实际上,应该看成是多方互动和共谋的结果。用布迪厄的话来说,"在社会结构与心智结构之间,在对社会世界的各种客观划分与行动者适用于社会世界的看法及划分的原则之间,都存在着某种对应关系"[①]。那么,这种相当传统的秩序也是国民心智结构在市场体系中的再现?费孝通在论证中国人的人际关系为什么呈现出差序格局时,所举的论据包括《礼记》和《论语》。确实,在漫长的传统时代,这种礼教是深入人心的,所以,治政者的"为国以礼",才得以实施。那么,在一个全球化、市场化和多元化的时代,要在市场经济条件下做到"为市以礼",相应的心智结构是否存在?也许还能发现不少残存的部分,但是必须看到,相反的心智结构也正在发生和发展。所以,这种秩序的合法性将是难以充分的。

差序格局的灵魂是"礼",礼治的目标正是要维持一种人格或身份不平等的秩序。在当代社会,这种立基于人格或身份不平等的秩序不仅是难以被人接受的,而且,对于不平等秩序的上层要求太高。要长期维持这种不平等的秩序,在上者必须以德服人,必须要让下层在内心里服从上层,上层必须主动地约束自己。所谓"以上事下谓之仁",在上者必须"仁"。曹锦清提出:"先秦的矛盾说在'一分为二'的同时,也确立了'合二为一'的条件,即'此方'应向'对方'承担的'责任伦理',尤其是矛盾主导方向辅助方承担的'责任伦理'。在社会政治领域,只有政治权力承担起社会责任,民众才能服从政治统治。"[②] 但究竟怎样才能践行好这种理想中的责任伦理,古往今来,从没有令人信服的方案。一种更容易出现的情况是上层对下层的剥夺,或者中心对于边缘的排挤。位于中心或上层的权力主体通过资源的选择性分配,强化自身及其亲近圈层,换取亲近圈层里的利益主体对于中心目标的忠诚。由于中心地带的资源是从整个体系包括边缘地带收取的,所以,当资源过多地富集于中心地带及其核心层时,边缘地带成为资源净流出区域,时间一长,就可能由于资源缺乏而趋于衰落或无序化。

---

① [法]布迪厄、华康德:《实践与反思:反思社会学导引》,李猛、李康译,邓正来校,中央编译出版社 2004 年版,第 12 页。
② 曹锦清:《和谐社会构建的传统资源》,载曹锦清《如何研究中国》,上海人民出版社 2010 年版,第 190—220 页。

比照中国的实际，可以认为差序格局下的中心对边缘的剥夺，也正是"三农"问题在20世纪90年代曾经很严重的基本原因[①]。自中国共产党的十六大以来，国家开始实施以城带乡、以工促农的新战略，加大了对于边缘圈层的投入。问题是这种物资投入的增加没有伴随以分配制度的创新，无法阻止中间层次的跑冒滴漏，各级政府部门、庞大的官僚群体、各种各样的企业和无数的粮贩子一起消解了财政反哺的制度能量，截留了国家的善意。国家的巨量投入，反而造成了新的社会不公，这是令人遗憾的。在一个不平等的多层次的差序格局里，怎么防止中心或权力主体对边缘或下层的剥夺和排挤，同时，又怎么确保高层的责任心能够被下层切实地感受到呢？笔者无从回答。

参考文献

［英］K. 波兰尼：《大转型：我们时代的政治与经济起源》，冯钢、刘阳译，浙江人民出版社2007年版。

［法］B. 布迪厄：《经济人类学原理》，载斯维德伯格和斯梅尔瑟主编《经济社会学手册》（第二版），华夏出版社2009年版。

曹锦清：《和谐社会构建的传统资源》，载曹锦清《如何研究中国》，上海人民出版社2010年版。

符平：《"嵌入性"：两种取向及其分歧》，《社会学研究》2009年第5期。

符平：《迈向市场社会学的综合范式——评弗雷格斯坦〈市场的结构〉兼议其范式修正》，《社会学研究》2010年第2期。

《国务院关于加快粮食流通体制改革的通知》（国发［1993］9号）。

《国务院关于建立粮食收购保护价格制度的通知》（国发［1993］12号）。

卢锋：《半周期改革现象》，北京大学出版社2004年版。

马玉忠、崔晓林：《揭秘粮食经纪人：已成国家储备粮主要提供者》，《中国经济周刊》2008年7月28日。

全国工商联农业产业商会培训中心编：《国家财政支农资金项目申报指南2009—2010年度》，中国市场出版社2009年版。

沈原：《市场、阶级与社会》，社会科学文献出版社2007年版。

王晓路：《对哈里森·怀特市场模型的讨论：解析、探源与改进》，《社会学研究》2007年第1期。

[①] 温铁军：《三农问题与制度变迁》，中国经济出版社2009年版。

独辟蹊径：自发型巢状市场与农村发展[*]

叶敬忠　丁宝寅　王　雯

一　引言：食品安全与农产品销售困境

近年来，食品安全问题已成为人们生活中的一个重要话题。各类食品安全事件层出不穷，充斥着各大媒体的版面。每隔几天就会有一种食品的质量安全问题被曝光，以至于人们发出"现在到底还能吃什么"的感叹。在众多食品安全事件中，有相当一部分与农产品直接相关，例如"爆炸西瓜""绝育黄瓜""红心鸭蛋""瘦肉精"……在这样的背景下，消费者对于食品安全的关注度不断提高，不仅要吃得饱，还要吃得好、吃得健康，这已成为普通消费者对日常饮食的基本诉求。在食品尤其是农产品的购买上，消费者更加谨慎，其关注的范围也从交易环节逐渐延伸到食品的生产、加工、流通等领域。有机食品、绿色食品的快速发展反映了消费者对安全食品的需求。近年来还出现了一种新型的生产—消费方式，即以"小毛驴"农场为代表的"社区支持农业"（Community Supported Agriculture，CSA），它具有健康、安全、环保的生产过程和本地化生产等特点，并要求消费者和生产者之间建立共担风险、共享收益、公平互信（例如定价、保证有机种植）的关系[①]，这充分体现了消费者对于生产环节的关注。尽管消费者有强大的诉求，并且有了一些尝试，但"社区支持农业"

---

[*] 原文发表于《中国农村经济》2012年第10期。
[①] 程存旺、周华东、石嫣、温铁军：《多元主体参与、生态农产品与信任——"小毛驴市民农园"参与式试验研究分析报告》，《兰州学刊》2011年第12期。

终究是一种与社会化大生产相对立的小众化、小区域的农产品生产和销售模式①,其主要推动者局限于城市中等收入群体②,广大的普通消费者仍面临着食品安全的问题。

在消费者感慨购买安全食品困难的同时,许多农产品的生产者却在为产品的销售发愁。一方面,特定农产品的价格不稳定,往往上年价格很高而当年价格急剧下降;另一方面,农产品生产者在农产品收获时难以找到销售商。"卖菜难"成为摆在许多蔬菜生产者面前的一个难题,"菜贱伤农"的新闻也屡见不鲜。"山东白菜2分钱1斤无人收,菜农欲雇人扔菜"③ 以及"内蒙古马铃薯遭遇销售难,价格较去年降一半"④ 等新闻,引起了包括中央电视台在内的众多媒体的关注。

消费者购买安全食品难,而农业生产者面临农产品销售困境,促使社会上各方行动者开始思考如何解决这一系列问题,并且产生了一系列的应对措施。其中,一种被称为"农超对接"⑤ 的新型农产品流通方式,逐渐引起了各方的关注。2008年,商务部、农业部联合下发了《关于开展农超对接试点工作的通知》,对"农超对接"试点工作进行部署。《国务院办公厅关于促进物流业健康发展政策措施的意见》也明确提出,大力发展"农超对接""农校对接""农企对接"等农产品从产地到销地的直接配送方式。姜增伟认为,"农超对接"能够"建立农民与零售商之间稳定的购销关系,促进农产品销售"⑥,并且"有利于对农产品生产进行全程监管,提高其质量和安全水平"。刘阳认为,"农超对接"本质上是将现代物流方式引向广阔农村,将千家万户的"小生产"与千变万化的"大市场"对接起来,构建市场经济条件下的产销一体化链条,实现商家、农民、消费者三者之间的共赢。⑦

---

① 王宏旺:《社区支持农业:你的世界,我不懂》,《南方农村报》2010年2月9日。
② 石嫣、程存旺、雷鹏、朱艺、贾阳、温铁军:《生态型都市农业发展与城市中等收入群体兴起相关性分析——基于"小毛驴市民农园"社区支持农业(CSA)运作的参与式研究》,《贵州社会科学》2011年第2期。
③ 《山东白菜2分钱1斤无人收 菜农欲雇人扔菜》,中国网(www.china.com.cn),2011年4月22日。
④ 《内蒙古今秋马铃薯遭遇卖难》,中国广播网(www.cnr.cn),2011年10月5日。
⑤ "农超对接"指的是农户和商家签订意向性协议书后,由农户向超市、菜市场和便民店直供农产品的流通方式。
⑥ 姜增伟:《农超对接:反哺农业的一种好形式》,《求是》2009年第23期。
⑦ 刘阳:《"农超对接"流通模式的影响因素及策略探析》,《中州学刊》2011年第4期。

然而，尽管"农超对接"的设想非常好，但它在实施过程中仍然遇到了各种困难，这不得不令人反思。"'农超对接'仨月，仍难觅本地菜"[1]以及"'农超对接'是降菜价灵丹妙药吗？"[2] 这类新闻报道显示了其运行中存在的问题。"农超对接"往往需要农民大量提供某一种农产品，因而排斥小规模农业生产，小的供货商与超市之间也难以建立起平等、信任的关系。一些大型超市在其中所起到的作用，正如"食品帝国"通过政治游说、经济控制和大规模的广告宣传来影响政府、市场和消费者一样[3]。正是这样的"食品帝国"决定着以什么价格从生产者那里收购原料，再经过一番加工后，以什么价格卖给消费者；也决定着从生产者那里收购什么，在经过相关的物流和分销后，消费者才能得到它们[4]。

"农超对接"并没有改变企业与小规模农业生产者之间的权力关系，农民在生产中的自主性仍然受到限制。消费者的选择权利也没有得到实质性的增加，他们仍然只能在摆在超市货架上的众多商品之中做出有限的选择。而在全国大力推行"农超对接"模式的背景下，一些农产品生产者和消费者却独辟蹊径，通过自己特殊的行动对现阶段普遍存在的食品安全问题和销售困境做出回应。

二 农产品生产与销售的创新实践

在河北省易县山区某村，手工红薯粉条是当地著名的土特产品。纯天然的原料、纯手工的制作工艺使得品尝过这种粉条的消费者都对这里生产的手工红薯粉条赞不绝口。每年冬季，一些村民会在家中生产加工红薯粉条。春节前后，会有来自其他乡镇、县城甚至保定、北京的消费者前来购买。生产者与消费者之间的友好关系也使得这里的手工红薯粉条供不应求。这里的手工红薯粉条不论是生产、加工的过程还是交易中生产者与消费者的联系方式，都有所不同，这也成为当地红薯粉条生产和销售的主要特色。

---

[1] 李丹、韩莹华：《"农超对接"仨月，仍难觅本地菜》，《生活报》2011年8月4日。

[2] 张毅：《人民时评："农超对接"是降菜价灵丹妙药吗？》，人民网观点频道（opinion. people. com. cn），2010年12月6日。

[3] [美]威廉·恩道尔：《粮食危机：运用粮食武器获取世界霸权》，赵刚、胡钰等译，知识产权出版社2008年版。

[4] [英]拉吉·帕特尔：《粮食战争：市场、权力和世界食物体系的隐形战争》，郭国玺、程剑峰译，东方出版社2008年版。

(一) 特定的生产方式

手工红薯粉条的加工制作是一个特殊的食品生产过程，它有着自身的独特性，建立在当地的种植结构和文化传统、特殊的资源和技术以及特殊的社会网络之上。所有这些因素造成了手工红薯粉条与市面上常见的通过机器加工生产的粉条在生产模式上的差异。

生产手工红薯粉条所用的红薯是当地传统的粮食作物之一，在当地具有长期的种植历史，红薯曾经也是当地农民的主食之一。在集体生产时期，当地干部从邻县请来技术人员传授手工红薯粉条的制作工艺，制作红薯粉条的技术才在当地传播开来。当时生产红薯粉条需要5—6人组成一个小组共同协作，这种生产的组织结构一直被沿用至今。

手工粉条的生产规模不同于机器生产，它不以进行大规模生产或扩大生产规模为追求。相反，几个因素使得手工粉条的产量被控制在一个稳定的并且相对于机器生产而言较小的规模上。首先，当地农民更倾向于一种小而全的种植结构[1]，不会大规模地种植红薯专门用于生产粉条。因此，这就从原材料上限制了粉条生产规模的无限扩大。其次，制作红薯粉条对于气温的特殊要求也将生产时间限定在春节之前约一个月的时间内，因无法全年生产，在既定的生产效率下，其总产量也趋于稳定。此外，劳动力在城乡之间流动的现状也将手工红薯粉条的生产者限定在没有外出务工的人员范围之内，在一部分农村劳动力需要进城务工来获取收入且农村年轻劳动力更容易被城市生活所吸引的背景下，能够从事手工红薯粉条生产的劳动力的供给十分有限。所有这些因素，使得红薯粉条的生产规模被控制在一个特定的水平上，与不断扩大生产规模的一般市场区别开来。

当地红薯粉条生产过程较少依赖外部的市场和环境，而是充分挖掘社区内部的资源基础，并且在社区中形成封闭的循环。在种植红薯的过程中，当地农民从不使用化肥、农药，而是坚持使用农家肥。据当地农民介绍，红薯较少发生病虫害，即使遭受病虫害，病虫害对产量的影响也不明显，因而无须使用农药；相反，如果使用化肥，不但价钱贵、成本高，而且一旦施用不当还容易造成红薯腐烂。当地农民施用农家肥来种植红薯，

---

[1] 叶敬忠、安苗：《农业生产与粮食安全的社会学思考》，《农业经济问题》2009年第6期。

并将红薯制成粉条过程中产生的残渣用来喂猪,对资源进行循环利用,实现了生产资料的再生产。在制作粉条的过程中,生产者尽可能利用当地自有的资源和环境。例如,使用冬天河中自然冻结的冰块来冷却粉条,而没有采用电冰箱;晾晒粉条用的木杆多取材于当地山林,无须另行购买;制作粉条用的房间是临时占用某一生产者家中闲置的房屋,也无须单独建造或租用;生产者充分利用自身的劳动力资源且发挥了生产小组的作用,不需要雇用劳动力。这样的生产模式,通过充分挖掘和利用当地的资源基础,摆脱了对外部资源的依赖,提高了生产的自主性。

粉条的生产过程与外部资源的联系不那么紧密,没有形成对外部资源和环境的依赖,这也就增强了生产者抵御外部风险的能力。因此,当其他农业生产者由于农业生产资料价格上涨而利润空间受到挤压时,手工红薯粉条的生产者仍然能够获得较高的利润和产品附加值。

(二) 特定的产品

手工红薯粉条具有的一些特点,使其与通过机器生产的粉条区分开来。较高的质量是手工红薯粉条最为显著的优势。从红薯的播种、收获,制作淀粉,到最后的粉条制作,可以看出,当地红薯粉条的制作过程精细且复杂,与当前市场上通过机器生产的粉条有着很大的差异。

一般而言,纯红薯淀粉黏度大,生产工艺复杂,很难完全采用机器加工,只能采取手工制作的方式。红薯粉条的整个制作过程很好地结合了乡村自然资源、乡土知识以及村民之间的互助合作精神,所有这些合起来形成这一独特的"乡土味儿"。一方面,生产者以纯手工的方式生产,能够保证所生产出来的粉条具有"绿色""纯天然"的特点,满足消费者对健康、安全食品的需求;另一方面,采用纯手工方式制作的粉条具有良好的口感和韧性,"煮不烂,有嚼劲",让消费者能够有更好的味觉体验。

在一般的粉条生产过程中,生产者为了让加工出来的粉条颜色洁白、韧性好,往往向红薯淀粉中加入玉米淀粉、绿豆淀粉、食品添加剂[1],甚至有生产者用硫磺进行熏制。而当地红薯粉条的加工者可以保证所生产的粉条里面没有添加任何其他材料,是"纯手工、纯天然"的红薯粉条。这样加工出来的粉条在外观上并不出众,没有光泽,往往发黄、发黑,在

---

[1] 刘娇:《红薯粉条加工工艺》,《粮食流通技术》2003 年第 5 期。

一些不了解产品的消费者看来,甚至还有些"丑陋"。此外,尽管熟练的生产者生产出来的粉条能够在外形上保证粗细和长短基本一致,但与机器加工的粉条相比,手工红薯粉条的粗细、长短还是没有那么均匀。尽管如此,在与机器加工的粉条的竞争上,当地生产者还是充满信心。正是这种口感和外观上的区别与差异,将手工红薯粉条与一般粉条区分开来,成为特定的产品。

(三) 特定的生产者和消费者

手工红薯粉条生产模式的特殊性也决定了其特定的生产者。在村中,有特定的一群人,每年都在固定的时间生产红薯粉条,他们自身具有一些特点。首先,生产者必须要熟练掌握生产粉条的手艺,才能够参加生产小组。由于红薯粉条的生产开始于生产队时期,而近年来外出务工者不断增多,村里的年轻人往往并不掌握这项生产技艺,因此,现在的生产者多数是40—50岁的中年男性。一方面,他们从年轻的时候就学习到了生产红薯粉条的工艺并且将其传承了下来;另一方面,相对于年长者,他们有更好的体力来完成这一耗时费力的工作。其次,这些生产者由于各种原因无法长期外出务工,只能在家务农或短时间、近距离地外出务工。除此之外,对货币收入[①]的需求也是促使他们从事红薯粉条生产的重要原因。

红薯粉条的消费者同样区别于一般市场上的消费者。他们往往是红薯粉条生产者的亲戚、朋友,或者是这一网络的延伸。他们了解这种红薯粉条的品质,知道它的生产者是谁以及生产过程,并且对食品安全有着特殊的标准和要求,愿意为自己所信任和看好的商品付出比一般市场上更高的价格。这些消费者有的生活在农村,有的早已融入城市,但无一例外地具有对农村社会乡土性的认同,能够认识到这种产品特有的价值。

(四) 特定的流通模式

红薯粉条的流通也具有其特殊性。生产者和消费者双方并不是通过一般的农产品市场相联系,而是越过了中间商直接联系在一起,形成了交易网络,并与一般市场区别开来。

---

① 该说法参见徐勇《"再识农户"与社会化小农的建构》,《华中师范大学学报》(人文社会科学版) 2006 年第 3 期。

这样一个交易网络的首要特点是生产者和消费者在交易过程中并不是"匿名"的,生产者知道自己的产品将要销售给谁,而消费者也清楚自己所购买的产品是由谁生产的。每个生产小组在生产出来粉条之后,都会将粉条按照各个生产者提供红薯淀粉的数量在生产者之间分配,各生产者往往与一些固定的消费者联系,很多时候在生产之前就确定了销售的对象、价格和数量。一般而言,一个生产者每年生产的粉条在500—800公斤,并且与20名左右的消费者联系。有些时候,如果某一生产者所生产的粉条不能满足其所联系的消费者的需求,他可以将消费者介绍给本组内的其他生产者,创造出新的临时性的联系。无论是长久的联系还是临时的联系,交易双方都嵌入地方的社会关系之中,并且在相互信任的基础上进行交易,这使得总的交易成本保持在较低的水平上。由于生产者和消费者直接联系,产品的价格和产量相对于一般市场更加平稳,因此,这种网络所带来的交易也更加稳定。同时,这一交易网络具有一定的灵活性,能够在供需不平衡时产生新的联系并保持产品的高品质,并加强信息的交换。所以,这种交易网络具有较强的适应性。

这一交易网络的另一个特点是它不具有层级结构,而是一个扁平的网络。在这个交易网络中,没有一个控制的节点,也就是说,没有一个中间商或者大的生产者能够对交易产生决定性的影响。这与一般的市场有所不同。在一般的农产品市场尤其是被"食品帝国"所控制的全球市场中,农产品流通往往被少数处在市场网络核心位置的组织所控制,并且在一个很大的空间范围内分配。而在红薯粉条的交易中,生产者和消费者可以共同将自己对优质产品的理念融入产品之中,不受外界的控制。在此交易网络中,生产者和消费者对于产品质量的定义并不依靠外部的标准,即将自己"置身于标签的陷阱里"[1],而是采取了一种社会定义,即生产者和消费者采取的是一种"看得见、摸得着"的方式对产品质量的高低进行评判,这一评判是基于双方对产品质量的共同理解和共享的价值观。例如,手工红薯粉条与市场上的普通粉条相比,粗细不均,长短不一,而且色泽偏暗,但特定的生产者和消费者能够认识到这种产品的高品质特性。生产者和消费者对高品质和健康食品的共同理解,保证了这些产品在生产过程

---

[1] [英]拉吉·帕特尔:《粮食战争:市场、权力和世界食物体系的隐形战争》,郭国玺、程剑峰译,东方出版社2008年版。

中无需掺假。这一网络中的生产者和消费者并没有使用抽象的、外部强加的质量标准，没有把毫无生气的"绿色食品""有机认证"包装当成质量的保证，而是在共识的基础上，追求更高质量的、能够满足自身需要的产品。

这种红薯粉条具有较高的附加值，而这种特定的流通模式保证了生产者在附加值分配中的主导地位。在当地，红薯的出售价格一般不会超过每公斤1元，按一亩产量3000公斤计算，一亩红薯的收入在3000元左右。而3000公斤红薯可以生产出约400公斤红薯粉条，按照红薯粉条每公斤15元左右的价格计算，将每亩地生产的红薯加工成粉条则会带来每亩约6000元的收入。按照当地农户种植红薯的面积和产量，制作粉条的农户此项毛收入平均都在10000元左右，这对当地农户来说是一笔不小的收入。由于生产者和消费者直接联系，产品的高附加值能够由生产者获得，消费者也能够以相对合理的价格买到高质量的产品。这种较高的附加值所带来的收入也促成了生产者年复一年地生产。

从上述描述可以看出，这种新型的交易模式是嵌入广阔的农村市场中的，是无限大市场中的一个细分。与一般的市场交易不同，这种交易模式创造了一个新的空间，在这个空间中，产品的价格水平、交易成本、附加值的分配等因素得到了重塑。而创造这个空间的，正是产品特定的生产方式、独具特色的产品、特定的生产者和消费者以及特殊的交易网络。虽然嵌入了广阔的农村市场中，但这样一种生产和交易模式具有相对的独立性和排他性。

三 巢状市场的概念与框架

从上面这一案例可以看出，红薯粉条的销售所遵循的是一种与现有的农产品交易不同的逻辑。沙宁指出，"市场"具有双重含义：一方面，市场是人们在预先确定的时间通过讨价还价进行交易的场所；另一方面，市场亦指"市场关系"，即通过供给、需求和商品价格之间的相互作用来组织经济活动的系统[①]。本文认为，手工红薯粉条市场与通常所指的市场有

---

① Shanin, Teodor, The Nature and Logic of the Peasant Economy 1: A Generalisation, *Journal of Peasant Studies*, Vol. 1, No. 1, 1973.

共同点，但与普通农产品市场有所不同：一方面，手工红薯粉条交易的场所是在生产者家中；另一方面，这种交易活动是通过特定的人际关系网络和规则来组织的，经济价值并没有成为影响这些活动的唯一因素。因此，红薯粉条市场与当前存在的一般农产品市场区别开来，同样也与前面所提到的"农超对接"区别开来。而这种新型市场关系的出现，恰恰与当今主流农产品市场的发展密切相关。如今，主流市场不断被"食品帝国"所控制，不仅各大粮商不断加强对农产品生产、销售等环节的控制，形成"沙漏状的食物体系"[1]，甚至作为"现代食物体系的最高殿堂"的各大超市也企图将自己的触角延伸到世界各地的农产品生产之中，准备"偷走整个市场"[2]。在这一背景下，生产者和消费者之间的价格差距不断扩大，给新型市场关系的创立提供了空间。

这种新型市场具有其自身的特点。首先，新型市场嵌入现有的市场结构之中，它并不是一个匿名的、独立的市场，而是有着自身关注的焦点，并与现存的社会运动、政策框架和目标相联系。在国际上，许多诸如"慢食运动"（slow food movement）的民间运动，都针对当前主流农产品市场的问题和危机，提出了自身的目标。红薯粉条市场将焦点放到了产品的高质量和生产者、消费者双方相互信任的关系上。其次，这类市场常常与当地的资源相联系，并且将当地市场作为一个重要的销路，这一特点通常会在这类市场所基于的特殊的资源基础（例如红薯粉条生产所基于的当地气候、种植结构等因素）上反映出来。再次，这些市场往往是受政府有关部门支持的，并且与为了达到特定目标的再分配政策相关。例如，政府对于"农家乐"等民俗旅游项目采取了诸如减税、发放补贴等措施进行支持，从而促进了生产者和消费者的直接联系，并且直接带动了从事民俗旅游活动的农户收入的增加。最后，这类新型市场具有多功能性。例如，红薯粉条市场除了具有经济功能，即联系生产和消费之外，还能够促进生产者与生产者、生产者与消费者之间的联系，即具有一定的社会功能。除此之外，"农家乐"之类市场的兴起，还起到了维护农村自然和人文景观、保持农村良好生态环境的作用。

---

[1] 该体系指食物体系的两端分别是数量众多的生产者和消费者，中间是少数能够控制市场的企业。

[2] ［英］拉吉·帕特尔：《粮食战争：市场、权力和世界食物体系的隐形战争》，郭国玺、程剑峰译，东方出版社2008年版。

在已有的研究中，这种新型市场被学者称作"巢状市场（nested market）"，它兴起于农村发展的进程之中，以公共池塘资源为基础，通过特定生产者生产出来的高质量农产品与特定的消费者直接联结。巢状市场的中间环节比较少，即使存在中间环节，也都是由农民掌控，或至少有农民的参与，因而能够真正代表农民的利益。因此，农产品生产者在巢状市场中能够获得比在一般市场中更多的农产品附加值，之后生产者会将这一额外收入反过来投入农村公共池塘资源的维持以及乡村性的重建，从而实现农村可持续发展①。巢状市场作为主流市场的一个部分嵌入其中，并同样受到主流市场的影响。但是，与主流市场相比，巢状市场具有以下一些特征：（1）不同质量的产品价格不同，即优质产品与一般产品之间的价格分化更为明显；（2）附加值的分配模式不同，即作为生产者的农民获得更高的附加值份额；（3）对利润的使用方式不同，即利润的使用由农民主导并被用于扩大再生产，加强农业的多功能性及提高农户的生计水平；（4）资源基础不同，即生产者充分利用和挖掘当地资源，对外部资源依赖较少；（5）流通方式不同，即交易过程的中间环节少，并且能够被农民掌控，代表农民的利益；（6）农民的角色不同，即农民不仅仅是生产者和销售者，而且能够为了更好地满足消费者的需求而对产品进行重新设计，等等②。

巢状市场的出现一方面是对现有主流市场存在问题和危机的回应，另一方面也是对主流市场的批判和抗争。主流市场在某种程度上也是嵌入现有的制度框架以及特定的资源基础之中，嵌入受到"食品帝国"统治的模式之中。在"食品帝国"主导的模式下，资本集团控制了农产品生产、加工、分配和消费之间的联系，并以此塑造和重塑了农产品的生产和消费领域。同时，主流农产品市场通过大量宣传"食品帝国"产品的质量、安全性和供应的可持续性来建立其合法性。已有的市场被描绘为由"看不见的手"所调节，并且由消费者的需求所驱动，因而能够符合消费者的偏好。与主流农产品市场试图掩盖其嵌入"食品帝

---

① 叶敬忠、王雯：《巢状市场的兴起：对无限市场和现代农业的抵抗》，《贵州社会科学》2011 年第 2 期。

② J. D. van der Ploeg, Ye, J. Z. and Schneider, S., "Rural Development through the Construction of New, Nested, Markets: Comparative Perspectives from China, Brazil and the European Union", *Journal of Peasant Studies*, Vol. 39, No. 1, 2012.

国"的体制框架中不同，巢状市场从出现之时起就明确其嵌入现有框架之中的性质①，这正是巢状市场存在的理由和其优势所在。巢状市场的出现说明了市场并不是作为一个固定不变的实体而存在，而是一个社会建构的结果。

从政治经济学的角度来分析，能够更好地了解与巢状市场相联系的生产和流通过程以及巢状市场所基于的社会关系。伯恩斯坦将生产与再生产之间的社会关系用四大关键问题来概括，即谁拥有什么②，谁从事什么，谁得到了什么，他们用获得物做了什么。"谁拥有什么"，关系到生产资料与再生产资料如何分配。在巢状市场的产品生产过程中，绝大部分生产资料与再生产资料并不属于某一个人，而是由参与的生产者共同支配，甚至有些资源（例如对于产品质量的定义）由所有的生产者和消费者共享。"谁从事什么"，涉及社会分工以及决定其分工的社会关系。从前面的案例得知，在巢状市场产品的生产环节中，生产者之间并不存在等级关系，生产者之间的关系是一种平等的合作关系，所有的生产者必须参与劳动以获得产品。消费者也不仅仅是产品的无条件接受者，而是能够通过与生产者联系，将自己的需求和意见反映到产品的生产过程中。因此，生产者和消费者之间的关系也是一种平等的关系。"谁得到了什么"，关乎劳动成果的分配，通常为"收入"的分配。巢状市场中由于没有中间商的控制，农产品的附加值能够由生产者所获得，而消费者在此过程中也能以较低的价格购买到高质量的产品。生产者在获得农产品附加值后，将其中一部分用于生产资料的再生产，其余部分则可以用作消费。正是这样的分配，使得生产资料得以再生产，这种团结合作的生产关系得以维持，巢状市场得以持续存在。

四 巢状市场与公共池塘资源

从理论上讲，巢状市场出现在农村发展的背景下，其形成所依赖的社会—物质基础构成了各种公共池塘资源。奥斯特罗姆认为，公共池塘资源

---

① 例如，对食品质量的定义就嵌入生产者与消费者共享的标准之中。
② ［英］亨利·伯恩斯坦：《农政变迁的阶级动力》，汪淳玉译，叶敬忠译校，社会科学文献出版社2011年版。

是可再生资源,这种资源同时又是相当稀缺的,而不是充足的,这种资源的使用具有竞争性,但又不具有排他性[1]。鱼塘、灌溉用水、公地等都可以被看作公共池塘资源。这些资源通常由一群特定的使用者所占有,这些资源的使用者将资源系统变成一个个"资源单位",并把资源转化为中间产品或最终产品。这些资源的占有者以一定的方式联系在一起,他们通过自我管理,创造出一种有效的制度来对资源进行治理,从而避免出现"公地悲剧",以实现共同利益。在农村发展的背景下,公共池塘资源作为对资本的替代,以不同于资本的方式发挥作用,并且对资本进行抵抗。

在公共池塘资源理论中,土地、水、鱼塘等资产是不能与公共池塘资源画等号的。这些资产必须经由共享的规则,才能作为公共池塘资源发挥作用,一系列涉及资源治理和管理的规则的存在是这些资产转化为公共池塘资源的核心。这些规则不同于资本的逻辑,它们能够反映所涉及的生产者的利益、生态循环以及诸如社会正义、团结等原则[2]。将奥斯特罗姆的公共池塘资源理论应用于对巢状市场的分析,可以发现,在巢状市场中,并不是某一特定的商品或者服务构成了公共池塘资源。巢状市场中的公共池塘资源包含了一系列由生产者和消费者共享的规范以及在此规范的基础上特定生产者和消费者的相互联系,同时还包括了特定资源的使用和特定产品的交易。

产品交易过程中围绕着特定产品本身衍生出的一系列规则、产品特性和对产品的期望,使得这种产品成为公共池塘资源的一个物质载体。之所以将这些规则、产品特性和对产品的期望看作一种资源,是因为它们能够给生产者带来额外的好处,例如更高的价格、更多的销量、吸引特定的消费者群体等,在没有这些资源的情况下,生产者是无法获得这些利益的。把这些规则、产品特性和对产品的期望看作公共资源,是因为:一方面,它们不是被私人所有,而是被众多的生产者和消费者所有,并且能够被更多潜在的生产者和消费者所获得;另一方面,它们能够带来生产者和消费者之间的共同利益。

---

[1] Ostrom, E., *Governing the Commons: The Evolution of Institutions for Collective Action*, Cambridge University Press, 1990.

[2] Schwab D. and E. Ostrom, "The Vital Role of Norms and Rules in Maintaining Open Public and Private Economie", in Zak, P. J. ed., *Moral Markets: The Critical Role of Values in the Economy*, New Jersey: Princeton University Press, 2008.

尽管公共池塘资源理论模型与巢状市场的运行模式之间存在若干相似的地方，例如，它们都有一套共享的规则来规范资源使用者的具体行为，都能够给资源使用者带来共同利益等，但仍然要注意到两者之间的不同之处，以便更好地理解巢状市场。一方面，在公共池塘资源理论中，资源系统被作为一个整体来共同使用，而资源单位或最终产品不能被共同使用；而在巢状市场中，资源单位是由资源的使用者共同界定的。另一方面，公共池塘资源的使用者对于最终产品的市场没有任何影响力，他们的行动对于公共池塘资源范围之外他人的生活境况也不会产生任何影响；而在巢状市场中，公共池塘资源的使用者试图在最终产品的市场中建立起有效的影响力，并且，他们的行动对于在公共池塘资源范围之外他人的生活福利也产生了显著的影响[1]。在上述案例中，这种影响可以体现为给消费者提供了高质量、安全的产品。

巢状市场的优势就存在于公共池塘资源之中，这些资源形塑了产品的生产、加工、分配和消费过程，并且与一般的农产品市场形成了鲜明的对比。巢状市场的发展反过来又强化了公共池塘资源的基础，农民通过巢状市场获得的农产品附加值被用于这些资源的维护和再生产。通过公共池塘资源对资本的替代，巢状市场的优势也得以显现出来，它不需要生产者利用资本来购买外部资源和服务，因此，生产者不需要承受沉重的金融负担。另外，公共池塘资源的公共属性也决定了它不容易被外界所控制。这些优势使得巢状市场可以抵抗"食品帝国"的统治，提高农产品生产的弹性，并且将农村发展变为一个自我持续的过程。

五 结语：巢状市场与农村发展

巢状市场的构建与农村发展的进程密切相关。在中国计划经济和家庭联产承包责任制改革初期，农村发展的主要目标仍然是促进农业生产、保障粮食安全和支持城市建设，农村自身的发展尚未被提上议事日程[2]。当

---

[1] J. D. van der Ploeg, Ye, J. Z. and Schneider, S. "Rural Development through the Construction of New, Nested, Markets: Comparative Perspectives from China, Brazil and the European Union", *Journal of Peasant Studies*, Vol. 39, No. 1, 2012.

[2] J. Z. Ye Rao, J. and H. F. Wu, "Crossing the River by Feeling the Stones: Rural Development in China", *Rivista di Economia Agraria*, Vol. 65, No. 2, 2010.

今的政策明显不同，例如，社会主义新农村建设的相关政策就具有经济、社会、文化、政治等多重含义。这些政策的目标不只是促进农业增长，更重要的是重新定义农业和农村在社会中的角色。除此之外，农业的可持续性也越来越受到关注。这些政策明显增加并不断深化了农村发展的内涵。

在近期的粮食危机中，主要粮食价格不断上涨。[1] 认为，主流的农产品市场无法使得将来的农产品生产得以持续。在这一背景下，许多来自基层民众的生产活动通常被看作对农业新自由主义和经济危机加速并深化而做出的积极回应。

在当下世界的不同地区，农民面临着来自农业生产中高额生产成本和相对较低的农产品价格所造成的压力，被政府的话语建构为"失败者"，并且被认为应该采取"有效率"的农作方式（通常指公司农业），这些因素使得农民有效的生产活动的开展受到阻碍[2]。许多农民试图对此做出回应：通过直接销售，将非农业活动整合到农业生产中；或者通过生态农业降低对外部的依附。这些行动往往是个人行动，甚至行动者自身都没有意识到这些行动具有政治性[3]。巢状市场对食品安全问题与农产品销售困境的回应，正是源于这样的一系列日常抗争，其所采取的"并不是组织起来或直接的对抗而更多的是一种平静的、普通的和细微的方式"[4]。这些行动者通过建立新的联系，在已有的市场框架下扩展了自己的生存空间。

在这种背景下，作为对主流市场批判和抵抗的巢状市场的建立，回应了普遍存在的食品安全问题和农产品销售困境。通过由生产者和消费者自发建立的巢状市场，特定的产品得以在这一规范性的网络中交易，农民作为生产者解决了产品销售问题，并且获得了较高的附加值，而消费者则以较低的价格获得了自己信赖的高质量产品。巢状市场的出现超越了"农超对接"或"超市革命"这一现有的解决方案，通过绕过"食品帝国"

---

[1] J. D. Ye, J. Z. van der Ploeg, and Schneider, S., "Rural Development Reconsidered: Building on Comparative Perspectives from China, Brazil and the European Union, Rivista di Economic Agraria", Vol. 65, No. 2, 2010.

[2] S. M. Jr. Borras, "La Via Campesina and Its Global Campaign for Agrarian Reform", *Journal of Agrarian Change*, Vol. 8, No. 2 - 3, 2008.

[3] J. D. van der Ploeg, *The New Peasantries: Struggles for Autonomy and Sustainability in an Era of Empire and Globalization*, London: Earthscan, 2008.

[4] B. Kerkvliet, "Everyday Politics in Peasant Societies (and Ours)", *Journal of Peasant Studies*, Vol. 36, No. 1, 2009.

寻找新的解决途径，并且获得了成功。从更深的层次上，巢状市场的发展为农村发展提供了另一种可行的路径，它再一次证明，农民具有巨大的能动性和创新精神[1]，也说明农民才是农村建设和发展的核心力量。

---

[1] 叶敬忠：《创造变化的空间——农民发展创新的原动力研究》，《中国农村观察》2004年第4期。

农村市场化、社会资本与
农民家庭收入机制[*]

王 晶

在传统农业社会，农民世代定居在一定边界的社区之内，家庭是人们组织生产和社会得以运作的最根本的细胞和单元。随着农业生产规模的不断扩大，以人与人之间的血缘关系为依据而形成的家庭又逐步扩展为保持一定血缘关系的各个家庭的组合和群聚形成了传统的家庭社会[①]。这样的社会通常是小型的、封闭的熟人社会，"乡土社区的单位是村落，从三家村起可以到几千户的大村"[②]。乡民之间的社会关系是一种伦理关系，每一个人对于其四面八方的伦理关系各负有其相当义务；同时其四面八方与他有伦理关系之人亦各对他负有义务。全社会之人不期而辗转互相连锁起来，无形中成为一种组织。这里所说的"伦理关系"不等同于今天我们常用的"社会网络"，它不仅仅是个体之间的交换关系，还蕴含着集体的社会联系，"指明相互间应有之情与义"，[③] 显示了农村社会内部无为而治的社会规范。20世纪90年代以后，快速市场化给当代农村社会带来了深刻的变革，这种变革一方面体现在家庭关系一端，杨善华、侯红蕊指出，乡土中国的差序格局出现"理性化"趋势，姻亲关系与拟似血缘关系渗入差序格局，使得差序格局所包括的社会关系的范围更加广泛远超出社区的范围。另一方面也体现在集体社会联系一端，原来以家族、血缘维系起

---

[*] 原文发表于《社会学研究》2013年第5期。
[①] 李伟民：《论人情：关于中国人社会交往的分析和探讨》，《中山大学学报》（社会科学版）1996年第2期。
[②] 费孝通：《乡土中国生育制度》，北京大学出版社1998/1948年版。
[③] 梁漱溟：《中国文化要义》，学林出版社1987/1949年版。

来的熟人社会在市场环境下,也需要培育一种与市场体系相容的社会组织和适应市场运行规则的社会规范[1]。以往研究市场化与社会资本关系的文献主要从社会网络的思路来分析市场化的变迁过程,这样可能会忽略传统农村社区集体适应市场化的过程。本研究试图运用中国社会科学院经济研究所收入调查数据(HIP),从家庭社会资本和村庄社会资本两个视角出发分别探讨市场化过程对两类社会资本的影响。这样的好处在于在理解家庭社会网络变迁的基础上将集体作为一个更重要的社会主体考察其是不是在市场化过程中也具有能动地适应市场化的能力。

一 文献评述

(一) 社会资本研究的两个视角

对于社会资本的研究,学术界有两种不同的视角。第一种是从微观社会网络的视角出发,将社会资本界定为一种个体嵌入于网络内的资源[2],这一概念将社会资本视为一种新的资本形式,认为其能通过调动社会资源,使行动者获得更好的职业地位或商业机会,从而影响行动者的收入回报[3]。第二视角是从集体的视角出发,将社会资本界定为信任、网络和规范[4],认为其作为一种制度和文化背景,可通过协调经济主体的行动来提高经济效益,这个概念界定后来被经济学研究普遍接受。

从微观社会网络研究视角出发,格兰诺维特的"弱关系"理论从个体的角度将社会网络视为达成个人工具性目的的手段,认为网络中的弱关系能够起到信息桥梁的作用,从而为行动者提供非重复的信息,使求职者获得更好的工作和投入[5];林南发展了"弱关系"理论提出社会资源理论[6],该理论认为不同阶层的人们其社会关系具有异质性,所以当个体在

---

[1] 杨善华、侯红蕊:《血缘、姻缘、亲情与利益——现阶段中国农村社会中"差序格局"的"理性化"趋势》,《宁夏社会科学》1999年第6期。

[2] Granovetter, M., "The Strength of Weak Ties", *American Journal of Sociology*, Vol. 78, 1973.

[3] 林南:《社会资本:关于社会结构与行动的理论》,张磊译,上海人民出版社2005年版。

[4] [美] 帕特南·罗伯特:《独自打保龄:美国社区的衰落与复兴》,刘波、祝乃娟、张孜昇、林挺进、郑寰译,北京大学出版社2011年版。

[5] Granovetter, M., "The Strength of Weak Ties", *American Journal of Sociology*, Vol. 78, 1973.

[6] Lin, Nan, "Social Resources and Instrumental Action", in Peter V. Marsden & Nan Lin (eds.), *Social Structure and Network Analysis*, Beverly Hills, CA: Sage, 1982.

追求工具性目标时，这种异质性的社会关系可能会成为一种社会资源，提高人们的收入水平。边燕杰基于中国文化背景拓展了"弱关系理论"，他认为在中国文化背景中，弱关系背后大多隐藏着一个强关系的桥梁，在中国市场化背景下，求职者一方面需要拓展弱关系增加工作机会，另一方面，中国的市场化存在着一些固有的制度缺陷，因此人们通过强关系的网络桥能够获得更加实质性的帮助[①]。综合来看，这一研究脉络将焦点集中于"个体"，网络被视为个体获得资源的一个手段和途径，网络的最终目的在于其"工具性"本质。

对于集体社会资本的研究最开始源于政治学。那么集体的社会资源究竟是否具备资本的特性呢？一些政治学者和经济学者对此进行了充分的论述。帕特南是较早对集体性社会资本进行系统阐述的学者，他提出"社会资本是能够通过协调行动来提高经济效益的网络、信任和规范"[②]。此外，通过分析意大利地方公共部门的效率，帕特南认为地方自治组织是保证地方政府高效能的基础。他指出，在社会组织发达的南部地区，地方公共服务资源的配置效率较高，经济发展水平也明显优于北部其中一个很重要的因素就在于地方自治组织的发展，而地方自治组织的功能体现在监督政府和社会组织的实施绩效，这种监督既可以通过直接的方式，比如让代理人加入到地方社会网络之内，也可以通过间接的方式即监督公共服务的供给。

奥斯特罗姆则是从公共治理理论出发阐释了社会资本中"信任和规范"的功能。通过对菲律宾桑赫拉的灌溉项目的研究，奥斯特罗姆发现，落后地区的农民为了能够持续地获得灌溉用水，选择了互相合作，通过互相协商共同确定谁来分担灌溉系统兴建与维护的成本怎样分配，以及怎样监督各种行为以确保那些遵守自组织治理系统规则的人不会被那些欺诈之徒所利用。这些过程不是自动的或者确定性的，关键在于，在这种共同体中，农民处于面对面的关系之中，而这些关系将信守诺言视为相当重要的资产，农民相信其长期收益将超过长期成本。在这个过程中，地方团体和社区内部的合作、信任在解决公共资源分配上发挥了积极的作用。其结果正如奥斯特罗姆所描述的，"如果人们同意协作行动并对未来行动的结果

[①] BianYanjie, "Bringing Strong Ties Back in: Indirect Ties, Network Bridges and Job Searchesin China", *American Sociological Review*, Vol. 62, No. 3, 1997.

[②] [美]帕特南·罗伯特：《独自打保龄：美国社区的衰落与复兴》，刘波、祝乃娟、张孜异、林挺进、郑寰译，北京大学出版社2011年版。

承担责任，那么，不论运用什么样的物质资本和人力资本，共同体成员都将具有更高的生产力"①。

柯武刚、史漫飞则是从制度经济理论的视角关注到社会资本中"非正式规范"的作用②。在市场交易中，"信息不对称"是抑制市场机制正常运转的重要因素，而集体行为恰恰可以在一定程度上弥补"信息不对称"问题，降低交易费用，激励个体在产品、信贷和劳动力市场上进行交易以提高个人的投入水平。这其中有两种可能的机制：一是社会资本有助于贷款方和借款方进行更好的信息交流，降低信贷市场上的逆向选择和道德风险。二是社会资本也可以潜在地强化违约行为的惩罚机制，这些通常在正规法律体系下是不可能实现的。不同经济主体之间在紧密的社会联系中建构他们的经营网络可以显著提高他们参与经济交易的能力。在海外华人移民中，这样的非正式规范对于发展经济至关重要，比如在巴黎的温州移民中，移民为谋求经济发展，建立了"钱会"的规则，每月按期将一定比例资金注入钱会，然后每个会员都可以在一定时期利用这笔资金而无须支付利息或只需支付很低的利息，这笔资金周而复始地在会员之间循环使用。一部分温州商人就是通过这种原始的筹资方式获得第一笔资金进行生产经营生意并逐步做大做强③。

（二）市场转型与社会资本的关系

与社会资本本身的投入效应相比，农村社会资本在市场发育和经济发展过程中如何变化是一个更有意义的问题。市场转型理论④认为，随着市场机制的逐步成熟，传统精英的优势地位将逐步让位于具有较高人力资本的技术精英，这也是市场机制最根本的特征。而罗纳-塔斯⑤、林宗弘、

---

① [美]奥斯特罗姆·埃莉诺:《公共事物的治理之道:集体行动制度的演进》, 余逊达、陈旭东译, 上海三联书店2000年版。
② 柯武刚、史漫飞:《制度经济学:社会秩序与公共政策》, 韩朝华译, 商务印书馆2000年版。
③ 王春光:《巴黎的温州人:一个移民群体的跨社会建构行动》, 江西人民出版社2000年版。
④ Nee, Victor, "A Theory of Market Transition: From Redistribution to Markets in State Socialism", *American Sociological Reuiew*, Vol. 54, No. 5, 1989.
⑤ Rona-Tas, A., "The First Shall Be Last? Entrepreneurship and Communist Cadres in the Transition from Socialism", *American Journal of Sociology*, Vol. 100, No. 1, 1994.

吴晓刚[1]等并不赞同这种观点,他们认为,在市场化转型过程中,精英阶层的地位不仅不会衰落,计划经济时代所形成的权威体系在进一步的市场化过程中仍将发挥资源配置的作用,因此中国的市场化有可能是一种社会资本嵌入式的发展过程。这两种理论对市场化与社会资本的关系给出了截然不同的两种判断。张文宏、张莉认为,这两种认识可能是源于学者对社会资本概念的两种不同解读[2]。一方面,从格兰诺维特的"弱关系理论"推衍,社会资本发挥作用的机制与市场制度是不相容的,部分学者循着这个路径,将社会资本发挥资源配置的机制与市场化的机制相互独立,认为社会资本与市场是此消彼长的关系[3];另一方面,格兰诺维特又提出"嵌入"的观点,从这个观点出发,市场机制与社会资本配置资源的机制又是相互嵌入的,部分学者以此为基础,强调市场嵌入在社会资本中,在市场化的不同阶段或者市场化程度不同的部门(如体制内和体制外),社会资本的作用都会存在,只是作用的形式和程度上存在显著的差异[4]。

对于市场化转型与社会资本的关系研究,大部分学者将焦点放在了劳动力市场上。边燕杰较早对中国城市劳动力市场进行了研究,他认为在"文化大革命"之后,中国人善于动用各种各样的"强关系"来获取包括工作机会在内的个人利益,在市场机制逐步完善的劳动力市场中,"关系"仍然发挥着重要的作用[5]。后续的一系列研究从不同的角度对这个观点进行印证,比如边燕杰、张文宏的研究提出了"社会网络空间"和"体制洞"的概念,他们认为,从再分配经济向市场经济的转型过程中出

---

[1] 林宗弘、吴晓刚:《中国的制度变迁、阶级结构转型和投入不平等:1978—2006》,《社会》2010年第6期。

[2] 张文宏、张莉:《劳动力市场中的社会资本与市场化》,《社会学研究》2012年第5期。

[3] 陆铭、张爽、佐藤宏:《市场化进程中社会资本还能够充当保险机制吗?——中国农村家庭灾后消费的经验研究》,《世界经济文汇》2010年第1期;赵延东、风笑天:《社会资本、人力资本与下岗职工的再就业》,《上海社会科学院学术季刊》2000年第2期。

[4] 边燕杰:《社会网络理论十讲》,社会学视野网(http://www.sociologyol.or8/),2007年;边燕杰、张文宏:《C经济体制、社会网络与职业流动》,《中国社会科学》2001年第2期;张顺、程诚:《市场化改革与社会网络资本的投入效应》,《社会学研究》2012年第1期。

[5] Bian Yanjie, "Bringing Strong Ties Back in: Indirect Ties, Network Bridges and Job Searches in China", *American Sociological Review*, Vol. 62, No. 3, 1997.

现的体制洞,给社会网络创造了活动的空间。社会网络通过信息和人情两种机制发挥作用,随着市场化改革的逐渐深化,信息机制的作用不仅没有加深反而逐渐减弱,与此同时人情机制的作用不断上升[1]。边燕杰最近又提出了"体制性资源"的概念,他认为,中国渐进式的市场化改革使国有部门和非国有部门两种体制并存,由此产生了两种不同的体制性资源。当个体的关系网络跨越两种体制时将产生跨体制的社会资本,而体制跨越者将获得包括投入在内的各种经济回报[2]。张文宏最近的研究系统性地对市场化的不同测量方式进行了梳理和验证,他研究发现市场化进程降低了社会资本的"含金量",同时提升了社会资本的"认可度"[3]。张顺、程诚的研究将社会网络资本区分为"潜在的"和"动员的"两种形式,他们研究发现,随着市场化程度的提高,潜在性的社会网络资本的投入回报递减,但动员性社会网络资本的收入回报率递增,而递增的速度也是衰减的[4]。综合来看,通过对劳动力市场的动态变化研究,大部分学者还是倾向于"嵌入性"的理论。

相对于在劳动力市场领域探讨社会资本与市场化的关系研究而言,对农村市场化过程中社会资本的变迁研究比较稀少。张爽等以农村贫困为例,以樊纲、王小鲁测算的地区市场化指数为农村市场化程度的代理变量,从家庭和社区两个层面探讨了市场化对于社会资本的影响。[5] 该研究发现,社会网络和公共信任能显著地减少贫困,而且其在社区层面的作用尤其明显。随着市场化程度的提高,社会资本减少贫困的作用总体上来说会下降,其中家庭层面的社会网络的作用下降得尤其显著,而社会层面的社会资本的作用却不会显著下降[6]。陆铭等从"传统农村社会资本是否还能充当保险机制的问题"出发,以

---

[1] 边燕杰:《社会网络理论十讲》,社会学视野网(http://www.sociologyol.or8/),2007年;边燕杰、张文宏:《C经济体制、社会网络与职业流动》,《中国社会科学》2001年第2期。

[2] 边燕杰、张文宏、程诚:《求职过程的社会网络模型:检验关系效应假设》,《社会》2012年第3期。

[3] 张文宏、张莉:《劳动力市场中的社会资本与市场化》,《社会学研究》2012年第5期。

[4] 张顺、程诚:《市场化改革与社会网络资本的投入效应》,《社会学研究》2012年第1期。

[5] 樊纲、王小鲁:《中国市场化指数——各地区市场化相对进程报告(2002年)》,经济科学出版社2004年版。

[6] 张爽、陆铭、章元:《社会资本的作用随市场化进程减弱还是加强——来自中国农村贫困的实证研究》,《经济学》(季刊)2007年第6期。

村庄市场化水平为农村市场化的代理变量探讨了市场化过程中社会资本作用的变化,研究发现,在市场化过程中,随着非农就业的增加和外出打工的增多,农村居民运用社会资本来抵御自然灾害和社会风险的能力被削弱了[①]。赵剑治、陆铭[②]则从"社会关系网络对于收入差距的贡献度有多大"这一问题出发,也以樊纲、王小鲁[③]测算的地区市场化指数为农村市场化程度的代理变量研究发现,社会网络对投入差距的贡献达到12.1%至13.4%,同时不同地区社会网络的贡献存在很大的差异,东部地区社会网络的贡献明显高于中西部地区。

在已有的农村市场化和社会资本研究中有两个模糊的区域,一个模糊区域是关于社会资本的测量,目前主要还是集中于个体或家庭社会资本测量的研究。在本研究中我们采用家庭社会网络数量和是否有外部社会关系来测量农村家庭社会资本,同时将采用社区信任衡量农村社区层面的社会资本,同时考虑家庭社会资本和社区社会资本对家庭收入的影响;另一个模糊区域是关于市场化测量的研究,由于农村市场化过程比较复杂,所以大部分学者采用了地区市场化作为农村市场化的代理指标。本文倾向以农村社区"在地非农就业比例"来衡量农村市场化程度,认为在大部分农村地区,农村的市场化程度与地区的市场化程度并不同步,特别是传统上,城乡二元经济的发展模式在部分地区的市场化过程中并没有得到纠正,有的甚至出现城乡差距进一步扩大的趋势。因此,地区市场化和农村自身的市场化对社会资本的影响可能并不一致。本文将分别考察村庄市场化水平和地区市场化水平对农村的社会资本带来了什么样的影响,以回答不同的市场化过程下家庭、村庄社会资本的作用到底会随之减弱还是加强的问题。

二 数据、变量与方法

本项研究所使用的数据来自于年中国社会科学院经济研究所(GHIP)

---

① 陆铭、张爽、[日]佐藤宏:《市场化进程中社会资本还能够充当保险机制吗?——中国农村家庭灾后消费的经验研究》,《世界经济文汇》2010年第1期。

② 赵剑治、陆铭:《关系对农村投入差距的贡献及其地区差异——一项基于回归的分解分析》,《经济学》(季刊)2009年第1期。

③ 樊纲、王小鲁:《中国市场化指数——各地区市场化相对进程报告(2002年)》,经济科学出版社2004年版。

的一项农村居民收入与生活质量调查,本次调查覆盖北京、山东、河北、江苏、浙江、四川等22个省市的961个村庄,调查农村常住户9200户。这些样本是国家统计局农村家庭调查的子样本,在全国范围内随机抽样产生,在每个村庄随机选择10个左右的家庭作为调查对象。由于本文以家庭为研究单位,因此我们在处理数据时将村庄数据和家庭数据进行了匹配;另外本文还希望考察地区市场化对社会资本的收入效应产生什么样的影响,因此我们也对家庭数据和各省市的市场化数据进行了匹配。

(一) 解释变量:家庭投入

家庭年投入是本研究的因变量。传统上农村家庭是一个共同生产单位,随着市场经济的发展,农村家庭的投入结构也开始发生变化。根据家庭投入的调查数据,从全国平均水平看,家庭农业投入的比例占50%,其次是家庭成员在地非农工资性投入,约为20%,家庭非农经营性收入和外出打工收入各占10%左右。此外,东中西三个地区在收入结构上也存在差异,东部地区家庭农业收入比例最低,为38%,家庭成员在地的工资性收入[①]比例最高,为27%;而西部地区家庭农业收入比例最高,为61%,家庭成员在地的工资性收入比例最低,为13%(参见图1)。基于

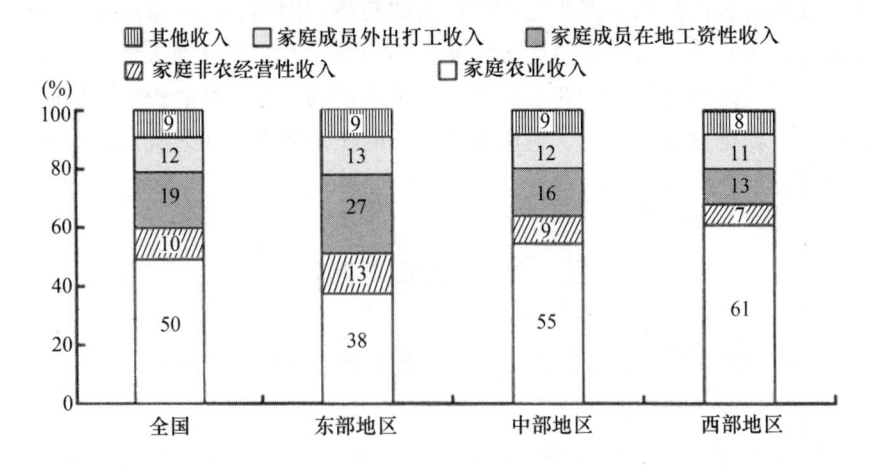

图1 农村家庭收入结构

---

① 在地工资性收入是指在本地企业中就业所获的工资性收入。

这个特点，我们将分别分析社会资本对农户的家庭总收入、家庭农业收入、家庭非农经营性收入、家庭成员在地工资性收入和家庭成员外出打工收入的影响，其中因变量为每个类型家庭收入的自然对数。

（二）自变量：社会资本

社会资本是一个比较抽象的概念，目前学术界对社会资本尚没有一致性的度量方法。帕特南认为社会资本应该包含"网络、信任、规范"，本研究采用了帕特南对于集体性社会资本的测定，但同时认为，在应用社会资本这个概念时必须对传统的农村社会关系进行有效的测量，不能一味地套用西方的关系社会网络的测量方式，而是要更加明晰地反映出传统的社会联系，或者说在具体的测量上要嵌入文化的要义。本文结合社会资本的概念和中国的"关系"文化，分别从家庭层面和社区层面对社会资本进行了测量。

首先，对于家庭社会资本的度量我们采用了两个指标：（1）对家庭社会网络规模进行度量。问卷中没有直接的问题，我们通过"一年一共给多少熟人朋友送礼"来衡量这种动员性的社会网络。虽然不能反映农民全部的社会网络，很有可能低估社会网络的作用，但由于问卷的限制，这在一定程度上也反映出农民社会交往的范围。（2）对家庭外部社会关系进行度量。我们通过问卷中"是否有县城或城市生活的亲戚朋友"来衡量外部网络。目前大部分农村家庭都有外出迁移劳动力城市的亲戚朋友可能为农村人口外出就业提供信息、居住或其他方面的经济支持。

其次，对于村庄社会资本的度量，我们由个人的变量值汇总、平均而成村庄社会资本的指标。这种测量方法可能存在着层次谬误的问题[1]，但个人层面的测量指标也具有自身的优势[2]，它比较切合社会资本的理论含义。本研究的样本是由国家统计局农村调查的子样本在全国范围内随机抽样产生，因此具有一定的代表性。在问卷中个体层面的问题是"一般来

---

[1] Kawachi, I., Daniel Kim, Adam Coutts & S. V. Subramanian, "Commentary: Reconciling the Three Accounts of Social Gapital", *International Journal of Epidemiology*, Vol. 33, 2004; Harpham, T., E. Grant & E. Thomas, "Measuring Social Capital within Health Surveys: Key Issues", *Health Policy and Plane*, Vol. 17, 2002.

[2] Harpham, Truly, "The Measurement of Community Social Capital Through Surveys", in Idiro-Kawachi, S. V. Subramarrian & Daniel Kin (eds.), *Social Capital and Health*, New York: Springer, 2007.

讲大多数人是不可以信任的",回答分为强烈同意、同意、不同意、强烈不同意,数值范围从1到4,分数越高,表示越信任他人。"信任"问题虽然是从个体层面进行度量,但其实它是一个反映集体特征的变量,因此我们采用每个村排除被访家庭之外的其他被访家庭的平均信任水平,作为村庄集体的信任水平,这样可以减轻社区层面的社会信任的联立性内生问题。

(三) 市场化

樊纲、王小鲁等①构建了一个省级市场化指数,使用5个种类②的23个指数。根据这个市场化指数,2002年中国省级的市场化指数从西藏的0.63到广东的8.62不等。从这些宏观的市场化指数中,我们可以捕捉到的关于农村市场化发展水平的信息有限。因此,在本研究中,我们希望能在村级层次上衡量农村市场化的水平,因为在中国农村的经济转型中,最重要的特征是非农部门的增长,因此我们用村庄在地的非农就业比例来衡量村庄市场化指数。另外,为了与村级市场化水平进行对照,我们将省级市场化指数同比例缩小到0—1。通过数据对比可以发现,村级市场化程

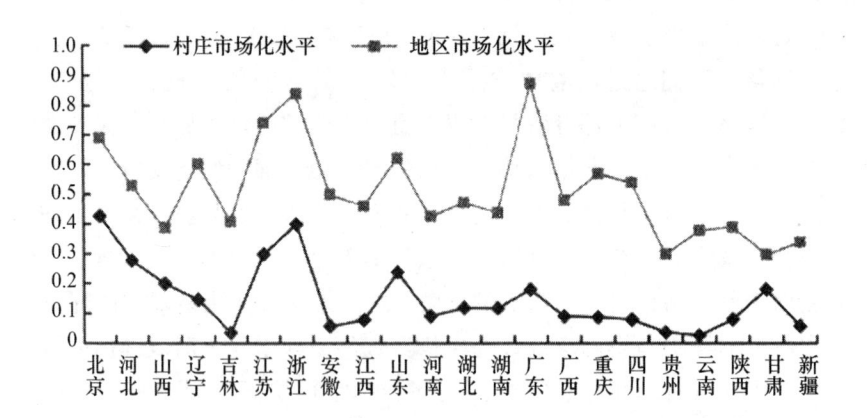

图2 地区市场化水平与村庄市场化水平

---

① 樊纲、王小鲁:《中国市场化指数——各地区市场化相对进程报告 (2002年)》,经济科学出版社2004年版。

② 5个种类包括政府与市场的关系、非国有经济的发展、产品市场的发育程度、要素市场的发育程度、市场中介组织的发育和法律制度环境。

度与省级市场化程度并不是完全一致的，在市场化指数最高的广东省，村级市场化水平仅处于中等水平。下文中我们将分别检验在不同地区不同的市场化过程中社会资本作用的变化。

在表 1 中，我们对样本中 9155 个家庭数据对应的模型中的变量进行了统计描述，需要特别指出的是，我们以户主的性别、婚姻状况、年龄、受教育年限、是否为中共党员、是否为少数民族等指标来代表整个家庭的特征。主要因变量农户家庭年总投入的均值为 12166 元，标准差为 10395。主要自变量家庭社会网络平均规模为 8.42 人，农户家庭中有城市亲戚朋友的平均比例为 56%。村庄信任水平均值为 2.68，相对城市来说是较高的信任水平。村庄非农就业的平均比例为，省级市场化平均水平为 0.61，样本中最低的贵州 0.30，最高的是广东 0.86。

表 1　　　　　　　　　　模型统计且描述

变量		均值	标准差
1. 个人及家庭特征		0.95	0.21
户主男性		46	10.7
户主年龄		0.95	0.22
户主已婚		7.55	2.67
户主受教育年限		0.17	0.37
户主为少数民族		0.18	0.38
户主为中共党员		12166	10395
家庭总投入（元）		5298	5565
家庭农业投入		1585	4978
家庭非农经营投入		2685	5748
家庭成员在地工资投入		1514	3522
家庭成员外出打工投入		1227	3525
固定资产价值（元）		1.96	2.16
2. 社会资本	社会网络规模	8.42	10.91
家庭社会资本	外部社会网络	0.56	0.49
村庄社会资本	村庄信任水平	2.68	0.67
3. 村庄特征		4.83	5.15
村庄到乡镇的距离（公里）		24.15	20.59
村庄到县城的距离（公里）			
村庄非农劳动比例		0.15	0.20
4. 地区特征			
省级市场化指数		0.61	0.16
东部地区的家庭		0.38	0.48
中部地区的家庭		0.35	0.48

(四) 研究模型

本文着重考察农村家庭社会资本和村庄社会资本的经济回报，因此选择农户家庭年收入及分项投入的自然对数为因变量。已有文献中影响家庭年投入的重要因素包括家庭资产、家庭人口特征和区域特征，家庭资产包括社会资本、人力资本、自然资本和物质资产[①]。因此本文的基本模型为：

$$\log(Y_{ij}) = \beta_{0j} + \beta_1 X_{1ij} + \beta_2 X_{2ij} + \beta_3 X_{3ij} + \beta_4 X_{4ij} + \beta_5 X_{5ij} + \sum \beta_K X_{Kij} + \varepsilon_{ij}$$

Y_{ij}为农户家庭年投入及分项投入，X_{1ij}为家庭社会资本，X_{2ij}为村庄集体社会资本，X_{3ij}代表人力资本，X_{4ij}为政治资本，X_{5ij}为物质资本，X_{Kij}代表其他控制变量。

在分析市场化影响模型中，我们在基本模型的基础上放入了市场化和社会资本的交互项，以检验市场化和社会资本的交互作用对家庭投入的影响。

三 农村市场化背景下社会资本的投入回报

本部分首先探讨的问题是在农村市场化背景下，社会资本是否还具有投入回报，具体体现在哪些项目之上（见表2）。从基准模型看，农村家庭投入不平等是显著的，性别、年龄、婚姻状况、受教育程度、党员身份、实物资产等都是投入差异的解释要素。其他条件不变时，户主的教育水平对收入的增长作用显著，户主教育时长每增加1年，家庭收入将增加1.8%。户主的政治资本对家庭收入也有显著贡献，全是党员的家庭，整体家庭投入将比非党员家庭增加8.2%。而从家庭特征看，家庭外出劳动力比例对家庭收入的贡献是最高的，边际贡献率为83%，也就是说一个四口之家中一个外出劳动力将使家庭投入增加约23%。其次，家庭的物质投入对收入的贡献也比较高，家庭固定资产每增加1元，家庭收入将

---

① Narayan, D. & L. , Pritchett 1999, "Cents and Sociability: The Household Income and Social Capital in Rural Tanzania", *Economic Desxdopment and Cultural Change* 4; Grootaert, C. , 1999, "Social Capital, Household Welfare, and Poverty in Indonesia", Local Level Institutions Working Paper No. 6. Washington, DC: The World Bank.

表2　社会资本对农村家庭收入的影响

变量	基准模型（家庭总收入对数）	模型1（家庭总收入对数）	模型2（家庭总收入对数）	模型3（家庭农业收入对数）	模型4（家庭非农经营收入对数）	模型5（家庭成员工资收入对数）	模型6（家庭成员外出打工收入对数）
家庭网络规模送礼人数		.003*** (.001)	.003*** (.001)	.001 (.001)	.003* (0.15)	.003 (.002)	.003 (.002)
家庭外部资源 (参照：无城市亲友)		.062*** (.013)	.056*** (.013)	.013 (.020)	.097 (.064)	.014 (.044)	.035** (.015)
村庄社会信任水平			.008 (.010)	-.020 (.015)	.021 (.047)	.069** (.033)	.020 (.032)
户主性别 (参照：女性)	-.140*** (.035)	-.137*** (.035)	-.148*** (.037)	.208*** (.056)	-.399** (.188)	-.278** (.118)	-.169 (.125)
婚姻状况 (参照：未婚)	.158*** (.033)	.149*** (.033)	.159*** (.035)	.123*** (0.52)	-.065 (.175)	.313** (.122)	.204* (.105)
户主年龄	.002* (.001)	.002* (.001)	.002 (.001)	.004** (.002)	-.011* (.006)	-.004 (.005)	-.005 (.005)
户主年龄平方	-.000** (.000)	-.000** (.000)	-.000 (.000)	-.000 (.000)	-.000** (.000)	-.000** (.000)	.000** (.000)
户主教育程度	.018*** (.003)	.017** (.003)	.017*** (.003)	.002 (.004)	.040** (.014)	.034*** (.009)	-.001 (.009)
户主政治面貌 (参照：非党员)	.082*** (.017)	.072*** (.017)	.071*** (.018)	.014 (.027)	-.054 (.087)	.299*** (.054)	-.092 (.060)
户主少数民族 (参照：非少数民族)	-0.67*** (.020)	-.079*** (.020)	-.080*** (.021)	-.005 (.032)	-.284*** (.106)	-.318*** (.075)	-.367*** (.073)

续表

变量	基准模型(家庭总收入对数)	模型1(家庭总收入对数)	模型2(家庭总收入对数)	模型3(家庭农业收入对数)	模型4(家庭非农经营收入对数)	模型5(家庭成员工资收入对数)	模型6(家庭成员外出打工收入对数)
家庭规模	.117*** (.005)	.117*** (.005)	.118*** (.005)	.115*** (.008)	.060** (.026)	.084*** (.018)	.172*** (.017)
家庭外出人口比例	.830*** (.029)	.820*** (.029)	.827*** (.030)	-.850*** (.046)	1.130*** (.137)	2.140** (.099)	1.700** (.118)
家庭人均土地	.015*** (.003)	.014** (.003)	.013*** (.003)	.073*** (.005)	-.093*** (.016)	-.0.37*** (.010)	-.046*** (.013)
家庭人均固定资产	.125*** (.005)	.122*** (.005)	.121*** (.005)	.127** (.008)	.268*** (.023)	.022 (.017)	-.152*** (.018)
村庄距离县城的距离	-.002** (.000)	-.002*** (.000)	-.002*** (.000)	.001 (.000)	-.008*** (.002)	-.004*** (.001)	.001 (.001)
村庄是否通公路 (参照:未通公路)	.078** (.031)	.077** (.031)	.073** (.033)	.057 (.048)	-.102 (.157)	.142 (.108)	.228** (-.101)
东部地区	.348*** (.017)	.354*** (.017)	.348*** (.018)	.053** (.026)	.638*** (.084)	.506*** (.058)	.582*** (.058)
中部地区	.150*** (.017)	.145*** (.017)	.145*** (.017)	.207*** (.026)	.290*** (.083)	-.006 (.059)	.167*** (.056)
常数项	7.064*** (.030)	7.056*** (.080)	7.068*** (.088)	6.261*** (.131)	5.312*** (.420)	5.881*** (.293)	7.194*** (.282)
观测值	7909	7909	7246	7114	3063	4165	2448
拟合 R²	.293	.297	.295	.191	.157	.220	.222

注:(1)括号中为标准误。(2)*代表10%的水平上显著,**代表5%的水平上显著,***代表1%的水平上显著。

增加12.5。家庭固定资产包含了"农用机械、工业机械、运输机械等",随着农村青壮年劳动力大量外出,机械对农村劳动力产生了替代,农业机械对农业生产的贡献率显著提高。此外,家庭土地每增加1亩,家庭人均投入将增长1.5%。从村庄的特征看,村庄的基础设施会对村民的收入带来显著的正效应,通公路的村庄比没有通公路的村庄平均收入水平高7.8%。而村庄距离县城的距离对家庭收入具有显著的负面影响,村庄距离县城每增加1公里,人均家庭收入就将降低0.2%。

模型1考察了家庭社会资本对家庭收入的贡献,从回归结果看两类社会资本对家庭总投入的贡献都是显著的,其中,家庭网络规模每增加1人,家庭收入水平将增加0.3%。城市中有亲戚朋友的家庭将比没有亲戚朋友的家庭投入高6.2%。值得注意的是,在考察家庭社会资本对收入的贡献时,"政治资本"对收入的贡献降低了,这进一步说明社会资本对家庭收入的贡献在很大程度上是依托于家庭社会网络来实现的,正如毛丹、任强所分析的,家庭政治资本即是一种象征性资本(符号资本),在需要的时候,随时可以转化为社会资本发挥其提高收入水平的功能[①]。模型2进一步考察了村庄集体社会资本对家庭总收入的贡献,从回归结果看,村庄的公共信任水平对家庭收入水平的贡献为0.8%,但并不显著。

模型3、4、5、6分别考察家庭社会资本、社区社会资本对家庭农业收入、家庭非农经营收入、家庭成员工资收入和外出打工收入的贡献。市场转型环境下,每类家庭投入产生的市场环境并不相同,所以社会资本的作用空间就会有所不同。我们通过分离不同类型的家庭收入,更进一步地考察不同形式的社会资本在农村发挥作用的社会空间。从对家庭农业收入的贡献看,两类社会资本的作用均不显著。从对家庭非农经营的贡献看,家庭网络规模对非农经营收入的贡献是显著的,家庭网络规模每增加1人,家庭非农经营收入将提高0.3%;从对家庭在地工资性收入的贡献看,村庄的社会资本的贡献是显著的,村庄社会资本每提高1个标准差,家庭成员在地工资性收入将增加6.9%;从对家庭成员外出务工收入的贡献看,家庭外部网络资源的作用是显著的,有城市亲戚朋友的家庭其家庭成员打工收入比没有城市亲戚朋友的家庭高3.5%。

上述结果对于我们思考农村市场化与社会资本的关系是有启发的。传

[①] 毛丹、任强:《中国农村社会分层研究的几个问题》,《浙江社会科学》2003年第3期。

统农业是距离市场最远的产业,同时也是社会资本发挥作用最薄弱的部门;家庭非农经营的产业已经接近市场部门,通常以社区和乡镇为服务半径,家庭社会网络在这个环境下对非农经营有显著的作用;而家庭外出务工成员已经进入了城市的劳动力市场。章元、陆铭利用同一套2002年的CHIP的数据专门探讨了社会网络是否有助于提高农民工工资水平的问题,结果发现,社会网络在城市劳动力市场上的主要作用是配给工作,它不直接提高农民工在劳动力市场上的工资水平,但是通过影响农民工的工作类型而间接地影响他们的工资水平①。这也间接印证了我们题中的假设。比较让人费解的是,为什么村庄的社会资本会显著影响微观水平上家庭成员的工资收入?这可能与农村乡镇企业的性质有关,乡镇企业产生于社区母体之中,并不是一种纯粹的"市场里的企业",它同时也是一种"社区里的企业",企业的经济活动深深"嵌入"于社区的社会关系结构之中。在乡村工业化过程中,其原始积累阶段所利用的土地和劳力乃至某些启动资金,都直接取自社区,并且是以共同体内的信任结构和互惠规则作为"出让"的社会性担保的,其收益主要是在企业与村集体组织及其成员之间分配。对于社区成员来说,工业化、市场化导致他们的"土地权"向"就业权"和"福利权"转换。即便在后来大部分乡镇企业改制之后,乡镇企业仍然有责任和义务满足社区成员的就业需求②。在这种社会经济环境下,村庄社会资本的主要功能就是解决使用社区资源时可能出现的冲突和争议,使得内部更有效地合作,从而形成一种建立在社区共同体社会关系基础之上的"命运共享""同甘共苦"式的社会激励机制,保障企业稳定盈利的同时也保障个人的经济利益稳步提升③。

"市场转型论"的代表倪志伟④将市场化与个人特征相联系,提出市场化意味着政治资本回报降低而人力资本回报增高的假设,但是后来的很多学者都对这个观点提出了质疑。本文中设置了四项家庭收入类型,它们来源于市场化程度不同的部门,通过比较各类资本对不同类型家庭收入的

---

① 章元、陆铭:《社会网络是否有助于提高农民工的工资水平》,《管理世界》2009年第3期。
② 折晓叶、陈婴婴:《产权怎样界定——一份集体产权私化的社会文本》,《社会学研究》2005年第4期。
③ 折晓叶、陈婴婴:《资本怎样运作——对"改制"中资本能动性的社会学分析》,《中国社会科学》2004年第4期。
④ Nee, Victor, 1989, "A Theory of Market Transition: From Redistribution to Markets in State Socialism", *American Sociological Review* 54 (5).

影响，可以发现在农村市场化背景下各类要素资源的重要性。特别是社会资本概念比较抽象，单独探讨社会资本的贡献比较困难，而通过与人力资本、物质资本、政治资本的比较，更能体现社会资本的价值。

由于各种资本的单位不一致，单纯从偏回归系数上并不能比较各个要素的重要性差异。因此，我们计算了模型3至模型6回归结果的标准化回归系数（见表3），来比较不同资本对家庭收入贡献的相对程度。模型3显示，在家庭农业收入中，土地资本的贡献是最高的，达到了0.182，固定资产的贡献为0.176；模型4显示在家庭非农经营收入中，固定资产的贡献最高，为0.196，其次是人力资本，为0.055，家庭网络规模居于第三，为0.019①；模型5显示在家庭成员在地工资性投入中，政治资本的贡献最高，为0.080，其次为人力资本，为0.055，社区社会资本居于第三，为0.029；模型6显示在家庭成员外出打工投入中，家庭外部资源的

表3　　　　　　　　主要变量的标准化回归系数

变量	模型3（家庭农业投入对数）	模型4（家庭非农经营投入对数）	模型5（家庭成员工资投入对数）	模型6（家庭成员外出打工投入对数）
家庭网络规模：送礼人数		0.019*		
家庭外部资源城市的亲戚				0.014**
社区社会资本			0.029***	
人力资本：户主教育程度	0.054***	0.055***		
政治资本户主政治面貌			0.080***	
实物资本人均土地	0.182***	-0.104***	-0.052***	-0.066***
实物资本人均固定资产	0.176***	0.196***		-0.155***

注：对偏相关系数需进行t检验，*代表10%的水平上显著，**代表5%的水平上显著，***代表1%的水平上显著。

---

① 前文我们提到问卷测量的动员型社会网络可能还会低估社会网络的贡献，所以潜在的社会网络对收入的贡献比这个水平可能还高一些。

贡献最高,为 0.014。综合来看,在农村市场化环境下,社会资本发挥作用的空间主要在家庭非农经营领域、家庭成员在地就业和外出打工中,从相对贡献看,社会资本的贡献低于人力资本和政治资本的贡献,但其从统计上具有显著意义,仍是影响家庭非农收入的重要因素。

四 村庄市场化过程中社会资本的作用变化

上文中我们分析了在农村市场化环境下社会资本是否还具有收入回报,分析结果显示。社会资本对三类家庭非农收入存在显著的正向影响,而对农业投入的影响是不显著的。本部分将以"村庄非农就业人口比例"来衡量农村的市场化程度,进一步检验农村市场化过程下农村社会资本的作用发生了何种变化。为了控制模型中变量的共线性问题,每个模型中都对进入交互项的变量进行了对中处理,① 同时对家庭社会资本和社区社会资本进行分别讨论。

有关家庭社会资本的变化结果见表 4。首先从农村市场化本身对农村家庭收入的影响看,市场化程度较高的村庄,家庭经营性收入和家庭成员在地工资性收入水平会显著提升,而农业投入会显著下降。模型 1 中家庭社会资本与市场化的交互项不显著,一个可能的原因是社会资本对各类家庭收入的影响方向不同,总的影响就互相抵消了,因此我们有必要按收入类型或分地区考察社会资本的作用变化。本部分我们按收入类型进一步考察社会资本的变化,下一部分将分地区考察社会资本的变化情况。

表 4　　家庭社会资本在农村市场化过程中的作用变化

	模型1(家庭总收入对数)	模型2(农业收入对数)	模型3(家庭经营收入对数)	模型4(家庭工资收入对数)	模型5(外出打工收入对数)
家庭网络规模[a]	0.003*** (0.001)	0.001 (0.001)	0.003 (0.003)	0.004** (0.002)	0.002 (0.003)
家庭外部资源	0.057*** (0.013)	0.014 (0.020)	0.104 (0.064)	0.029 (0.043)	0.066 (0.047)

---

① 家庭是否有外部资源为虚拟变量,取值为 0 或 1,无须对中处理(参见谢宇《回归分析》,社会科学文献出版社 2010 年版)。

续表

	模型1（家庭总收入对数）	模型2（农业收入对数）	模型3（家庭经营收入对数）	模型4（家庭工资收入对数）	模型5（外出打工收入对数）
村庄市场化水平[a]	0.471*** (0.040)	−828*** (0.061)	0.965*** (0.180)	1.654*** (0.120)	−0.123 (0.161)
家庭网络规模[a] × 村庄市场化水平	0.001 (0.004)	0.002 (0.005)	0.030** (0.015)	0.000 (0.012)	−0.014 (0.018)
家庭外部资源 × 村庄市场化水平	−007 (0.072)	−0.079 (0.109)	−0.288 (0.318)	−0.327 (0.207)	0.571* (0.297)
观测值	7246	7114	3063	4165	2448
拟合 R^2	0.308	0.213	0.166	0.256	0.223

注：(1) 表中所有控制变量均已包括，但没有报告。(2) 括号中为标准误。(3) *代表10%的水平上显著，**代表5%的水平上显著，***代表1%的水平上显著。(4) 家庭网络规模[a] =家庭网络规模−家庭网络规模均值；村庄市场化水平[a] =村庄市场化水平−村庄市场化水平均值。

模型2至模型5显示，随着农村市场化程度的提高，家庭社会资本对家庭经营性投入和外出打工投入的作用发生了显著的变化。模型3中家庭网络规模与市场化的交互项显著为正，这表明在家庭非农经营领域，家庭社会网络的收入回报随着农村市场化程度的不断加深而加深。这个结果与张爽等的研究结论相反。张爽等的研究结果认为，随着市场化程度的提高，市场成为资源配置的主体机制，降低了家庭层面的社会网络的作用[①]。我们的研究结果不支持这个假设，在市场化过程下，与"谁"互惠，对"谁"扩张社会网络，这些社会资本的积累过程渗透着个人的功利性选择，而这背后的原因可能是在市场环境下，社会关系网络的作用不仅没有降低，反而有所提高。模型5中，家庭外部网络资源与市场化的交互项显著为正，这说明在市场化过程中，家庭外部网络对外出打工收入的影响越来越大。这个结果再一次证明了章元、陆铭的判断，在城市劳动力市场中，家庭的外部网络也会通过某种资源配给方式影响到农民工的工资

---

① 张爽、陆铭、章元：《社会资本的作用随市场化进程减弱还是加强——来自中国农村贫困的实证研究》，《经济学》（季刊）2007年第6期。

水平[①]。

有关社区社会资本的变化结果见表5。模型1中社区信任水平与村庄市场化水平的交互项为正，这表明村庄社会资本对家庭总投入的影响随着农村市场化的增强而增强。在四个分类回归模型中，只有模型4，即家庭成员在地工资性收入的回归模型中，农村市场化水平与村庄社会资本的交互项显著为正。前文中我们曾提及乡村工业化过程中社区社会资本具有突出贡献，因此这个结果可能有两方面的含义：一方面，社区社会资本的发展可能会推动村庄市场化的过程；另一方面，随着村庄市场化水平的提高，村庄社会资本的作用也会显著提高。在农村市场化的过程中，农民与市场的连接枢纽在乡镇企业，在市场化初期，村集体、农民提供了原始积累阶段所需的土地和劳力资源，农民、村集体与乡镇企业建立了休戚与共的共生关系。在逐步深化的市场化过程中，企业逐渐脱离社区，成为纯粹的市场化主体，但是乡镇企业嵌入于社区的本质没有改变，在激烈的市场

表5　　　　　社区社会资本在农村市场化过程中的作用变化

	模型1(家庭总收入对数)	模型2(农业收入对数)	模型3(家庭经营收入对数)	模型4(家庭工资收入对数)	模型5(外出打工收入对数)
社区信任水平[a]	0.016* (0.010)	-0.028* (0.015)	0.024 (0.047)	0.054* (0.032)	0.000 (0.034)
村庄市场化水平[a]	0.474*** (0.040)	-0.835*** (0.060)	-0.944*** (0.179)	1.637*** (0.117)	-0.102 (0.157)
社区信任水平[a]×村庄市场化水平[a]	0.225*** (0.053)	-0.129 (0.080)	-0.261 (0.241)	0.745*** (0.159)	-0.383* (0.216)
观测值	7246	7114	3063	4165	2448
拟合R^2	0.310	0.213	0.165	0.259	0.223

注：(1) 表中所有控制变量均已包括，但没有报告。(2) 括号中为标准误。(3) *代表10%的水平上显著，**代表5%的水平上显著，***代表1%的水平上显著。(4) 社区信任水平[a] = 社区信任水平 - 社区信任水平均值；村庄市场化水平[a] = 村庄市场化水平 - 村庄市场化水平均值。

---

① 章元、陆铭：《社会网络是否有助于提高农民工的工资水平》，《管理世界》2009年第3期。

竞争环境下，乡镇企业仍然有利用村庄土地资源的优先权，理所当然地，企业有义务满足社区成员的"就业权"和"福利共享权"。这个互动的过程与传统上单纯是市场化影响社会资本的作用过程有所不同。其实社会资本的强化也有可能反向推动村庄的市场化进程，村民之间的合作既提高了成员之间的资源分配和自我管理能力，也推动了乡镇企业快速适应市场化步伐，更提高了村民自身的非农投入水平，这是一个村集体、企业和村民都受益的过程。这个结果再次验证了村庄社会资本的公益性质，农民一向是城市化、市场化的弱势群体，然而集体的合作提高了农民集体适应市场化的能力，使其不至于被快速城市化、市场化的过程所边缘化。

五 村庄市场化与地区市场化

村庄的市场化会促进社区社会资本和家庭社会资本的作用，那么在地区市场化的推进下，社会资本是否也会发生同样的变化？中国当前的市场化进程是不平衡的，这不仅表现在地区之间市场化程度存在差异，同时也表现在地区内部市场化水平也有差异，本部分将分东、中、西三个地区来比较不同的市场化进程下，地区市场化是不是也能强化社会资本的作用？如若不是，那么地区市场化与村庄市场化是什么样的关系，它们分别对社会资本带来什么样的影响？

表6中显示了家庭社会资本在不同地区市场化过程中的变化：通过比较模型1和模型2可发现，东部地区的市场化过程降低了家庭网络规模的作用，但显著提高了家庭外部资源的作用，相对来说村庄市场化的过程对家庭社会资本的影响并不显著；比较模型3和模型4，中部地区的市场化过程显著地提高了家庭网络规模和外部资源的作用，而村庄市场化的过程提高了家庭网络规模的作用；比较模型5和模型6，西部地区的市场化过程对两类家庭社会资本的影响不显著，但是村庄的市场化过程显著降低了家庭外部资源的作用。综合来看，地区的市场化过程倾向于扩大外部社会网络的作用空间，而村庄的市场化过程倾向于扩大内部社会网络的作用空间。

表6　　　　　　　　不同区域市场化过程对家庭社会资本的影响

	东部省份		中部省份		西部省份	
	模型1（地区市场化）	模型2（村庄市场化）	模型3（地区市场化）	模型4（村庄市场化）	模型5（地区市场化）	模型6（村庄市场化）
家庭网络规模[a]	0.006*** (0.002)	0.003*** (0.001)	0.011*** (0.002)	0.006*** (0.001)	0.000 (0.002)	0.002** (0.001)
家庭外部资源	-0.035 (0.034)	0.035 (0.024)	0.140*** (0.034)	0.074*** (0.021)	0.058 (0.040)	0.036 (0.027)
地区市场化水平[a]	0.175*** (0.009)		0.006 (0.026)		-011 (0.014)	
村庄市场化水平[a]		0.628*** (0.003)		-0.001 (0.001)		
家庭网络规模[a] × 地区市场化水平[a]	-0.002**		0.009*** (0.003)		-0.001 (0.001)	
家庭网络规模[a] × 村庄市场化水平[a]		0.005 (0.006)		0.020*** (0.005)		0.003 (0.005)
家庭外部资源 × 村庄市场化水平[a]		0.109 (0.100)		-0.038 (0.137)		-0.316* (0.183)
观测值	2590	2811	2566	2793	2090	2305
拟合 R²	0.398	0.328	0.212	0.214	0.212	0.216

注：（1）表中所有控制变量均已包括，但没有报告。（2）括号中为标准误。（3）*代表10%的水平上显著，**代表5%的水平上显著，***代表1%的水平上显著。（4）家庭网络规模[a] = 家庭网络规模 - 家庭网络规模均值；村庄市场化水平[a] = 村庄市场化水平 - 村庄市场化水平均值；地区市场化水平[a] = 地区市场化水平 - 地区市场化水平均值。

表7显示了社区社会资本在不同地区市场化过程中的变化：通过比较模型1和模型2，东部地区的市场化过程显著提高了村庄社会资本的作用，而村庄的市场化过程也显著提高了村庄社会资本的作用，这说明东部地区的市场化过程与村庄的市场化过程的影响是一致的。比较模型3和模型4，中部地区的市场化过程和村庄的市场化过程对村庄社会资本的影响都不显著。比较模型5和模型6，西部地区的市场化过程显著降低了村庄社会资本的作用，而村庄的市场化过程显著提高了村庄社会资本的作用，

地区市场化与村庄市场化对社会资本的影响是相反的。这个结果对我们理解市场化和社会资本的关系是非常重要的,社会资本嵌入于一定的社会空间才能发挥作用,而脱离了这个社会空间,社会资本的作用就会严重贬值。西部地区的市场化过程对于村庄来讲,主要是一个农村青壮年外出务工的过程,在以"外出打工"为特征的农村市场化过程中,村庄集体社会资本的作用显著降低,这一过程与东部地区的市场化过程形成了鲜明的对比。在以"外出打工"为主的农村社会,农村整体的社会结构都发生了剧烈的变动,随着青壮年的劳动力外出,农村剩下的劳动力基本上是妇女、儿童和老年,原有的监督、合作、互惠机制逐渐趋于衰落。科尔曼在

表7　　　　　　　不同区市场化过程对社区社会资本的影响

	东部省份		中部省份		西部省份	
	模型1(地区市场化)	模型2(村庄市场化)	模型3(地区市场化)	模型4(村庄市场化)	模型5(地区市场化)	模型6(村庄市场化)
社区信任水平[a]	0.015 (0.026)	0.029 (0.019)	-0.011 (0.024)	-0.027* (0.016)	0.009 (0.031)	0.061*** (0.022)
地区市场化水平[a]	0.182*** (0.009)		-0.006 (0.026)		-0.013 (0.014)	
村庄市场化水平[a]		0.606*** (0.058)		0.111 (0.073)		0.405*** (0.112)
社区信任水平[a]×地区市场化水平[a]	0.031** (0.013)		0.027 (0.033)		-0.014* (0.016)	
社区信任水平[a]×村庄市场化水平[a]		0.184** (0.084)		-0.137 (0.101)		0.542*** (0.148)
观测值	2590	2590	2566	2566	2090	2090
拟合 R^2	0.397	0.330	0206	0.194	0.212	0.214

注:(1)表中所有控制变量均已包括,但没有报告。(2)括号中为标准误。(3)*代表10%的水平上显著,**代表5%的水平上显著,***代表1%的水平上显著。(4)社区信任水平[a]=社区信任水平-社区信任水平均值;村庄市场化水平[a]=村庄市场化水平-村庄市场化水平均值;地区市场化水平[a]=地区市场化水平-地区市场化水平均值。

研究社会资本时强调,稳定的社会结构是使闭合性社会资本发挥作用的关

键,稳定的社会结构使生活在共同体之内的人们积累起长期的信任,对彼此的行为具有稳定的预期,同时对于违反互惠合作规范的人给予"惩罚"。[1]但是随着工业化、市场化的过程,人们不再世代定居一处,新型的法人组织代替了传统的农村社会,正式的制度规则逐渐取代非正式的制度规则,传统的集体性的社会资本形式也就在这个过程中受到了削弱。

六 结论与启示

农村市场化的过程给传统农业社会带来了深刻的变革,本文从家庭社会资本和社区社会资本两个视角出发,初步探讨了农村市场化过程中社会资本发挥作用的空间和条件,并得出如下结论:第一,从静态结果看,社会资本的收入效应主要体现在非农业生产部门,家庭的网络规模会显著提高非农经营性收入,家庭外部网络会显著提高家庭成员外出务工的收入,而社区的社会资本会显著提高社区成员的在地工资收入。第二,我们以"村庄非农就业"衡量农村市场化的过程,发现社会资本在不同市场空间的变化略有差异,随着农村市场化的深化,家庭社会网络对非农经营性收入的回报逐步提高,家庭外部网络资源对外出打工收入的回报逐渐提高,而村庄社会资本对社区成员在地工资性收入的回报是逐渐提高的。第三,中国当前的市场化进程是不平衡的,其导致不同地区的市场化路径存在显著差异,我们因此分别从村庄市场化和地区市场化两个角度来观察不同区域的市场化对农村社会的影响。从家庭社会资本的变化看,中、东、西三个地区变化趋势基本一致,随着外部地区市场化力量的深化,家庭外部资源的作用逐渐强化;而随着村庄内部市场化过程的加深,家庭网络规模的作用逐渐加深。从社区社会资本的变化看,中东西三个地区具有显著的差异:在东部省份,社区社会资本的作用随着村庄内部市场化的深化而加深,同时外部地区的市场化又助推了这种趋势,随着外部市场化的推动,村庄社会资本的作用又有所加强。在西部省份,地区市场化和村庄市场化对村庄社会资本的作用力是反向的,随着村庄市场化的加深,村庄社会资本的作用也是逐步强化的,但是外部市场化的力量却会反向削弱村庄社会资本的作用,村庄社会资本随着地区市场化的深化逐步

---

[1] Coleman, J. S., 1988, "Social Capital in The Creation of Human Capital", *American Journal of Sociology* 94.

降低。

上述结果对于我们思考农村市场化与社会资本的关系具有深刻的意义。市场转型理论[①]强调市场化对农村社会的冲击,但没有对社会本身的反弹能力给予足够的重视,在卡尔·波兰尼[②]看来,人类历史上不存在独立自主的市场,市场都是嵌入到社会和政治乃至文化之中的,当市场影响过大时,就会出现社会的"反向运动"。就东部农村的市场化实践而言,村庄市场化与村庄内向聚合力和自主性的加强同时并存,且互为因果和补充。伴随着市场化的发展,社区结构不断膨胀和完善,社区的社会功能更加强化。东部农村的市场化过程是一种社区内生性的市场化过程,社区社会资本与市场化相互强化、螺旋上升,市场化转型给社区社会资本提供了充分发挥作用的空间,而社区社会资本又反过来推动了农村市场化的进程。在这样的社会结构下,宏观的市场化对农村的影响是以农村内在的市场化为基础的,村庄内部市场化水平的提升为村庄适应外部市场打下了坚实的基础。

而西部农村地区的市场化实践却提供了相反的结果,外部市场化的力量与农村内部的社会资本是分离的,缺乏一个集体中介将市场化的力量与村庄内部社会资本的力量融合起来,随着外部市场的强化,大量强壮的劳动力资源被外部市场席卷走,乡村社会赖以维持的社会结构被动摇,社会资本的力量式微,伴随而来的就是村庄的萎缩。奥斯特罗姆[③]在论述社会资本的意义时强调,社会关系所承载的社会资源(如信任)不同于普通资源或商品,它不会越加"善用"越少,而是越加"善用"越多。如果忽略它或消极地使用甚至不加以使用,它的存量就会降低。也就是说,它并不是自然生成或事先存在的,而是需要(或者说是可以)不断激活、不断建构和不断积累的。传统农业社会有着丰富的社会资本积累,家族、乡规民约、农村集体制文化等,但是由于各种原因,在快速市场转型的过程中,西部农村市场化是严重滞后的,在外部市场冲击下,传统社会资本

---

① Nee, Victor, "A Theory of Market Transition: From Redistribution to Markets in State Socialism", *American Sociological Review*, Vol. 54, No. 5, 1989.

② [英]卡尔·波兰尼:《大转型:我们时代的政治与经济起源》,冯钢、刘阳译,浙江人民出版社2007年版。

③ [美]奥斯特罗姆:《社会资本:流行的狂热抑或基本的概念?》,《经济社会体制比较》2003年第2期。

没有能力在适当的时候进行社会资源重构，更没有能力直接驾驭外部市场。相对来说，东部农村地区的市场化经验表明，在市场化初期，村庄内部农民的再组织行动适时地对传统社会资本予以了重新激活和利用，这使社会资本成功地嵌入于市场环境，而在更大的市场化冲击下，变通的社会资本就能更好地适应市场化过程，而不至于被市场化打散。

农村市场化的过程还在继续，本研究的政策意义在于如何能够在市场化转型过程中巩固农村的社会基础，费孝通[①]在20世纪80年代就提出了小城镇建设的理论："如果我们的国家只有大城市、中城市没有小城镇，农村里的政治中心、经济中心、文化中心就没有腿。"西方发达国家的经验表明，市场化发展的一个可能后果就是农村社会的萧条和衰落。我们从东部市场化的过程中获得了些许启发，但不可否认的是，市场化的力量是强大的，西部的市场化过程恰恰提供了反面的案例，在地区的市场化过程中农村是逐步衰落的，这也说明单独依赖社会的力量来回应或重塑市场化的力量在有些地区是达不到的。在政府、市场、社会之间，政府最关键的职能就在于资源的再分配。如果政府将资源持续聚集在省、市一级，从经济指标上看自然可以提高规模经营的效率，提高GDP产值，但农村社会在这个过程中贡献了劳动力甚至土地资源，这两个最重要的资源被挖空之后，农村就彻底衰落了。反之如果政府将资源下移，逐步培育乡镇和村的市场化力量，农村内部的合作意识和集体行动在这个过程中可能会被重新撬动，通过农民自身的再组织，农村市场化可能会推动农村社会进入一个良胜的循环过程。

最后，我们对农村市场化和社会资本的关系探讨仅是初步的，存在以下几个方面的局限性：第一，关于市场化的测量问题。目前对于农村市场化程度的测量并没有一个公认的方法，农村非农就业比例只是从人口结构上衡量了农村的市场化程度，其他层面的市场化指标没有纳入进来。第二，关于社会资本的测量问题。本文结合农村社会的传统，从社区层面对社会资本进行测量，以社区平均信任水平作为村庄社会资本的代理变量，这一定程度上可能会受到样本选择偏差的影响。第三，关于社会资本的作用机制问题。边燕杰在研究个人社会网络投入回报中，提出了信息机制和人情机制，那么村庄社会资本具体通过何种机制影响到家庭的收入水平？

---

① 费孝通：《费孝通学术论著自选集》，北京师范学院出版社1992年版，第149页。

本研究只是做了第一步，分离了农村四种主要的家庭收入类型，确定了社会资本发挥作用的市场空间，但是行动主体具体通过什么样的社会机制影响到投入水平还是一个值得继续挖掘的问题。

参考文献

边燕杰：《城市居民社会资本的来源及作用：网络观点与调查发现》，《中国社会科学》2004年第3期。

边燕杰、王文彬、张磊、程诚：《跨体制社会资本及其投入回报》，《中国社会科学》2012年第2期。

李路路：《社会转型与社会分层结构变迁：理论与问题》，《江苏社会科学》2002年第2期。

陆学艺：《当代农村社会分层研究的几个问题》，《改革》1991年第6期。

宋时歌：《权力转换的延迟效应——对社会主义国家向市场转变过程中精英再生与循环的一种解释》，《社会学研究》1998年第3期。

谭琳、李军峰：《婚姻和就业对女性意味着什么？——基于社会性别和社会资本观点的分析》，《妇女研究论丛》2002年第7期。

张顺、郭小弦：《社会网络资源及其收入效应研究——基于分位回归模型分析》，《社会》2011年第1期。

张文宏：《中国社会资本的研究：概念、操作化测量和经验研究》，《江苏社会科学》2007年第3期。

赵延东、罗家德：《如何测量社会资本：一个经验研究综述》，《国外社会科学》2005年第2期。

Bowler, S. & H., Gintis 2002, "Social Capital and Commnity Governance", *Economic Journal* 112 (483).

Durkheim, Emile, 1964, The Rules of Sociological Method, New York: Free Press.

Wang, Xiaolu, Gang Fan & HengPeng Zhu, 2007, "Marketisation in China, Progress and Contribution to Growth", in Ross Garnaut & Liang Song (eds.), China: Linking Market for Growth, Canberra: Aaia Pacific Press and Social Science Academic Press.

社会变迁

"界外"：中国乡村"空心化"的反向运动[*]

吴重庆

  孙村所在的福建莆田沿海地区史称"界外"。"界外"之名来自清初莆田的"迁界"政策。郑成功于1647年（清顺治四年）海上起兵抗清，至1661年，郑成功部控制了莆田沿海的南日、湄洲诸岛。清政府为剿灭郑部，于1662年下"截界"令，沿海核定新界线并筑界墙，每隔五里即筑一石寨，将沿海居民迁至"界"内，在"界外"实行坚壁清野政策。直至1680年，莆田沿海诸岛方为清军收复。康熙二十年（1681），台湾纳入大清版图，莆田沿海复界。[①]

  虽然"界墙"之存不长，但"界外"（有时也被称为"界外底"）之名却一直沿用至今，并演变为一种根深蒂固的地方性歧视。在莆田城里及平原地区的居民看来，"界外"意味着边缘、落后、贫穷、愚昧、粗鲁。不过近二十年来，"界外"也渐渐在去"污名化"。"你们'界外'人能闯，有钱"，这是莆田城区居民对"界外"做出的史无前例的正面评价。从城里人口里说出的对"界外"的这一貌似不经意的逆转性评价的背后，是"界外"人手胼足胝的"突围"与"翻身"。

一 边缘地带的社会网络

  城里人对"界外"的评价，其实部分符合事实。孙村所在的"界

---

[*] 原文发表在《开放时代》2014年第1期。
[①] 莆田县县志编集委员会（编）：《莆田县志·清初莆田沿海截界始末》，1963年11月。

外",不仅是地理意义上的边缘,也是经济、文化及社会意义上的边缘。"界外"实属传统所谓的"化外之区"。

姚中秋先生有"钱塘江以南中国"之说,西晋灭亡,"居住于洛阳及其近旁的上层士族南迁,其组织严密,人数众多,不可或不愿与吴中豪强争锋,乃选择渡过钱塘江,分布于会稽一带","建立起强有力的社会组织。后来的南迁者无法渗入,只能继续向南移动。钱塘江就成为中国文化的一条重要分界线",每一次战乱都会推动相当一部分"儒家化程度较高的人群向南迁移",以致"钱塘江以南中国"(宁波以南之沿海地区、皖南、江西等)后来居上,在儒家文化保存并且发挥治理作用的程度上,反超江南及中原地区。① 他以历史上豪族因战乱而南迁解释今天钱塘江以南中国农村何以宗族文化及民间社会网络较为发达的现象,这是从"豪族"看"社会"的构成,算是精英主义的视角。

其实在中国东南沿海的许多偏僻村落里,自然资源的禀赋稀薄,不足以支持大家族的扎根、开枝和繁衍,但其民间社会网络也照样发达。这就引出如何从底层视角看社会构成的问题,具体说就是社会如何在底层人民日常的经济活动中得以构成的问题。② 这也是施坚雅的视角,他说"基本市场"(standard marketing area)乃是中国农村最为重要的交往空间,其自成一个具"地方性"色彩的社会文化体系。③

今天的研究者多少带有将帝制时期的中国农村视为一个封闭的、自给自足的社会单位的倾向,想当然地认为一个自然村的地理边界大体就是它的社会边界。其实,在东南沿海地区农村,其乡土社会网络的开放度超乎常人之想象,而其形成开放性社会网络的关节点,是源远流长的、发达的流动型兼业传统。

农民兼业可以分为两种,一种是常见的在地型兼业,即自给自足的

---

① 姚中秋:《钱塘江以南中国:儒家式现代秩序——广东模式之文化解读》,《开放时代》2012年第4期。

② 还有强调方言影响社会构成的,如从事客家研究的人类学家孔迈隆(Myron Cohen)认为方言是中国社会结构的另一个变数,是构成群体的一个主要力量,许多特殊的社会活动方式都直接与方言之差异有关,如果不加以考虑,任何有关这一地区的社会组织研究均不算完整。参见杨国枢、文崇一主编《社会及行为科学研究的中国化》,"中央研究院"民族学研究所1982年版,第302页。

③ [美]施坚雅:《中国农村的市场和社会结构》,史建云、徐秀丽译,中国社会科学出版社1998年版,第40页。

"男耕女织",如黄宗智先生指出"中国历史上的'男耕女织'是个非常牢固的经济体",这种类型在中国传统农业小农经济体系中占有相当的比重。① 另一种就是流动型兼业。在地型兼业是由家庭辅助劳动力承担副业,而流动型兼业则是由家庭主劳力承担副业,即男主外,当流动货郎或游走四方的工匠,聊称之为"男商(匠)女耕"。此种兼业多出现于人多地少、十年九旱的沿海地区,这种地方农业产出不足以糊口,迫使男人常年或者在农闲季节纷纷外出谋生。

选择"男商女耕"作为流动型兼业内容的家庭,因为无日常盈余及资本积累可言,所以只能加入低门槛的流动货郎行列,而且必须想方设法最大限度地减少经营资本的投入。

孙村位于福建省最大的海水晒盐场莆田盐场附近,民国时期此盐场为地方军阀(俗称"北军")把持专营,但还是有盐工偷运出来低价转卖,此谓"私盐"。孙村货郎往往在离家出行时购上一二百斤"私盐",肩挑至二三十公里外的平原稻作区(俗称"洋面"),沿途贩卖。售卖告罄,殆日暮行至莆田县城(俗称"城里"),他们在"城里"简陋客栈歇脚一宿,次日一早上街购买一些洋日什用品及平原地区物产如火柴、发夹、纸烟、茶叶、橄榄、柚柑、菱角之类,之后出县城穿平原奔沿海,在"界外"的广大乡间兜售。货郎在往还城乡的过程中,事实上从事着跨区域的物产交易,他们且行且止,在每一趟的往返中,细心收集不同区域的消费者在不同时节的不同需求。货郎大体都有各自的行走线路、店家、熟客、歇脚点,他们因此成为城乡之间、区域之间、村落之间的信息传递者及社会关系网络的缔结者。

另一种流动型兼业模式就是"男匠女耕"。"界外"人往往认为男孩拜师学手工艺的年龄越小越好,说是年少手巧,其实是想着在其还没有成为农业足劳动力之前外出学艺,家里可以少一张嘴吃饭。在强制性的义务教育实施之前,孙村的男孩往往在十二三岁就会被父母安排去"学一门手艺"。这些手艺都是服务于日用民生的,除了少数需要动用较笨重工具的手艺如裁缝(俗称"车衣裳")、铁匠(俗称"打铁")、染布(俗称"移乌移蓝")等是设店营业的,其他如木工、泥瓦匠(俗称"土水")、

---

① 参见黄宗智《中国小农经济的过去和现在——舒尔茨理论的对错》,载黄宗智主编《中国乡村研究》第6辑,福建教育出版社2008年版。

石匠（俗称"打石"）、绘工、雕工、漆工等是流动接活儿的，而竹匠（俗称"补篾嫁笠"）、炊具匠（俗称"卷炊"）、锅匠（俗称"补鼎"）、剃头匠、阉猪等则是沿途吆喝的。

货郎的经营内容及特点决定了其活动范围部分是单线的（"城里"到"界外"的距离），部分是小半径范围的（卖盐的平原地区及卖洋货的"界外"）。就活动半径而言，流动工匠的活动范围可能还大于货郎，所以，在跨村庄社会关系结成的广度上，工匠丝毫不亚于货郎，而在这种社会关系的稳固程度上，货郎无法与工匠的师徒关系、同门关系、雇主关系相比。所以，孙村人把拜师学艺靠手艺活外出谋生的匠人称为"出社会"，认为其真正走进了孙村之外的社会关系网络。

在改革开放之前的人民公社时期，货郎和工匠的活动都是可以被当作"资本主义尾巴"而加以割除的。由于孙村所在的"界外"人多地少，如果没有这种流动型的兼业模式，农民的确无法维持生计，加上有限的农业也无法吸纳过多的劳动力，所以，生产队干部基本上是睁一只眼闭一只眼地让货郎和工匠继续从事当时被称为"副业"的这种流动型兼业，只是他们需要向生产队缴纳一笔"副业金"，以换取口粮。

二 从边缘到中心："打金"业相关生产要素的在地集结

早在改革开放之前的 70 年代初期，手艺门类众多、能工巧匠辈出的"界外"出现了一门被称为"打金"的新手艺活，人们沿用传统的"打铁""打石"之说，将黄金首饰加工称为"打金"，其创始者是生活在与孙村相距不过 3 公里的埕头村的叶先峰。叶先峰自创了"打金"手艺，并以游走经营的方式，专为女儿将嫁的家庭打制金耳环、金戒指（当时未有金项链）。叶先峰虽然平日乐善好施，但拒绝收徒，以免"打金"手艺外传。无奈"打金"为新兴手艺，且获利颇丰，因而惹得村人尾随偷师，使该手艺终于流传开来。此时恰逢改革开放，农民可以自由流动，加上城乡人民生活水平提高后恢复了对黄金首饰的消费需求，"打金"行情因此看涨。

初期的"打金"全赖匠人纯手工打制，并不需要假以模具铸造，但这样不仅加工速度慢，而且技术难度高。于是孙村的几个年轻铁匠和石匠捕捉到了商机，他们以手工打造出加工黄金首饰的铁模具（俗称"铁模")。"铁模"的款式设计者与模具加工者是合二为一的,"铁模"匠往往不需要任何平面设计稿,单凭巧运匠思,就可以在方铁上使用金刚钻直接雕刻成款。

由于"打金"不再需要手工打制,"打金"的技术门槛突然降低了,这让家长及年轻人觉得"打金"已是一门最易习得的手艺,加上有利可图,"打金"者数量陡增。又因为"铁模"发明于孙村,加上孙村恰好位于"界外"的埭头、北高、东峤三个乡镇的交界处,导致20世纪80年代初以孙村为中心的"打金"业在以上三个乡镇迅猛发展。

"铁模"的发明对"打金"业来说具有革命性的意义,它促进了"打金"这一新兴手艺的行业细分,催生了黄金首饰款式设计者、模具加工者、模具推销者、"打金"匠,同时也使"打金"从作为少数人在区域内流动兼业谋生的手工艺发展成为带动具有流动兼业传统的"界外人"在全国范围内发财致富的支柱产业。

孙村出品的"铁模"款式多样新颖,这鼓励了原在本地乡间游走"打金"的匠人跨出"界外",背上一批孙村的"铁模",远赴当时富甲一方的邻省广东,在潮汕及珠三角开设"打金店"。"打金"匠一旦在异地设店经营,则不便随时离店,因此,一支往返于福建广东之间的专业的"铁模"推销队伍应运而生,他们从莆田坐汽车到达广东后,靠双脚沿街兜售"铁模",俗称"走街"。

2010年春节,笔者在孙村访问了第一批的"铁模"推销者国恩、国泰兄弟,国恩说:

> 当时铁模相当重,每次用军用帆布包,最多装三四十个,挎在肩上,那就有四五十斤重了,一趟不敢装太多。一般从莆田坐汽车到潮州,落车后就沿途找"打金店"推销。反正是"走街",且走且坐且吃茶且讲新闻,什么款销路好什么款销路次,当地又有什么别途的新款,反正都是走走坐坐茶吃吃新闻讲讲得来的消息。

"铁模"推销者与"铁模"生产者之间都是非亲即故的乡里,生产者允许推销者先销售后付款,推销者返回孙村后也乐于将沿途所得的来自最前线的款式需求及最新颖的款式信息及时反馈给生产者。因为"铁模"本身就有笨重、成本高、款式更新慢的缺点,加上受到来自广大推销者的反馈信息的刺激,"铁模"加工者因此下决心改变模具的材料,转向石膏模具(俗称"石膏模")的批量生产。他们为了解决资金缺口而联合起来;从福州引进了一条石膏模的生产线,依然在广大"铁模"推销者已经熟门熟路的孙村附近设厂,先后兴办了"亚太""金得利""金达美"三家黄金首饰石膏模厂。

石膏模生产具有量大、款式繁多、产品更新换代快、体积小、重量轻、价格低廉等优点,所以,新品甫出,即大受模具推销者及各地"打金"店的青睐,一时间,来自埭头、北高、东峤三个乡镇的模具推销者蜂拥而至,使得石膏模瞬时行销各地。据孙村业内人士估计,三个乡镇从事石膏模具推销者最多时达两三万人之众,他们足迹遍布全国。在当时远未出现物流公司的情况下,与孙村相距两三公里的上塘村应运而生多家个体客运(实为客货混运),他们先后开辟每天通往广州、深圳、苏州、上海、昆明、重庆等地的班车。成千上万的石膏模推销者从孙村出发,直达各大中心城市,再辐射到二三线城市及县城。

"界外"人数众多的石膏模推销大军与20世纪80年代形成的"温州模式"中的推销员类似,也是身兼数职,同时扮演着"信息采集者、产品推销员、市场构筑人、生产组织者、转型导向者"的角色,[①] 他们给石膏模具厂家带回大量的产品信息反馈,设计者因此得以及时推陈出新,孙村也一跃成为著名的石膏模具生产中心。同时,孙村人巧妙善用这个不需要任何组织成本而又在国内无远弗届的推销网络,竞相通过熟人关系网络委托这支推销大军在返乡时顺便带回全国各地与金银首饰有关的任何款式样品及生产工具样品,由此带动孙村出现了一些专门生产"打金"成套工具,如汽油炉、喷火枪、锤子、镊子、天秤、首饰盒等的小工厂;同时各地各式各样的银(首)饰品也被带回来。有人转而开发银饰品,银饰业最终也成行成市,出现一批银饰品展销店。孙村出外"打金"的人也习惯顺便带一些银饰品出去,摆在他们开在全国各地的"打金"店里零售。

石膏模的出现,其革命性效应丝毫不亚于当初"铁模"的出现。如果说"铁模"刺激了更多人加入"打金"的行列,催生了模具推销者,

[①] 参见袁恩祯主编《温州模式与富裕之路》,上海社会科学院出版社1987年版,第66、101—106页。

那么，石膏模的出现不仅进一步扩大了这两种从业人员的队伍，还推动了与"打金"行业相关的其他生产要素的在地集结，如全部是个体经营的客运与物流、"打金"工具生产、银饰品批发，与首饰业相关的各类信息的汇总以及黄金地下收购点。依托于由在地人员构成的庞大推销大军的不断往返以及新开辟的直接通往国内各大城市的大巴的日夜穿梭，孙村成为了国内规模最大的，也是最核心的与"打金"业相关的各种生产因素的集结地与流转地。

黄宗智先生说："在英国和西欧的'早期工业化'过程中，手工业与农业逐渐分离。前者逐渐成为独立的工场生产，亦即由个体化的工人集合在一起共同生产，主要在城镇进行"，"但在中国，手工业则一直非常顽强地与家庭农业结合在一起，密不可分，直到20世纪中叶仍然如此。"[①]孙村"打金"业的在地兴起，意味着手工业与农业的分离，其分离过程的特殊之处在于，其既不是像当年西欧那样移到城镇去开设工场，也不像80年代中国那样表现为乡镇企业模式。借用今天流行的"总部经济"概念，孙村类似"打金"业的总部，成千上万遍布于全国都会城镇的"打金"店、"打金"工具及模具批发店，不过是总部经济的延伸与辐射，孙村从"界外"突入中心，这是经济史上罕有的"中心—边缘"格局的翻转，乡村是中心，城市反成了边缘，而其奥妙在于，孙村人以其特殊的经济—社会网络，将"打金"业的所有产业链条、生产环节都掌握在自己手里，他们以非正规经济的灵活与低成本优势，不给任何大资本、大企业在竞争中获胜的机会。

三 制胜端在"同乡同业"

20世纪80年代末，与"打金"业相关的各种生产要素在以孙村为中心的"界外"基本集结完毕。对当时"界外"的年轻人来说，"打金"成了非农就业中准入门槛最低的一个行业，不仅技术门槛低，信息易得，网络易入，而且资金门槛也低。踏入"打金"行业的年轻人一般是拜有

[①] 参见黄宗智《中国过去和现在的基本经济单位：家庭还是个人？》，《人民论坛·学术前沿》2012年第1期；黄宗智：《中国的现代家庭：来自经济史和法律史的视角》，《开放时代》2011年第5期。

血缘关系的亲戚、姻亲兄弟及父辈结交的朋友为师。在这种特殊人际关系背景下，师傅并不把徒弟视为雇工，师徒关系也并非一般的雇佣关系。师傅不仅在最短的时间内教给徒弟关键的技术，而且还得帮徒弟寻找合适的店面，无偿借给徒弟生产工具及少量资金，助其快速另立门户。在各个微型的非亲即故的亲缘关系圈中，共同致富成为共识。如果有人只顾自己发财而不扶持徒弟，其日后也将得不到亲缘关系圈中其他人的帮助。此种情形与有学者在研究湖南新化人数码快印业店覆盖全国现象时得出的"亲缘和地缘关系从未也不可能代替雇佣关系"① 的结论不甚相同。

当其时也，孙村的"打金"业得"天时地利人和"之便而呈几何级数扩张之势。"天时"即"界外"人在全国首创"打金"业，"地利"即与"打金"业相关的各种生产要素在孙村集结，"人和"即依托共同致富的亲缘网络。从20世纪80年代末到90年代不到十年时间里，以孙村为中心的"界外"人便把近万家"打金"店开到了全国各大小城市、县城、乡镇，在任何地方任何角落，只要看到挂着"打金"招牌的小店面，不用问，其店主基本都是来自孙村一带的"界外"人。

这些从地理边缘、社会边缘、经济边缘甚至文化边缘杀出来的"界外"人，既无雄厚资本，亦非依靠现代连锁经营理念，为什么可以在"打金"这一新兴的行业上攻城略地？为什么其他区域的人难以与其开展同业竞争？在此，需要讨论孙村"打金"业特殊的经济—社会网络，即"同乡同业"问题。

有学者在研究马来西亚芙蓉坡莆田裔华人的"同乡同业"传统时对"同乡同业"做了界定："所谓'同乡同业'，主要是指在城市工商业经济中，来自同一地区的人群经营相同的行业，利用同乡或同族关系建立商业网络，实现对市场和资源的垄断与控制。"② 论者还从历史学的角度，追溯了中国传统社会中的同乡同业传统，如傅衣凌先生揭示的明清时期地域性商帮与族工、族商现象，以及傅衣凌的学生郑振满、陈支平等学者对明清以来的乡族经济的研究等，均分析了同乡同业传统与乡族组织的内在历史联系。

---

① 谭同学：《亲缘、地缘与市场的互嵌——社会经济视角下的新化数码快印业研究》，《开放时代》2012年第6期。

② 郑莉：《东南亚华人的同乡同业传统——以马来西亚芙蓉坡兴化人为例》，《开放时代》2014年第1期。

"同乡同业"的概念准确地反映了经济活动与特定社会网络之间的相互嵌入关系，笔者试图借用这一概念来概括孙村的"打金"业。不过在历史与现实之间，"同乡同业"的现象并不尽同。历史上的"同乡同业"可能的确存在对市场和资源的垄断与控制问题，所以，傅衣凌先生认为"乡族势力对中国封建经济的干涉"，是中国资本主义萌芽不能顺利发展的主要原因之一。[1] 但今天的孙村"打金"业，其实并非如此。首先，孙村从事"打金"业的都是一些个体户、小业主，他们在城市里开展的经营活动，仅仅依托于各自的微型亲缘网络，各网络之间并没有形成进一步的联合或者结盟（如近代城市里的同乡会馆或同业公会）以垄断市场；其次，孙村"打金"业虽然是在城市里设店营业，但其所需要的生产工具、劳动力、技术、款式、信息等生产要素都来自孙村本土，不存在依靠同乡网络在城市里控制生产资源的问题。

如果不是以同乡网络在城市里控制和垄断市场资源，那么，孙村"打金"业为什么具有强劲的竞争及扩张能力？

谭同学研究了湖南新化人如何在全国范围经营数码快印业的问题，他认为，"对于市场中的部分主体而言，社会因素有利于帮助它们降低交易成本，从而在市场中具有更强的生命力。对比科斯（Ronard H. Coase）关于企业的经济性质在于降低交易成本的判断，可以说，包括亲缘和地缘关系网络在内的社会因素，与市场有着深度契合的一面"[2]。其实，"同乡同业"形态的小本经营活动，并不严格依循现代企业制度，从其"企业总成本"的角度看，"交易成本"的比例应该远低于"生产要素成本"。换句话说，在研究"同乡同业"形态的小本经营活动时，除"交易成本"外，还应关注此种特殊业态为何可以有效降低"生产要素成本"。

首先，孙村的"打金"业依托于地方社会网络，其所有的生产材料都可以在孙村完成一站式采购，不仅价格低，而且如果一时资金周转不了，还可以赊账。"打金"者可以随时通过电话，请远在孙村的家人或者熟人将货品以每大包仅十元的"手续费"托给孙村直达各大城市的客运大巴，这也大大降低了物流成本。

---

[1] 傅衣凌：《论乡族势力对于中国封建经济的干涉——中国封建社会长期迟滞的一个探索》，《厦门大学学报》（哲学社会科学版）1961年第3期。

[2] 谭同学：《亲缘、地缘与市场的互嵌——社会经济视角下的新化数码快印业研究》，《开放时代》2012年第6期。

其次，一个加入"打金"行业的年轻人依托于亲缘关系网络，无须任何培训费就可以拜师学艺，而创业所需的资金，也可以快速地在亲戚朋友间筹集完成，筹资成本几近于零。已是行业前辈的亲戚朋友还会根据经验帮助刚刚入行的后辈盘下较有商机的店面。

最后，他们在都会城镇的"打金"活动，往往是同一个亲缘关系圈的人相对集中于同一个城市，方便于互帮互助。一个"打金"店的收入一般来自代客翻新首饰款式的加工费、加工过程必要耗损的金粉的提炼、零售金银首饰品赚取的差价。这些业务的开展需要他们彼此不间断地交流信息，如黄金及生产材料价格的起落、何种款式好卖、该进什么货等。他们也开展互惠式的合作，如相互间的资金借贷、生产材料的互通有无、生产工具维修及首饰加工技术的相互帮忙相互指导、店面的相互照看等。[①]

在这样一种经济活动与在地社会网络紧密相嵌的情形下，孙村"打金"业的交易成本及生产要素成本都大为降低，其竞争扩张能力相应强大，这也是外来者无法步孙村人后尘涉足"打金"业的原因，但其所体现的并非通过资本扩张达到垄断市场资源的"大鱼吃小鱼"的资本主义经济逻辑。可以说，越是现代企业建制的竞争对手，其企业的交易成本及生产要素成本就越高，就越是不可能击败"同乡同业"的孙村"打金"业。所以，对一个想加入"打金"业的孙村年轻人来说，只要他紧紧依托于熟人社会及亲缘关系圈，便很容易走上自主创业的道路。今天的孙村年轻人几乎无人到珠三角或者长三角的代工厂打工就是一个明证。

四 乡土社会资源与"同乡同业"经济的相互激活

有道是"天下没有免费的午餐"。一个依靠熟人社会及亲缘关系圈的帮助而自主创业的孙村"打金"人，也必须对这个熟人社会及亲缘关系圈的节庆活动及人情往来投入时间和金钱，这既是回报，也是其作为孙村的乡土社会成员的自我确证与他人认同，更是为了其自身的进一步创业而

[①] 类似情况也见于湖南新化人的数码快印业，谭同学发现，"较之于其他经营者和技工，成功的经营经验和新技术在新化人的亲缘与地缘网络中传播速度极快、成本极低。这一优势弥补了他们文化水平低的不足，让他们在打字机修理行业内取得了举足轻重的地位"。参见谭同学《亲缘、地缘与市场的互嵌——社会经济视角下的新化数码快印业研究》《开放时代》2012年第6期。

不断累积社会资本的必要投入。对缺乏社会资本的底层人民来说，已然形成的乡土社会网络几乎是他们唯一可动用的"社会资本"，理性驱使他们不会轻易放弃这一唾手可得的关系网络。

如今，孙村的年轻男子十有八九是离家出外从事"打金"业的，但与一般进厂打工的人不同，"打金"的孙村人其实随时都与村里保持着各种渠道的密切联系。

首先是"打金"的日常业务联系。都会城镇不过是孙村"打金"业的卖场和客源所在，此外，其他所有的生产要素几乎都从孙村流出，每天五六部大客车穿梭于孙村与全国各大城市现象的背后，是源源不断的物流、人流、资金流、信息流。

其次是亲缘关系圈情感沟通。每逢孙村重大节庆如春节、清明节、中秋节，自家或者亲缘关系圈家庭的婚丧嫁娶寿庆满月，他们总是不惜时间及花费，不远千百里返乡或设宴或赴宴或二者兼有。如有"谢恩"或"拜忏"仪式举行[1]，他们也必特地回家虔诚跪拜跟香。这种貌似非理性的人情消费，实为一种生产性的开支，因为孙村"打金"人的业务往来及社会交往一直是以本土的熟人社会及亲缘关系圈为主，作为"打金"业中心的孙村是累积他们的社会资本的不二场域。

再次是成功取向的在地化。孙村既是"打金"人的家乡，也是他们在外创业的重要基地。与一般的经商人士不同，孙村"打金"人最为看重的是回到村里展示创业成功，他们赚到钱后，第一件事就是回家盖新房，所谓"方便别人称呼"，意思是新房矗立在村表明他任何时候都是孙村的一分子。有个年轻人创业成功后不是先回孙村盖新房，而是先到莆田城里买了一套商品房，结果颇受非议，舆论压力之下他还是于次年回孙村另择宅基地建房。今天，三至六层的新楼房已遍布孙村，在他们竞相夸富的背后，其实是对乡土社会的内向认同，此大不同于"外向型村庄"的行为逻辑。[2]

---

[1] "谢恩"是以家族为单位酬神还愿答谢天恩，"拜忏"也是以家族为单位祭祀所有同宗先人亡灵。此两仪式极为隆重，一般需要两三个日夜铺陈科仪。关于"谢恩"，参见郑莉《私人宗教仪式与社区关系——莆田东华"谢恩"仪式的田野考察》，《开放时代》2009 年第 6 期；吴重庆：《"后革命时代"的人、鬼、神——孙村：一个共时态社区》，《新史学》第 2 卷（概念·文本·方法），中华书局 2008 年版。

[2] 贺雪峰一直有"外向型村庄"之说，参见仝志辉、贺雪峰《村庄权力结构的三层分析——兼论选举后村级权力的合法性》，《中国社会科学》2002 年第 1 期。

最后是对熟人社会成员身份的积极认同。孙村是沿海偏乡，既无族谱亦无祠堂，只有一座小规模的社庙永进社。自 20 世纪 80 年代"打金"业兴起之后，永进社供奉的主神杨公太师每年正月十一元宵（孙村一带，各村元宵日期不一）出游及农历四月二十六和九月二十六的神诞就日益热闹，杨公太师的灵力及主持社庙事务的乡老的号召力也随之看涨。原因是"打金"人越来越积极地参与孙村的重大节庆，他们既看重本土神明的护佑，也想借机尽到他作为孙村人的职责。杨公太师元宵出游时，每家每户都会给"压岁钱"，初期是一二十元不等，如今已自发提升至上千元。神明的"压岁钱"其实就是孙村的公益基金，乡老将这笔钱用于社庙修缮、香火、节庆社庙筵席、神诞会演莆仙戏等。乡老往往在元宵期间提出本年度的一些公益项目（如铺路、修桥、办学、成立老人协会等）并提议大家赞助，大多得到热烈认捐。而对神诞会演，"打金"人也必回家大摆宴席大宴宾客，说是"给神明做热闹"，其实与参与孙村公益一样，都是为了寻求熟人社会的身份认同。

施坚雅根据"中地系统"（central place system）研究中国乡村的市场体系，认为由于存在"距离成本"（distance costs），市集往往位于等边六角形中心。[①] 如果从"中地系统"及"距离成本"的角度看，似乎很难理解偏于东南沿海一隅的"界外"孙村为什么会成为"打金"业各种生产要素的集结地与流转地，而处于更为核心地理位置的城市反而成了孙村的次级市场。然而，我们不能像经济地理学家那样单从"距离成本"的角度考虑问题。事实上，施坚雅本人并非经济地理学家而首先是一个人类学家，虽然其"中地系统"揭示的中国市场体系与经济地理学家建构的普遍模式相比并无不同之处。作为人类学家的施坚雅，他强调的是市场体系所具有的社会意义的重要性不亚于经济意义，空间经济体系也是一个社会文化体系。[②] 如果既看到孙村是一个"打金"业各种生产要素的集结地与流转地，又看到它是一个特定的社会文化体系；既看到经济活动的"距离成本"，又看到经济活动的交易成本和生产要素成本；既看到各种生产要素集结与流转的过程，又看到各种社会及文化的要素的集结与流转

---

① ［美］施坚雅：《中国农村的市场和社会结构》，史建云、徐秀丽译，中国社会科学出版社 1998 年版，第 21 页。

② 同上书，第 49 页。

以及经济与社会的相互嵌入,那么就可以理解孙村何以维持其在成千上万的"打金"者心中的中心地位。

费孝通先生曾经以"离土不离乡"来概括"苏南模式",也曾以"离土又离乡"来概括"温州模式"。① 在费先生那里,"离土不离乡"指的是苏南的乡镇企业,"离土又离乡"指的是温州数十万勇闯全国市场的小商品推销员。"土"指依赖土地的农业,"乡"指地理空间意义上的家乡。孙村的"同乡同业"经济肯定是"离土"的,也肯定是"不离乡"的。但说它"不离乡",又并非指其是在地办乡镇企业。在此,似乎很难以费孝通先生意义上的"离土不离乡"或"离土又离乡"来概括孙村的"同乡同业"经济。如果一定需要借用费孝通先生"离土不离乡"的说法,则应该把"乡"的含义扩大,"乡"不仅是地理空间意义上的,同时也是社会空间意义上的,那么,孙村"离土"在外的"打金"人其实从来就没有脱离过社会空间意义上的"乡"。

且不说孙村"打金"人出于业务、亲缘情感沟通、社区身份认同的需要,积极地往返于城市与家乡之间,就是在都会城镇从业的过程中,他们也是紧紧依托家族网络、乡土社会网络形成经济活动的纽带,创造出有别于今天流行的市场经济的经济形态,这一经济形态就是社会网络与经济网络的相互嵌入。"打金"人的经济活动不仅与乡土社会网络相互依托,更重要的是二者之间还相互激活,使传统、乡土、家族这些有可能被认为是过去式的遗存,在孙村所在的"界外"呈现活态,不仅渗透于人伦日用,还贯彻于经济民生。

五 中国乡村"空心化"的反向运动

中国乡村"空心化"指的是农村的劳动力、原材料、资金都被工业化城市化吸纳殆尽,农业凋敝,劳动力流失,农村的经济及社会皆已失去再生及可持续发展的能力。② 乡村空心化之所以已成不可逆之势,其原因在于经济全球化的浪潮不可阻挡。中国乡村空心化的实质是资本主义生产

---

① 参见费孝通《小城镇大问题》,江苏人民出版社 1984 年版;费孝通:《小商品大市场》,《浙江学刊》1986 年第 3 期。

② 参见吴重庆《从熟人社会到"无主体熟人社会"》,《读书》2011 年第 1 期。

方式在全球及全国范围内对各类生产要素的重新整合和价格的"逐底竞争"(race to bottom),即全球化(globalization)和全国化(nationalization)。① 经济全球化或者经济全国化必然带来"经济"与"社会"的彻底分离,在资本逐利的本性驱使下,任何一种生产要素都可能被抽离出它原先的在地背景,而得以在任何一个可以实现成本最低化和利润最大化的场所重新组合,形成"无心无肺"的经济怪胎。

卡尔·波兰尼在《大转型:我们时代的政治与经济起源》一书中提出市场与社会的反向的"双重运动",他认为市场社会正是由这样两种相互对立的运动组成的,一个是自由放任的资本主义不断扩展市场的运动,另一个则是由此而来的抵制经济"脱嵌"的保护性反向运动,指出"双重运动"使经济活动重新"嵌入"于总的社会关系之中。② 我们已经习惯于对中国乡村空心化的判断,也习惯于将波兰尼在百年前的期待视为遥不可及的神话。可是,中国农村之辽阔、区域差异之巨大,远非"中国农村"四字可概括。在从温州、闽南到潮汕这一中国东南沿海的狭长区域里,存在着类似的乡土文化传承及"兼业"的谋生方式,这导致今天该地区的人群拥有一种非常特殊的经济活动形态,就是离乡离土的农民很少进入大工厂大企业打工,而且从内心里鄙视"打工"。他们更像是机动灵活的游击小分队,以核心家庭或者以亲缘关系圈作为经济活动单位,在全国乃至世界各地,生机勃勃地开展各类非正规经济的"同乡同业"经营。③ 孙村的"打金"业不过是这个盛行"同乡同业"经济的特殊区域里的一个典型。

"同乡同业"经济活动的生命力,体现了乡村空心化的反向运动。在乡村空心化的大潮之中,乡村的所有生产要素都是向城市流动的。从城市的视角看,乡村不过是廉价的劳动力及原材料的供应地。然而,孙村的年轻人奔向城市"打金",并不是作为廉价的劳动力被动卷入城市的资本主义经济模式之中。对活跃的孙村"打金"业来说,全国范围内的都会城

---

① "全国化"(nationalization)是笔者自创的一个概念,意思是指,在中国这样一个区域发展不平衡、资本活跃、幅员辽阔的大国,完全可能出现经济内殖民的现象,其与经济"全球化"的逻辑并无二致。

② 参见[英]卡尔·波兰尼《大转型:我们时代的政治与经济起源》,刘阳、冯钢译,浙江人民出版社2007年版。

③ 关于"非正规经济",参见黄宗智《中国被忽视的非正规经济:现实与理论》,《开放时代》2009年第2期。

镇,倒是给"打金"业提供了另一种生产因素,即源源不断的顾客和市场空间。孙村人依托本土的社会网络,慢慢在地集结"打金"业的各种生产要素,然后突入城市,对城市里的生产要素进行反组合。近三十年来,一拨又一拨的孙村年轻人到城市"打金",但孙村并没有因此空心化。相反,随着作为"同乡同业"经济的"打金"业的不断扩大,与"打金"业相关的生产要素得以更加活跃地在孙村所在的"界外"集结,其所发挥的"打金"业的枢纽中心的功能有增无减。由于孙村的"打金"业是深深嵌入于本土社会网络之中的,所以,在"打金"业发展的刺激下,社会资本也得以良性运转,民间社会更添活力。这也许就是卡尔·波兰尼期待的经济与社会发展的相互嵌入,这种"同乡同业"的经济形态也许可以称为有别于市场经济(market economy)的社会经济(social economy)。①

孙村位于"界外",曾经是一个地理意义、社会意义和文化意义上的多重边缘地带;今天孙村的"打金"业,作为"同乡同业"经济和非正规经济的一种业态,在主流的、"现代"的资本主义经济的话语体系里,也一定是被视为不入流的、落后的、边缘化的经济形式。孙村似乎一直都难以从"界外"的角色中摆脱出来。不过,这些都无关紧要。重要的是,在目前铜墙铁壁似的政治—经济结构中,大概只有从"界外",从另类的经济实践中,方可获得突围的可能与机会。

---

① 关于"社会经济",参见《社会经济在中国》(上、下),《开放时代》2012年第1、2期,以及《开放时代》2012年第6期的"社会经济"专题。

反思的发展与少数民族地区反贫困
——基于滇西北和贵州的案例研究*

王晓毅

中国大规模扶贫取得了巨大成就，但是少数民族地区的发展速度仍然比较缓慢，贫困人口比例仍然高于全国平均水平，减贫的速度也低于全国非少数民族地区的速度[1]，因此中央政府加强了在少数民族地区的扶贫投入，希望通过加快民族地区减贫的速度以缩小民族地区与全国的差距，使民族地区同步进入小康社会。缩小少数民族与全国的差距不仅仅意味着增加收入，同时还要增加公共物品供给、改善基础设施、提高人口受教育水平，进而使少数民族贫困人口更快地融入市场经济，并在市场经济中增加收入，提高生活水平[2]。

发展在很大程度上是一个同质化的过程，这个过程在增加经济收入的同时也带来一些社会问题，如收入差距扩大、环境退化及民族地区传统的断裂。发展中出现的问题引发了对发展后果的怀疑和批判，反思单一发展模式所带来的负面影响，重新判断政府、市场和传统在发展中的作用，这些反思强调当地人的主体性，关注现代社会中传统价值的复兴[3]。但是少数民族地区发展的实践表明，不论发展主义导向的减贫还是传统的复兴都

---

* 原文发表于《中国农业大学学报》（人文社会科学版）2015 年第 4 期。

[1] 根据国家民委的数据，到 2011 年，民族八省区的农村贫困人口为 3917 万，占全国农村贫困人口的 32%，贫困发生率 26.5%，高于全国平均水平 13.8 个百分点。（国家民委网站：http://www.seac.gov.cn/art/2012/11/28/art_144_171801.html）

[2] 在国务院办公厅印发的《关于少数民族事业"十二五"规划》中承诺要加大对少数民族和民族地区扶贫开发力度。（人民网：http://politics.people.com.cn/n/2012/0720/c70731-18565465-1.html）

[3] 钱宁：《谁是西部发展的主体》，《贵州民族学院学报》（哲学社会科学版）2003 年第 6 期。

不足以应对少数民族地区发展中的问题。发展是一个过程，这个过程需要被不断调整以解决现实中所面临的问题，这个调整的过程是通过不断反思实现的。在这里，反思不再是一种批判，而是一系列的行动，这些行动的特点在于对变化过程的适应。本文基于云南和贵州的两个典型案例，说明反思何以发生，以及如何通过反思而采取行动。

一 贫困：两种不同的解释路径

贫困是一个外来的概念，通过对贫困的界定可以识别贫困对象，分析贫困原因，进而采取干预行动。贫困的识别在于将贫困人口从非贫困人口中区别出来，从而实现发展干预的目标瞄准。尽管贫困人口的地理分布是分散的，但是他们具有共同的特征，属于特定的群体，并且因为被区别于社会的主流而形成"贫困亚文化"[1]。相对于主流社会来说，贫困群体是特殊的现象，是一种非主流的文化。

少数民族的贫困经常被表述为与主流社会的差距，特别是收入差距。比如国家民委测量少数民族贫困人口的数据就是根据收入测量的[2]。随着多维贫困概念被引入，学者发现，少数民族贫困人口与主流社会的差距不仅体现在收入方面，还体现在教育、医疗、基础设施等许多方面。比如汪三贵借用了多维贫困概念，分别从教育、健康、生活设施、金融和资产等5个维度来测量少数民族的贫困[3]。这些指标所衡量的是少数民族地区与主流社会的差距，或者换个角度说，是与非少数民族地区趋同的程度。比如用作测量指标的现代教育、用电、电话、电视等，是典型的现代社会生产的物品。当贫困被解释为差距的时候，贫困就往往被作为落后的同义词，这也正是许多西部少数民族地区提出跨越式发展的原因。[4]

---

[1] 朱晓阳：《反贫困的新战略：从"不可能完成的使命"到管制穷人》，《社会学研究》2004年第12期。

[2] 国家民委，2012，"2011年少数民族地区农村贫困监测结果"。（国家民委网站：http://www.seac.gov.cn/art/2012/11/28/art_ 144_ 171801.html）

[3] 汪三贵等：《少数民族贫困变动趋势、原因及对策》，《贵州社会科学》2012年第12期。

[4] 少数民族与主流社会的差距在20世纪50年代进行民族识别时已经被论及，少数民族被置于从原始社会到封建社会的续谱中，是落后于主流社会。（郭家骥：《发展的反思——澜沧江流域少数民族变迁的人类学研究》，云南人民出版社2008年版）在进入社会主义以后，有些少数民族被认为是跨越了发展阶段，成为直通的社会。

少数民族地区贫困叠加了三个概念，即贫困群体、贫困地区和少数民族，这三个概念的叠加将少数民族所处的独特区域条件、社会文化与贫困密切地联系起来，贫困不仅仅是单独的个体特征所决定的，在很大程度上表现为群体特征。少数民族为什么会发展缓慢且贫困较多呢？其原因多被归结为少数民族的一些特有因素，比如偏僻的地理条件、贫乏的资源禀赋、落后的教育和基础设施等，这些都阻碍了少数民族进入市场。向玲凛等人的研究发现，"在自然地理环境上，贫困地区的空间分布呈现与生态脆弱地区高度耦合的格局，多以深山区、石山区、高寒区、高原区和地方病高发区为主"。[1] 汪三贵等人的分析除了批评经济增长政策的失误以外，还特别强调少数民族区域的自然生态条件和特有的生计文化对形成贫困有很大影响[2]。在与国家互动中的长期历史中，许多少数民族主动选择了交通不便和生态脆弱的地区，按照斯科特的理解，正是这些独特的自然条件保护了少数民族远离国家的控制。而被看作与现代化和市场化难以契合的特有生计文化在很多时候是少数民族适应当地自然条件而形成的。但是在反贫困的话语下，这些都被看作是他们发展的障碍。

将现代社会的福利体系作为参照系统，就很难避免将少数民族的贫困看作是落后和不足，所谓落后就是在发展的序列上，许多少数民族地区被认为还处于发展的早期阶段。衡量贫困与否的重要指标是收入，但是收入往往与市场密切地联系在一起，而许多少数民族缺少现代市场经济的知识和信息；许多少数民族的生产和生活并不以追求收入为目的，而是要满足生活、社会和文化需求；[3] 国家政权往往进入少数民族地区比较晚，因此提供公共物品的能力有限，如现代教育、医疗和基础设施都与其他农村地区不能相比。当这些特点都被看作是落后的表现时，反贫困的过程就是消除这种差距的过程。

尽管一些民族学或人类学的学者批评现有的发展模式忽视了少数民族的特点，强调发展中当地人的主体性，但是在具体阐述不同划分贫困类型的时候，仍然没有脱离上述分析的框架，如王建民和陆德全将少数民族地区的贫困划分为"自然资源匮乏性贫困""与市场连接不足或过度依赖而

---

[1] 向玲凛等：《西南少数民族地区贫困的时空演化》，《西南民大学报》2013年第2期。
[2] 汪三贵等：《少数民族贫困变动趋势、原因及对策》，《贵州社会科学》2012年第12期。
[3] 比如四川凉山的彝族人养猪和羊主要是为了家庭需要，政府用了数十年时间推广良种猪和羊都惨遭失败。（杨小柳：《地方性知识与扶贫策略》，《中南民族大学学报》2009年第3期。）

导致的贫困""开发过程中制度缺失导致的贫困",以及"基本社会服务体系欠缺而导致的贫困"①,在这种归类的背后仍然是发展话语。

在这样的背景下就形成了对滇西北和贵州贫困的主流解释。贵州被认为是贫困严重且脱贫速度比较慢的地区。比如"自20世纪80年代起,贵州就是全国扶贫开发的'主战场'。30年后,这个格局仍未有根本转变。按照年人均纯收入2300元的国家贫困线标准,2012年贵州贫困人口1521万,占农村人口的45.1%"。②而在滇西北的迪庆,"1991年迪庆州第三次贫困户、贫困人口普查中,全州农业总户数为52747户,根据当时的人均年口粮200公斤、现金纯收入150元的双项标准,迪庆州共有贫困户15324户,贫困人口76548人,分别占迪庆州总户数和总人口的29%和28%"。"至2013年年底,根据2011年国务院调整和确定的2300元的贫困标准,迪庆全州依然有16万余的贫困人口。"③减贫就是要使这些贫困人口达到主流社会的水平。在沈红早年的研究中,少数民族贫困的产生是一个不断边缘化的过程,这种边缘化不仅仅指少数民族人口向边缘地区的流动,而且也意味着经济边界、地理范围和文化范围的变化。因此民族贫困地区扶贫开发的本质是对边缘化过程的逆向推动,也就是主流化,或者说是向主流市场经济的回归。④

但是这种主流化无论在理论和实践中都遇到了许多困难,并招致批判,这种批判集中在发展的后果、主体性、文化等多个方面。在埃斯科瓦尔看来,这种对于贫困的解释,完全是由那些外来的发展者基于自己的利益建构起来的。⑤

发展可以促进少数民族地区的经济繁荣并提高当地人收入,但是发展也会带来许多与原有预期不同的结果。少数民族地区经济发展并不意味着当地居民一定受益,更不能保障当地贫困人口一定受益。比如在市场化的过程中,很多时候最先进入市场的不是少数民族地区的人力和产品,而是少数民族地区的自然资源,而对这些资源的开发经常会导致资源的破坏或

---

① 王建民、陆德泉:《序言:加强少数民族地区扶贫开发研究》,载黄承伟、王建民主编《少数民族与扶贫开发》,民族出版社2011年版。
② 李丽等:《朗德西江比较案例》(乐施会内部报告),2014年。
③ 梁昕:《迪庆扶贫调研报告》(乐施会内部报告),2014年。
④ 沈红:《中国历史上少数民族人口的边缘化——少数民族贫困的历史透视》,《西北民族学院学报》(哲学社会科学版)1995年第2期。
⑤ [美]埃斯科瓦尔:《遭遇发展》,汪淳玉等译,社会科学文献出版社2011年版。

环境的恶化，比如矿产资源开发所带来的利益分配和环境问题[1]。如果说少数民族贫困是边缘化的结果，发展也不一定意味着当地少数民族居民的主流化，如果没有特殊的政策保障，少数民族很容易在经济开发过程中被边缘化，这种现象在采矿、旅游等少数民族地区资源开发中都经常发生，特别是少数民族中的贫困人口更容易被边缘化。三亚旅游开发中当地黎族自愿或不自愿地被排斥在外就是一个典型[2]。

发展带来繁荣的同时也带来了风险和失败，而这些失败的原因很大程度来自于左右着发展和减贫的外来者，包括决策者、开发商和专家。这些外来者不懂得地方知识，甚至许多人也不关注当地人发展，因此批评者提出了发展主体的问题。人们批评那些发展官员如同上帝一样，根本忽视当地人的意见和利益[3]。因此他们提出谁是发展主体的问题，强调当地人的知识和当地人的决策，以及当地人的受益[4]。

在这种话语下，贫困被认为是发展所导致的，发展将脆弱少数民族直接暴露于市场风险之下，如果没有相应的制度保护，就很容易使他们陷入新贫困[5]。在发展研究看来，开发导致贫困的原因有两个，即结构性的问题和知识性的问题[6]。开发将原来相对封闭的欠发达地区纳入到发展体系中，但它们只是处于边缘地位，这导致了欠发达地区经常从开放的市场中受到损害。比如进入市场经济要求生产的专业化，而许多欠发达国家恰恰因为专业生产某种农产品而成为发达经济体的附庸，并受到发达经济体的盘剥。在市场链条中，不发达地区多处于末端，也是最脆弱的。除了这种结构原因之外，发展失败也来自于外来的专家学者对于当地情况的不了解，将一些僵化的发展模式在不发达地区套用。他们以先进的科学技术自居，简单将其他地方的发展经验移植到欠发达地区，并因此造成新的贫

---

[1] 赵一伟等：《少数民族地区资源开发中的利益共享机制研究——以云南兰坪矿产资源为例》，《云南地理环境研究》2007年第6期。

[2] 刘俊、楼枫烨：《旅游开发背景下世居少数民族社区边缘化——海南三亚六盘黎族安置区案例》，《旅游学刊》2010年第9期。

[3] Hancock, Graham, *Loads of Poverty*, Camerapix Publishers International, UK, 1989.

[4] Chambers, Robert, *Rural Development*, *Putting the Last First*, Longman Inc., USA, 1983.

[5] 钱宁：《农村发展中的新贫困与社区能力建设：社会工作的视角》，《思想战线》2007年第1期。

[6] 郭家骥：《发展的反思——澜沧江流域少数民族变迁的人类学研究》，云南人民出版社2008年版。

困。因此要保护本地人的发展利益，就需要以当地人为发展的主体，重视当地人的传统知识和借助本土的传统。

在少数民族地区的发展和减贫过程中，这两种不同的解释不断构成冲突。扶贫是一个外来的干预过程，外来的资金，以及由资金所带来的理念、信息和技术也无可避免地进入民族地区；而在进入的过程中，发展所固有的问题也会不断地显现出来。如果说现代市场化发展的目的是推动个人的发展，但是在扶贫中包含了更多公平和互助的因素。随着发展过程中问题的显现，解决这些问题的要求也会相应产生，人们会重新认识传统。如果说"从长时段和大范围的角度观察，国家社会从古至今始终都是'现代性'的体现，它的基调始终是突破传统追求进步以满足人的个体需求。传统社区，无论是血缘地缘还是族缘或宗教信仰的社区，则与人性绑缚的更紧"，"沟通、理解、发挥和协调社会、社区和人性暨文化这三个实体的三种自行，就能实现可持续发展。"[①]

沟通、理解和协调不是静态的，而是一个动态的过程，是一个不断反思和行动的过程。只有在行动者那里，反思和行动才能构成一个整体。在云贵山区发生的几个小故事可以告诉我们，发展的主题是如何反思并付诸行动。

二 作为发展过程的反思和行动

发展是一个过程，在这个过程中需要不断地反思和调整，才能走出所谓现代和传统的二元对立，既要减缓少数民族地区因发展不足存在的贫困，也可以避免发展所带来的新贫困。

反思与发现自我

在许多时候，不仅外来的专家学者持进化论的观点，认为少数民族地区是贫穷和落后的，少数民族自身也往往将自己的文化看作是落后的，他们希望改变自己的文化，从而更快地融入到现代社会中。然而发展给这些少数民族以认识外界的机会，在遭遇发展以后，一些少数民族知识分子开

---

① 张海洋：《社会前进、社区延续与人性回归》，载杨筑慧、张海洋编《发展的故事》，中央民族大学出版社 2006 年版。

始重新思考现代化与本土文化之间的关系,并试图通过民族文化来应对发展所带来的问题。在滇西北、贵州,乃至青海,我们都看到少数民族知识分子在反思发展过程中对民族文化的重新认识。

卡瓦博格文化社[①]是由几位藏族知识分子建立在滇西北的民间组织,从事藏语和藏族歌舞的传授和学习。让人感兴趣的是这些知识分子的转变过程。

他们所生活的滇西北迪庆被认为是藏族文化的边缘地带,受到汉族、纳西族文化的影响,城市藏族居民多不懂藏语,农村的藏族居民多不懂藏文。在这个环境成长起来的藏族青年的成长道路应该与其他民族的青年一样,接受现代教育,进入现代社会的体系。他们的确也如愿在20世纪80年代进入大学学习,在学成以后成为当地少见的大学毕业生,并成为机关干部。

但是在外求学的经历让他们开始了族群认同。用斯伦农布的话说,当他们外出上学以后不断被人问其所属民族,他们因自己是藏族但不会藏语感到尴尬,这促成了他们回到德钦成立民间组织并开始进行成人藏语教学。

通过藏语的学习,他们开始接触藏族的文化,并开始反思当地的发展后果。

在从事藏语学习和教学过程中,他们希望活跃当地的文化,得到城乡居民的认同,于是选择了传统的藏族舞蹈——锅庄和弦子——作为媒介。他们录制藏族的音乐、组织各村开展舞蹈活动,并组织不同村庄之间展开舞蹈的竞赛。

当他们开始组织各村跳舞的时候,他们发现锅庄和弦子具有远比娱乐更重要的功能。首先,这些舞蹈总伴有歌唱,而歌词中充满了藏族的知识、智慧和训诫。其次,舞蹈是一个社会活动,在组织歌舞过程中,当地的民间领袖开始发挥作用。久农村的斯纳尼玛说,在久农,居士构成了村庄的民间领袖。歌舞是一个村庄的再组织过程,通过歌舞,一方面原来分散的村民被组织到一起。此外,通过跨村的歌舞比赛,许多村庄之间的矛盾也得到了化解,特别是在虫草和松茸涨

---

① 有关卡瓦博格文化社的资料主要来自于笔者对文化社成员的访谈。

价以后，为了争夺资源，村庄之间关系日趋紧张，但是在歌舞，以及歌舞所传达的文化作用下，许多矛盾被化解。随着村庄的再组织，许多原有的社区活动也重新开展，比如讲笑话。①

文化社对当地文化的发掘直接促成了他们保护生态环境的行动，他们通过民间对卡瓦博格神山的信仰成功地劝导当地人减少砍伐雪山周边的香柏木。他们系统地整理了有关神山的各种信仰，促进雪山周边的村庄开展环境保护。

我们可以看到，卡瓦博格文化社的成立和其所采取的行动在很大程度上是在接触了外部世界的冲击之后进行反思的结果。在现任文化社社长斯伦农布看来，开放给当地人带来两个方面影响，一方面不利于传统文化的保留，比如德钦地处藏族文化的边缘地带，因此体现了更多的文化融合，当地人对藏族文化的理解不够。但是开放也见到越来越多的外来人，与这些外来人的接触中发现，外来文化也不像原来所想象的那么先进，而且在外来人口中，当地人逐渐认识到自己文化和资源的价值。

与卡瓦博格文化社的一批藏族知识分子类似，来自贵州的苗族知识青年杨胜文也在组织苗族青年重走迁徙路，掌握民族的传统。对于接受现代教育的这一辈苗族青年来说，他们既不熟悉苗族的历史，也不知道苗族的文化。从小学到大学，杨胜文一路读书下来。无论是个人或家庭都希望他通过读书可以脱离原来生活的村庄，进入城市，在他们看来，最好的结果是成为一个"公务员"。在大学偶然的阅读使他了解了苗族的历史源远流长，对民族历史的了解使他开始产生对自己民族文化的好奇。毕业以后的困惑则导致他希望了解自己民族的文化，"一群漂在异乡找不到根的苗族青年总想为自己做些什么，但在喧闹的城市里找不到方向"，"2009 年，一个离我走出校园日期越来越近、一个人生迷茫失落的年份；一次偶然的机会结识贵州乡土文化社②；看到文化社致力做的事情，正是自己一直苦苦寻找的。于是加

---

① 在每年的某个时候，村民会聚集在一起，相互讲其他人的笑话，这些笑话多带有批评的含义，被批评者在幽默的氛围下比较容易接受，批评者也借此表达了自己意见（肖玛：《晒会》，载迪庆藏族自治州社科联主办《香格里拉论坛（德钦专刊）》2012 年。）

② 贵州乡土文化社是一个致力于贵州本地尤其是少数民族地区的文化传承与发展的民间公益机构。杨胜文曾在这个机构工作，致力于发掘少数民族文化传统。

入成为文化社的青年实习生,结束后进入文化社工作。我一直对苗族的历史感兴趣,为自己苗族的古歌、指路歌所着迷;于是找到雀鸟这一群伙伴,共同回到故乡;重走祖先迁徙路,重新寻找属于我们自己的历史故事。"[1] 但是找寻历史的过程并不顺利,在家乡,他们受到许多非议,因为他们的行为与人们的预期完全不同。人们预期这样一些受过现代教育的青年应该走出大山,成为国家的人,而不是要回去学习"迷信"。他们遭到父辈的批评,同辈的嘲笑,但是按照杨胜文的说法他们的行动逐渐得到理解。

在发展过程中,知识分子率先感受到发展所存在的问题,并促使他们思考本民族的文化传统。他们进而采取一些行动以发掘本土文化,这构成了反思发展的第一步。

反思与适应行动

对于知识分子来说,民族传统是发现自我的过程,他们更多地关注精神层面的内容,比如卡瓦博格文化社对机构的定义是从事民族文化的发掘,与一般的非政府组织不同,他们很少从事与生计相关的项目。在他们看来,一旦市场开放,赚钱的冲动足以使人们迅速地投入到经济发展中,但是在发展中如何保持平衡,这才是文化社应该关注的。文化社希望通过文化社的活动,使当地人更多地关心起精神层面的内容。然而对于普通的村民来说,他们在发展中遇到许多问题,这些问题使他们的反思更多地来自于他们的生产实践。

德钦位于云贵高原向青藏高原的过渡带,农民多生活在高山和峡谷中,农牧业生产高度依赖自然资源。从20世纪90年代以后,因为松茸和虫草的价格飙升和旅游开发,当地农民收入增加很快。但是变化并非都是正面的,首先,发展改变了人与自然的关系,虫草、松茸和药材的价格飙升刺激了大量采集,并威胁了资源的可持续利用;其次,市场冲击了当地的人际关系,因为资源而产生了许多矛盾和纠纷;最后,收入增加也带来了消费结构的变化,大量低质量的加工食品对当地人的身体造成了负面影响。这些问题促进当地居民思考,他们需要如何调整和制定社会规则以应

---

[1] 杨胜文:《悄然的变化——苗族青年重走迁徙路有感》(乐施会内部报告),2014年。

对这种新的变化。我们对德钦的调查发现，他们不是拒绝这种变化，而是为适应这种变化制定了新的规则，如雪达村禁止村庄周边采药和明永村的收入公平分配制度。①

  许多德钦人发现，近年来农村得病的人越来越多，特别是高血压和癌症。他们认为饮食结构的改变可能是一个重要的原因。现在比过去喝更多的酒，吃更多的工业加工食品。而雪达村的人认为各种药用植物的减少也是疾病增加的原因之一。雪达村具有丰富的药材资源，这曾经给他们带来许多收入，但是药材的大量采集造成了资源的枯竭，这不仅影响到资源的可持续利用，更重要的是可能影响到当地人的健康。

  在他们看来，尽管原来很少食用雪莲花、冬虫夏草，但是这些植物都在自然界中生长，这些植物的成分会散布在空气或水中。但是随着这些植物被采伐殆尽，空气和水中有益人体健康的成分在减少，人们健康自然会受到影响。为了保护资源，全村开会决定，村子周边禁止采集药材，偏远高山地区的雪莲花和冬虫夏草也要控制采集。

  停止采药肯定会减少当地人的收入，如果将增加收入看作扶贫的指标，那么他们的收入肯定会有所下降，但是如果以生活改善为指标，他们的生活状况似乎有某些改善，至少他们希望将来生病的人会减少。

  与雪达村不同，明永村处于澜沧江峡谷中，没有高山牧场，也无处采集药材，可利用的自然资源更少。因此他们更清楚人口与自然资源的关系。由于认识到资源的制约，早在20多年前村里就做出了全村农户数量不能增加的决定。当年全村有51户人家，现在仍然是51户。保持农户数量的方法有两个，一个是减少人口出生，在德钦的藏族村寨中，出生率总体是比较低的，在明永村，由于农户数量不再增加的规定，所以大多数农户只有两个孩子。另一个就要维持人口的进出平衡，一个家庭的子女长大以后只能留一个人，通常是家里的长子留在村内继承家产，其他的子女只能出嫁。

  随着明永冰川的开发，明永的收入水平明显提高，每户仅牵马的

---

① 下面的三个案例曾经发表在《绿叶》2013年的第1期和第2期合刊。

收入就可以达到10万元,但是这并没有改变他们的决定,他们仍然认为资源是有限的,所以农户数量不增加的规定仍然保持下来。

在资源有限的前提下,资源的公平分配就至关重要,因为资源是供全体村民维持生计所需的。在旅游开发以后,村民仍然保持了平均分配的传统。旅游开发带来的主要收入之一是牵马的收入。景区被旅游部门管理以后,门票收入属于旅游部门所有,留给当地人的只是为游客提供马匹的收入机会,这个机会是被严格平均分配的。早年游客不多,每家只能提供2匹马,按照顺序排队。游客增加以后,每家仅增加到4匹马。由于收入机会很平均,所以从房屋的建筑来看,村庄的财产也大体上是平均的,每户的房屋大小和质量都相差无几。

要减少对资源的破坏性开发和维持社区的公平,村民对待生活和收入的态度是至关重要的。现代的市场经济对资源的消耗和收入的追求几乎是无限制的,而在生态脆弱地区,认识到资源有限并建立与之相适应的生活方式是很重要的。

在德钦的农村,我们看到大多数村民对生活保持了比较平和的态度。明永村在明永冰川的旅游开发以后,尽管收入提高,但是村民仍然维持着农田的耕作。久农的村民曾经因为争夺虫草和松茸资源,与周边村庄发生严重冲突,但是经历了冲突以后,他们开始反思所得和所失。后来回村的僧人格能和居士斯纳尼玛与卡瓦博格文化社一起组织学习藏文,并学习传统经文和道德,纠纷渐渐平息下来。[①]

在我们访问这个村庄的时候发现,与内地农村不同,这个村庄中有许多年轻人,每年除了挖虫草和捡松茸的两个月需要全部住在高山地区比较辛苦以外,其他时间很悠闲,因为土地和牲畜的数量都不多。尽管有大把的时间,但是他们并没有外出打工。他们之所以不外出打工是因为他们觉得有限的收入足以使他们过上幸福的生活。每年挖虫草、捡松茸、农业和畜牧业加在一起,收入有2万—3万元,这些收入已经够家庭日常开支了,要外出打工,也许可以增加更多的收入,可是工作很辛苦,生活并不会快乐。其实在久农村民的日常生活中已经开始思考生活的意义。在市场的逻辑下,他们的行为显得有些落伍,但是他们的生活经验告诉他们,外出打工尽管可以有更高的收

[①] 扎西尼玛、马建军:《雪山之眼:卡瓦博格神山文化地图》,云南民族出版社2010年版。

入，但是在提高收入的同时，他们也会面对更多的问题，甚至痛苦。

上面的故事也许只是一些个案，但是我们发现这些现象程度不同地存在于德钦的农村。我们从中可以想象，如果给农民更多的选择机会，也许他们会选择一种更折中的发展模式。在这些地区，市场经济的发展在很大程度上是政府这只"有形的手"推动的，如果市场力量没有那么强大，这里所发生的事情在别的地方可能也会看到。

三 政府和市场下的社区行动[①]

中国的改革是国家推动的市场化过程，而贫困地区的市场经济发展水平比较低，特别是少数民族还存在许多与市场经济不相适应的文化、制度和规范，因此减贫的过程可以被看作是政府强力推动的市场化过程。国家、市场和社区的互动是一个不断反思的过程，在这个反思过程中，各方利益在相互调整，并逐渐形成地方的发展动力。

乡村旅游被认为是实现经济发展与保护文化和环境的双赢策略，因此政府积极推动了少数民族地区的乡村旅游。但是在开展旅游以后，许多矛盾也相应产生，首先是保护与发展的问题，事实上大众旅游所需要的文化经常是表演文化，借用了民族文化的形式，但是却缺少民族文化的内涵；因此是保留生活中的民族文化，或者将民族文化市场化，是在乡村旅游中矛盾的焦点之一；其次，发展中外来资本与当地居民的利益分配，也是引发矛盾的焦点。黔东南的朗德和西江都是著名的苗族乡村旅游点，尽管发展模式不同，但是在其发展过程中，国家、市场和村民之间的关系在不断调整，那些对旅游完全陌生的本地人逐渐成为积极的行动者。

贵州的朗德和西江都是著名的乡村旅游点，两个案例清楚地说明，在地方政府推动的旅游市场化过程中，村民在反思其效果的基础上，都会采取相应的行动以调整政府、资本与社区的关系。

朗德的开发比较早，而且主导朗德开发的政府部门是文物局，文物局向村民灌输了强烈的保护意识，认为只有保留原汁原味的民族文

---

① 来自于李丽2014年的报告。

化才能吸引高端游客，并使村民受益；在这种思想影响下，村民多次拒绝了政府支持的资本进入，担心资本进入以后会导致民族文化受到破坏，并进而对村庄的秩序产生坏的影响。村庄旅游开发基本是由村民主导的，尽可能地保留了村庄原有的格局。

同时为了保证村庄内利益分配的公平，村庄实施了所谓"工分"制度。"工分"制首先是就业方式，村内所有人都能以不同的方式参与接待游客，不仅会跳舞的可以跳舞挣工分，不会跳舞的可以参与活动，创造气氛。所有参加旅游接待的人都会得到多少不等的"工分"；其次，工分制也是一种分配形式，由于技术和重要性不同，参加旅游接待的人会得到数量不等的工分并按照工分分配旅游收入。

但是村民主导的旅游开发因为没有与外界的旅游市场密切结合，并且因为没有接受地方政府的建议引入资本进行大规模开发，在西江等村的竞争下，游客下降，收入锐减，原来依靠旅游的村民又外出打工去了。朗德旅游开发的兴衰促成当地人和政府都在反思其兴衰的原因，不同的政府部门有不同的意见，地方政府积极推荐旅游公司的开发模式，而上级文物部门则希望朗德保留更多非商业色彩的文化；村民也形成了两种不同意见，一些具有较高商业意识的村民更希望通过商业机制的引进促进旅游开发，并且打破工分制的分配方式，而大多数村民却顾忌旅游开发所带来的破坏，特别是社区内部的收入差距扩大。在这样的背景下，朗德试图通过提高村寨的文化内涵来吸引深度体验游的游客，并保持其村庄内部的公平与和谐，如何实现这个目的，还在探索中。

当村民主导的开发遭遇困难的时候，地方政府所推荐的资本开发旅游的模式也遇到了严重的问题。西江基本上是在政府支持的公司开发模式下进行的，因此其旅游业迅速火爆起来，村民几乎没有抵制地接受了这种开发模式，但是经过一个时期的发展，因为利益的分配，社区与公司之间也产生了越来越大的裂痕。

西江的旅游开发是在政府推动下开展的。随着大规模注资，政府全面主导和介入了西江乡村旅游的决策和经营管理。政府成立专门机构西江景区管理委员会，并由西江千户苗寨旅游发展有限公司主持旅游开发和出售门票。门票收入的分配由政府决定。

旅游开发在带来村民收入普遍增长的同时，也带来越来越多的矛盾：

首先，是外来开发商的大规模进入，除了加入客栈、餐饮、休闲娱乐和手工艺等经营的小商小贩外，县委、县政府正在开辟更多如四星级以上的星级酒店，规模标准的民间斗牛场、赛马道等质量更优、空间更大、利润更高的对外招商引资推介项目。这些外来投资者挟资金和经营优势，不断把本地人"挤"出核心区。

其次，村庄内部收入分化加剧。由于村民家庭的地理位置不同、在旅游中的投入不同，以及政府所采取的一些特殊补助政策都导致了原来相对收入均衡的村庄内部收入分化，与此同时，随着土地被征用，农民的收入越来越单一，且随着物价水平提高，低收入家庭的生活更加困难。最终村民发现，与原来所预期的不同，旅游开发并不是使所有村民的收入都会平衡地增加，而是导致了严重的收入分化。

最后，村民原有的互助传统正在迅速地弱化。比如原先村内亲邻间的义务性劳动交换，现在全用货币一次性结算清楚。村民的生活成本上升，尤其是现金支付的压力急剧加大。村民认为旅游热后贫富差距使人际关系出现了隔阂。2008年以来，村民之间由于旅游业的迅速发展和收益机会不均，产生了争抢客源等新的矛盾，且越来越多。

市场经济在瓦解社区，但是在与政府的相互冲突中，社区的共同利益又把村民凝聚起来。由于政府强势和全面介入旅游开发和社区生活，使得村民和政府之间的矛盾冲突空前加剧，屡屡演变为群体性事件。比如在政府决定提高门票价格以后，当地居民表示，政府收取门票并未获得村民同意，擅自收取门票使村民感到自己作为资源主人的地位未能得以体现；加之村民对门票的收支情况不甚了解，收取门票给村民经营、生活带来诸多不便，从而引发各类矛盾与冲突。2009年，西江即出现多次村民用石头围堵寨门的事件。之后，作为妥协，政府同意村民到入口处接亲戚朋友可不买门票，西江于是出现带客逃票进村的"专业户"，每年能收入十几万元；就此，政府又调整了规定：凡是执黔东南身份证的人进入西江可不买门票，事态基本平息。就在2012年8月，政府因门票收入流失太多而取消这项规定，西江再次爆发群体性事件：大批西江民众聚集在景区入口处埋锅做饭，场面一度失控，所有客人均可自由进出。雷山县政府出动了所有警力维持秩序，而村民一直不肯离开，直到政府同意给村民一笔"奖励"以补偿"损失"。

地方政府可能会将这些群体事件简单地看作利益冲突。但是如果我们从发展的角度来看，这是村民对发展结果的反思，并进而采取行动，调整发展策略的行动。从目前的发展来看，政府所采取的行动主要是调整利益分配，还没有考虑这些矛盾纠纷背后涉及发展方式的深层原因。但是随着大规模旅游开发所带来的发展幻想被打破，深层的发展方式问题会逐渐浮现。

从表面看，朗德和西江是两个不同的开发案例，表面上的结果很不一样，但是其实质都是在经历了迅速的发展以后，当地人并没有成功地融入到市场经济中。这给当地人一个反思的空间，当地人应该以怎样的方式参与到一个什么样的市场中去。

贵州的案例比较滇西北的案例更加复杂，因为滇西北的案例主要是重塑社区内部的关系，而贵州的案例是要在政府、市场的关系中，重新定位发展的方向。

四　讨论：在反思中发展

经过大规模反贫困以后，中国的贫困问题更多地表现为相对贫困，随着贫困线的提高和各项社会保障制度的落实，扶贫的任务越来越瞄准于特定的贫困人群。但是少数民族地区不同，地理区位、文化传统和贫困纠结在一起，使得少数民族的贫困问题成为一个政府干预下的发展问题。少数民族地区的扶贫既要采取针对少数民族地区贫困人口的措施，又不得不关注区域发展，那么在这种情况下，如何避免外来干预的发展措施在提高收入的同时带来复杂的社会问题就成为扶贫中不得不高度关注的问题，到目前为止，我们并没有具有普遍意义的成功经验或模式可以复制，因此在发展中就需要不断调整发展的政策和措施，而调整就是建立在反思的基础上。上述案例表明，在反思中，可以重建发展的主体、修正发展目标和调整发展措施。在这里，反思不再是一种理论或批判，而是行动。

首先，与对发展的批判不同，反思是建立在发展基础上的。在社会发展过程中，少数民族原有的传统文化和传统社会不足以应对所出现的问题，因此被卷入到发展的过程中。不管是德钦人开始大量采集当地的菌类和药材，还是贵州的旅游发展，都是少数民族被卷入到发展的过程。尽管政府推动了这个过程的产生，但是当地居民并非被动参与，在很大程度上，他们积极参与了发展过程的建构。如果我们将发展的结果看作是一个美丽的童话，不仅仅决策者相信童话是可以实现，而且当地居民也相信发展可以解决他们所面临的问题。

但是发展的过程将问题逐渐呈现出来，这必然会促使当地人去反思如何克服发展中的问题。对于当地居民来说，这些问题是生活中的问题，必须在生活世界中找到解决问题的方法；同时他们除了可以从乡土知识中借鉴以外，也很少有其他工具可以利用来解决这些问题，所以他们会向本土的传统学习。也许我们可以看到他们解决问题的方式中包含了许多传统的知识，但是这已经不是简单地复制传统，而是适应性的创新，因为首先有选择地利用传统是为了解决实际面临的问题；其次，他们已经不是自然地继承传统。如果说原来少数民族遵循其文化和传统是建立在千百年传承的基础上，人们很少去问为什么，但是现在他们遵循其文化和传统更多地建立在自觉上，他们必须要问，我们为什么要遵循传统和文化。

其次，反思的目的不是怀念传统和文化，而是解决发展中的实际问题，因此反思是行动导向的。即使是知识分子的反思，也带有很强的行动导向，如卡瓦博格文化社教授藏文和复兴传统歌舞的工作并不仅仅是娱乐，而是希望通过村庄的集体活动重新凝聚村民。久农的年轻农民留在村庄，他们并非无奈地留在村庄，如同内地农村老年人那样，而是在村庄的社会交往和集体活动中，建构村庄的秩序。而西江人对旅游开发模式的反思则希望重新确立政府、市场和村民三方的利益关系。

最后，反思需要多方面的参与。如果说少数民族的知识分子和农民在发展过程中遇到困惑，从而不得不思考其文化和传统在发展中的作用，但是如果要使这种反思成为推动发展的动力，还需要政府和资本也进行相应的反思。发展是一个多方参与的过程，特别是中国的发展是国家推动的市场化过程，在这个过程中，国家和市场发挥着重要的作用。与少数民族地区的村民比较，政府和资本更迷信单一方向的发展过程，因此促使政府和资本的反思是很重要的。在发展的初期，政府和居民更容易达成一致，比如在明永冰川的开发过程中,明永村的农民多次找到地方政府要求改善明永的交通,这才促进政府投资修建了到明永村的道路,从而才使明永冰川开发成为可能。西江的旅游发展在最初也得到了村民的积极响应。但是随着发展中问题的呈现,政府与村民的矛盾会逐渐增加,这个时候更需要多方之间的沟通,从而才能够确立适当的调整。

反思的发展是多方参与的适应性的发展过程。少数民族地区的贫困与少数民族地区的发展方式是密切联系在一起,而发展方式的选择不是靠单一的设计所能完成的,尽管好的设计可以减少发展中的摩擦。发展方式的选择是一个不断调整的过程,这决定了,作为行动的反思会是一个持续的过程,贯穿在发展过程的始终。

参考文献

木梭:《快乐的反思》,《回归》2008年第3期,卡瓦博格文化社印刷。

肖玛:《晒会》,载迪庆藏族自治州社科联主办《香格里拉论坛(德钦专刊)》2012年。

杨小柳:《地方性知识与扶贫策略》,《中南民族大学学报》2009年第3期。

朱晓阳:《在参与时代谈建构"性别主体"的困境》,《开放时代》2005年第1期。

村庄合并与农村社区化发展研究[*]

林聚任

一 村庄合并的漫延展开

进入新世纪以来，伴随中国城市化进程的加快，中国农村社会发展进入了新的转型阶段，尤其是东部相对发达的地区正大力推进合村并居，通过旧村改造和合村并居等形式进行新农村社区建设。随着合村并居的广泛展开，许多地方出现了大规模的"造城运动"，村落数量快速减少，而新建集中化的楼房居住区大量涌现。从全国看，行政村（村民委员会）的数量 1990 年最多时达 100 多万个，此后数量明显减少，2000 年有 73 万多个，到 2010 年减至 59 万多个。[①] 据预测，我国到 2014 年城镇人口将首次超过乡村人口，到 2020 年城市化率将达到近 60%，比现在提高近 10 个百分点[②]，这意味着未来 15 年内将有大约 1.5 亿农村人口转变为城市人口，因此大量的村落将走向终结。

山东省从 2006 年借助城镇建设用地增加与农村建设用地减少相挂钩试点政策，开始大力推动村庄合并和农村社会化发展。2009 年山东省政府相继出台了《关于推进农村住房建设与危房改造的意见》和《关于大力推进新型城镇化的意见》，提出以中心村为核心，以农村住房建设和危房改造为契机，用五年左右时间实现农村社区建设全覆盖的计划。如潍坊诸城市从 2007 年 7 月份展开了村庄合并，该市原有 13 个乡镇（街道），

---

[*] 原文发表在《人文杂志》2012 年第 1 期。

[①] 按国家统计局统计口径，这其中部分"村民委员会"转变为了"社区委员会"。参见《中国统计年鉴2011》，中国统计出版社 2011 年版，第 864 页。

[②] 蔡昉：《中国人口与劳动问题报告 No.11》，社会科学文献出版社 2010 年版。

1337个村（居），现今全市共规划组建了208个农村社区，涵盖村庄1257个，以2公里为服务圈建立了配套的农村社区服务中心。诸城因此成为全国首个撤销全部建制村的城市。潍坊昌乐县从2006年启动实施了合村并点工作，按照"大村合并小村、强村合并弱村、班子好的村合并班子差的村"的思路，鼓励3个以上的村进行合并，原则上不再保留1000户人以下的村。目前，全县通过合村并点，合并行政村（居）536个，减少行政村（居）375个，减少量超过原村庄数量的45%。2008年上半年，德州市在所属每个县市区各确定一两个乡镇试点。2009年3月，德州出台《关于推进全市村庄合并社区建设的意见》。截至2010年，德州市原有的8319个行政村已经合并为3259个农村社区（村），后者将进一步被规划合并为1592个社区。济宁市仅2009年就实施整村迁建项目191个，涉及534个村庄，该市还计划用五年到十年让50%以上的农民住进新型社区。另外，山东淄博、滨州、菏泽等市也大力开展了"万人村""大村庄制"建设。从2006年至2010年，山东省政府在此方面投入资金100多亿元，安排改造村庄近3000个，其中已完成改造村庄334个，安置居民62854户，复垦耕地74242亩，腾出建设用地指标近6万亩。[①]

当前大力开展的村庄合并，既反映了各地政府要求加快城乡发展的愿望，也反映了中国已进入了城乡社会转型的新阶段。实际上，急剧的村庄变革已成为中国城乡社会快速转型的一种体现。大量自然村落消失，城区迅速膨胀，由乡到城的城市化速度在加快，这标志着中国的社会发展已进入真正转型的新阶段。我国的城市化率即将跃过50%这一结构转变临界点，我们将步入以城市生活方式为主的社会。最近一二十年来，我们正目睹着中国农村社会的大变革，有些村庄在消失或被合并，而大片的"新城"在崛起。当前乡村发生的这一系列变革都与城市化的快速推进对于土地和发展空间的需求密切相关。在经济发展较快、具备非农化转移条件的地区，把村庄合并成新型的大社区，可以优化资源的配置，改善居住环境，提高城镇化水平，即村庄合并可以整合闲散的土地资源，以腾出城市建设的用地指标，为大力发展地方工业经济、加快城镇化提供更大空间。各地政府也正是看到了这一点，所以才不遗余力推进村庄合并。当前快速

---

① 参见山东省政府《山东省人民政府关于加强土地综合整治推进城乡统筹发展的意见（鲁政发〔2010〕73号）》。

的城市化扩张，对土地资源的需求大幅提升，而我国的土地资源又相对短缺，这就导致经济发展对于土地的需求呈现严重的"供不应求"状态。各地政府为追逐更快的城市化和工业化，便在"城乡建设用地增减挂钩"的政策下，大力推进以旧村改造、整村迁建、合村并点为主要形式的"农村社区化"运动。

二 村庄合并道路与社区化发展

当前快速的村庄合并这一具有特定意义的乡村变革标志着中国正步入新的发展阶段。原来自然分散的、熟人性的、以乡土生活为主的村落共同体在快速消失，代之出现了更多集中化的、陌生性的、以非农生活为主的新社区。这种乡村转型不仅带来了生活空间的重组和社会经济活动的转变，而且意味着传统村庄社会关系和组织结构的变迁。

因此，新型社区建设无疑会对农村生活带来深刻的变革，根本改变传统散居的乡村面貌。然而，我们当前面对的问题是：要建立的这类社区是什么性质的？它跟城市社区为什么不同？其目标只是变成"大村庄"或"小城镇"，还是应该变为一样的城市社区？我们暂且撇开合村并点过程中存在的其他问题，从农村发展趋势来说，目前普遍推行的村庄合并多是着眼于农村区域的社区化或就地城镇化，但这本质上并不符合城乡发展的总体趋势。这种以村庄合并为基础建立所谓新型农村社区的发展思路，仍然把农村的发展禁锢在农村之中，并没有摆脱城乡二元发展的思维。因此，我们应深入认识当前村庄合并的发展趋势和存在的诸多问题，以使其能够良好发展。

（一）以村庄合并为基础的社区化发展符合城乡转型趋势，带来了一系列深刻社会变革

近年来在"社会主义新农村建设"的政策背景下，各地政府依据不同的条件和区位优势，采取各种方式推动农村发展，大力开展社区化建设。经济发展较快的"长三角""珠三角"地区，较早地推行了所谓"三集中"政策，即工业向园区集中、农用地向规模经营集中、居民居住向社区集中。最近几年，山东省在这方面也走在全国前列，其制定出台了一些相关政策，并在部分地区率先开展了合村并点或农村新社区建设试点。

山东淄博桓台县的马桥镇正是这样一个典型,在镇政府和村庄的推动下,该镇从2002年开始启动旧村改造工程,逐步实施合村并点,统一规划建设农村公寓楼,一方面把原来27个行政村集中建设为4个居住区;另一方面把全镇统一规划为组团居住、工业集中、文化商贸、生态保护、农业生产五大功能区,镇区面积由原来2平方公里扩至8平方公里。村庄合并为传统村落和村民生活带来了一场前所未有的变革。

第一,村民传统的生活方式发生了巨大改变。村庄合并所带来的最直接的后果就是村民居住方式的变化,即从原来散居的村落转变为集中化的新社区,居民的居住空间和生活方式随之改变。经过旧村改造和居住集中化,一方面实现了土地资源的集约利用,另一方面打破了原来的村庄自然界限。村民告别了传统村落分散的敞开式居住形式,变为集中化公寓式居住形式。"并居"最主要的形式就是建设各种配套设施相对完善的公寓式小区,这极大地改善了村民的居住和生活条件,改善了生活环境。

但这种集中化的居住需跟当地的经济社会发展及村民的职业活动转变相适应,即农村劳动力实现非农化转移和良好的经济发展是村庄合并的基础。在山东龙口的南山村(集团)、桓台的马桥镇,大部分劳动力实现了职业的非农化,他们按时按点在附近企业等场所上班,不再是"日出而作、日落而息"的农民。在第二产业发展的同时,第三产业也随之发展起来,再加上更加便捷的交通与通信,更多年轻人选择了现代化的生活方式。不过,在一些经济相对不发达的地区,如果产业结构调整和劳动力非农转移条件还不成熟,盲目推行村庄合并会使村民承受这种因居住方式的改变而带来的阵痛。其实,对于那些仍然从事传统农业生产的村民来说,村庄合并或"楼房化"居住会给他们的生产和生活带来诸多不便,农民"被上楼"行不通。

第二,村落共同体①在迅速消失。村庄合并不只是村庄形态的变化,

---

① 从词源上说,"共同体"(community)不是新概念,在西方,从滕尼斯之后,它通常指的是自然形成的以"亲属"和"友谊"等初级关系为基础、具有高度同质性和彼此认同的共同体。传统的自然村落就是一类典型的共同体,它不同于建立在次生关系基础上的"社会"(Gesellschaft),但现在国内多把community称作"社区",更多地突出了它的地域空间含义。随着社会的分化与发展,城镇化及集中化居住带来的必然结果,就是居民间关系和凝聚力的下降。因此,从这个意义上说,村落共同体正在走向衰落,但看起来矛盾的是,近年来国内又大力提倡"社区建设","农村社区化"也成为了当前农村变革的一个方向。显然,这赋予了"共同体"以新的含义。

而是承载传统的村落共同体的整体变革。传统乡村以特殊主义取向的社会关系为存在的基础，共同体的相对封闭性、高度的价值认同和道德内聚力使成员对于先赋的血缘和地缘关系具有天然的依赖性。然而，通过这种村庄重组，村民原来以血缘和地缘为纽带连接起来的社会关系网络改变了，常有的密切邻里交往减少了，乡土性在悄悄逝去。

村民居住方式和居住格局的变化，打破了原来村落长期形成的乡土关系网络，对村落社会边界及认同产生了很大影响。村民的交往圈子会发生改变，并且有一定的选择性，传统的亲缘关系中会融入大量的业缘关系，且关系的性质也在悄然发生着变化：由熟人关系向半熟人或陌生性关系转变。随着流动人口的大量增加，人们之间还会产生更多的陌生、不信任关系。在居民的交换、情感和各种关系网络中，"弱关系"会进一步放大它的作用，成为与血缘关系并存的重要关系。

第三，村庄组织形式与管理方式出现大重组。长久以来，村庄是乡民的生产与生活共同体，其祖祖辈辈都居住在那里，是"生于斯、死于斯"的地方；村庄也是中国的基本组织单位，特别是新中国成立之后，村庄成为了国家组织村民从事各种农事活动的基层组织单元，其内部同质性较高。传统村庄之间的界限是非常分明的，各自相对独立；同时各村也因具有不同的资源条件，而各自为政，不同村庄之间彼此差异性较大。

尤其是在中国长期存在的城乡二元结构体制下，村落具有很大的封闭性。城乡间社会流动水平低，彼此交换程度低，城乡分割和区域分割明显。但是，村庄合并打破了村与村的界限，聚集了更多异质性的人口，有些新建社区包括原来的多个村庄，有数千甚至上万人口，可见，新型社区跟传统村落相比，最大不同之处就是规模大、成员构成复杂，而与此同时社区的统一管理与融合需要一个过程，建立城乡一致的社区化管理更是有许多问题需要解决。

（二）有序推进农村社区化发展，实现城乡一元发展

急剧的村庄合并在带来深刻社会变革的同时，也存在着诸多值得关注的问题。我们应力争避免合村并居中存在的不良问题，有序推进农村社区化发展。

第一，避免行政化力量干预过强，真正关注农民的利益诉求。居住集中化与农村产业转型和土地利用的集约化密切相关，这是村庄合并的重要

基础。村庄合并的实施需要以现实的社会发展条件做支撑，按工业化和城市化发展的客观要求有序推进。然而，许多地方政府为追求政绩和在巨大的利益驱使下，不切实际地推进居住集中化，使当地陷入"圈地造城"怪圈。尤其是一些经济相对不发达，产业结构调整和劳动力非农转移条件不成熟的地区盲目推行村庄合并，违背了当地居民的意愿和城市化发展规律。

这样一种过度行政力量主导下的、以获取城市建设用地为目标的村庄变革，会带来一系列不良后果，比如在迁村并点和旧村改造的推进过程中，容易出现不切实际的"一刀切"；因急功近利在进行旧村改造与搬迁过程中，存在一定的强制性，造成"被上楼"怪相；还会造成大量农民失去土地和生活保障。实际上，目前我国在农村发展政策及制度上，还存在着诸多与发展要求不相适应之处，特别是现行的土地征用制度、产权制度很大程度上忽视了农民的权益保障问题。传统上，土地是农民生活的根本保障，而从现代化发展角度讲，非农化和城市化又是必然趋势。将来大多数农村居民必然转变为城市市民，实现土地的规模化、集约化经营，"农民的终结"将是必然。但在城乡二元体制未打破、城乡社会保障未实现统一的情况下，盲目推行居住集中化必然会损害农民权益。

第二，克服"半城市化"或不完全城市化现象，加快市民化进程。城市化或城镇化指的是同一现象或过程，而不是在城乡分割的体制下，仅户籍上的变化，也不是单纯的行政区划上的城镇规模扩大（或土地城镇化）。中国的快速城市化往往重形式轻内容，其关心的是"圈地"扩张，却忽视了市民化的实现。许多地方为追求高城镇化率，把城镇化看作行政区域的扩大，实际上并没有真正实现城市化转型，故造成了城市化"虚高"或"半城市化"现象。近年来各地出现的大量"城中村"和失地农民问题，就是不完善的城市化政策的结果。

这种城市化带来的直接问题是，首先，"土地城市化"快于"居民市民化"。各地为了推动城市化进程和发展经济，不断扩大城市地域，纷纷设立开发新区或工业园区。在这一过程中，处于城市边缘或特定区域的许多村庄，不得不出让土地，成为新市区。它们虽然在行政隶属上或形式上是市区了，但在实质上并没有真正实现城市化。原居民土地被征用，使得原本依靠土地为生的农民迅速失去了土地，但其职业身份、生活方式等并没有随之发生转变。这些人名义上是城市居民，但实质上跟城市居民还有很大差距。因此，独特的"城中村"的存在成为了中国转型期城市化发展的一个怪象。其次，"被动城市化"。从居民实际地位及职业身份来看，这种城市化是一个被动的过程。在此过程中，各地一味扩大城区，但相应的城市功能及配套措施并没有实现。特别是在长期形成的二元结构影响下，乡村居民的市民化过程显得尤为艰难。大量的失地农民不但因此失去了生活的来源，而且其职业身份的转变也极其困难，其在相应的社会保障、福利、新型生活方式等方面不能跟真正的市民同义而语，这些成为了此类型村庄变革中存在的突出问题。

第三，推进"村改居"由简单的名称变换或村庄集合，到实质性融合及管理体制的变革。村庄合并之后建立的新型社区，应不同于传统的村庄式管理。因为这类新型社区是不同于传统村庄的一种生活单位，具有一些新的特点。首先，它是一种"规模更大"生活聚集区。村庄合并短时间内改变了原有村落聚居的格局，组合了周边几个甚至更多的村落，在其中集中居住人口增加了几倍甚至十几倍，这使社区的规模扩大了几倍，社区成员的构成异质性扩大了，人们的社会需求也更为多样化。因此迅速出现的"大"社区在社会管理方面提出了新挑战。其次，中国现阶段的这类社区具有明显的过渡性，即它既不同于原来的村庄，也不同于现代城市社区。目前的村庄合并，多是停留在把村民的居住集中在一起，或者先把行政机构合并在一起的阶段，表面上看这打破了原有村庄的行政界限和社会边界，但实际上它们还没有完全融合成为一个真正意义的社区，其内部仍然保留原村庄"各自为政"的特点，即各村自我管理，统一的社区化管理或组织还不健全。在组织机制上，原来的村委会在向新建社区管理委员会的转变过程中，角色还不清晰，职能尚未改变。另外，公共服务职能尚不完善。新建社区尽管要求统一建设配套的公共服务设施，实现城乡公共服务的均等化，但目前来说，多数并居之后的社区其基本的公共设施的建设主要靠自身投资或地方投入，有些是"村民自治"与"政府辅助"相结合，还有的是引入了企业投资等方式。但目前看来这方面的投入明显不足，受困于地方财政条件，城乡公共设施的资金投入差距较大。实际上，受城乡二元结构的制约，农村新型社区还没有建立起跟城镇同样的各项社会福利和保障制度，基础设施建设不够，故其发展空间和整体水平的提升有很大局限。

然而，村庄合并或"村改居"不应只是形式上的变换，更应是真正的居民组织与管理形式的变革。目前的"村改居"要成为实质性的转变，跟城市社区相衔接，还需要解决一系列体制与管理问题，特别是涉及土地制度、集体资产的改制、城乡管理体制的统一等。

第四，扩展社区化建设的功能，实现社区建设的全方位提升。社区作为居民的一种基本组织形式，应承担多方面的功能；社区化建设也应是多方位的。但许多合并之后或"村改居"的这类社区，名义上是"社区"，在管理职能上仅仅强调了社区服务，而其管理方式与运行机制等并未发生根本变化。例如在有些地方出现的"联村社区模式"，就是在保留行政村体制不变的基础上，根据地域相近、道路相连、生产生活相似的原则，把若干行政村组合为一个服务区域，统一提供政府型或政府主导型的公共服务。山东的"诸城模式"也只是"政府主导、多方参与、科学定位、贴近基层、服务农民"的农村社区化服务，即把地域相邻的几个村庄规划为一个社区，选择一个发展潜力大的村庄为中心村，配套设立社区服务中心，由社区服务中心具体承接和延伸政府对农村的公共服务职能与部分社会管理职能[①]。社区服务仅是社区的主要功能之一，进行社区化建设还要注重社区功能的全方位提升，使之发展为居民共同参与、秩序和谐的新型社会共同体。

总之，当前的村庄合并虽然看起来是发生在农村的巨大变迁，但实质上它跟中国整个城市化的发展直接相关，这是非农化——城市（镇）化——市民化变迁过程的重要环节，其一方面涉及农村产业结构的调整和资源利用方式的转变，另一方面涉及与城乡发展相关国家政策的调整。因此，形式上的居住集中体现了更深刻的转型意义，村庄合并需要在城乡一元发展的背景下走社区化之路。

或者说，乡村建设或村庄变迁是跟城市发展密切相关的，这就要求我们把它放在城乡整体发展或转型的背景中加以认识。从本质上说，村庄合并不仅仅是居住形式的改变，更应是由乡村到城市的根本转变。随着经济社会发展和城市化水平的提高，城乡社会转型也将随之实现，更多的农村居民将经历非农化和市民化转移。但只重形式而缺乏实质变革的农村社区

[①] 李成贵：《造福农民的新机制——诸城市推进农村社区化服务的探索与实践》，人民出版社 2008 年版，第 1—2 页。

化，只能是缺乏实际意义的"面子"工程。仅限于农村来考虑农村的发展问题，解决不了根本问题，这种农村社区化发展，实际仍未超越传统城乡二元结构的樊篱。

小农的嬗变
——《兴国调查》八个农民家庭的追踪研究*

鲁可荣 金 菁

一 问题的提出

关于小农经济与小农理论的研究一直为学术界所关注。根据马克思和恩格斯的关于"小农"的经典论述①，"小农"既是指小农化的生产方式，又是指小农化的生活方式。传统小农具有以下基本特征：小农是小块土地的所有者和经营者；小农的生产是自给自足的，缺少社会分工，排斥商品经济，使用落后的生产工具和传统技术；小农是分散、孤立、封闭的，没有丰富的社会关系。小农的历史演变经历了从"古典式小农"到"宗法式小农"再到"现代的小农"的嬗变。

近百年中国农村经济社会发生的巨大变迁与发展在农村社会基本单元——村落和家庭层面烙下了深深的痕迹。尤其是改革开放以来，随着工业化、城市化的快速发展，农村经济社会面临着巨大转型和发展。随着大量农村劳动力进城务工经商，以家庭为单位的传统生产方式正逐步向农业兼业化、非农经济化、市场化以及社会化的生产方式转变。因此，有学者指出，目前中国农民生产、生活、交往都被卷入"社会化"大分工网络，属于"社会化小农"②。那么，在急剧的生产方式转型和制度变革中，传统小农的生产方式是如何向"社会化小农"转变的？在这一转变过程中

---

* 原文发表于《广西民族大学学报》（哲学社会科学版）2014年第1期。
① 《马克思恩格斯选集》（第1卷），人民出版社1972年版。
② 徐勇、邓大才：《社会化小农：解释当今农户的一种视角》，《学术月刊》2006年第7期。

农民发展及其所在村落变迁转型的轨迹如何以及面临哪些问题？对于这些问题的研究探讨有助于继续推动农村改革及农村可持续发展。

二 毛泽东对八个农民家庭的调查及后续研究

1930年上半年随着中央苏区根据地迅速扩大，党内开始出现"左"倾机会主义，即抛弃根据地的巩固和发展工作，脱离实际指导土地斗争。1930年10月初，红一方面军打下吉安后，行进到新余县一带。为了说服和教育党内同志以及纠正土地斗争中的错误，从而正确地指导土地革命，毛泽东乘机找到了兴国县永丰区红军预备队的傅济庭、李昌英、温奉章、陈侦山、钟得五、黄大春、陈北平、雷汉香八位同志，召集他们在新余县的罗坊开了一个星期的调查会，即著名的"兴国调查"。调查内容主要包括：八个家庭的观察、本区旧有土地关系、斗争中的各阶级、现在土地分配状况、土地税、苏维埃和农村军事化等[1]。对八个农民家庭调查涉及每个家庭的人口、劳力、生活、家庭成员的文化程度、职业身份等方面。毛泽东的《兴国调查》比较全面地反映了当时中央苏区农民家庭生计、农村各阶级状况，确立了实事求是、一切从实际出发的党的工作方法和作风。

自20世纪80年代以来，相关机构和学者一直非常重视对《兴国调查》中八个农民家庭开展回访性调查。其中，比较有代表性的调查有：1984年，赣州地委党史办、中央苏区协作办、江西省苏区协作办对八个农民家庭进行了回访。1988年，江西省社联和兴国县社联等对八个农民家庭经济状况进行了全面调查。中央政策研究室与江西省社联于1995年至1996年先后对八个农民家庭做了三次调查。此外，兴国县相关机构及部分学者[2]也不定期地对八个农家进行了走访和调查。上述调查形成的主要研究成果有：柯受森、肖桂全的《毛泽东〈兴国调查〉中八个家庭再观察》[3]，傅伯言、罗莹的《他们走出了绝对贫困的沼泽——对毛泽东

---

[1] 毛泽东：《毛泽东农村调查文集》，人民出版社1982年版。

[2] 如：兴国县人大赖福荣（1995、1996、2008）、县政协胡玉春（1988、2001、2008）、华中师范大学黄振华（2008）等分别在不同年代对八个农民家庭进行了实地调查。

[3] 柯受森、肖桂全：《毛泽东〈兴国调查〉中八个家庭再观察》，《中国国情丛书——百县市经济社会调查》（兴国卷），中国大百科全书出版社1996年版。

〈兴国调查〉中有关人员后裔情况的再调查》①，胡玉春的《〈兴国调查〉中八个农民的命运》②，赖福荣的《三个不同历史时期的"兴国调查"——从八个农民家庭今昔看中国农村变化》③等。这些研究成果以描述性的定性研究呈现了八个农民家庭在不同时代的经济变化和发展，但缺少从整体的视角对农民家庭变迁与发展的比较分析，未能从宏观层面将农民家庭变迁发展与社会制度、国家政策等方面有机结合加以系统研究。

为了全面系统地对毛泽东《兴国调查》中八个农民家庭变迁与发展进行比较研究，课题组在上述调查研究的基础上，于2013年6月采用参与式调查方法对八个农民家庭进行了深入调查，试图通过对1930年毛泽东《兴国调查》中八个农民家庭调查及后续跟踪调查研究的历史回溯，分析传统小农向"社会化小农"转变的历程，总结提炼村落变迁与农民发展的巨大成就、变迁轨迹及发展规律，为继续推动农村改革发展提供可资借鉴的历史经验。

三 八个农民家庭结构的变迁

1930年毛泽东开展"兴国调查"时对傅济庭、李昌英、温奉章、陈侦山、钟得五、黄大春、陈北平、雷汉香八个家庭的生计调查主要涉及家庭人口构成、文化程度、家庭成分、从事职业等方面。20世纪80年代以后对这八个农民家庭的后续调查也沿袭了毛泽东当年调查的内容，从而展现了八个农民家庭较完整和系统的家庭谱系演变。根据1930年、1988年、1995年、2001年、2008年和2013年对八个农民家庭的调查资料，从不同调查年代被调查对象的年龄、代际关系、文化程度、从事职业以及家庭人口规模和家庭结构等方面进行梳理，可以看出，八个农民家庭谱系演变和家庭结构变迁呈现如下特征：

(一) 家庭代际传承绵延，人口繁衍呈橄榄型结构变化

80多年来，八个农民家庭代际已传承了4—5代。然而，除了傅济

---

① 傅伯言、罗莹：《他们走出了绝对贫困的沼泽——对毛泽东〈兴国调查〉中有关人员后裔情况的再调查》，《江西社会科学》1999年第1期。
② 胡玉春：《〈兴国调查〉中八个农民的命运》，《史海泛舟》2006年第4期。
③ 赖福荣：《三个不同历史时期的"兴国调查"——从八个农民家庭今昔看中国农村变化》，《百年潮》2008年第11期。

庭、李昌英、温奉章有亲子嗣以外，陈侦山、钟得五、黄大春、陈北平、雷汉香都是通过从宗族同辈中过继儿子来延续家庭香火传承的，其主要原因是：傅济庭、李昌英、温奉章在参加红军前就已经结婚生子；陈侦山、钟得五、黄大春、陈北平虽已结婚生子，但子女多夭折；雷汉香在参加红军前尚未结婚；陈侦山、雷汉香在战斗中牺牲；陈北平在肃反高潮中被杀害；黄大春和钟得五参加红军后无音信。

80多年来，八个家庭人口增长迅速，尤其是第二代和第三代的家庭子女数明显多于第一代和第四代。第一代农民家庭人口基本上在5—7人（除钟得五、陈北平两家兄弟多人口在11人外）。因为当时农村经济非常困难，小农家庭难以养活过多的人口。而第三代由于出生于20世纪六七十年代的人口高峰期，家庭子女人口数较多。随着计划生育政策实施以及农民生育观念改变，20世纪80年代出生的第四代基本上是一对夫妻生育一两个子女。

(二) 家庭成员受教育程度逐步提高，但多为初中文化程度

20世纪20年代"中国有百分之九十未受文化教育的人民，而在这里面百分之九十未受文化教育的群体中，最大多数是农民"。[①] 然而，1930年毛泽东所调查的八个农民大多接受了文化教育，除李昌英和雷汉香的文化程度不清楚外，其余6人都读了4—8年书。1988年除了傅济庭的长子傅学扬是文盲外，其余七个农民家庭的第二代男性都是小学毕业，其中，温常鑫、钟来发、陈显来是初中毕业，温常鑫1985年还成了村小学公办教师。出生于20世纪80年代以后的第四代普遍为初中文化程度，但是考上大学的不多，只有李吉锴的五儿子李士森和温国禄的儿子温成剑是大学毕业。

(三) 家庭结构从联合家庭到核心家庭向"户分家合""分业不分家"的多元化家庭结构转变

家庭是社会的最基本单元，家庭的代际结构与家户关系变化可以明确反映出家庭结构的变化。家庭经济条件的改变、主要劳动力的职业变化以及代际流动是影响家庭结构变化的主要因素。纵观八个农民家庭80多年

---

① 毛泽东：《毛泽东选集》（第1卷），人民出版社1991年版，第39页。

来的家庭结构变化，其经历了从联合家庭到核心家庭向"户分家合""分业不分家"的多元化家庭结构转变。

20世纪30年代，中国农村经济以自给自足为主，家庭既是最小的生活共同体，又是基本的生产单位。家庭男性劳动力除了要耕种自家的少量耕地外，还要租种地主的土地，农闲时再兼营一些副业以贴补家用。成年女性（妻子）主要承担照顾孩子、养猪、洗衣做饭、砍柴等家务活。因此，大部分农民家庭都形成了联合家庭结构。如图1所示，陈北平夫妻上有父母或有同辈的兄弟，下有子女，即使兄弟已经结婚及生子，也未分家立户，家庭成员之间各尽所能、分工明确，共同维持家庭生计。

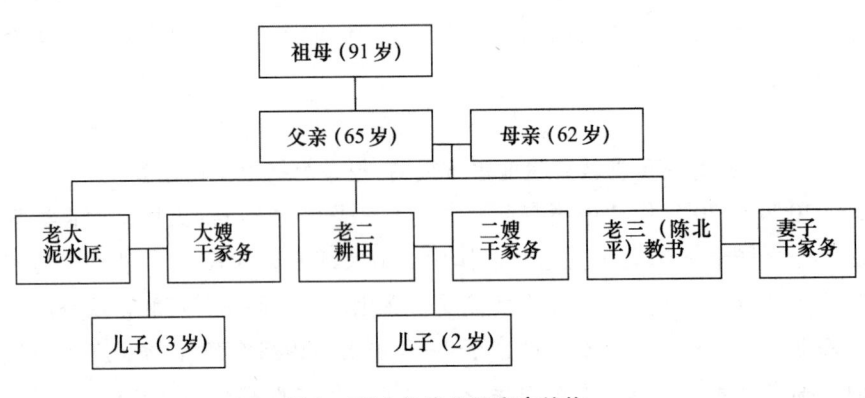

图1 1930年陈北平家庭结构

新中国成立后，尤其是农村实行高级社和人民公社体制后，农民家庭的生产功能消失殆尽，家庭生活功能也仅局限于生育、情感等方面，教育、养老等方面都由集体来承担。这一时期，农民家庭成年长子在结婚后大多是分家立户，而小儿子结婚后一般与年长的父母共同居住，因此，在许多农村核心家庭与联合家庭共同存在。

20世纪80年代农村实行家庭联产承包责任制后，家庭生产功能得以恢复。为了充分发挥家庭成员的劳动积极性，家庭分家立户更加明显。成年男性结婚后一般都与父母兄弟分家，自立门户，形成核心家庭。当成年子女都已婚嫁后，老一辈父母就独自生活，形成空巢家庭。1990年以后随着市场经济发展，大量农村剩余劳动力开始外出务工。从初期的第三代夫妻一方"候鸟式"外出务工到2000年以后的第四代夫妻双方长期外出务工，家庭结构发生了很大变化。外出务工的子辈虽然与父辈分家立户了，承包地也由父辈代种，未成年孙辈跟随祖辈生活，子辈给予父辈一定数额的经济补助，只有在过年时，全家才能团聚。尤其是出生于1980年后的第四代，由于夫妻双方长期在外打工，只在结婚、过年或生孩子时才短暂回家，大多数不再与父辈或兄弟分家单独立户，只是小夫妻经济独立，按照父辈生活和照顾子女开支等自愿负担费用，在家庭结构上出现了类似传统的"四世同堂"甚或是"五世同堂"的大家庭，从而呈现核心家庭弱化、空巢家庭虚化、联合家庭形式上再现的"户分家合""分业不分家"的多元化发展趋势。这样的家庭结构既保证了年轻夫妻外出打工的稳定性，又有利于幼年子女照料以及老年人精神慰藉。例如，陈北平的继子陈显来家庭自1995年以来，虽然儿子结婚后分家，但由于儿子和儿媳长期在外务工，两个孙子都由陈显来夫妇照顾，承包地也由陈显来耕种，儿子不定期给父母亲生活补贴，形成"户分家合"的局面（见图2）。2008年以后，陈显来儿子和儿媳开始从广州回到县城打工，以便照顾年迈的父母，而两个孙子也陆续结婚并生子，两对年轻夫妻长期在广东、福建打工，他们并没有像父辈那样在结婚后自立门户，而是都居住在一栋楼房里面，但各自经济独立，从而形成了"分业不分家"的家庭结构（见图3）。

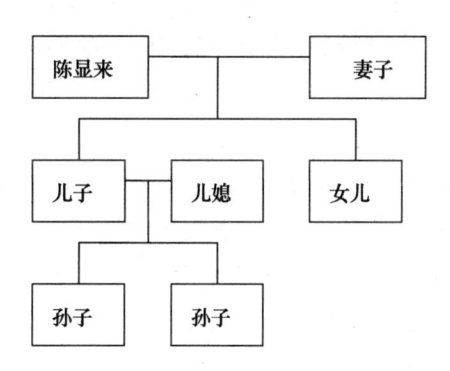

图2　1995—2008年陈显来家庭结构

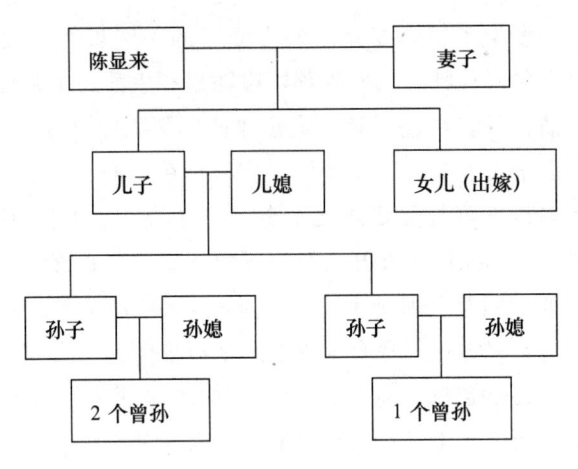

图3 2013年陈显来家庭结构

四 八个农民家庭生产方式的变迁

(一) 从缺少耕地向家庭承包土地转变,但小规模家庭生产方式未能根本改变

1930年兴国县"八月分田"前,农民只有很少的自有土地,"照兴国第十区即永丰圩一带的土地情形来说,旧有田地的分配如下:地主40%、公堂10%(为地主富农所共有)、富农30%、中农15%、贫农5%。……真正的剥削阶级(地主富农),人数不过6%,他们的土地却占80%"[1]。20世纪30年代,八个农民家庭人均耕地只有0.5亩左右[2]。由于人多地少,无法解决温饱,农民只能向地主或公堂租种土地并缴纳高额的地租,大多数家庭都要借高利贷。如温奉章家"从地主租来120石谷田,不押钱,要量租。120石均水灾田,实只能收90石水谷(每年收一次),八折成为72石燥谷,要量去55石租(租率75%)余剩17石,吃食不够……6月至7月收禾,虽然收了禾,还了租去,还了去年的生谷去,随即没有食了,8月、9月又要生谷。向富农生,生一年,一石还三箩。每年要生

---

[1] 毛泽东:《毛泽东农村调查文集》,人民出版社1982年版,第199—200页。
[2] 此处八个农民家庭的人均耕地数是根据毛泽东《兴国调查》中农民家庭自有耕地总数量除以家庭人口数计算出来的,当时兴国农村以"石"作为产量计面积的方法,一般来说,五石谷或六石谷可换算为一亩,当时这八个农民所在的永丰区一带是以六石谷田为主。

十多石谷"。①

1952年春兴国县开始实行土地改革，农民彻底拥有了土地。但是随着人口不断增加，农民人均耕地面积大幅度下降，1957年人均耕地为1.9亩，1965年下降到1.47亩，1978年减少到0.99亩。因此，由于人多地少，农业生产条件落后，新中国成立后至农村改革之初，兴国县基本上一直是传统的小农生产，农民只能维持温饱。

1980年兴国县农村实行家庭土地承包制，大多数农民家庭人均耕地不足1亩。例如，1988年傅学扬家人均耕地0.9亩，钟来发和雷开文家0.6亩，陈显来家0.5亩。而随着家庭人口增多以及土地承包稳定性政策的制约，1995年以后，八个农民家庭的人均耕地不断减少，到2013年家庭人均耕地多为0.5亩左右。同时，由于兴国县境内以丘陵、山地为主，因此当地没有成片的耕地。这种人多地少、承包地细碎化的人地关系格局形成了以家庭为单位的小农化生产方式，制约了农村经济的发展和农民的脱贫致富。

（二）从自给自足的传统小农生产逐步向市场化、社会化的现代小农生产转变

根据毛泽东的调查，1930年永丰区"贫农的牛力是很缺乏的，以贫农百家论，本区每家1条牛的只有15家，2家共1牛的40家，3家共1牛的10家，4家共1牛的5家，无牛的30家"。为了解决耕牛短缺问题，贫农不得不向富农借养耕牛，"富农把牛婆借给贫农，贫农喂养此牛拿了耕田，每年出利谷一担半（三箩）给富农。生了牛子，贫农富农各占一半"。可见，由于缺少耕牛，农民只能使用人力为主，采用犁、耙、锄等传统农具进行农业生产，即使是农户耕种少量的耕地，依然要在莳田、割禾时请零工或换工。大多数农民家庭仅靠自有的少量土地产出的粮食难以糊口，必须要租种地主富农的土地，承受高额地租和高利贷的剥削，因此，传统落后的小农生产方式无法满足家庭基本生计需要。新中国成立后至农村改革初期，兴国县农民仍然沿袭"人力—畜力—传统农具"的生产方式，而且耕牛依然短缺。1987年"这10户共有耕牛4.08头，有3

---

① 毛泽东：《毛泽东农村调查文集》，人民出版社1982年版，第188页。

户无耕牛，2户缺杀虫的喷雾器和脚踏式的打谷机。有些农户农具也不齐全"。① 1995年除了陈昉琼、黄英明、温常鑫家有一头耕牛外，其余5户也只能2家共用一头耕牛。2008年八个农民家庭开始拥有小型农业机械，如抽水机、喷雾器、打谷机。2013年农民开始利用政府补贴购买了小型耕田机，耕牛数量开始下降。

比较农民家庭的农业生产投入与产出变化可以更深入分析农民家庭的生产方式变化及生产发展。1930年八个农民家庭都缺少耕地，需要租种地主和富农的土地，缴纳高额的地租。由于缺少耕牛，只能由家庭主要男性劳动力承担繁重的田间劳动，而且还要请零工，所生产的粮食除去缴纳地租、还掉往年的借谷后，无法养家糊口，只能靠借贷、借谷度日。

如图4所示，1987年至1994年八个农民家庭的农业生产投入和产出大幅度提高，生产投入平均增长5—6倍，其中农业生产投入支出较多的是购买化肥、农药、畜禽饲料、种子等；农业生产产出平均增长5—8倍，其中粮食产值增长最快。2007年以后，随着大量中青年劳动力外出务工，家庭耕种面积减少，但由于主要是老年人从事农业生产，对农业生产资料的市场化和社会化需求更高，化肥、农药和种子的生产性投入仍然很大，尤其是在插秧、收割等农忙季节都需要雇工才能完成，每年的雇工费不断增多。因此，此时的农业生产虽然还是以家庭为单位的小规模化生产经营，但已经不再是自给自足的传统小农生产，而是逐步地向市场化、社会化的现代小农生产转变。

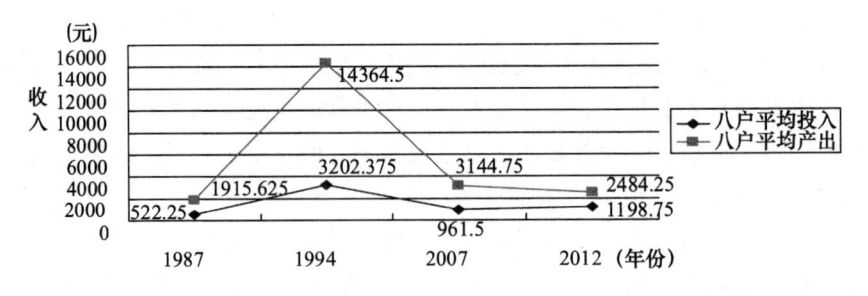

图4 不同年代八户农民家庭平均农业生产投入与产出变化趋势

---

① 柯受森、肖桂全：《毛泽东〈兴国调查〉中八个家庭再观察》，《中国国情丛书——百县市经济社会调查》（兴国卷），中国大百科全书出版社1996年版，第604页。

（三）家庭产业结构由纯粹小农经济向以非农经济为主农业兼业化转变

1930年八个农民家庭是一个自给自足的生产单位，以种植水稻为主，但由于农业生产力低下，粮食产量低，缴纳高额的地租和借谷的利息后，他们无法养家糊口，只有通过男劳力外出做工、妇女养猪和砍柴等来贴补家用、换取生活必需品。新中国成立后至农村改革前，兴国县农业生产结构没有明显变化，仍然是以传统农业为主的纯粹小农经济，其中种植业在农业总产值中占50%以上，林、牧、副、渔业产值较小。农村改革以来，特别是1986年以后，兴国农业生产结构发生了显著变化，1978年种植业产值与林、牧、副、渔业产值之比为63.8：36.2，而到1990年为52.5：47.5，林、牧、副、渔业产值增长较快。这一时期，八个农民家庭的粮食产量不断提高，粮食产值成为家庭生产产值的主要部分。同时，农民还种植番薯、甘蔗、油茶等经济作物，同时还养猪、养鸡，增加了家庭副业收入。20世纪90年代以后，家庭生产结构发生巨大变化，一般是年长的父辈在家种田，农闲时在附近打工，年轻的子女外出到广东、福建打工，打工收入也不断增多。2007年以后，种植业和养殖业的产值开始下降，农业兼业化日趋明显，种粮和养殖只是为了满足口粮和改善生活的需要，非农收入成为家庭收入的主要来源。因此，家庭产业结构由纯粹小农经济向以非农经济为主农业兼业化转变。

五 农民家庭生活方式的变迁

（一）家庭生活水平从难以养家糊口到基本维持温饱向生活宽裕迈进

1930年八个农民家庭缴纳高额的地租和往年的利谷后，所剩余的粮食根本不够全家人的口粮，还必须向地主和富农还"生谷"，同时还要借高利贷才能维持基本生计。新中国成立后，兴国县通过实行土地改革和加强农业基础设施建设，促进了农业发展。但是由于"一大二公"的人民公社体制严重挫伤了农民的生产积极性，农业生产始终处于"低谷"，农民未能解决温饱。1957年，农民年人均收入32元，1965年为46元，1971年为56元，1978年为46元。1980年农村实行家庭联产承包责任制调动了农民的生产积极性，但由于兴国县农业发展基础薄弱，农民生活水平难以得到真正提高。1985年，全县仍有2/3乡的农民纯收入低于200

元，人均纯收入低于 120 元的特困户有 48563 户 27.2 万人，占全县农业人口的 52.7%。1987 年八个农民家庭的人均纯收入除了黄英明和温常鑫家超过 200 元外，其余 6 户家庭均在 200 元以下，同时，各家都还缺少口粮并欠债，仍然处于贫困线之下，也远低于同期全省农民人均纯收入 406 元的标准。

20 世纪 90 年代以来，兴国县越来越多的农村劳动力开始外出进城务工，非农收入逐渐增多。同时，随着市场经济的发展，农产品商品化率不断提高，农民除了种植粮食外，还种植甘蔗、油茶等经济作物，并大力发展家庭畜禽饲养业，因此，家庭收入来源多元化，生活水平也不断提高。调查发现，1994 年八个农民家庭的人均收入除了雷开文、钟来发家低于 1000 元以下外，其余 6 户都在 1000 元以上，既不缺粮也不欠债，"他们走出了绝对贫困的沼泽"①。2012 年八个农民家庭的纯收入和人均收入进一步增加，如：傅传芳家纯收入 38530 元，人均收入 3853 元；温国禄家纯收入 19020 元，人均收入 3804 元；李吉锴家农业纯收入 2900 元②。虽然有 6 户年轻晚辈的打工收入无法准确统计，但根据 2012 年末全国外出农民工人均月收入水平为 2290 元的标准，按照每个家庭年轻夫妻 2 人在外打工计算，每家一年收入大概在 54960 元。以每个家庭平均 8 人计算，农业纯收入加上打工收入，2012 年家庭年纯收入约 60000 元，人均纯收入大概为 7500 元。而 2012 年兴国县农民年人均纯收入为 4476 元，江西省农民年人均纯收入为 7828 元。因此，纵观八个农民家庭 80 多年来的家庭收入和生活水平变化，可以看出，农民家庭从难以养家糊口到基本维持温饱，逐步向生活宽裕迈进。

（二）家庭消费结构从生存型消费向健康享受型消费转变

20 世纪 30 年代，八个农民家庭生产的粮食缴纳地租和还"生谷"及利息后，根本不够吃，只能靠"番薯丝拌饭"充饥及重新"生谷"，家里养猪只是为了到市场上卖了还利谷和义仓，余下的换取油盐布等生活必需品。人们平时很少吃肉，只在请人帮工或逢年过节时才买少量的肉。例

---

① 傅伯言、罗莹：《他们走出了绝对贫困的沼泽——对毛泽东〈兴国调查〉中有关人员后裔情况的再调查》，《江西社会科学》1999 年第 1 期，第 1—7 页。

② 李吉锴现在与妻子共同生活，8 个儿子已经完全与他经济独立，也很少联系。

如，李昌英家"喂一只猪，喂到12月，卖给人家，买油盐回来吃。平时不能吃肉，只有在清明（4毛）、莳田（15毛）、端午（3毛）、吃新（10毛）、七月半（2、3毛）、中秋（2、3毛）、割禾（20毛）、重阳（2、3毛）、过年（30毛）才买肉吃。"此外，"过去贫农是少有山的……没有山或山太少是贫农一大困苦。"因为没有山就没有烧饭的柴火，就不能砍柴挑到集市上去换油盐，也没有木料盖房子做农具，也没有茶油吃。

1980年以后，随着农业生产发展和农民收入逐步提高，农民家庭生活也逐步改善。1987年，八个农民家庭的自产粮食不够吃，需要买议价粮，同时还要还欠债，但是猪肉和鸡鸭等肉类食品的消费量开始增多。大部分家庭开始有了自行车、收音机和手表。1994年，随着粮食产量提高，除了雷开文家由于人口多自产口粮不足外，其余7户人均口粮都超过500斤，不但可以满足口粮需要，还可将多余的粮食用来养猪、鸡鸭等，这样既增加了家庭副业收入，又增加了肉、鱼、蛋等消费量。随着家庭收入不断提高，八个农民家庭开始拆掉原来的土坯房，建造砖木结构的平房，居住条件大为改善。同时，农民家庭的自行车、电扇、黑白电视机、手表等耐用消费品也不断增多。近年来，随着年轻一代外出打工及非农经济收入成为家庭收入的主要来源，八个农民家庭的粮食生产和家禽饲养主要是供自家食用，并普遍重新翻盖新平房或建2—3层楼房，经济条件好的家庭还在墙体外贴瓷砖，屋内也进行简单装潢，如铺地砖、吊顶、安装抽水马桶等。2008年以来，随着"农网改造""村村通""家电下乡"等惠农政策的实施，大部分家庭的耐用消费品进一步更新换代，彩电、冰箱、洗衣机、热水器、手机、固定电话、摩托车等一应俱全。

（三）农民生命健康保障和社会保障体系从无到有并逐步完善

兴国地处山区，气候潮湿，容易滋生疟疾等流行性疾病。20世纪30年代由于经济落后，农民缺乏卫生常识及缺医少药等更加剧了传染性疾病的流行和蔓延。1930年八个农民家庭中的老年人普遍患病、儿童死亡率很高。例如，李昌英的妻子心气痛，儿子3岁就死了，老二也死了。温奉章的父亲腿疾丧失劳动能力，母亲双目失明。黄大春的母亲病了好几年"做不得事"。陈北平家"去年祖母、母亲、大嫂、2个侄儿都死了"。此外，20世纪30年代在兴国农村"讨老婆非钱不行，因此许多贫农讨不到老婆。""贫农70%有老婆，30%没有……游民10%有老婆，90%没有，也比雇农中有老婆的多些，只有雇农才是 99% 无老婆。"① 同时，农村中抱"童养媳"成风。例如，李昌英的女儿 12 岁就嫁出去了；钟德五的大侄子 9 岁就讨了一个 9 岁的童养媳老婆。

新中国成立后，兴国县医疗卫生条件不断改善。1950 年至 1958 年，全县人口出生率上升、死亡率下降，1958 年人口自然增长率达 23.4‰。20 世纪 70 年代，随着农村医疗卫生网络建立以及农村合作医疗制度的实施，全县人口出生率急剧上升。1976 年人口自然增长率上升到 22.26‰，年净增人口在万人以上。从 1990 年起，国家实行农村集资医疗制度，开始在村一级试办集体卫生所，但由于村级集体经济积累薄弱等问题，农村集资医疗的覆盖率很低，只有 3.2%。此外，新中国成立后，随着新《婚姻法》的实施，兴国县农村青年的初婚年龄普遍提高，从 20 世纪 40 年代男女平均初婚年龄不足 20 周岁提高到 1986 年的男性 25.32 岁和女性 23.09 岁。由于计划生育政策的实施以及医疗卫生保健事业的发展，人口出生率得到有效控制，人口自然增长率逐步下降，从 1978 年的 19.3‰ 下降到 1988 年的 10.48‰。

近年来，兴国县农村公共卫生和社会保障事业进一步发展。自 2004 年实施"新农合"以来，农民参合率不断提高，受益面不断扩大。2012 年，全县共有 638787 人参加合作医疗，参合率为 97.65%，较上年增加了 16641 人，参合率提高了 1.67%。截至 2012 年 9 月 30 日，全县获得新农合补偿款的人数为 366677 人，农民受益面 57.4%。……同时，在全县每个行政村至少建立起一所符合国家标准的村卫生室。2012 年组织全县乡村医生进行在岗培训和重点业务知识考核，合格率达 97.6% 和 98.2%，有效地提高了农村公共卫生服务水平和服务质量。一些诸如感冒、咳嗽等常见病基本上可以在村里及时诊治，生大病就去县城或市里的医院住院治疗，新农合的报销也比较方便。例如，陈显来的老伴 2010 年做白内障手术花了 1500 元，新农合报销了 800 元。傅传芳长期患中风、风湿关节炎等慢性病，每次住院要花费 5000 多元，可以按 85% 的比例报销。此外，随着农村"新农保"政策和失地农民社会保险政策的实施，60 岁以上的农民每月可以领到 55 元的养老金。

---

① 毛泽东：《毛泽东农村调查文集》，人民出版社 1982 年版，第 222 页。

六 小农嬗变之困境:农民发展与传统农业型村落转型中存在的问题与矛盾

综上所述,通过对《兴国调查》中八个农民家庭变迁与发展的历史回溯,以及对自1978年农村改革以来八个农民家庭生活满意度测评(见图5),可以看出:农民家庭生活水平和生活质量呈逐步提高趋势。其中,1978年至1988年,农民家庭生活水平均比农村改革以前有明显提高,但发展速度较缓。主要原因是农村家庭联产承包责任制的实行调动了农民的生产积极性,促进了农业发展。但由于兴国县农业基础薄弱,生产条件较差,再加上人多地少,仅凭传统单一的种植业很难使农民脱贫致富。自1988年以后,随着农村剩余劳动力外出务工,非农收入不断增多,农民家庭生活水平进一步提高,逐步从较低水平的自给自足向商品化、社会化的生活方式转变。尤其是2004年废止农业税及新农村建设等各项支农惠农政策的实施,农村基础设施、社会保障和公共服务不断改善,农民家庭生活水平和生活质量明显提高。

然而,通过对八个农民家庭80多年来从传统小农向"社会化小农"嬗变历程的研究发现,目前,农民自身发展及其所在的传统农业型村落转型仍然面临诸多问题与矛盾,其制约了农民全面的发展及村落的可持续发展。

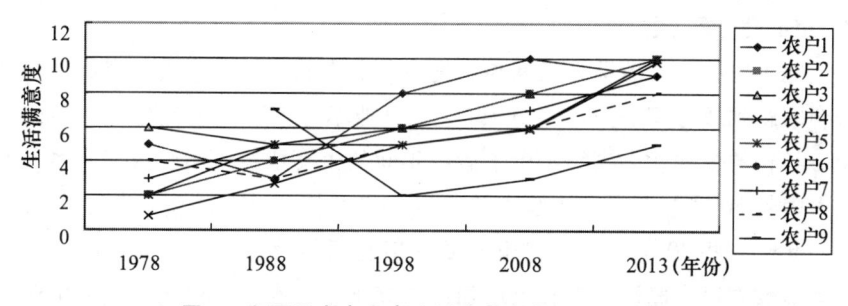

图5 兴国县农户家庭生活满意度发展变化趋势

注:农户1:钟来发,农户2:雷怡来,农户3:邱富金,农户4:陈福生,农户5:温国禄,农户6:陈显来,农户7:傅勇,农户8:黄英明,农户9:邹成材。该图中只反映了《兴国调查》中的五个农民家庭生活满意度变化趋势,因故未能对傅传芳、李吉锴和刘秀英做家庭生活满意度调查。同时,为了对比分析,在八个农民家庭所在村又分别选择了邱富金、陈福生、傅勇及长冈乡邹成材四个普通农户做家庭生活满意度调查。

(一) 农民文化素质与劳动技能难以提高导致农民非农就业与增收困难

新中国成立以来，农村文化教育事业发展迅速，农民受教育程度不断提高。然而，通过对80多年来八个农民家庭成员文化程度的比较发现，从毛泽东"兴国调查"时的第一代到现在的第四代家庭成年人的文化程度并没有明显提高。第一代的男性大多读了4—8年书，第二代中的男性基本上为小学及以上文化程度，第三代和第四代多为初中文化程度。同时，家庭劳动力多从事传统的农业生产，第一代和第二代个别男性劳动力在农闲时从事木工、篾匠或做爆竹等手艺劳动。第三代和第四代虽然是外出务工，但基本上没有接受过专门的技能培训，大多数在工厂或建筑工地从事简单的体力劳动。因此，劳动力文化素质与劳动技能难以提高导致第三代和第四代外出务工就业不稳定及劳动待遇较低，尤其是在2008年沿海发达地区经济遭受金融危机冲击后，许多外出务工的家庭成员不得不返回家乡。近年来，农民的劳动就业及家庭收入与非农产业发展和宏观经济发展密切相关，而随着产业结构调整，农村劳动力文化程度不高以及非农劳动技能的落后很容易导致农村产生"人往何处去？钱从哪儿来？"的问题。

(二) 大量劳动力长期外出务工导致家庭"老无所依、幼无所教"及村落"空心化"等问题

随着农村大量劳动力长期离农离乡的非农就业，八个农民家庭结构从联合家庭到核心家庭向"户分家合""分业不分家"的多元化家庭结构转变。年轻的第四代夫妻结婚生子后将年幼的子女留在家中由祖辈照料，而且大多数50岁左右的身体健康的爷爷或奶奶依然在县城附近打工贴补家用，此时一些70岁以上的曾祖辈便承担起照料曾孙辈的任务。因此，虽然大多数农民家庭因务工收入增加而提高了生活水平，但老年人的生活照料、生病护理以及年幼孩子的亲情关爱却严重缺失，从而导致家庭"老无所依、幼无所教"问题。同时，许多农村也因为大量年轻人外出打工，村里只剩下留守的老人和儿童，村落的"空心化"日趋明显。此外，近年来持续的撤并行政村及村级小学，造成了农村学龄儿童上学困难以及新的农民负担，更加剧了村落的"文化空心化"。

（三）家庭生活方式"城镇化"产生的农村资源环境问题与农村可持续性发展的矛盾

随着家庭收入水平提高，尤其是年轻一代进城务工以后消费观念的日益现代化，农民家庭的生活方式也逐渐"城镇化"。调查发现，自20世纪90年代以来八户农民家庭建房热情持续高涨，基本上是每隔5年左右就要翻建新房，房屋从砖木结构平房逐步变为砖混结构的2—3层楼房，住房面积不断扩大，房屋的内外部装修档次也不断提高。由于建房所需资金不断增多，基本上是外出打工的钱除去生活开支外都投到建房上了，而且还要欠10万元左右的债务。而新房建好后，少数是老年人住在新房子外，更多的则是新房变空房。更令人担忧的是，由于村里人多地少，宅基地非常紧张，因此，农民只能在自家的承包地里建房，"田里不种粮食改种房子"了，浪费了大量的耕地。为了追求城镇化的生活方式，农民在建新房时都安装了抽水马桶，粪便污水通过管道直接排放到小河、小溪或低洼处，造成了农村水源污染。同时，随着农村商品化和市场化程度不断提高，塑料袋等白色垃圾污染也日益严重。因此，农民家庭生活方式的"城镇化"带来的农村资源环境问题影响了农村可持续性发展。

（四）传统农业生产经营方式及农业兼业化与新型工业化、农业现代化发展之间的矛盾

通过对八个农民家庭及其所在村落的调查发现，目前整个村落仍然是以传统种植业为主的小农生产经营方式，农村产业结构难以有效调整，大量农村劳动力长期进城务工，农民收入非农化以及农业兼业化现象日益明显。为了发展经济，一些村庄也曾效仿"明星村"发展乡村工业的模式，但由于缺少资金、技术以及管理等原因都未能取得成功。因此，如何立足于村落的资源潜力，充分调动农民的积极性和主动性，合理调整产业结构，从传统农业向现代农业转变，是这些传统农业型村落发展迫切需要解决的棘手问题。现代农业的发展是以有文化、懂技术、会管理的新型职业化农民为生产主体的，以有组织的规模化生产为生产方式的，以现代农业科技的应用推广为支撑的，以完善的农业基础设施为基本保障的现代化农业。然而，大多数传统农业型村落所拥有的人力资源、组织资源及基础设施等难以适应现代农业发展的需要。调查发现，八个农民家庭所在村落中，大量青壮年劳动力外出打工使村落发展失去了最紧缺的劳动力资源，

并导致村落精英和基层组织骨干的流失；同时，地方财政及村级集体经济发展非常薄弱，农村公共基础设施和社会化服务滞后，农村产业结构难以有效调整等，导致了这些村落转型与发展路径不明，动力不足。

如何有效解决小农嬗变中的农民发展与村落转型中存在的诸多困境已成为继续推动农村改革的关键。其实，大多数传统农业型村落并非毫无发展潜力和前景，而且也具有许多后发优势，例如，拥有发展现代特色农业的独特资源，村民发家致富的强烈欲望和需求，不乏具有创新精神的村落精英，以及近年来各级政府出台各项支农惠农政策等。因此，传统农业型村落发展的关键是需要内源发展与外部干预有机互动与整合，要充分挖掘和利用村落发展的优势资源和潜力，培养以村落精英为主体的新型职业农民并充分发挥其示范和带动作用，培育家庭农场、农民专业合作组织等新型农业生产经营主体开展适当规模化经营；同时，建立健全新型农业社会化服务体系，为发展现代农业和现代化小农生产提供完善的社会化服务。此外，地方政府要加大对农民外出务工的技能培训、就业服务以及社会保障等方面的社会服务与社会管理，为农民发展和村落转型创造良好的外部环境和条件，从而真正地促进城乡一体化发展以及新型"四化"同步发展。

后乡土中国的基本问题及其出路[*]

陆益龙

  中国乡村社会的基本性质和基本问题是什么？这个问题可以说是农村社会学研究的核心问题，无论是对乡村的"微型社会学"研究，① 还是宏观实证调查研究，归根结底都是为了更深入、更准确地把握中国乡村社会的基本性质和基本问题。这个问题之所以如此重要，一是认识论规律使然，我们认识事物的根本目的就是要透过各种各样的现象去把握事物的本质；二是学科传统使然。费孝通曾在《乡土中国》和《江村经济》的研究实践中提出过这个问题，其实际上是为农村社会学研究提出了一个永恒而又变迁的议题，永恒是指这个问题需要永远留在农村社会学研究者的心中，变迁是指随着乡村社会的变迁，研究者需要与时俱进，不断思考和重新认识这个问题。

  本文旨在结合"乡土中国"的理论传统并从乡村社会转型的过程和经验事实中提炼出"后乡土中国"概念，以此来理解当前乡村社会的基本性质，探讨面临的基本问题及解决出路。

一 何为后乡土中国

  "乡土中国"是费孝通在"江村经济"和"禄村农田"的"微观社会学"研究基础上提炼出的一个理想型（ideal type）概念。乡土中国

---

  * 原文发表于《社会科学研究》2015 年第 1 期。
  ① 费孝通：《重读〈江村经济——序言〉》，载费孝通《江村经济》，商务印书馆 2007 年版，第 314 页。

"并不是具体的中国社会的素描,而是包含在具体的中国基层传统社会里的一种特具的体系,支配着社会生活的各个方面"。①

费孝通构建的乡土中国理论,实际就是为了回答"中国乡村社会的基本性质是什么"这一问题,而对此问题的回答是:"从基层看去,中国社会是乡土性的。"② 因此,乡土中国即指中国基层乡村社会的基本性质是乡土性的,确切地说,20 世纪 40 年代的中国乡村社会的基本性质是乡土性的。

那么,20 世纪 40 年代的中国乡村为何是乡土社会呢?或者说,乡土性究竟具有什么样的内涵呢?费孝通赋予乡土性质三个主要维度:一是社会主体的非流动性;二是社会空间的地方性;三是社会关系的熟悉性。

由于乡土社会的主体——农民主要靠种地谋生,他们与泥土分不开,依赖于土地,同时又受制于土地,"直接靠农业来谋生的人是黏着在土地上的"。③ 所以,乡村里的人基本是不流动的。而且,"不流动是从人和空间的关系上说的,从人和人在空间的排列关系上说就是孤立和隔膜。孤立和隔膜并不是以个人为单位的,而是以住在一处的集团为单位的"。④

事实上,乡土社会的非流动性所反映的客观现实是农民的农耕生计模式,以及与这一生计模式相联系的社会与文化生活形态。依赖土地而从事农业生产的农民,难以摆脱土地空间的束缚,只能世代定居,一代代繁衍下去,很少有变动。

乡土社会空间的地方性是基于乡土社区的基本单位为村落而言的,即农民聚村而居的现象和事实。乡土社会的地方性一方面反映了农民的活动范围受到生活空间的限制,即农民的各种活动主要限制于村落之中;另一方面则表现为因生活空间的限制而产生的较为孤立和隔膜的社会交往圈子,亦即以村落为边界的"社会圈子"。如果说农民依赖土地而进行的农业生产代表的是乡土社会的"土"的性质,那么,农民生于斯、死于斯的村落空间,则集中体现出乡土社会的"乡"的性质,因为这里是他们的家乡,这里的生活"乡里乡亲"。

从社会关系性质来看,乡土社会是熟悉的社会或熟人社会,其与现代

---

① 费孝通:《乡土中国生育制度》,北京大学出版社 1998 年版,第 4 页。
② 同上书,第 6 页。
③ 同上书,第 7 页。
④ 同上书,第 8 页。

城市的陌生人社会有着本质的差异，城市里的人与人之间即便相互认识，也不一定相互熟悉对方的底细，而在乡土社会里，人和人之间都是相互知根知底的，这种"熟悉是从时间里、多方面、经常的接触中所发生的亲密的感觉"。① 正是在相互熟悉的基础上，乡土社会的信任关系得以形成。

乡土社会熟悉性的、信任的社会关系，反映出乡村社会两个典型的特征：一是规矩的内生性，即乡土秩序所赖以形成的规则基础是在村落内自然形成的，村里人在熟悉的环境中自然而然地明白该做什么、不该做什么，这也就是礼俗规则。乡村秩序主要靠礼俗规则维持，村民与外在法律规则相距遥远，更谈不上依法理规则行事。二是规矩的习得性，即村民遵守礼俗规矩，不是靠专门的机构的灌输和施教，而是在亲密交往中通过经常性学习而获得并遵守的。

乡土中国理论是从20世纪30、40年代中国乡村社会的经验现实中提炼和总结出来、用以解释当时基层乡村社会的基本性质问题的理论，然而经验现实并非静止的，而是与时俱进的。那么，当下中国基层乡村社会的基本性质是否发生了改变呢？如果说乡村社会的基本性质已经变化，那又是什么性质呢？

经历了革命、改造、改革和市场转型的中国乡村社会，不可能独善其身，其性质也不可能保持不变。如今，乡村社会的"乡土本色"逐渐淡去，后乡土性色彩越来越明显，后乡土中国（post-earthbound China）时代已经来临。也就是说，当前中国基层乡村社会的基本性质是后乡土性的。

从历史变迁的经验事实看，从20世纪40年代到今天，中国乡村社会已经经历了四次重大的历史变迁，即革命、改造、改革和市场转型。首先，在中国社会主义革命的过程中，除个别地区外，由共产党领导的、在农村推进的土地革命到1952年底已基本完成。农村土地革命不仅彻底打破了农村以往的土地占有格局，而且伴随着土地所有制性质发生的变化，乡村的社会关系和社会结构也发生了质的变化。从这个意义上说，乡土社会的"土"的性质无疑已经发生变化。尽管农民依赖土地从事农业生产的情况未改变，但生产关系和社会关系显然已不同于从前。

其次，从1949年开始到1956年基本结束的农业社会主义改造，目标

---

① 费孝通：《乡土中国 生育制度》，北京大学出版社1998年版，第10页。

是要把个体农业生产改造为合作化的集体农业,也就是模仿苏联的农业模式。到 1956 年底,全国 96.3% 的农户已进入合作社,其中 87.8% 的农户迈进高级合作社。① 1958 年的"大跃进"和人民公社化运动,实际上是将农业社会主义改造运动推向了巅峰状态。经过人民公社化改造的乡村社会,不仅仅农业生产经营方式发生了彻底改变,从个体农户经营走向了集体经营,而且也使乡村社会空间的地方性发生转变,乡镇变为人民公社,村落变为生产队,村民变为社员,这些变化不仅仅是形式上的,而且还意味着国家与乡村的关系性质发生了改变。生活在村落里的社员的活动已经不仅受制于村落,而且还受国家计划和集体的制约。所以,村落从地方性走向了公共性和政治性,政治活动已广泛地嵌入到村落社会活动之中。②

再次,发端于安徽省凤阳县小岗村的农村家庭联产承包责任制改革,到 20 世纪 80 年代初已在全国农村普遍推进,农业生产告别了人民公社的集体经营体制,回归到个体农户自主经营体制。"农村家庭承包责任改革不仅改变了农业生产经营和管理体制,而且对农村社会内部的阶级阶层结构变迁产生了巨大影响,集体经济中的平均主义关系和结构随着土地承包和个体农户的独立经营而发生了重大转型。"③ 而且,经营体制的改革也拓展到乡村社会生活领域,乡村社会生活的政治性逐渐褪色。尽管农村改革后的农业生产回归以家庭为单位的个体经营,但这个家庭经营已不再是传统乡土社会的小农生产,而是既有传统性又有计划性的家庭农业,因为农业生产依然是在集体土地所有制和农产品统购统销框架下进行的。还有一个值得关注的现象是,在东南沿海地区乡村,乡镇企业异军突起,乡村社会出现"离土不离乡"的发展新趋势。④ 由此可见,一些地区的乡村社会,农业不再是唯一的,甚至不是主要的经济活动,乡村已演变为"亦工亦农"的社会空间。

此外,始于 20 世纪 90 年代初粮食统购统销政策改革和市场经济体制

---

① 参见 [美] 弗雷德里克·C. 泰韦斯《新政权的建立和巩固》,载 [美] 麦克法夸尔、费正清编《剑桥中华人民共和国史》,中国社会科学出版社 1990 年版,第 116 页。
② 参见陆益龙《嵌入性政治与村落经济的变迁——安徽小岗村调查》,上海人民出版社 2007 年版,第 33 页。
③ 陆益龙:《中国农村社会阶级阶层结构 60 年的变迁:回眸与展望》,《马克思主义与现实》2009 年第 6 期。
④ 费孝通:《苏南乡村发展的新趋势》,载费孝通《志在富民——从沿海到边区的考察》,上海人民出版社 2007 年版,第 543 页。

的推行，乡村社会迈入快速的市场转型期。在乡村，一个"市场社会"也在悄然兴起。① 乡村社会的市场转型集中体现在三个方面：第一，乡村"大流动"的出现，即乡村从不流动走向"大流动"时代。随着农业集体和粮食配给制的终结，以及市场制度的兴起，体制对农民行动自由的约束力减弱了，而市场给农民的机会增多了，于是大量的乡村劳动力为了得到更好的收益开始涌向城镇去"闯市场"，② 大批村庄也就变成了"流动的村庄"。③ 第二，农民与政府、农民与市场的关系成为乡村主要的生产关系。一方面农民的生产经营活动既受政府相关政策的影响，另一方面又需要响应市场的需求。第三，乡村社会生活空间的分化。伴随劳动力的流动，乡村已不再是农民比较固定的生活空间，乡村主体已经分化两大类群体：外出流动群体和留守群体。对于外出流动群体来说，村落虽还是他们的家乡，但已不是他们主要的劳动和生活空间了，他们需要在乡村和城市两个空间里来回地移动。

因此，市场转型犹如"一只看不见的手"④，从根本上改变了乡土社会的结构。之所以说是根本性的改变，是因为市场制度彻底改变了农民生产活动的性质，并打通了村落与外部世界的联系。

既然中国乡村社会经历了革命、改造、改革和市场转型的变迁过程，费孝通概括的乡土性内涵在一定意义上发生了变化，那么，当下的中国乡村社会的基本性质可以用什么理论来加以概括和解释呢？

从社会转型的历史和现实经验来看，中国乡村社会已经具有后乡土性，⑤ 后乡土中国就是对当下中国乡村社会的基本性质的理论概括和解释。

那么，为何要用后乡土中国理论来解释乡村社会的基本性质？乡村社会的性质为何是后乡土性的？

后乡土中国是基于乡土中国理论和中国乡村转型与发展经验而提炼的

---

① Victor Nee, "The Emergency of a Market Society: Changing Mechanism of Stratification in China", *American Journal of Sociology*, Vol. 101, 1996.
② 陆益龙：《关系网络与农户劳动力的非农化转移》，《中国人民大学学报》2011年第1期。
③ 陆益龙：《流动的村庄：双二元格局与农民的不确定性》，《中国农业大学学报》2008年第1期。
④ 李培林：《"另一只看不见的手"——社会结构转型》，《中国社会科学》1992年第5期。
⑤ 陆益龙：《乡土中国的转型与后乡土性特征的形成》，《人文杂志》2010年第5期。

一个理想型概念，"后"的含义类似于丹尼尔·贝尔的"后工业社会"理论中"后"的所指，即指一种类型的社会经过变迁和发展之后所处的阶段性质。后工业社会并非指工业的终结，而是指工业发展之后社会将以服务业为主。① 所以，后乡土中国并不是说乡土社会的完全终结，而是指乡土性特征部分维续的情况下，乡村社会结构所发生转型的社会形态。

有学者用"新乡土中国"来描绘当前中国乡村社会的形态，笔者在这里不用"新"字而用"后"字，主要有这样一些理由：（1）"新乡土中国"只是一种描述和提法，并没有对费孝通"乡土中国"理论加以发展，尤其是其把乡土本色与新乡土相提并论，存在着逻辑悖论。② （2）"新"字有着"替代"的含义，而与社会变迁与发展过程的意思不太吻合。（3）"新"与"旧"相对立，将乡村社会变迁与发展经验概括为"新"的，难免有价值倾向和政治性意义之嫌。

作为一种理论解释，后乡土中国理论主要从这样几个方面将当前乡村社会理解为后乡土性社会：

第一，家庭农业、村落和熟人关系的存在和维续，使得乡村社会保留着部分"乡土性"特征，而没有彻底转型为城镇化的社会。目前，农村地区的广泛存在，以及它们与城镇社会有着本质的区别，这些客观现实表明了乡村社会的乡土性特征依然存在，只不过是部分地保留和延续着。因为乡村只有部分人口从事农业、部分时间生活在村落、部分熟人规则演变为交易规则。

第二，不流动的乡土演变为大流动的村庄。如果说封闭性、不流动是乡土社会的最突出特征，那么，流动性则是后乡土社会的典型表征。流动性的意义不仅仅是乡—城之间的空间位移，而且还包含职业、社会地位的流动性，以及乡村社会空间的变动性。流动给乡村社会带来了多方面的影响，很多问题都是与流动密切相关的，因而流动是理解后乡土社会的重要视角，同时也是值得关注和深入研究的现象。

第三，乡村结构的分化和多样化。在城镇化、市场化的大背景下，乡村社会结构正在分化。无论在区域层次，还是在村落、家庭和个体层次

---

① 参见［美］丹尼尔·贝尔《后工业社会的来临》，高铦等译，新华出版社1997年版，第138页。

② 参见贺雪峰《新乡土中国》，北京大学出版社2013年版，第1页。

上，乡村社会的发展水平、职业结构及阶层结构都有了较大的分化，并呈现出多样化的特征。例如，在村落层次上，有些村落成为工业化的村落，有的成为"城中村"，有的在土地整理中变成了合并的新村，有的则成了"空巢村"，有些村落在城市扩张中彻底消失。在职业结构方面，乡村居民并非清一色地从事着农业，大量外出打工者在多种行业中从事着非农业活动。

第四，从农村建设和乡村治理角度看，乡村社会空间的公共性越来越强。伴随着国家农村建设的推进和深化，以及乡村治理体制的变革，公共权力和公共资源越来越多地进入乡村社会，使得乡土社会空间的地方性逐渐弱化，而公共性则越来越强。也就是说，如今的乡村为越来越多的公共力量和公共活动提供了空间，乡村已不只是村民自己活动的空间了。

后乡土中国是乡土中国变迁和转型后的一种状态，两者处于历史发展的因果链上，并不是彼此对立的两个社会类型。

二 后乡土中国的基本问题

费孝通的《江村经济》虽是一部经典村庄民族志，但人类学的民族志研究并不会仅仅停留在对微型单位的全面描述上，而是要在微观考察基础上，揭示一些具有普遍性或共性的问题。费孝通对江村的微型社会学研究，真正的目的就在于揭示和探讨乡土中国的基本问题。他的研究最后总结出："中国农村的基本问题，简单地说，就是农民的收入降低到不足以维持最低生活水平所需的程度。中国农村真正的问题是人民的饥饿问题。"[①] 那么，后乡土中国的基本问题又是什么呢？所谓基本问题，这里主要指最严重、最普遍的问题，而且常常是具有根源性、结构性的问题，即其他诸多问题的产生与之有一定联系的问题。

乡村社会的基本问题，一直是学者、农村政策制定者和社会活动家们热衷探讨的问题，因为人们总想在许许多多问题头绪里找到关键的问题，以便有针对性地、重点地加以解决，这样会有助于其他问题得以迎刃而解。

关于中国乡村社会的基本问题，有着多种不同的理解和观点。乡村建

---

① 费孝通：《江村经济》，商务印书馆2007年版，第236页。

设派的晏阳初认为,当时中国乡村社会的基本问题就是农民的"愚、贫、弱、私"的问题,实际就是农村教育、贫困、医疗卫生和社会治理等问题。① 在四个问题中,平民的教育问题是最关键的,由于农民普遍缺少教育,所以他们缺乏致富、健康和组织起来的知识。因此晏阳初倡导的乡村建设,就是要通过创办平民学校来促进平民的教育,培养平民的知识力、生产力、强健力和团结力。他在河北定县开办乡村建设学院及开展的活动,就是其推进全国性平民教育和社会改进运动的重要实验。

黄宗智在对长江三角洲的小农家庭和乡村发展的社会史进行考察的基础上,借鉴格尔兹对印度尼西亚农业所面临的"内卷化"(involution)困局的总结,② 提出中国小农及乡村发展所面临的和需要解决的基本问题是乡村"过密化"问题。所谓"过密化"或"内卷化",简单地说就是"没有发展的增长",农业产量增长了,但人均收入水平却呈现递减趋势。过密化问题反映的主要是乡村人口增长与有限可用资源之间的矛盾关系,更确切地说就是人地矛盾问题。黄宗智认为:"长江三角洲乡村的真正重要的问题过去不是、现在也不是在于市场化家庭农业或计划下的集体农业,不是在于资本主义或社会主义,而是在于过密化还是发展。"③

目前,对"三农"问题关注和研究虽然很多,但是"三农"问题似乎仍是一个泛泛的概念,而对究竟什么是"三农"问题研究的基本问题或真问题,已有的研究则较少涉及。曹锦清意识到了要找出"三农"研究"真问题"的重要性,并简要提出了当前农村亟须解决的两个问题:一是基层行政建制的优化问题;二是流动人口在城市社会的融入问题。④ 这一观点与陈锡文对当前农村发展形势的宏观分析较为一致,他提出:"当前农业、农村面临的带有全局性、长远性的问题有三个:一是粮食等主要农产品的供求问题;二是工业化、城镇化、农民市民化推进过程中土地制度问题;三是现代化过程中农民转为市民的问题。"⑤

准确地把握和深刻地理解后乡土中国的基本问题,需要注意两个原则

---

① 晏阳初:《晏阳初全集》第2卷,湖南教育出版社1992年版,第35页。
② Clifford Geertz, *Agricultural Involution*, University of California Press, 1963.
③ 黄宗智:《长江三角洲的小农家庭与乡村发展》,中华书局2000年版,第11—17页。
④ 曹锦清:《当前农村研究中的真问题》,《探索与争鸣》2012年第11期。
⑤ 陈锡文:《农业和农村发展:形势与问题》,《南京农业大学学报》(社会科学版)2013年第1期。

问题：一是要把现实中的具体问题与乡村社会的基本问题既区别开来又联系起来；二是要把基本问题与时代的基本性质紧密联系起来。探究后乡土中国的基本问题，主要目的是进行一种理论概括的尝试，而不是罗列现实中的具体问题。当然，对基本问题的理论概括，离不开对现实经验的提炼和总结，与此同时，对乡村社会的基本问题的把握，也将对现实问题的解决实践有帮助。基本问题不是一成不变的，而是具有时代性质和特征。后乡土中国的基本问题与乡村社会的后乡土性密切相关。因此，准确把握当前乡村社会的基本问题，必须紧密结合时代背景和社会发展大趋势。

后乡土中国所处的时代背景已与乡土中国有着本质的差别，因此，后乡土中国的基本问题不再是"人民的饥饿问题"了。尽管在一些农村地区依然存在着贫困问题，但农民的温饱问题在目前能够得到基本保障，因为社会保障体系已经覆盖了广大的农村地区。至于农村贫困问题，可以说是基本问题的表现形式之一，因为产生贫困的根源则在于基本问题。

后乡土中国的基本问题自然是人的问题，即乡村社会主体所面临的问题。农民的增收问题一直备受关注，这一问题似乎与乡村的"过密化"问题有相似或联系之处。乡村过密化问题论突出了乡村人口与资源的紧张关系，而乡村资源是刚性的、有限的，那么，促进农民收入增长只能通过减少乡村人口的途径来实现。但是，我们要问：是不是乡村人口减少了，就必然带来农民边际收入水平的提高呢？很显然，农民的收入水平绝不是由简单的人口与资源之间关系所决定的，因而也不会因简单地改变人口策略就能解决收入增长问题。由此看来，当前乡村社会的基本问题也不是简简单单的"过密化"问题。而且，有学者已经发现乡村正走向"过疏化"，[①] 这意味着"过密化"不是真正的问题。

后乡土中国所处的时代特征和性质是社会的现代化和市场化，因此，基本问题是与时代背景及其基本性质分不开的。在现代化和市场化的大趋势下，后乡土中国所面临的基本问题是：农民何以获得公平的市场机会？简单地说，就是在现代市场社会，如何保障农民有事可做，有满意的收入？从本质上看，后乡土中国的基本问题就是农民的发展问题或出路问题。

如今，农民与市场的关系已经越来越密切，所以，农民面临的问题主

[①] 田毅鹏：《乡村"过疏化"背景下城乡一体化的两难》，《浙江学刊》2011年第5期。

要是如何在市场上获得发展机会的问题。农民与政府的关系归根到底是政府如何帮助农民在市场上争取公平的机会,因为后税费时代,政府与农民之间的索取与给予的关系已经不复存在。

农民获得公平市场机会问题包含两个方面:一是充分就从业机会;二是理想的收入机会。当前在乡村社会,如果仅仅依靠农民的"一亩三分地",显然难以满足农民获得充分就业机会的要求,也无法实现农民获得满意的收入的愿望。

在现代化与市场化社会,农民已经不再是自给自足的小农,他们越来越需要面对市场。然而,在从传统向现代转变的过程中,农民在应对市场方面,无疑处于相对劣势状态,因为市场制度的规则与乡村社会的传统和现实都有着较大的背离。按照市场规则,拥有更多人力资本、资金、技术和信息的人,才会获得更多的市场机会,包括就业和收入;而劳动的回报和价值则越来越处于劣势地位。很显然,市场制度的这些核心规则是不利于乡村居民的发展的。所以,某种意义上说,后乡土中国的种种问题在不同程度上与农民获得公平市场机会问题有关联,例如,农民的增收问题、农民工的城市融入问题、农村土地问题等,这些问题所反映的实质就是农民的市场地位问题。简单地说,就是农民不能得到公平的市场机会。

作为后乡土中国的基本问题,农民市场机会获得问题并不是由单方面因素所构成的,故理解问题的成因,不宜仅从某个孤立的角度进行。影响农民获得公平市场机会的因素,不仅仅有市场规则方面的问题,也有政府与制度方面的原因,还有来自农民及乡村社会文化方面的因素。所以,这一基本问题是复杂的、结构性的问题。

首先,市场的效率原则决定着市场行为和市场选择优先考虑的是自我效益的最大化,而非公平发展。市场更多的是给有竞争优势者提供发展机会,而非提供公平发展机会。因此,尽管市场的推进对促进乡村发展来说具有积极的作用,甚至可以说是不可或缺的动力机制,[①] 但是对那些没有竞争优势的乡村地区和人力资本较低的农民来说,获得市场投入和公平发展机会也就相对较少。也就是说,越是贫困偏远地区、越是贫穷的农民,市场越不会顾及,由此也就形成了乡村社会在获得公平发展方面的"市场失灵"。

---

① 陆益龙:《制度、市场与中国农村发展》,中国人民大学出版社2013年版,第436页。

其次，在市场社会，政府需要发挥维护公平发展的作用。但是，政府要实现维护社会公平的目标，还必须建立在有效率的发展的基础上。所以，对于政府来说，同样需要辩证地处理好公平与发展的关系问题。

后乡土中国的农民能否获得公平的市场机会，可能与政府的三个方面问题相关：一是政策和制度安排的取向问题；二是"底线型"公平策略；三是有效激励和制约机制不足。发展偏重的政策和制度取向有可能导致对乡村公平发展的忽视，如果政府过于注重发展效率，其在政策上自然会倾向于有利于发展的地区，而非贫穷的乡村社会。这无论在政府投资，还是在引导市场投资方面，都会有所体现，农村区域发展不均衡就是这一问题集中反映。在较多市场社会，政府通常推行"底线型"公平策略，即政府只求保障公民的最低生活需求，或"底线型"需求。然而当前乡村社会的基本问题并不局限于"底线型"利益需求问题，广大农民同样有着"增长型"或"发展型"的需求。[1] 广大农民要在市场大潮中获得公平发展机会，一方面需要市场的让度，另一方面需要农民的进取。而要促进市场让度和农民进取的结合，政府必须提供有效的激励和制约机制。由此看来，在促进更广大的农民获得公平市场机会方面，也会存在"政府失灵"的情况。

此外，农民市场机会的获得情况还在较大程度上受制于乡村社区文化和农民自身的状况，也即乡村社区内生的发展能力。现实中我们看到的农村发展差距问题以及农民个体间的分化现象，反映了乡村社会主体自身状况的差异。一些先富起来的乡村通常能够很好地运用社区文化机制激活自身有效率发展的运作机制，从而让农民获得了更多市场机会；相反，农村贫困社区的形成与该社区贫困文化或多或少有一定联系，所谓社区贫困文化，是指社区缺乏相应的文化机制来促进社区成员取得有效的发展。例如，在一定社区环境下形成的滞后观念、价值观和行动特征，尤其是对教育、发展、创新和合作的轻视态度等，会在较大程度上影响着乡村社区成员的发展能力。所以，乡村社会基本问题的产生也与"社区失灵"有着一定的关系。

整体性来看，后乡土中国的基本问题的成因并非单一机制的失灵，而

---

[1] 蔡禾：《从"底线型"利益到"增长型"利益——农民工利益诉求的转变与劳资关系秩序》，《开放时代》2010 年第 9 期。

可能是市场、政府和社区失灵共同作用所产生的问题。

三 后乡土中国的未来出路

在回答关于如何解决乡土中国的基本问题时，费孝通强调："恢复农村企业是根本措施。"① 那么，解决后乡土中国基本问题的出路在哪里呢？是乡村工业化或城镇化还是新农村建设，抑或其他路径？

当前及未来中国乡村社会的问题显然已经不是托尼所比喻的那样：农民长久地站在齐脖子深的湍急的水流之中，"只要涌来一阵细浪，就会陷入灭顶之灾。"② 因此，乡村问题的出路已经不再是仅仅为农民提供"安全保障"，而是需要为农民提供公平的发展机会。

鉴于后乡土中国基本问题的成因并非市场、政府、社区单一机制的失灵，因此，解决问题的根本出路也就不会是简单一条路径。改革开放后，东南沿海的部分农村地区，乡镇企业快速发展起来，从而为这些地区的乡村劳动力找到了较为理想的市场机会。然而，乡村工业化并不是解决乡村社会基本问题的普适性出路。更多的农村地区，在现实中并没能发展起工业，而且有些偏僻地区也不适合发展工业。在那些工业欠发达的农村地区，劳动力获得市场机会的途径主要是外出打工。劳动力向城镇的流动在一定阶段内具有缓解乡村发展压力的作用，因为那些进城从事非农业的农村劳动力，既在农业外找到了事情可做，又获得了相对理想的收益。但是，由于多数进城的"农民工"一直在城镇非正式就业市场就业，不仅仅就业机会不确定，而且收入水平也相对较低。随着经济结构的调整，以往农民工凭借廉价劳动力获得就业机会的优势逐渐减少，相应地他们获得满意收入的机会也就渐渐减少。由此看来，农民外出流动并非为解决发展问题的长久之计，而只能是一种阶段性的过渡方式。

既然"农民工"流动无助于从根本上解决农民的发展问题，那么，"农民工"的市民化或城镇化是不是就能彻底解决乡村社会发展的基本问题呢？目前，城镇化成为人们关注的焦点问题，城镇化既被视为经济增长

---

① 费孝通：《江村经济》，商务印书馆2007年版，第238页。
② [美]詹姆斯·C. 斯科特：《农民的道义经济学：东南亚的反叛与生存》，程立显等译，译林出版社2001年版，第1页。

的新动力,也被看作是破解乡村发展问题的一种出路或方向。然而,如果把城镇化当作中国乡村社会的未来出路或解决乡村社会发展问题的根本途径,那将会陷入严重的误区。特别是那种刻意追求城镇化率的、有计划的城镇化,不仅无助于乡村社会的真正发展,而且还可能留下各种预见不到的"后遗症"。因为,如果不能够让乡村居民获得公平的就业和收入机会,而仅仅是将乡村变为城镇、将农民身份转为市民身份,那结果将是把乡村问题转化为城镇问题,而要寻找到解决问题出路则会变得更加困难。

城镇化是人类社会发展的自然历史过程,城镇在其发展过程中自然会吸纳部分乡村劳动力和人口,这对缓解乡村劳动力富余的压力有一定帮助。城镇化的过程通常是与产业发展的过程相关联的,而不是孤立的、刻意追求所致。并不是乡村居民只要进入到城镇,就能得到发展,乡村问题也就会得到解决。只有进城的乡村人口能够获得公平的市场机会,才能获得真正意义上的发展。

如果说城镇化也不是解决乡村社会基本问题的根本出路,那么新农村建设是不是后乡土中国的最终出路呢?作为国家农村工作和发展战略,新农村建设主要依靠政府的力量推进农村基础设施和民生建设。随着新农村建设的推进,农村的面貌和农民的收入及生活状况在一定程度上得到了改善,旧体制带给乡村社会公共事业发展滞后的问题也得到了相应的缓解。[①] 新农村建设在解决农村当前面临的一些突出问题方面,无疑起到了重要推动作用。但是,我们也能看到新农村建设的局限性:一是基本依靠政府的力量。仅仅依赖政府的支持力量,而缺少乡村内生力量和市场的参与,对乡村社会发展的广度、深度和可持续性都会构成较大的限制。二是面向问题而非着力发展。新农村建设主要针对乡村社会面临的突出民生问题,如医疗、养老及其他公共服务等方面的问题,通过中央和地方政府的财政支持途径予以解决或改善,而在乡村市场发展和农民机会获得方面,其起到的促进性效果则很有限。三是注重建设而协调引导作用不够。正在推进的新农村建设在较多地方以强调建设为重,诸如"美丽乡村建设""村庄合并"等,一些村庄建设得越来越美丽,但居住生活在村里的人却越来越少,这是因为政府未能协调和引导多方力量,发展乡村的新兴产

---

① 陆益龙:《农民中国:后乡土社会与新农村建设研究》,中国人民大学出版社 2010 年版,第 335 页。

业，乡村居民的市场机会并未由此增多，所以大量的乡村劳动力依然需要到城里去"闯市场"。

从上面的分析来看，无论是乡村工业化，或是城镇化，还是新农村建设，对解决乡村社会发展的基本问题，都是既有一些积极功能，又有一些局限，而且任何一条路径都不会具有普适性。因此，后乡土中国的未来出路绝不能依靠单一路径，解决后乡土中国的基本问题还需要从制度、文化和市场的协调关系上激活有利于乡村劳动力转化为有效率发展的运作机制。

从本质上看，解决乡村基本问题的基本方法就是发展，只要取得有效率的发展，乡村居民就能获得更多的市场机会。然而，要取得有效发展，单靠某一种力量、某一种机制、某一种模式显然是不够的。在发展问题上，诱致性制度变迁理论提出了一种将制度、技术和文化之间的辩证关系协调起来、既具有经济效率又有社会合法性的制度安排，这样的制度安排"只有通过从事工商和政府活动以及教育、研究和信息传媒的许多人的不断摸索才能实现"。[1]

首先，政府在激活乡村有效率发展的运作机制过程中，需要发挥制度和政策安排的调节、激励和支持作用。调节就是通过制度规则调节宏观的投资结构，加大和引导政府和市场向乡村的投资，激活乡村市场的发展；激励就是政府充分发挥乡村社区的文化机制，调动起乡村居民内生的发展积极性和发展能力。政府加大对农村教育的投入，以及改善乡村社会治理结构，都将有助于社区机制在促进乡村发展中的积极功能；支持主要是通过公共财政力量向乡村提供更多的公共物品和社会保障，以支持和保障乡村居民的基本发展需求。

其次，市场机制的运用是解决乡村社会基本问题的重要方式，因为乡村发展的根本目的就在于要让农民群众获得公平的市场机会。乡村发展过程中更好地运用市场力量，需要注意三个方面：一是市场向农民的全面平等的开放机制，实际上也就是让劳动者的劳动能在市场上获得相对公平的就业和收入机会；二是乡村向市场的开放机制，目前的乡村土地产权及社会治理结构不利于市场进入乡村，产权主体的不明确和分散性大大增加了

---

[1] ［日］速水佑次郎：《发展经济学——从贫困到富裕》，李周译，社会科学文献出版社2003年版，第330页。

交易成本；三是有社会责任的市场机制，健全的市场机制不只是追求效率，而且也要适度地让渡效率，为公平发展做些贡献。市场向乡村的投入，需要遵循公平责任第一兼顾效率的原则。

最后，社区文化机制在乡村基本问题解决中具有调动、协调和整合的功能。尽管政府、市场力量的介入有助于解决乡村发展问题，但乡村问题的最终解决还是需要乡村内生发展力量。在激发乡村内生发展力量方面，社区文化机制的运用非常重要。从像华西村等一些先富起来的村庄发展经验来看，社区文化机制在发现自身特色资源、激励社区成员参与发展、整合社区发展资源、协调利益分享关系等方面都起到了积极作用。

总之，解决后乡土中国基本问题的出路，并不能指望单方面力量、通过单一路径就可实现，而是需要在政府、市场和社区之间形成良好的协作机制，以激活三种力量共同参与乡村发展并构成相互促进的合力。

四 结语

理解当前中国乡村社会的基本性质，是制定和推进合理化农村政策的基础，因为正确地理解乡村社会的基本性质是准确地判断和把握乡村未来发展方向的前提。在如何看待当前乡村社会的基本性质问题上，一直有着两种范式：一是依然用"乡土社会"的眼光来看当前的乡村社会；二是认为如今的乡村已焕然一新，并彻底蜕变为"新乡土社会"其传统的人情、礼俗、熟人关系色彩已渐渐蜕去，乡村社会已变迁为现代性的"个体化"社会。[①] 然而，从中国乡村社会的变迁历史和现实经验上看，经历了革命、改造、改革和市场转型的乡村社会，既不是传统的乡土社会，也不是现代性的新乡土社会，而是处于转型当中并留存部分乡土特征的后乡土社会。

后乡土中国是从乡村社会的历史传统和发展经验中提炼出的一个理想型概念，其可用来概括和理解当前中国乡村社会的基本性质。就理论意义而言，后乡土中国概念是对费孝通乡土中国理论的继承和发展；从实践意义来看，后乡土中国理论旨在为判断乡村社会发展的基本形势以及认识相关问题及找出出路提供一个分析性框架。后乡土中国理论对当前乡村社会

---

① ［美］阎云翔：《中国社会的个体化》，陆洋等译，上海译文出版社2012年版。

基本性质概括如下：家庭农业、村落和熟悉关系依然在乡村存在和维续，这反映出乡村社会仍保留着部分"乡土性"特征；当前乡村出现的"大流动"现象，意味着不流动的乡土已经变迁，流动性成为后乡土性的突出特征；伴随着乡村流动，乡村结构也已出现了分化和多样化；此外，随着国家农村建设的推进和深入，乡村社会空间的公共性越来越强。

"三农"问题一直是农村研究关注的焦点问题之一。然而，在"三农"问题研究中，对诸如留守儿童问题、医疗问题、自杀问题等表象问题的描述较多，而对"三农"问题的基本问题则几乎缺少必要的界定和探讨。从认识论角度看，如果科学认识活动不能对研究对象的基本问题加以限定和探讨，那么这种研究将不利于知识的积累和进步。

费孝通将乡土中国的基本问题界定为农民的劳动和收入能否维持其生存安全问题，即温饱问题。如今在后乡土中国，农民的温饱问题显然已不再是基本问题，因为即便农民自身劳动难以保障其温饱问题，国家也能保障农民不会挨饿，因为最低生活保障制度已经基本覆盖农村了。乡村社会的基本问题一般具有时代性的特征，在现代化、市场化的大背景下，后乡土中国的基本问题已演变为农民何以获得公平的市场机会问题，也就是如何让广大农民有业可就且能从中得到相对理想的收入的问题。

解决乡村社会基本问题的根本出路，不可能是简单的、理想化的单一路径。无论是乡村工业化，或是城镇化，还是新农村建设，都只能对乡村问题的缓解有一定推进作用，但都不会是唯一的、普适性的道路。在广阔的乡村，各地有着地方性特色，差异性很大，任何一条道路、任何一种发展模式都难以普遍适应所有的乡村社会。如果我们要想找到解决乡村基本问题的根本途径，那就只能从一般意义上寻求建立能推动乡村与农民有效发展的运作机制，这个运作机制就是在政府、市场和社区之间形成良好的协作机制，以激活三种力量共同参与乡村发展并构成相互促进的合力。

学术视野

英语学术界的乡村转型研究[*]

毛 丹 王 萍

多年来学术界存在着一种对于农村社会学或乡村社会学的误读：欧美发达国家早已不存在农村问题，以至于其乡村社会学失去了对象和意义，几十年前就从欧美社会学中销声匿迹了。这种误读经常会激发一些想象，例如，中国的农村问题仅仅是一般工业化必经过程中的阶段性遭遇，终究一样要通过农业份额持续减少、农村大量消失、农民主要迁移城市得到解决；作为这个过程的副产品，中国农村社会学在最近几十年间的同步衰竭也是可以预见的，等等。这类误读实际上并没有根据。而简单地以现代化为取向，把农业、农民、农村的未来假定为工业化、城市化和现代化，也显得极其粗放或粗暴。本文不在此论证欧美发达国家是否还存在着农村问题或乡村问题，仅打算说明：与社区社会学汇入欧美城市研究圈相似，欧美的乡村社会学研究虽然在 20 世纪 60 年代以来淡出社会学主流话语以及《美国社会学评论》等主流期刊，但是其显然与农业经济学、经济地理学等其他学科力量一齐重新组成了乡村研究圈。近 30 多年来，其乡村和乡村转型研究持续生发出的许多重要的学术理论、概念和争议，对于我们调整和反省学术视野，观察中国的农村问题，进行农村社会学研究，可能具有很大的启发力、刺激力。笔者为此选择和爬梳了《农村社会学》（*Rural Sociology*，美国乡村社会学会主办，季刊）、《农村研究》（*Journal of Rural Studies*，英国 Elsevier Science 出版，季刊）、《农村社会学》（*Sociologic Ruralis*，欧洲乡村社会学会主办，季刊）三种英文期刊刊载的文献，尝试以此为据初步勾勒近二、三十年来英语学术界乡村研究的重要变化与进展。

---

[*] 原文发表于《社会学研究》2014 年第 1 期。

一 现代主义乡村研究模式的流变[①]

乡村研究在欧美学界曾经急剧衰退应该是一个事实。长期担任《乡村研究》主编的克洛克曾痛斥自 20 世纪 50 年代以来，乡村研究逐渐地被社会科学边缘化而成为一潭死水[②]。但是，乡村研究边缘化并非完全是外部力量使然，按马斯登等人的反省，其主要原因在于乡村研究长期把自己置于"城市导向"（urban-oriented）的资本主义发展框架中；它本身可以被称为一种现代主义的乡村研究，研究重心在于描述乡村生活的特性（personality），不知不觉就变成强调乡村生活的社会病理性问题[③]。20 世纪 60—80 年代发表的很多这类论文，其基本内容主要集中在两个层面：第一，关注城市居民移居乡村、全球化经济生产对乡村的冲击，包括乡村贫穷、服务缺失、犯罪、流行病、社区冲突、剥夺等不利问题，例如，有些学者把乡村变迁描述为新来者阶层对当地居民阶层的叠加，从而产生阶层间的冲突[④]。第二，潜在地把城市与现代社会作为观察出发点或者价值立足点去探究传统乡村的社会秩序、运行机制和独特的分化模式，例如从"共同体导向"（gemeinschaft-orientation）界定乡村社会，即强调乡村是一种内部团结、血缘关系、代际传承、传统的面对面的社会[⑤]。这类讨论不但认同城乡在经济、社会、文化上总是二元分离的，而且还有两个共同特征：1. 或者认为城市化、工业化、全球化对于乡村的冲击、瓦解是正常的，或者认为即便乡村应有其经济、社会、文化上的价值，但保留乡村

[①] 这里借用普拉特（A. Pratt）和默多克（J. Murdoch）的现代乡村研究模式（forms of modern naval studies）的表述，但不表示赞成其现代主义类型划分及其内涵解释，包括前现代主义、现代主义、高度现代主义和后现代主义等（参见 Phillips, 1998b）。

[②] Cloke, P., 1997, "Country ackwater to Virtual Village? Rural Studies and 'The Cultural Turn'", *Journal of Rural Studies* 13 (4).

[③] Marsden, T., 1990, "Introduction: Questions of Rurality", In T. Marsden, P. Lowe & S. Whatmore, Rural Restructuring: *Global Processes and Their Responses*, London: Fulton.

[④] Cloke, P. & N. Thrift, 1990, "Class and Change in Rural Britain", T. Marsden, P. Lows & S Whatmore, Rural Restructuring: *Global Processes and Their Responses*, London: Fulton.

[⑤] Marsden, T., P. Lowe & S. Whatmore, *Rural Restructuring: Global Processes and Their Response*, London: Fulton, 1990, pp. 1 – 2.

也是一项毫无成功希望的争斗①。2. 努力在概念、术语上显得与主流社会学非常一致,似乎其适用于城市研究也自然适合乡村研究,特别希望采取这种方式使乡村研究赶上城市研究的水平。但是,恰恰在现代主义的指向下,在城市研究的理论、概念和术语观照下,乡村社会反而显得特别病态,乡村研究在社会学知识、理论的生产上也越发显得边缘或不重要,不仅缺乏坚固的理论基础,而且在时空上日益疏离"发展舞台"②。从这个角度说,乡村社会学在主流社会学中的日益"受挫",的确也是因为乡村研究或显或隐的现代主义立场、方法发挥了自我"驱逐"的作用。

20 世纪 70 年代以后逐渐转变乡村社会学衰退之势的力量,可能首先来自 20 世纪后半期发达国家乡村社会发展出现的新情况,它们不断显示出乡村社会学研究在立场、方法与结论上的问题。首先,城市周边通勤地区的出现,对以往关于乡村的演绎推论形成证伪,不断出现的第二、三部门的城乡流动就业等新情况则侵蚀着城乡二元概念。其次,现代农业部门出现重构,在生产取向的农业部门就业的人口大幅度下降,导致农业对乡村的影响普遍减弱,"乡村就是农业"或"农业就是乡村"的观念或预设越来越不合时宜;随着旅游、环境保护、休闲等在乡村空间的持续扩张,支配乡村居住区的似乎不再是第一产业及其从业人员,人们也开始更多地从生活、消费类型上定位乡村地区。此外,价值观念也发生了变化。一个显著现象是,在对发达国家的城市化、城市病、工业主义的批评声中,很多人把乡村视为免于工业主义影响的"前现代"空间,并打算"逃到"乡村去,有人甚至把它抽象为英国乡村田园梦的主题;另一个显著现象是乡村仍然被更多人视为资本主义现代社会发展的一部分,主要担负着为整个社会提供自然资源的角色③。这两种取向之间的冲突本身就再次提出了究竟应如何看待乡村和乡村发展的问题。这些变化相互叠加,显现了以往现代主义乡村社会学或社会科学研究的脆弱性,从而驱动关于乡村社会的想象和定义发生转变。

---

① Murdoch, J. & A. Pratt, 1993, "Rural Studies: Modernism, Postmodernism and the Post-nasal", *Journal of Rural Studies* 20 (2).

② Mormont, M., "Who is Rural? or, How to be Rural: Towards a Sociology of the Rural", In T. Marsden, P. Lowe & S. Whatmore (eds.), Rural Restructuring: *Global Processes arid Their Resporues*, London: Fulton, 1990.

③ Murdoch, J., P. Lowe, N. Ward & T. Marsden, The Differentiated Countryside, London: Routledge, 2003.

催生乡村研究新理论的直接动力，是20世纪70年代末福特主义的工业霸权理论的逐渐衰落[1]，跨学科研究以及新马克思主义[2]对已有区域研究的批判。而农业政治经济学[3]和乡村转型理论则最终成为批判传统乡村社会学的两个最主要的路径。

关注全球粮食体系的农业政治经济学特别注意到农业在资本主义发展中的困境，包括农业在粮食商品体系中的作用减弱，工业资本积累的占用行为淘汰以乡村（如土地）为基础的劳动过程的长期趋势。其中有些研究揭示出发达国家的农业逐渐变成了一种经济剩余，而不再是传统的经济类型[4]；乡村经济出现了三种结构性变迁，即农场经济的衰落、制造业和服务业中低工资就业的增加、乡村消费功能的增长[5]。农业政治经济学的研究路径注意到经济转型、政策选择对乡村社会的影响，重新刺激了学界对乡村社会的关注度，不过，这些研究本身却发展成为与乡村社会研究相分离的农业研究。

另外一些学者则呼吁把主流社会理论运用于解释乡村问题，特别关注因资本积累在地理上的变迁而产生的社会空间结构的瓦解和重新组合，并在纽比和马斯登的领衔下做出概念化努力，形成了乡村转型理论。[6] 与农业政治经济学的研究路径相比，乡村转型理论把焦点放在工

---

[1] Lipietz, A., *Mirages and Miracle*, London: Verso, 1988.

[2] 新马克思主义是20世纪70年代兴起的，主要代表人物和著作：Tames O'Gonnor, *The Fiscal Crisis of the State* (1973); H. Braverman, *Labor and Monopoly Capital*; *The Degradation of Work in the Twentieth Century* (1974); I. Wallerstein, *The Modern World-System* (1974), 其中, *Journal of Peasant Study* 为当时主要的思想阵地。

[3] Buttel, F., "Some Reflection on Late Twentieth Century Agrarian Political Economy", *Sociologic Ruralis*, Vol. 41, No. 2, 2001.

[4] Goodman, G., "Capitalism, Petty Commodity Production and the Farm Enterprise", *Sociodogia Ruralis*, Vol. 3, No. 4, 1986.

[5] Little, J., "Gender Relations and the Rural Labour Process", In S. Whatmore & T. Marsden (eds.), *Gender and Rurality*, London: Fulton, 1994.

[6] 纽比等人在20世纪80年代初提倡把乡村社会学改名为农业社会学（Newby, H., "Trend Report: Rural Sociology", *Current Sociology*, Vol. 28, No. 1, 1980; Newby, H., "The Sociology of Agriculture: Toward a New Rural Sociology", *Annual Review of Sociology*, Vol. 9, No. 1, 1983）。当时讨论乡村转型的主要人物有纽比和马斯登及其团队（Newby, H. "Locality and Rurality: The Restructuring of Rural Social Relation", *Regional Studies*, Vol. 20, No. 3, 1986. Marsden, T., S. Whatmore, R. Munton & J. Little, "Uneven Development and the Restwccturing Process in British Agriculture: A Preliminary Exploration", *Journal of Rural Studies*, Vol. 3, No. 4, 1987. Whatmore, S., R. Munton & T. Marsden, "The Rural Restructuring Process: Emerging Division of Agricultural Property Rights", *Regional Studies*, Vol. 24, Vo. 3, 1990.）。

业和资本的全球化生产对民族国家和地区的普遍影响（如经济转型、社会转型、国家规制）方面。与此同时，转型理论还对乡村研究提出了一些具体的要求：第一，弱化传统空间标准，特别是城乡二元标准，注意资本积累的其他可利用的空间；第二，重视资本主义生产转型和市民社会形成之间的关系，强调其对社会分层、地方体系的影响[1]。这两个转型主题发挥了两重强化作用：一是把全球—地方关系的本质及其特殊性放在地方性的社会、经济和政治行动中加以解释；二是加强了理论化，并且发展出依托这些概念的即时性分析，更有效地把地方变迁和宏观变迁联系了起来。马斯登等倡导者曾经自我评价说：上述工作祛除了乡村社会自给自足的观念，克服了乡村社会学的理论孤立状态，同时也摆脱了农业政治经济学的局限性，实现了对乡村经济和社会重建的整合性研究，以及对乡村社会关系的整体性研究[2]。

从研究风气上说，"新乡村社会学"[3] 的确成功地改变了传统乡村社会学的陈旧形象，详细地阐述了批判性的替代理论。但是，客观地说，对城乡连续体如何进行概念化在新乡村社会学中还是一个悬而未决、几近真空的命题。面对全球粮食体系的重新组合和乡村社会空间结构的瓦解而产生的离心拉力，传统农村类型被解构的速度和程度都很显在，但是，转型话题似乎并未深度挑战乡村场所的意义，它真正注意到并加以确认的，是乡村明显的农业特征是过去投资发展的结果，现在和未来则可能面临不同的劳动空间分工。也就是说，在发达国家，乡村与传统农业互为需要的关系正在慢慢消解，农业日益成为工业生产中的一个部门。结果，乡村转型的本质甚至被简化为乡村的去农业化。与此相关联，在乡村转型理论中乡村与地理空间的关系的观点也被激进修正，乡村被解释成为非乡村使用者服务的功能性空间而不再是乡村

---

[1] Goodwin, M., "Uneven Development and Civil Society in Western and Eastern Europe", *Geoforum*, Vol. 20, No. 2, 1989.

[2] Marsden, T., P. Lowe & S. Whatmore, *Rural Restructring: Global Processes and Their Responses*, London: Fulton, 1990.

[3] 新乡村社会学这个说法是古德曼（D. Goodman）于1980年提出的，用于批判20世纪60年代美国乡村社会学强调技术性，不关注乡村贫困和剥夺问题，缺乏对国家政策制定的批判性想象。新乡村社会学的代表人物是古德曼和沙宁（T. Shanin）。加入新乡村社会学讨论的其他著名社会学家还有纽比、曼恩（M. Mann）、弗里德曼（H. Friedmann）和弗里德兰（W. H. Friedland）等（Buttle, F., "Some Reflections on Late Twentieth Century Agrarian Political Economy", *Sociologia Ruralis*, Vol. 41, No. 2, 2001）。

社区。在这些观点中,乡村逐渐被解释成一个历史偶然类型[1],一个混合或混乱的空间(hybrid space),一系列社会和自然实体的复杂关系[2]。有研究者将其称为"后乡村"时代到来[3]。

从20世纪90年代开始,随着资本主义全球化向纵深发展,乡村地区的消费角色和未来潜能被一步一步挖掘。也许与此前新乡村社会学并未牢固确立理论品格多少有些关系,乡村社会学或者说乡村社会科学研究突然批量化地进入了所谓的"文化转向",[4] 很多研究者紧密跟踪从所谓在后现代性中生发出来的日常生活种种形式,很相信"后现代主义的社会学"会给"乡村"提供自反性的视角[5]。客观地说,面对发达国家乡村发展的多元化和复杂性,一般性描述社会结构、制度和系统的社会学的确显得力不从心。与后现代学者、后现代文化社会学者迷恋于差异及其意义相一致,所谓乡村研究的文化转向也似乎有理由致力于把差异理论化,并从这个角度展开对"真实"村庄的研究。乡村地理学、社会学和政治学纷纷寻求乡村空间关系及其场所的意义,关注乡村的"他者"、场景、认同等主题,重视把社会关系和乡村社会、空间变迁的分析结合起来[6],提倡用新的理论工具(多元主义、阶级理论、规制理论、行为网络理论、治理

---

[1] Urry, J., "Capitalist Restructuring, Recomposition and the Regions", In Lowe Bradley (ed.), *Locality and Ruradity*, London: Geobooks, 1984.

[2] Woods, M., *Rural Geography: Processes, Responses and Experiences in Rural Restructuring*, London: Sage, 2005.

[3] Mormont, M., "Who is Rural? or How to be Rural: Towards a Sociology of the Rural", In T. Marsden, P. Lowe & S. Whatmore (eds.), *Rural Restructing: Global Processes and Their Responses*, London: Fulton, 1990. Halfacree, K., "Locality and Social Representation: Space, Discourse and Alternative: Difinitions of the Rural", *Journal of Rural Studies*, Vol. 9, No. 1, 1993. Murdoch, J. & A. Pratt, "Rural Studies: Modernism, Postmodernism and the Post – rural", *Journal of Rural Studies*, Vol. 20, No. 2. 1993. Ward, N. "The Agricultural Treadmill and the Rural Environment in the Post – productivist Era", *Sociologia Ruralis*, Vol. 33, No. 3, 1993. Lawrence, M. "Heartlands or Neglected Geographies? Liminality, Power and the Hyperreal Rural", *Journal of Rural Stundies*, Vol. 13, No. 1, 1997.

[4] *Journal of Rural Studies* 主编克洛克在1997年第4期上发表了"Country Backwater to Virtual Village? Rural Studies and 'The Cultural Turn'",对乡村研究的文化转向做了比较系统的理论说明,指出所谓文化转向就是乡村社会学沿着文化社会学、人类学、后现代主义、社会建构主义和话语分析等发展起来。该文成为乡村研究的重要参考文献之一。

[5] Murdoch, J. & A. Pratt, "Rural Studies: Modernism, Postmodernism and the Post – rural", *Journal of Rural Studies*, Vol. 20, No. 2, 1993.

[6] Marsden, T., J. Murdoch, P. Lowe, R. Munton & A. Flynn, *Constrcting the Countryside*, London: UCL Press, 1993.

理论等）来改变乡村地区的"沉默"状态，为乡村研究提供新概念。①

从结果上看，后现代文化研究重视对乡村中的差异和被忽视的"他者"的研究，有助于复兴乡村研究，并且在"乡村性"这个关键点上为乡村研究找到了所谓体面和兴奋。从文献上看，"乡村性"这个词从20世纪80年代起就一直为研究者们所热衷，不过其当时主要和区位（locality）相关联②，很容易被用于描述具体的乡村特征，以至于"乡村性"日益沦为一个混乱的概念。20世纪90年代以后，乡村研究期刊有不少关于"乡村性"研究的新文献，③ 其中，哈尔法克里的论文的引用率很高。他借用语言学的心理分析方法，从人们日常生活中使用的语言和概念，找出一种融合抽象概念和具体意象的表达方式，通过理解当地人对"乡村"的表达定义，说明"乡村"如何成为一种"社会建构"④。哈尔法克里的努力，一方面显示了乡村性随着不同时间、不同地方而产生差别；另一方面，乡村性概念也因此愈发显得含糊矛盾。从效应上说，后现代文化研究式的"乡村性"讨论，对理解欧美的物质性、实体性的乡村及其问题显得没有多少裨益，但是在文化理解上则生发了不少抽象概念和术语。例如，哈尔法克里认为整个"乡村"的概念是由许多不同立场的人在许多不同历史时空中建构的，后现代乡村是在人们的想象中被认定的，由此引入了所谓乡村的"去地方化"（deterritorialized，或译"脱域化"）概念，

---

① 例知，治理理论可能给乡村研究带来的新主题包括：1. 对一些市场、国家和市民社会的旧差异有新的认识；2. 对农村社会的结构和权力分攻提供新的研究议程；3. 乡村地区的社会、经济和政治利益的连接问题；4. 乡村发展的不平衡以及相应的地方治理和地理适应（参阅 Goodwin, D., "The Governance of Rural Areas: Some Emerging Research Issues and Agendas", *Journal of Rural Studies*, Vol. 14, No. 1, 1998.）。

② （Cooke, 1989: 76—77）

③ 谢宏昌曾列举了一些学者（Pratt, A., "Discourses of Rurality: Loose Talk or Social Struggle?" *Journal of Rural Studies*, Vol. 12, No. 1, 1996; Jones, Q., "Lay Discourses of the Rural: Developments and Implications for Rural Studies", *Journal of Rural Studies*, Vol. 11, No. 1, 1995; Philips, M., Rob Fish & Jennifer Agg, "Putting Together Ruralities: Towarda Symbolic Analysis of Rurality in the British Mass Media", *Journal of Rural Studies*, Vol. 17, No. 1, 2001.）关于乡村性的不同说辞（谢宏昌：《全球化涵构中的乡村性》，载《全球冲击与乡村调适研讨会论文》，台湾大学2003年版）。另外，里格和里查把乡村性的研究带入泰国，发现精英的"乡村性"与乡村领袖的看法颇有冲突（Rigg, J. & M. Ritchi, "Production, Consumption and Imagination in Rural Thailand", *Journal of Rural Studies*, Vol. 18, No. 3, 2002.）。

④ Halfacree, K., "Talking about Rurality: Social Respresentation of the Rural as Expressed by Residents of Six English Parishes", *Journal of Rural Studies*, Vol. 11, No. 1, 1995.

即乡村性的意义标志和符号日益与所在具体地理空间相分离①。而学者们为解构不同的"乡村文本",探索乡村的复杂性,又需要"再地方化"(reterritorial-ized),以定义乡村空间的必要特征②。

有研究者评论说,如果之前某些"真正的"乡村性形式可以产生出乡村性的文化编图,现在则是文化编图在先,用以指导乡村空间的识别,引导虚拟乡村性的形式,等等。后现代乡村性论述强调乡村消费者是通过符号来认识乡村的,而文化编图则引导对乡村空间的认识,并提供虚拟想象的乡村性和建构行动,这很自然会被批评为反社会化、反物质化以及脱离社会实体③。面对批评,哈尔法克里又借用列斐伏尔(H. Lefebvre)空间本体论的社会理论④框架,提出了乡村网络模式:空间实践、空间的表征以及表征的空间,⑤并认为它吻合乡村地区、意义性行为和促进社会经济再生的潮流。在笔者看来,这种修正在很大程度上可谓一种"退缩",多少表明一些后现代乡村研究者自己也开始觉得需要谨慎审视乡村文化转型研究的去社会化、去物质化、去政治化问题。

二 乡村转型讨论

从现代主义乡村社会研究到新乡村社会学研究,再到乡村研究的文化

---

① Cloke, P., "Country Backwater to Virtural Village? Rural Studies and 'The Cultural Turn'", *Journal of Rural Studies*, Vol. 13, No. 4, 1997.

② Bengs, C., "Urban – rural Relations in Europe", *In Collections of Inter – regional Conference on Strategies for Enhancing Rural – urban Linkages Approach to Development and Promotion of Local Economic Development* (http://www.espon.eu/main/Menu_Projects/Menu_ESPON2006.Projects/Menu_ThematicP刘ects/urbanrural.html), 2004.

③ Cloke, P., "Conceptualizing Rurally", In P. Cloke (ed.), *Handbook of Rural Studies*, London Sage, 2006.

④ 列斐伏尔是空间理论研究的先驱之一,1991 年出版的 *The Production of Space* 一书被认为是空间研究的最重要著作(郑震:《空间:一个社会学的概念》,《社会学研究》2010 年第 5 期)。

⑤ 哈尔法克里试图把物质和精神两种方式联系起来。他的另一个意图是试图通过说明人类居住的概念化,说明农村必然会成为人类居住新概念的必要组成部分,一方面它不是作为城市的对立面,另一方面农村也不是作为剩余的概念——并不一定会逐渐地转变成为(现代的)城市。即继续保持分类体系上城市与农村的二元论,在应用上可能是一个好的方法,但原则是要避免两极概念。城市和农村作为生动的网络,不是彼此的镜子,而是一个体系的组成部分(Halfacree, K., "Rethinking 'Rurality'", In T. Champion & G. Hugo (eds.), *New Forms of Urbanization: Beyond the Urban – rural Dichotomy*, Aldershot: Ashgate, 2004; Halfacree, K., "Rural Space: Constructing a Three – fold Architecture", In P. Cloke (ed.), *Hardbook of Rural Studies*, London; Sage, 2006.)。

转向的几十年间,乡村研究的具体论题多样、卷帙浩繁。克洛克认为其中形成了四个热闹的领域,即对自然与社会关系的再理解、乡村经验与想象的新表述、乡村文化各种新的符号文本,以及把流动纳入乡村研究理论化视野[1]。在笔者看来,讨论者们的政治立场、伦理站位、研究旨趣以及技术方法各不相同,很难形成一致度很高的论题和意见,但是可能由于资本主义对乡村的瓦解、各种主义对乡村概念的解构特别显在,所以,在这些论题中关于什么是乡村(诸如"谁是乡村,如何成为乡村""乡村何时是乡村"[2]),以及何谓乡村转型两个元问题,一直显得比较尖锐并受到了共同关注。有关争议贯穿了上述研究转型的全过程,且至今仍然作为最复杂概念而被定义和辩论,[3] 而且各种意见大体可以归入哈尔法克里所谓的实体、建构两个主轴线或角度。

(一) 何谓乡村

三种期刊文献对乡村的描述与界定大体分布在经济、社会和文化或符号三个层面,不过,其与实证主义、诠释取向、马克思主义及后现代和后结构主义的交替过程相应,总体呈现出从实体判断向象征性符号界定延伸的特征[4]。

第一,实体乡村。这个视角的界定者通常强调,许多世纪以来,乡村是一个能够直接提供粮食产品以及与农业相关的生活方式和社会关系,具有特有空间属性和独立封闭社会边界的实体。但是乡村实体论者不能不注意并且承认,以农业为主体而把土地、居民和生活捆绑成一体的传统乡村结构在工业革命之后发生了变化。特别是在资本主义和农业商品化进程中,农业结构发生了质变,即农业生产日益与工业生产类似,更加依赖农业企业、金融体系以及政府的调节,而对乡村社区提供的交换和服务的依

---

[1] Cloke, P., "Country Backwater to Virtual Village? Rural Studies and 'The Cultural Turn'", *Journal of Rural Studies*, Vol. 13, No. 4, 1997.

[2] Friedland, W., "Agriculture and Rura Lity: Beginning the 'Final Separation'?" *Rural Sociology*, Vol. 67, No. 3, 2002.

[3] 本斯(C. Bengs)在"Urban-rural Relations in Europe"报告中关于"Rural Europe"这部分的讨论,对"乡村"概念做了比较详细的梳理,把乡村定义研究分为四个阶段,并提出农村的定义需要从两个方面来把握:抓住乡村性、乡村的去物质化。

[4] Panelli, R., "Rural Society", In P. Cloke (ed.), *Handbook of Rural Studies*, London: Sage, 2006. Paul, H., "The Rural Urban Continuum", *Sociologia Ruralis*, Vol. 6, No. 2, 1966.

赖日益减少，乡村逐渐失去或弱化了以农业为基础的空间含义[1]。这种情况从表面上看也可以被理解成城乡构成了经济、社会的连续谱或一体网络，一端的都市区和另一端的乡村由此连接了起来，但是实际上更有利于把乡村日益放在城市的概念上去理解，例如有研究者提出"乡村是都市以外的地区"[2]，"乡村"实际上被理解为"非都市"空间，附属于"城市国家"；乡村文化也显得低等，似乎需要城市文化来替代或殖民[3]。对于坚持从乡村本位去界定乡村的研究者而言，乡村地区看上去仍然有一些明显的社会特性，除了可能还存在着农业外，还具有相对低的人口密度、趋向开放但仍然存在的村庄、大范围土地的开发使用、去城市中心的不便利、松散的基础设施网络、在第二和第三产业中的工人数量比较少等特征。[4] 但是，不断出现的乡村变化的确使实体乡村越来越难以界定，例如，人员和物品以及信息日益流动、乡村人口的居住短暂性、人们行动的日益去地方化、村庄的新用途等，都导致乡村作为地域性社区的无法实现和被描述[5]。

面对乡村特征的持续变化或被瓦解，研究者在实体乡村的概念修正上陷入了两种苦恼。一种苦恼是，很难坚持找到一个抽象概念用以涵盖变化着的、多样化的乡村，即便用"乡村"一词抽象了具体场所的共同特性，但在效用上似乎仅限于区分出乡村和非乡村的环境，而且有人为把乡村视为孤立实体之嫌。另一种苦恼是，一旦认同当代资本主义在空间性上去掉传统的地理划分和边界的事实及其正当性，并转而在乡村界定上淡化传统

---

[1] Bowler, I. R., "Some Consequences of the Industrialization of Agriculture in the European Community", In M. J. Henley & B. W. Ilbery (eds.), *The Industrialization of the Countryside*, Norwich: Geo Books, 1985; "The Industrialisation of Agriculture", In I. Bowler (ed.), *The Geography of Agriculture in Developed Market Economics*, London: Longman, 1992.

[2] 萧崑杉：《未来乡村的论述》，《农业推广文汇》1998年第53辑（台湾农业推广学会年刊）。

[3] Shubin, S., "The Changing Nature of Rurality and Rural Studies in Russia", *Journal of Rural Studies*, Vol. 22, No. 4, 2006.

[4] 哈尔法克里认为乡村地区大多包括以下特性：以农业或其他第一产业的生产性行为为主导、人口密度较低、自然的可及性和特定消费行为（Halfacree, K., "Locality and Social Representation: Space, Discourse and Alternative: Definition of the Rural", *Journal of Rural Studies*, Vol. 9, No. 1, 1993.）。

[5] Mormont, M., "Who is Rural? or How to be Rural: Towards a Sociology of the Rural", In T. Marsden, P. Lowe & S. Whatmore (eds.), *Rural Restructuring: Global Processes and Their Responses*, London: Fulton, 1990, pp. 30 – 31.

乡村与城市的指标要素①，又势必"抹杀"乡村。由此，实体乡村的概念化努力及其效应变得备受质疑②。美国社会学家库普很早就愤言："已经没有农村和农村经济了，这不过是我们在分析意义上的区分，修辞性的工具。"③ 18 年后，霍格特重申："乡村的不加区分的使用对社会理论的进步是有害的……乡村的广泛类型是含糊的"④，他激进地怀疑是否真有乡村这种地方，并准备取消"乡村"这个分类。

第二，建构乡村。这类观点强调，尽管寻求单一的、包容所有乡村的定义很困难，但乡村仍旧是一个重要的分类，因为乡村已经成为一种"世界观"⑤，人们的行为和决策都受到乡村感觉及其抽象的影响。现代资本主义逐渐模糊了传统的农村与城市的分立，乡村作为一种"场所"（locale）或许逐渐幻灭，但它作为社会类型的意义仍处于发展中。与纽比坚信"乡村"指陈一个社会实体不同，菲利普斯直接强调乡村是一个便利的分析工具，使用乡村概念可以使社会科学研究中只突出城市社会的问题得到平衡⑥。哈尔法克里为此宣布后现代乡村到来，乡村成为一个符号并先于其作为一个物质空间⑦；默多克和普拉特则称之为"后乡村的"⑧。

把乡村作为一种社会建构，意味着把注意力转向了乡村是如何被感觉（perception）和表征（reseptation）的，以及乡村居住者是如何构建他们自己的。当然，研究者不满足于解释乡村如何被感知和表征，而是尝试进一步捕捉乡村完成（performed）和构成（constituted）的方式⑨，如皮尔斯关

---

① Lobao, L., "A Sociology of the Periphery Versus a Peripheral Sociology: Rural Sociology and the Dimension of Space", *Rural Sociology*, Vol. 61, No. 1, 1996.
② Cloke, P., "The Country", In P. Cloke & M. Goodwin (eds.), *Introducing Human Geographies*, London: Edward Arnold, 1999, pp. 256 – 267.
③ Copp, J., "Rural Sociology and Rural Development", *Rural Sociology*, Vol. 37, No. 4, 1972.
④ Hoggart, K., "Let's Do Away with Rural", *Journal of Rural Studies*, Vol. 6, No. 3, 1990.
⑤ Curry, J., "Community Worldview and Rural Systems: A Study of Five Communities in Iowa", *Annals of the Association of American Geographer*, Vol. 90, No. 4, 2000.
⑥ Phillips, M., "The Restructuring of Social Imaginations in Rural Geography", *Jourrual of Rural Studies*, Vol. 14, No. 2, 1998.
⑦ Halfacree, K., "Locality and Social Representation: Space, Discourse and Alternative: Definitions of the Rural", *Journal of Rural Studies*, Vol. 9, No. 1, 1993.
⑧ Murdoch, J. & A. Pratt, "Rural Studies: Modernism, Postmodernism and the Post – rural", *Journal of Rural Studies*, Vol. 20, No. 2, 1993.
⑨ Woods, M. *Rural Geography: Processes, Responses and Experiences in Rural Restructuring*, London: Sage, 2005, p. 301.

注乡村是否和如何被个体所体验，从而把乡村性的想象整合进日常生活，他还观察乡村性的构建如何影响了问题研究、政策过程和乡村环境的可持续性[1]。克洛克则强调乡村性社会构建中的层级，认为在国家层面，乡村被描绘成为传统的，是现代性的避难所；在地区层面，乡村被电视节目所更改；在地方层面，乡村主要是商榷的，个人和群体之间的差异被突出[2]；等等。由于对乡村的研究从关注物质方面转向了关注精神方面，一系列"激增"而来的乡村特征、多变性和矛盾随之进入了研究者的视野。这些研究多多少少揭示出：精神构建性的乡村有可能导致人们从某种成见中调整出来，有可能被用作人们行动的资源，由此甚至可以说乡村性是嵌入到社会行动中的。

（二）乡村转型：生产主义/后生产主义

一般而言，乡村转型研究只要持现代资本主义和全球化的视角，几乎就会无一例外地注意到，全球经济体系重构带来的生产分工调整，致使许多国家的乡村地区都不再生产若干原有经济作物，许多传统作物不再具有经济生产效益，产生所谓"失农业"现象，许多原农业区（或日乡村）面临没有产业的命运。与乡村农业边缘化现象同时出现的替代性趋势，则是乡村地区的消费功能日益增长，包括乡村地区日益服务于城市居民的外部需求、乡村的多功能性等。对这些新出现以及潜在的未来乡村形态，哈尔法克里将其抽象为"后生产主义乡村"（post-productivist countryside）[3]的概念，以显示与生产主义乡村的不同，并指代乡村转型的性质与特征。

严格说来，生产主义/后生产主义（productivism/post-productivism）

---

[1] Pierce, J. T., "The Conservation Challenge in Sustaining Rural Environment", *Journal of Rural Studies*, Vol. 12, No. 3, 1996.

[2] Cloke, P., "Deprivation and Lifestyle in Rural Wales II: Rurality and the Cultural Dimension", *Journal of Rural Studies*, Vol. 8, No. 2, 1992; Cooke, P., "Flexible Intergration, Scope Economies and Strategic Alliances: Social and Spatial Mediation", *Society and Space*, Vol. 3, No. 4, 1988.

[3] 作者直接把乡村性变迁概括为从生产主义到后生产主义，并具体说明了生产主义乡村的特质以及后生产主义乡村的具体形态。不过，作者本人也提醒需要进一步反思这个乡村变迁的框架，在很多地方，即使在大英地区，这个框架也还没有被完全接受（Halfacree, K., "Rural Space: Gonstructing a Three-fold Architecture", In P. Cloke (ed.), *Handbook of Rural Studies*, London: Sage, 2006.）。

本来主要被用来概括 20 世纪后半期的农业变迁,[①] 即"二战"后到 80 年代中期,受技术变迁、全球化以及政府调节共同作用的农业,进入追求产业化、生产最大化的所谓农业生产主义阶段,[②] 主要表现为农业的商业化、商品化和工业化发展[③]。而"生产主义乡村/后生产主义乡村"转型论者则注意到,所谓生产主义不仅存在于农业发展中,而且还渗透到乡村生活的每个角落,甚至可被视为 1945—1980 年英国乡村性的简称。那么,生产主义是如何嵌入到乡村中的?哈尔法克里从三个层面做了说明:首先,乡村地区是通过特定的农业行为来记名的;其次,乡村的正式表征也以农业为基础,甚至(欧盟)不少地区的政策是把农村和农业概念同等使用的;最后,生产主义农业嵌入乡村地区的市民社会中,或者说,乡村社会的日常生活是在生产主义的视域中体现出来的[④]。但是,20 世纪 90

[①] 后生产主义这个词第一次出现于 1990 年芒顿的一篇会议论文(Munton, "Farming Families in Upland Britain; Options, Atrategies and Futures", Paper Presented to the Association of American Geographers. Toronto, April, 1990.),作者用后生产主义来描述高地家庭农场企业的变迁。当然,关于农业后生产主义转变开始的时间有不少争论(Evans, N., C. Morris & M. Winter, "Conceptualizing Agriculture: A Critique of Poat-productivism as the New Orthodoxy", *Progress in Human Geography*, Vol. 26, No. 3, 2002.)。

[②] 关于农业生产主义和后生产主义的讨论,参见:Ilbery, B., *The Geography of Rural Change*, London: Longman, 1998; Marsden, T., "Agriculture beyond the Treadmill? Issues for Policy, Theory and Research Practices", *Progress in Human Geography*, Vol. 22, No. 2, 1998; Walford, N., "Geographical Transiton from Productivism to Postproductivism: Agricultural Production in England and Wales 1950s to 1990s", In N. Walford, J. C. Everitt & D. E. Napton (eds.), *Reshaping the Countryside: Perceptions and Processes of Rural Change*, New York: Centre Agriculture Bioscience International (CABI) Publishing, 1999; Walford, N., "Productivism is Allegedly Deal, Long Live Productivism. Evidence of Continued Productivist Attitudes and Decision-making in South-East England", *Journal of Rural Studies*, Vol. 19, No. 4, 2003; Pierce, J. T., "Towards the Reconstruction of Agriculture: Paths of Change and Adjustment", *Professional Geographer*, Vol. 46, No. 2, 1994; Wilson, O. & G. Wilson, "Common Cause of Common Concern? The Role of Common Lands in the Post-productivist Countryside", *Area*, Vol. 29, No. 1, 1997; Wilson, G., "From Productivism to Posproductivism…and Back Again? Exploring the (Un) Changed Natural and Mental Landscapes of Eunopean Agriculture", *Fransactions of the Institue of British Geographers NS*, 26, 2001; Evans, N., C. Morris & M. Winter, "Conceptualizing Agriculture: A Critique of Post-productivism as the New Orthodoxy", *Progress in Human Geography*, Vol. 26, No. 3, 2002; Ward, N., P. Jackson, P. Russell & K. Wilkinson, "Productivism, Post-productivism and European Agricultural Reform: The Case of Sugar", *Sociologia Ruralis*, Vo. 48, No. 2, 2008.

[③] Ilbery, B., "From Agricultural Productivism to Post-productivism", In B. Bbery (ed.), *The Geography of Rural Change*, London: Longman, 1998.

[④] Halfacree, K., "From Dropping Out to Leading on? British Counter-cultural Back-to-the-land in a Changing Rurality", *Progress in Human Geography*, Vol. 30, No. 3, 2006.

年代以后乡村生产主义受到全球经济转型和社会重组的挑战,前者指与城市工作地的联系行为(如通勤)、休闲商品化(如乡村旅游)、工业化和边缘地区开发(如垃圾场、矿场)等,使农业出现商业化发展的多样化或潜在多样化①;后者主要指反城市化和对乡村田园生活的诉求,使乡村生产主义倍显粗鄙。按哈尔法克里的说法,生产主义乡村被迫面对新问题:第一,农业行为被迫调整,需要处理过剩与过度生产、公共环境烂摊子等问题;第二,农民及其乡村家庭生活日益滋生不确定性、不安全感,出现较普遍的负债和萧条,甚至自杀等现象;第三,乡村的正式表征难以再由生产主义支配②。

现代农业生产除了集约化之外,本来就有其他选择。20世纪80年代后期开始的所谓农业后生产主义阶段,主要特征是与农业生产主义时期的集中化、专业化相反的分散化、延伸化、多样化发展新趋势。③ "后生产主义乡村"论者强调,农业转型的多样化特征延伸或溢出了农业部门之外,引发的是"后生产主义乡村"。④ 后生产主义乡村就其形成的"分化的模式"而言,包括保护性村庄、竞争性村庄、家长制村庄和代理人村

---

① Bowler, I. R., "Sustainable Agriculture as an Alternative Path of Farm Business Development", In I. Bowler, C. Bryant&M. Nellis (eds.), *Contemporary Rurml Systems in Transition*, *Volume I*, *Agriculture and Environment*, Wallingford: CAH Tnternational, 1992.

② Halfacree, K., "From Dropping out to Leading on? British Counter – cultural Back – to – the – land in aChanging Rurality", *Human Geography*, Vol. 30, No. 3, 2006.

③ 鲍勒的分类如下表所示:

集约化	1. 传统生产和服务基础上的农场商业工业化发展模式 2. 把农场资源调换到新农业产品或服务上(友业多样化)
多样化	3. 把农场资源调换到新的非农业产品或服务上(结构多样化) 4. 把人力资源调换到一种离开农场的工作上
延伸化	5. 传统农场生产和服务的保护,减少资本输入 6. 休闲或兼职农业

资料来源:Bowler, I. R., "The Industrialisation of Agriculture", In I. Bowler (ed.), *The Geography of Agriculture in Developed Market Economies*, London: Longman, 1992.

④ 哈尔法克里多次提到这个概念 Halfacree, K., "Contrasting Roles For the Post – productivist Countryside", In P. Cloke & J. Little (eds.), *Contested Countryside Cultures*, London: Routledge, 1997; Halfacree, K., "Neo – tribes, Migration and the Post – productivist Countryside", In P. Boyle & K. Halfacree (eds.), *Migration into Rural Areas: Theories and Issues*, Chichester: Wiley, 1998; Halfacree, K., "A New Space or Spatial Effacement? Alternative Futures for the Post – productivist Countryside", In N. Walford, J. Everitt & Napton (eds.), *Reshaping the Countryside: Perceptions and Processes of Rural Change*, Walling ford: CAB International, 1999.

庄等类型。① 但是，这些类型都具有乡村商品化过程，几乎都有明显的"去农业化"趋势。之所以使用后生产主义乡村概念，一方面可以体现超生产主义、消费田园、退隐乡村性等激进的空间想象；另一方面可以包容各种多功能性村庄、多样化村庄，诸如退休人员的乡村、假日乡村（夏季乡村）或休闲、兼职农场等。这个概念和倾向受到不少研究者的追随，其被用来强调发达国家的乡村（农业）已经实现转变或转型。一些研究者把它作为一项事实而展开过程分析，例如，霍姆斯认为澳大利亚牧场的后生产主义转变已经赶上西欧的速度，只是在变迁的动力、参与者、过程和成效上有所不同②；弗罗伊桑达等人用案例来描述农村商品化发展的过程，并分析这一过程中的主导力量③。乡村转型在很多地方经常被报道已经发生或正在发生，比如英国式的后生产性村庄转型、美国式的工业化村庄转型等。20 世纪 90 年代以后发展中国家的乡村也开始被视为进入了这种转型，有些研究乐观地认为非洲、拉丁美洲和亚洲的乡村"去农业化"（de-agrarianisation）是真实的④。

"后生产性"还被运用到一些政策选择研究上。不过，叙述后生产主义乡村的文献似乎既没有说清楚"分化的乡村"类型各自最关键的社会构成是什么，也提不出乡村改良的整合性方案⑤。而且客观说来，本来用于农业变迁研究的生产主义/后生产主义的分析框架是否可以直接用于讨论乡村转型，从一开始就可能是需要商榷的。所以，另一些研究者质疑这

---

① 保护性村庄是指反发展和保护主义态度占主流的地区，中产阶级压力群体积极活动，发挥影响力的地方；竞争性村庄是指超出主要通勤地区的地方，由本地农业和小企业利益群体控制，但日益受到迁移进来的人的影响；家长制村庄是指由大的私人土地拥有者或大农场控制的地区，其所有者感到有某些与权利相应的义务；代理人村庄则是指一些农业生产主义仍为主流的偏远地区，但是这些地方极其依赖外部财政，如欧盟的货币 Marsden, T., "New Rural Territories: Regulating the Differentiated Rural Spaces", *Journal of Rural Studies*, Vol. 14, No. 1, 1998; Murdoch, J., P. Lowe, N. Ward & T. Marsden, *The Differentiated Countryside*, London: Rontledge, 2003.

② Holmes, J., "Diversity and Change in Australia's Rangelands: A Poat-Productivist Transition with a Difference?", *Transactions of the Institute of British Geographers*, New Series, Vol. 27, No. 3, 2002.

③ Fløysanda, Arnt & Stig-Erik Jakobsen, "Commodification of Rural Places: A Narrative of Social Fields, Rural Development, and Football", *Journal of Rural Studies*, Vol. 23, No. 2, 2007.

④ Rigg, J. & M. Ritchi, "Production, Consumption and Imagination in Rural Thailand", *Journal of Rural Studies*, Vol. 18, No. 3, 2002.

⑤ Lowe, P., J. Murdoch, T. Marsden, R. Munton & A. Flynn, "Regulating the New Rural Spaces: The Uneven Development of Land", *Journal of Rural Studies*, Vol. 9, No. 2, 1993.

个基于英国中心视角的二元概念能否广泛地适用于欧洲或其他地方。有的批评指出，关于乡村地区从生产地带到消费场所的转型的讨论集中在发达国家，发展中国家的去农业化只是偶然被提及；实际上即使是北欧、北美、南欧、澳大利亚、日本这些地区，甚至也从来未曾达到过完全的生产主义。霍格特等人则批评关于英国乡村的"后生产"景象根本就没有被表述和论证清楚[1]；研究西班牙的乡村发展，也可以发现有关乡村从一种形态到另一种形态的转型分析对理解西班牙的情况几乎没有帮助[2]。总的说来，较温和的批评者更愿意"地方化"（territo rialization）地看待生产主义和后生产主义，即强调乡村多样化，认为大多数乡村社会位于生产主义/后生产主义的连续谱中，或者说生产主义和后生产主义的行为和概念在乡村是多维共存的[3]。比较激烈的批评者则声称：后生产主义本身就是一个有争议的概念，其看起来更像是一个"神话"、一个死胡同[4]。

三 对乡村转型论的反批评

一般而言，研究和提出乡村社会转型理论，本意是强调要对乡村变化做出整体分析。这种意识的核心是强调认识变迁的因果要素的多重性，以及同样的要素在不同地方以不同方式发生关联。其在研究应用方面，则从政府规划和政策目标导向上提供可操作性建议，比如乡村性指标体系。但是，社会转型研究在习惯上会被更多用于强调社会结构和事实在变迁中发生的质性根本改变；社会转型概念的使用者还往往容易把变迁理解为转型，其在研究应用方面则相应寻求社会标准的彻底改造。所以，霍格特就认为，在前述关于乡村从实体到建构、从生产主义到后

---

[1] Hoggart, K. & A. Paniagua, "What Rural Restructuring?", *Journal of Rural Studies*, Vol. 17, No. 1, 2001.

[2] Hoggart, K. & A. Paniagua, "The Restructuring of Rural Spain", *Journal of Rural Studies*, Vol. 17, No. 1, 2001.

[3] Wilson, G., "From Productiviam to Postproductivism…and Back Again? Exploring the (Un) changed Natural and Mental Landscapes of European Agriculture", *Transactions of the Institute of British Geographers* NS 26, 2001.

[4] Morris, C. & N. Evans, "Research on the Geography of Agricultural Change: Redundant or Revitalized?" *Area*, Vol. 31, No. 3, 1999.

生产主义的转型阐述中,存在着不当使用"转型"这个词的趋势,[1] 把属于变迁的现象视为转型现象,或者夸大变迁现象的属性与程度。在不少批评者看来,前述转型理论关于乡村转型的现象、特征或趋势的讨论,至少需要特别反省关于去农业化、去社区化是否强调得过分而不科学;如果在价值关联意义上予以认同,那就更有一个在政治上、伦理上是否正当的问题。

(一) 去农业化

很多文献在讨论乡村功能要素的重新配置时,都注意到了农村社会变迁中出现的农业与农村社区经济、社会去耦化的表现与特征[2]。前述所谓"后农业""后生产主义乡村""消费乡村"等概念,都是力图把发达市场经济下的乡村人口变化阐释为农业—社区的耦合不再存在,认为乡村日益成为一个为非乡村居民提供市场产品和服务的角色,农村社区将会在自然意义上以及社会意义上得以重新形构,以符合消费乡村资源者的想象和认同。

一些批评者对此不以为然。沃德等认为:整个20世纪90年代,乡村社会科学的一个非常明显的趋向,就是农业和食品研究的去社会化、去乡村化,而其对食品消费动力的重要性和本地乡村社会构成的重要性之间的相关性却缺乏说明[3]。埃文斯等人则批评生产主义/后生产主义乡村转型理论在概念上做文章,反复对一个明显状况到另一个明显状况的变迁做二元概括,[4] 强调农村与农业的脱离和矛盾而不是两者的相容性,更多显示了研究者自己把农业发展孤立于乡村社会的理论倾向和问题[5]。从一定程

---

[1] 按照霍格特的说法,所谓乡村转型作为一种分析方式应该强调时变化过程的整体分析,是对乡村变化特质的综合描述 Hoggart, K. & A. Paniagua, "What Rural Restructuring?" *Journal of Rural Studies*, Vol. 17, No. 1, 2001。

[2] Smithers, J., A. E. Joseph & M. Armstrong, "Across the Divide: Reconciling Farmland Town Views of Agriculture – community Linkages", *Journal of Rural Studies*, Vol. 21, No. 3, 2005.

[3] Ward, N., P. Jackson, P. Russell & K. Wilkinson, "Productiviam, Post – Productivism and European Agricultural Reform: The Case of Sugar", *Sociologic Ruralis*, Vol. 48, No. 2, 2008.

[4] 作者认为近年兴起的农业变迁的文化解释和生态现代化理论作为二元框架的替代性社会理论传递了更大的分析力,能促进地理学研究的进一步发展 Evans, N., C. Morris & M. Winter, "Conceptualizing Agriculture: A Critique of Post – productivism as the New Orthodoxy", Progress in Human Geography, Vol. 26, No. 3, 2002。

[5] Marsden, T., "Rural Futures: The Consumption Countryside and its Regulation", Sociologia Ruralis, Vol. 39, No. 4, 1999.

度上看，它恰恰表明现代主义对乡村和农业这一对古老关系的认识是模糊的，甚至是回避的；而后续出现的乡村研究也仍然是分裂的，要么集中在农业研究，要么集中在乡村，一贯忽视二者之间一直延续的、内在的联系，以及正在形成的新连接关系。真正有必要的是弄清楚哪些地方传统的连接减弱了，哪些地方已有的连接得以维持，以及哪些地方农业和乡村之间正在建立起新联系；这在理论视角上必然要自觉超越农业研究和乡村研究的二元分离①。在研究姿态上，面对发达资本社会的乡村地区的多样化变迁，乡村社会科学家要努力提供普遍性的经验和知识，而不是简单提供一种矛盾的、概念化的模式②。从建设性角度看，这些批评大致共同表达了三个观点，即观察乡村变迁需要充分注意到：第一，农业作为一种经济方式，必然是嵌入到乡村地区的结构安排中的，反过来说，乡村必然被农业生产的社会关系历史所支配；第二，农业仍旧是一种重要的社会和意识形态类型，仍旧可以通过确立它的政治地位而构造乡村经济发展，实现农业对乡村土地的垄断性支配；第三，随着农业生产作用的减弱，乡村空间的社会功能正在被重新定义，但这并不能说明乡村和农业的分离，相反，乡村社会科学的研究需要对此做出恰当回应。

（二）去社区化

在乡村研究中，"社区"和"乡村"一样是个需要讨论的概念。通常认为，自滕尼斯提出社区与社会的分类之后，社会学家大致在三种意义上使用社区概念：第一种，社区是指一个地方，其中群体成员之间相互影响；第二种，社区被看成是一种社会体系，③ 一个或一群人满足他们需要的组织；第三种是用社区来描述群体（可能在也可能不在同一个地理空

---

① Friedland, W., "Agriculture and Rurality: Beginning the 'Final Separation'?", *Rural Sociology*, Vol. 67, No. 3, 2002.

② Smithers, J., A. E. Joseph & M. Armstrong, "Across the Divide: Reconciling Farmland Town Views of Agriculture – community Linkage", *Journal of Rural Studies*, Vol. 21, No. 3, 2005.

③ 布莱登从两个方面定义社区：社区是一个利益社区，像农民联合会；或者是实体和社会社区，例如村落、城镇。实体社区通常分享普遍的社区利益，换句话说，村落人口和当地农民联合会有着同样的目标和抱负。为了避免这种比较带来的麻烦，布莱登提出，更好的社区定义是"本地社会体系"（local social system），它意味着一种横向（内部—地方性）的连接（Bryden, J. R., "Some Preliminary Perspectives on Sustainable Rural Communities", In J. Bryden (ed.), *Towards Sustainable Rural Communities: The Guelph Seminar Series. University School of Rural Planning and Development*. Canada: Guelph, 1994.）。

间）有共同的认同感[1]。全球化、城乡连通性以及随着收入分配体系而发生的生活方式变迁，使得传统乡村社区的要素日益分离、传统共同体价值丧失、社区丧失或衰退，这些已渐成为社会科学中的一般判断[2]。在乡村研究方面，保罗率先否定了乡村社区研究方法的有效性，他认为把社区关系打包进一个特别的地理性范式是一个"无法理解的、没有任何意义的行为"，应该考虑人们所属的更大社会的本质[3]。扬则明确提出用差异政治学（politics of difference）来取代社区，因为社区忽视了异质性[4]。乡村转型论者虽然认同乡村是某种有非城市特性的地理空间，但是坚持认为乡村的"去农业化"已经同步产生明显的"去社区化"，比如很多乡村企业股份的持有者并不认为也并不显示自己属于乡村地区或者社区；郊区别墅的主人只是在周末和夏天住在乡村而已[5]。洛韦甚至认为中产阶级搬到乡村虽然是为了寻求一个特定的社区模式，但这是一种对传统社区模式的拙劣模仿，是"文明的后退"[6]。

不过，面对全球化发展而产生的经济、社会不安全，其他一些评论家则呼吁为寻求稳定、安全而回到地方主义，并且重新重视和定义社区[7]。例如，戴回应对社区的批评说，尽管当前的乡村社区有着明显的断裂和异质性，但它仍旧是一个有效概念，只不过需要把"社区是什么"和"我们希望社区是什么"的信念区分开来[8]。在乡村研究界，菲鲁塞思比较温和地辩论说，乡村仍然和地理、社区概念的关系非常密切，把这两个定义放在一起意味着在乡村地区（农业）和社区（小镇）之间的一种社会

---

[1] Flora, O., *Rural Comsnunities*; *Legaey and Change*, Oxford: Westview, 2004.

[2] Lee, D. & H. Newby, *The Problem of Sociology*, London: Hutchineon, 1983.

[3] Paul, H., "The Rural Urban Continuum", *Sociologia Ruralis*, Vol. 6, No. 2, 1966, p. 53.

[4] Young, I. M., *Justice and the Politics of Diference*, Princeton, NJ: Priceton University Press, 1990.

[5] Shucksmith, M., "Farm Household Behavior and the Transition to Post – productivism", *Journal of Agricultural Economic*, Vol. 44, No. 4, 1993.

[6] 不过，文化转向过程中，一些后结构主义者也倾向于把社区当成一个更加复杂的、有时候是流动的概念（Lowe, P., J. Murdoch & G. Cox, "A Civilized Retreat? Anti – urbanism, Rurality and the Making of an Anglo – centric Culture", In P. Healey (ed.), *Managing Cities*; *The New Urban Context*, London: Wiley, 1995.）。

[7] Delanty, G., *Community*, London: Routledge, 2009.

[8] Day, 6., *Community and Everday Life*, London and New York: Routledge, 2006.

协同①。

　　总的看来，关于去农业化、去社区化的批评是自觉要求把乡村转型研究从二元对立、从一极到另一极转型的概念中转移出来，并试图扭转现代主义乡村研究下的农业政治经济学和乡村转型理论各自的视角，发展出乡村变迁研究的"第三条道路"，把纵向的国际农业体系重构和横向的乡村社区变迁两股力量、两种视角综合起来，形成默多克所谓的乡村发展纵向和横向网络研究新范式②。这种努力从一方面看来是软弱乏力的，因为乡村变迁议题显然需要从全球化角度把握，③而全球化并不仅仅使发展中国家乡村显得软弱无力④，对发达国家乡村也有某种瓦解性影响。早期影响主要涉及第一产业，如乡村成为自然资源的输出地、国外流动来的廉价劳动力的就业地，金融资本对乡村农业的影响日益重要⑤；接着是乡村工业经济与初级产业商品经济的分离、生产和就业的分离，以及资本流动取代贸易成为经济的驱动力⑥；近期则是转型论者所发现的全球农业体系重构带来的乡村社区自然资源的文化转向，人们以消费主义去定位自然资源和乡村的价值。但是从另一方面看，这种努力多少揭示了另一个事实，即全球化下的乡村并非只有衰朽宿命。这不仅是因为对田园生活的期望似乎总是深植于乡村居民的知识中，并被中产阶级和其他群体不断创造、建构，从而扮演了现代性的避难所；更是因为乡村在当今社会仍旧承担着无可替代的基本功能：保证食品供给和安全、自然资源保护、屏护文化多样性等。所以，在实践上，乡村的居民、群体和社区有理由对社会经济变迁做出积极的回应；地方性的、部门性的政策选择也会在乡村社区变迁中发挥

---

① Furuseth, J. & M. B. Lapping (eds.), *Contested Countryside: The Rural Urban Fringe in North America.* Brookfield: Ashgate Publishing Co., 1999, pp. 7 – 32.

② Murdoch, J., "Networks – a New Paradigm of Rural Development?", *Journal of Rural Studies*, Vol. 16, No. 4, 2000.

③ 2012年8月12—15日，在亚特兰大召开的美国乡村社会学会（RSS）第73届年会的主题为：How Flat is Rural? Diversity in the Age of Globalization（乡村怎么会不景气？全球化例代的多样性），目的就是要准确把握全球化时代的乡村地区的地位问题。

④ Stiglitz, J., *Globalization and Its Discontents*, New York and London: W. W. Norton and Company, 2002.

⑤ Woods, M., *Rural Geography: Processes, Responses and Experience in Rural Restructuring*, London: Sage, 2005, pp. 163 – 165.

⑥ Flora, C., *Rural Communities: Legacy and Change*, Oxford: Westview, 2004, pp. 124 – 126.

重要的调节功能。在此意义上说，对乡村转型论特别是其去农业化、去社区化观点的批判，似乎是要激励乡村摆脱被动适应全球化的状态，通过自身发展而实现反控制。

四 一些触动

　　站在内地农村社会学以及农村研究的角度说，欧美国家乡村转型研究应该引起一些一般性触动。例如，20世纪90年代以来发达国家一直在反思大规模城市化的发展模式，试图重新定义乡村存在的意义以及乡村的未来，对于中国这样的后发现代化国家而言，这已经不是什么未雨绸缪的问题；其所提出的从生产主义乡村到后生产主义乡村的乡村转型框架，以及强调乡村的后现代、文化转向的发展趋势，虽然可能有失偏颇且有城市中心主义之嫌，但是至少表明：努力对复杂、具体、多样的乡村变迁现象做出抽象、质性的概括，不仅是乡村社会学或乡村社会科学研究的本分，而且也是在社会科学主流中"复兴"乡村研究的必需功课。

　　除此之外，在本文看来还应该捕捉到另一些更具体的触动。例如，我们已经经常讨论乡村转型与村庄转型，日常经验也经常呈现农村或乡村的巨大变迁，可是究竟应怎么看待乡村转型研究？

　　首先，关于乡村转型的内涵。如果把转型主要理解为从一种社会组织到另一种社会组织的质变，那么乡村转型究竟是指从哪里转到哪里？流行的关于从"生产主义乡村"到"后生产主义乡村"的转型的说法，说到底是把转型前的乡村性质或村庄性质描述成农业与乡村耦合，乡村的核心就是农业生产；把转型乡村描述成传统农业生产功能在工业主义、消费主义蔓延过程中慢慢地被取代，乡村社会性质相应地发生了从生产性到后生产性的质变。这到底是不是真实的描述？是不是普遍趋势？客观说来，"后生产主义乡村"在英美乡村研究圈至今还停留在用来泛指乡村担负了消费、生态、休闲等新角色和功能的阶段，其内涵并没有得到细致说明。至于后生产主义乡村的类型，大多数研究都直接引用马斯登所谓"分化的乡村"的四种理想类型，即（1）保存的乡村，仅提供休闲产业以及住宅的开发；（2）竞争的乡村，主要指大都市圈的通勤区，新旧居民往往对该地区发展有不同意见；（3）世袭的领地，指大片的私人土地与农庄；（4）依附的乡村，包括发展迟缓地区或其他缺乏开发条件的偏远乡村地区（Marsden，1998b）。而这四种分化类型实际上主要基于对英国乡村的观察，严格来说只是区域性现象。所以，对农村或乡村转型的恰当抽象及其概念涵盖力至今还是一个成型度欠高的严峻论题。

其次，关于乡村转型机制的问题。马斯登曾提出从生产—消费关系、社会关系与社会行动、制度与权利的社会性构建等几个方面来考察乡村转型；克洛克和古德温曾提出以规制理论为基础，从经济变迁（economic-change）、社会文化重组（socio-cultural recomposition），以及国家角色的再设计（re-engineering the role of the state）三个维度来评估转型（Cloke & Goodwin，1992），两者意图差不多——中国大陆学界更常使用的语言就是乡村转型的市场、国家和社会变迁机制。大多数转型机制研究文献都不反对采取国家、市场、社会三位一体的研究框架，主要是因为这不仅可以容纳乡村变迁或转型过程中出现的新特点，例如利益复合性、合作、统治网络、地方政府权威、责任和功能、角色重组等，更主要的是它有利于表达一些重要观点：（1）乡村的不均等发展类型背后包含着市场、利益与网络关系（地方与地方）的重新组合。（2）不同的乡村发展模式代表着不同的资源组合与配置，同时也包含不同的商品化过程。（3）不同经济关系的重组是镶嵌在不同地方的社会、政治等条件之下的。简言之，分殊化的乡村类型就是不同的地方制度、市场化与社会网络关系的重组，从而形成再区域化、重组地方间的关系网络的过程。（4）乡村区域化的转型并不再是一个地理邻近性的概念，而是由国家经过区域再到地方进行控制与分工的过程，等等。笔者认为，使用这类复合机制解释乡村转型应该比使用单一机制来得更为科学、有效，若能妥加运用，有助于更好地理解各种复杂的农村变迁现象与过程，并审定价值立场和政策选择。例如，广大乡村地区是否必定在资本主义生产消费模式弥散过程中渐次同化为实质上的城市社会，新兴国家或后发展国家的农村社区究竟是否需要并且可能通过农村和城市的中间形态，诸如社区水平上的城乡衔接[①]，而顺利实现转型或实现复兴，等等。

[①] 毛丹：《村落共同体的当代命运：四个观察维度》，《社会学研究》2010年第1期。

论中国农村的区域差异
——村庄社会结构的视角*

贺雪峰

一　导论

中国是一个巨型国家，不同地区差异很大。构成中国区域差异的原因很多，择要来说，经济发展水平、历史文化条件、自然地理环境、种植结构、开发早晚、距权力中心远近等，都是形成中国区域差异的重要原因。从现象上看，中国农村区域差异尤其表现为东中西部经济发展水平的差距和南中北方村庄社会结构的差异。当前国内学界和政策部门对中国农村经济发展水平的东中西部差距比较熟悉，且国家统计局的相关数据即是按东中西部分别统计的。虽然国内学界对中国农村南中北方的差异也有一定的研究，但总体来讲，学界对基于村庄社会结构的南中北方差异研究颇少，也不够深入，政策部门则基本上没有关注到这种差异，并因此对自上而下的各种政策、法律和制度在不同结构村庄实践过程中表现出来的机制及结果的差异颇不敏感，相关方面的研究甚至还没有起步。

笔者及所在学术团队最近十年一直在全国农村开展广泛的驻村调研，累计驻村调研时间超过两万个工作日，调研地点遍及中国绝大多数省市自治区。长期驻村调查使我们关注到了之前没有意识到的若干重要学术和政策问题，这些问题大多属于调查的意外。其中，以村庄结构差异为核心的南中北方农村差异的发现，即属这样的意外。

---

* 原文发表于《开放时代》2012 年第 10 期。

早在20世纪90年代中后期，笔者在湖北荆门观察村委会选举，发现村民在选举时缺少组织，投票几乎完全是随性行为。且正是大力推进村民自治的90年代，湖北农民负担快速增加。显然，选举没有增加农民抵制不合理负担的能力，相反，因为农民过于分散，选举出来的村干部在与县乡交涉中，无法得到农民强有力的组织支持，不得不依附于县乡，乡村很快结成利益共同体。[①] 湖北荆门农民的这种分散状态为原子化状态，从村庄社会结构上看，这样的村庄可以称为分散型村庄，即在村庄内部缺少紧密相连的具有集体行动能力的农民集群，每个农民都是相对独立的，是原子化的，是分散的。

1999年底，笔者到江西泰和、崇仁等地调查，发现与湖北农民原子化状态相当不同，江西农村宗族组织仍然可以在选举和公共品供给方面发挥重要作用。在江西农村，农民通常是聚族而居，村庄往往由同一个始迁祖繁衍生成。血缘与地缘的重合使宗族组织具有相当强大的力量。到90年代农民负担沉重的时期，宗族组织仍然可以将农民集结起来，反抗地方政府加重农民负担的行为，因此这里农民负担也就远不如湖北沉重。江西宗族村庄，因为血缘与地缘的重合，村庄社会结构相当紧密而成为团结型的村庄。

2002年，笔者到安徽阜阳农村调查，发现阜阳农村的村庄往往分裂为多个派系，各个派系都有很强的一致行动能力，典型表现是村内不同派群众的轮番上访。村庄各派农民轮番上访，在某种意义上强化了县乡的权力，而村内公共事务却难以达成一致行动的意见。显然，在阜阳农村，村庄内部是分裂的。

2004—2005年，笔者先后到陕西关中、河南安阳、河南开封、山西运城等北方农村调研，发现北方农村村庄内部普遍存在一些功能性的村民血缘群体，名称不一，如叫"门子""门份""户族""本家"等，大致是五服内血缘关系的联合，其主要功能是红白事上的互助。不同血缘群体之间具有竞争关系，笔者将村庄内的这些小型血缘群体统称为"小亲族"。[②] 一个自然村一般都有数个相互竞争的小亲族，从社会结构上看，

[①] 参见贺雪峰《试论二十世纪中国乡村治理的逻辑》，载黄宗智（主编）《中国乡村研究》第5辑，福建教育出版社2007年版。

[②] 相关调查报告可参见贺雪峰《村治模式：若干案例研究》，山东人民出版社2009年版。

这样的村庄是分裂型村庄。

这样，从结构上看，我们发现有三种不同类型的村庄，一是湖北荆门原子化程度很高的分散型村庄；二是江西宗族性的团结型村庄；三是北方农村以"小亲族"为基础的分裂型村庄。村庄是一个熟人社会，是农民生产、生活和娱乐的基本单位，村庄社会结构不同，生活在村庄的村民和农户就会有相当不同的应对生产、生活和娱乐的方式，也就会有相当不同的行为逻辑。村庄社会结构的差异还会导致村民个性（如性格、面子观）和交往方式的差异。

自上而下的各种政策、法律和制度是通过村庄来实践的，因为村庄社会结构的差异，导致自上而下的各种政策、法律和制度在村庄实践过程中的机制与结果有很大差异。学界一般习惯从地方政府政策执行能力和地方经济发展水平的角度去解释农村政策实践的差异，而忽视了村庄社会结构本身对政策实践的反作用。

在2005年以后，笔者及所在学术团队开展了大量的农村调查，以验证以上村庄分类的适用性。调查表明，当前中国农村村庄社会结构差异十分明显，且具有明显的区域性。大致说来，江西、福建、广东、广西等南方农村多为团结型村庄，河北、河南、山东、山西、陕西、皖北、苏北等北方农村多为分裂型村庄，而以长江流域（以及西南、东北地区的农村）为典型的中部农村多为原子化的分散型村庄。

反过来说就是，从村庄社会结构角度看，中国农村存在南中北方的区域差异。本文的目标是从村庄社会结构角度提出并论证中国农村的南中北方的区域差异，主要讨论两个问题：一是从村庄社会结构角度讨论中国农村区域差异的特征；二是讨论为什么会形成村庄社会结构的区域差异。如果可以证明中国农村村庄社会结构存在南中北方的区域差异，我们就不仅可以较好地理解中国不同区域农村村民性格特点、交往方式和行为逻辑的差异，而且可以较好地解释自上而下的各种政策、法律和制度在不同区域实践机制和结果的差异。

村庄社会结构是指由村庄内部成员社会关系网络构造的结构性特征。村庄有多种含义，首先指自然村，在自然村之上一般都会有国家的基层行政建制，如里甲和保甲组织、乡村组织等，基层行政建制与自然村之间相互塑造。本文所指村庄社会结构主要是指以熟人社会为基础的村庄成员之间的关系状况和行动能力，其中最为典型的村庄社会结构是建立在血缘关系基础上的宗族组织。村庄社会结构的形成具有内在逻辑，因为生态环境和村庄历史的区域差异，不同区域村庄往往具有相当不同的社会结构，或者说，村庄社会结构的分布具有区域规律。正因如此，我们可以从村庄社会结构的视角来讨论中国农村区域差异。

二 已有研究的简单疏理

村庄研究是中国农村研究中经久不衰的话题，吸引了社会学、人类学、历史学、经济学、政治学等各个学科的大量学者，他们留下不少经典作品。老一辈学者如费孝通、林耀华、杨庆堃，海外中国研究学者如弗里德曼、施坚雅、杜赞奇、黄宗智等，当代中国学者如吴毅、王铭铭、朱晓阳、阎云祥、赵旭东等，在中国村庄研究方面都有颇为深入的开拓。《中国村治模式实证研究丛书》一套16种，对当代中国11个省区的15个村庄做了深入实证调研，并以此为基础，提出并初步讨论了当前中国乡村治理区域差异问题。[①]

总体来讲，当前已有村庄研究为深入理解中国农村区域差异提供了丰富的观点和资料，也提供了诸多视角。还有学者从村庄社会结构角度（主要是宗族组织发育状况）讨论了中国农村南北方的区域差异，这都为本项研究提供了基础。

（一）区域研究成果

从区域角度看，学界关于村庄结构的研究成果十分丰富，这些往往以个案为基础的区域研究，不仅刻画了各区域村庄结构的特征，而且还对形成区域特征的原因进行了分析。

1. 华南村庄研究所指的华南地区主要包括福建、广东、江西、广西、海南等南方省区，以华南农村为代表的南方农村还包括皖南、浙西南、鄂东南、湘南等区域的农村，这些南方地区农村的村庄结构与华南农村也相当接近。华南村庄研究中，内容最丰富也最值得注意的是对福建、江西和广东农村宗族的研究。较早的作品如林耀华研究福建宗族的《金翼——

---

① 贺雪峰主编：《中国村治模式实证研究丛书》，山东人民出版社2009年版。

中国家族制度的社会学研究》和《义序的宗族研究》;① 庄孔韶在林耀华研究的基础上调研撰写了《银翅:中国的地方社会与文化变迁(1920—1990)》一书;② 美国学者葛学溥20世纪早期在广东凤凰村调研并写作了《华南农村生活——家族主义社会学》。③ 改革开放以后对华南宗族的研究,代表性人物如叶显恩对广东珠三角和安徽徽州宗族的研究;④ 郑振满对福建明清家族组织的研究;⑤ 钱杭、谢维扬对江西泰和县农村宗族的研究。⑥ 从现有研究成果来看,华南地区农村宗族组织大多比较发达,村庄结构的典型特征是聚族而居,血缘与地缘重合,宗族规范(族规家法)强大,以血缘关系为基础的宗族结构成为维系村庄秩序的基础。华南地区宗族组织发达的典型表现是具有完备的宗族四大要素,即祠堂、族谱、族长和族田。

以林耀华和葛学溥等人的研究为基础,英国人类学家弗里德曼写作了《中国东南的宗族组织》等书,对中国东南地区尤其是福建、广东宗族性村庄形成原因进行了高度概括和归纳。⑦ 他认为,中国东南地区宗族发达源自东南地区的三大特点:边陲状态、水利和稻作农业。⑧

2. 华北农村研究

华北区域研究中最有成就的,当数以"满铁"调查资料为基础的海外中国研究,黄宗智和杜赞奇是集大成者。黄宗智深入研究了华北地区生

---

① 林耀华:《金翼——中国家族制度的社会学研究》,生活·读书·新知三联书店1989年版;林耀华:《义序的宗族研究》,生活·读书·新知三联书店2000年版。

② 庄孔韶:《银翅:中国的地方社会与文化变迁(1920—1990)》,生活·读书·新知三联书店2000年版。

③ 周大鸣将该书译为《华南的乡村生活——广东凤凰村的家族主义社会学研究》(知识产权出版社2006年版)。凤凰村的后续研究参见周大鸣《凤凰村的变迁》,社会科学文献出版社2007年版。

④ 叶显恩:《明清徽州农村社会与佃仆制》,安徽人民出版社1983年版;叶显恩、谭棣华:《论珠江三角洲的族田》,载广东历史学会(编)《明清广东社会经济形态研究》,广东人民出版社1985年版。

⑤ 郑振满:《明清福建家族组织与社会变迁》,湖南教育出版社1992年版。

⑥ 钱杭、谢维扬:《传统与转型:江西泰和农村宗族形态》,上海社会科学院出版社1995年版。

⑦ [英]莫里斯·弗里德曼:《中国东南的宗族组织》,刘晓春译,上海人民出版社2000年版。

⑧ 参见王铭铭《社会人类学与中国研究》,生活·读书·新知三联书店1997年版,第79页。

态环境、小农经济形态、国家与农民关系,他的研究具有强烈的区域意识。黄宗智认为,华北村庄相对封闭,自然村的宗族组织不突出,村内街坊组成的共同体具有较大作用。华北以自耕农为主的商品化程度较低的经济形态,导致农民主要不是与地主打交道,而是为缴纳赋税不得不通过村庄与国家打交道。正是在与国家打交道的过程中,华北村庄内形成了一个非正式的带有委员会制特点的"会首制度"。① 李怀印在黄宗智研究的基础上,以华北获鹿县的档案资料为基础,更加详细地研究和证实了黄宗智的观点。② 杜赞奇认为,与华南庞大、复杂、联合式的宗族相比,北方宗族既不拥有巨额族产,又缺乏强大的同族意识,但是,这并非意味着北方宗族就没有作用。在华北,"在与全体村民相关的村务(公共事务)中,为人们所承认的最基本的参与单位是由同一宗族组成的门或派,由于门或派成员是同一祖先的后代,故具有血缘集团的性质。从这点出发,我认为,村落组织是由拥有共同祖先的血缘集团和经济上相互协作的家庭集团组成。"③

研究还表明,华北地区,村庄内的土地买卖受到地方规范的严格限制,④ 这与长江流域的情形大为不同。正是土地买卖受到限制,使华北村庄可以保持相当的稳定性。日本学者平野义太郎以对河北顺义县沙井村的调查为基础,在1941年发表了《会、会首、村长》一文,提出中国村落具有共同体性质,他主张"村落在农村生活中的农耕、治安防卫、祭祀信仰、娱乐、婚葬以及农民的意识道德中的共同规范等方面具有共同体意义"。同样以华北调查为基础,日本学者戒能孝通在1943年发表《中国土地法惯性序说》一文,针锋相对地指出,华北村庄集团的性质不是共同社会而是利益社会。福武直与戒能孝通持相同的观点,认为华北地区的村落与华中相比集团性要强,但仍然是微弱的,因此不能说华北存在村落共同体,只能说是存在有组织的"生活共同体"。福武直之所以认为华北不存在村落共同体,是因为他认为华北村庄不具有强大凝聚力,缺少内生

---

① 参见黄宗智《华北小农经济与社会变迁》,中华书局2000年版,第64页;黄宗智:《长江三角洲小农家庭与乡村发展》,中华书局2000年版,第156、157页。
② 李怀印:《华北村治——晚清与民国时期的国家与社会》,中华书局2008年版。
③ 参见[美]杜赞奇《文化、权力与国家》,江苏人民出版社2004年版,第62—64页。
④ 村庄成员尤其是宗族成员具有先买权,参见黄宗智《华北小农经济与社会变迁》,中华书局2000年版。

的积极的村落认同。而华北村落的生活共同体性质，使得村落仍然具有对外封闭性，在以村外作为参考群体时，村民仍然具有本村人、外路人或异乡人的意识。外村人迁居到新的村落仍然需要这一村落村民的保证，而要取得正式村民资格则需要长时间的交往。[1] 从某种意义上说，无论认为华北存在村落共同体的平野义太郎，还是认为华北村落是生活共同体的福武直，都认为在华北地区，村庄有比较严格的规范。不同的是，平野义太郎认为华北村庄具有强大凝聚力，福武直认为华北农村与日本农村不同，并不存在对村民具有巨大制约作用的社会规范，华北农村村民关系是扩散性的，村落具有结社性质。

从现有华北农村的研究成果看，新中国成立前，华北村庄社会结构有四个明显的特征：一是村庄相对封闭，构成相对独立的社会单元；二是自耕农占主导；三是村庄以多姓村为主且分裂为多个门派，[2] 每个门派都有自己的代表人物（首事，或称会首），这些代表人物组成的首事会决定村庄公共事务和协调对外事务，包括承担国家赋税任务；四是村庄具有较强的规范。

3. 长江流域农村研究

长江流域的研究可以分为长江下游的长江三角洲地区、中游的两湖平原、上游的川渝地区。先看长江三角洲的研究。最早的经典研究应是费孝通的《江村经济——中国农民的生活》。费孝通提出了一个农民通过兼业来应对人多地少劳动力过剩的生计模式，而对村庄内的社会结构较少涉及。[3] 黄宗智在《长江三角洲小农家庭与乡村发展》一书中，利用"满铁"资料和实地调查成果，在费孝通相关研究的基础上，进一步深入阐明了中国农业内卷化的问题及乡村工业发展的意义。[4] 一个有趣之处恰在于，他的研究揭示出长江三角洲地区频繁的土地流转、繁荣的商品生产以及不在村地主与国家合力剥削在村农民的问题。长江三角

---

[1] 参见李国庆《关于中国村落共同体的论战——以"戒能—平野论战"为核心》，《社会学研究》2005年第6期；[日] 丹乔二：《试论中国历史上的村落共同体》，虞云国译，《史林》2005年第4期。

[2] 这里尤其要注意，在华北地区，即使是单姓村庄，该村庄也并非会因此就成为地缘与血缘的结合体，而往往在同姓中仍然分裂为多个不同的门派，这是完全不同于华南农村的，参见申端锋《小亲族简论》，《三农中国》总第5期，湖北人民出版社2004年版。

[3] 费孝通：《江村经济——中国农民的生活》，商务印书馆2001年版。

[4] 黄宗智：《长江三角洲小农家庭与乡村发展》，中华书局2000年版。

洲的村社组织十分微弱，农民很少与国家打交道，而且也很少与不在村地主打交道。他们种地交租，一般拥有田面权，交租给拥有田底权的城居地主。村庄事务主要靠强有力的同族集团，但长江三角洲的同族集团与南方农村强大宗族完全不同，因为长江三角洲的农民居住往往相当分散。也就是说，黄宗智认为，长江三角洲地区的农村既不存在如华南农村以地缘和血缘重合的大规模聚居且往往拥有大量族田的强宗大族，也很少有华北农村强有力的门派组织。较高的生产力水平、相对稳定的生态条件、多样化的生态结构，使得高度市场化和田底权的高度流动性并未带来农村基层的高度不稳定。在基层社会，成员人数很少但强有力的同族集团成为农民主要的合作单位。因为村庄内生同族集团一般规模很小，且村庄分散，农民为了增强应对外来冲击的能力，往往要通过村内联姻增加自保的能力，或通过认干亲、加入义缘团体来寻求保护。无论是村内联姻、认干亲还是参加义缘团体，都可能进一步切割村庄内的宗族血缘联系，抑制宗族组织的形成。

施坚雅研究的长江上游四川成都平原的情形与长江三角洲十分相似。施坚雅认为，在成都平原，村庄的社会意义很弱，农民主要生活在基层市场圈内，一级一级的市场构成了理解中国社会结构的秘密。他认为，成都农民高度面向市场而生产，土地快速流动，农民在农闲时几乎天天到集镇闲逛。基层市场不仅构成了农民的生产和生活场所，而且与通婚圈高度重合。成都平原村庄边界高度开放且不稳定。成都平原所形成的以基层市场为基础而非以村庄边界为基础的基层社会结构，导致村民无法通过稳定的血缘关系与地缘关系的重合来形成强有力的合作与互惠网络，为了获得有力的救助网络，农民就不得不求助于哥老会等帮会组织，或求助于结拜兄弟等义缘组织的力量。[①]

长江中游地区，如两湖地区、江西北部、安徽中部，因为长江季节性泛滥而存在高度的生态不稳定性，严重影响了农民的居住形态和村落结构，"从目前掌握的资料来看，散居的形式远较聚居为多。也就是说，散居是一种常态，而聚居倒是一种变态"，正因如此，两湖地区"宗族组织在时段发展上呈现出较江西和华南稍微'延后'的局面，两湖地区宗族

[①] ［美］施坚雅：《中国农村的市场和社会结构》，史建云、徐秀丽译，中国社会科学出版社1998年版。

组织的规模化、制度化、组织化的局面更多出现在清代中后期",而且"两湖地区宗族组织化的程度参差不齐,概而言之,两湖地区宗族势力较盛的地区多半靠近江西"。①

日本学者福武直对华中地区也有研究。他认为,华中地区从任何意义上讲都不存在村落共同体,由于缺少村有财产,宗族村落又很少,村落内部结合程度相对微弱,对外来者的排斥并不显著,村庄具有极大的开放性。按福武直的观点,决定华中地区村落社会性质的因素是其固有的自然条件以及得天独厚的自然条件之上达到的经济发展阶段。②

从地理上看,长江流域正是中国的中部地区。从已有研究看,长江流域村庄在结构上的明显特征有三,一是散居为主;二是宗族组织规模小且弱;三是农村市场化程度高,村庄规范薄弱。

综合上述研究成果,我们可以将中国农村划分为以华南为代表的南方地区、以华北为代表的北方地区和以长江流域为代表的中部地区。这三大区域的村庄社会结构差异颇大,或者说,从村庄社会结构角度看,可以将中国农村划分为南中北三大区域。

需要说明的是,中国农村地域广大,除以上三大区域以外,还有其他的农村区域及类型,其中有些区域类型可以归并到以上三大区域中。③

(二) 区域比较研究

目前国内学界较少区域比较研究的视野,其中费孝通是通过类型研究取代了区域比较研究。而关于区域比较的研究,多是泛泛比较南北农村的差异,如冯尔康对南北方农村宗族的比较。冯尔康认为,就清代宗族活动而言,"南北方表现形式颇有不同,南方似乎更规范一些,在一定意义上讲南方宗族活动盛于北方"。冯尔康分析南方宗族活动盛于北方的原因时,特别提出了三点:第一,从历史上看,南方多北方移民,土客籍矛盾大,双方为生存发展,都需要团结宗族,共同奋斗;第二,从政治上看,

---

① 参见杨国安《明清两湖地区基层组织与乡村社会研究》,武汉大学出版社2004年版,第32、264—265页。
② 参见李国庆《关于中国村落共同体的论战——以"戒能—平野论战"为核心》,《社会学研究》2005年第6期。
③ 即使是以上三大区域中的每一个区域内部,地域也极其广大,情况十分复杂,地域内存在中心与边缘的差异,不平衡。此外,边疆地区的情况往往十分特殊,难以简单归类,本项研究不包括边疆地区。

除明朝初年极其短暂的时期以外,中国的政治中心都在中原北方,南方人要想在朝中占据显要位置,利用宗族资源,加强宗族建设,以集体的力量培养家族人才也不失为一条途径;第三,从经济上看,南方商品经济发展,商人仍要借助宗族组织开展商业活动等。① 冯尔康的分析与前述弗里德曼的分析异曲同工。无论是弗里德曼的研究还是冯尔康的研究,都是以二手资料进行的理论推断。真正有实地调查经验,且有敏锐的区域比较意识的应是黄宗智。他主要从生态条件、土地制度和商品化程度等方面讨论了华北地区和长江三角洲地区农村的差异,他在比较中,给人以深刻印象的是对"生态环境"这一关键概念的讨论。② 黄宗智还比较了华北与成都平原村庄结构的差异。③

依据"满铁"资料,麻国庆比较了南北方村落的差异。他认为:"从民间政治的视角来看,在传统中国农村社会存在着两种村落系统或类型即以会为中心的北方村落社会和以宗族为中心的南方村落社会,即会型村落和宗族村落。"④ 遗憾的是,麻国庆的研究论据不很充分,并且他对北方农村"会"的理解似有误解。

还有一篇颇为有趣的研究论文是王询所作。他在题为《中国南北方汉族聚居区宗族聚居差异的原因》文章中,系统分析了南方农村和北方农村宗族差异的三大原因,分别是人口迁移、人口定居后的同族集聚、国家政权组织与宗族的关系。⑤ 虽然王询的大多数观点此前已有论述(比如弗里德曼等),但他的讨论不仅比较系统,而且在国家政权与宗族发展关系上的论证颇有新意。

(三)小结

当前学界对各区域农村村庄结构有了比较深入的研究,清晰地认识到中国不同区域村庄社会结构的差异,并提出了比较全面深入的关于村庄结构区域差异的解释。相对来说,学界对村庄结构区域差异的研究,多是泛

---

① 参见冯尔康《18世纪以来中国家族的现代转向》,上海人民出版社2005年版,第76—82页。
② 黄宗智:《长江三角洲小农家庭与乡村发展》,中华书局2000年版,第3941页。
③ 黄宗智:《华北小农经济与社会变迁》,中华书局2000年版,第63页。
④ 麻国庆:《家与中国社会结构》,文物出版社1999年版,第117页。
⑤ 王询:《中国南北方汉族聚居区宗族聚居差异的原因》,《财经问题研究》2007年第11期。

泛而论，缺少深入的比较研究，也缺少更加宏观和系统的理论概括。在已有研究中，南北方的所指大多暧昧，尤其缺少中部地区的概念。

结合笔者的调查和学界已有研究成果，可以归纳中国农村不同区域村庄结构（见表1）。

表1　　　　　　　　中国农村不同区域村庄结构

	居住形态	开放性	血缘组织	地方性规范	村庄结构
华南地区	聚居为主	封闭	多强宗大族	强	团结型
长江流域	散居为主	开放	小的同族集团	弱	分散型
华北地区	聚居为主	封闭	小的血缘集团	强	分裂型

三　村庄结构的区域差异及其成因

中国不同区域村庄结构差异明显，从而形成了村庄类型的区域差异。当前中国村庄社会结构的区域差异是如何形成的？

在《村治的逻辑——农民行动单位的视角》一书中，笔者曾试图构建一个中国传统社会结构中的双重认同与行动单位的模型。[①] 笔者认为，中国特殊的文化、地理、种植结构和气候条件等，使得中国基层治理中一直存在一个超出家庭的强有力的血缘单位，其最典型的形态就是宗族，正是宗族这一聚族而居形成的血缘与地缘共同体，成为中国传统农村基层治理的基本结构。进入20世纪，持续一百年的革命运动和市场经济的冲击，使中国不同地区基层社会结构受到不同程度的影响，依其中宗族血缘关系受影响的程度，可以分为三种情况：一是虽然受到影响，但宗族认同仍然存在，宗族仍然具有一定认同和行动能力，在村庄内，农民既受家庭结构的影响，又受宗族认同的影响，从而保持了双重的认同与行动逻辑，这就是当前中国南方宗族农村的情况。二是宗族血缘关系受到较大冲击而断裂为若干碎片，其中有些碎片较大，比如五服以内的血缘认同与行动单位，还有一些碎片较小，如仅兄弟堂兄弟关系才具有认同与行动能力，甚至仅仅兄弟之间才比较亲密。这样一来，在血缘与地缘重合基础上的村庄内部，因为宗族血缘关系的断裂，形成了若干互不隶属的门派，也就是说村

---

① 贺雪峰：《村治的逻辑——农民行动单位的视角》，中国社会科学出版社2008年版。

庄结构是分裂的，这与宗族村庄已大为不同，典型地区是华北农村。三是血缘关系断裂得比较彻底，以至于任何超出家庭的血缘关系都不再具有行动能力，兄弟关系也已经现代化了，这样的地区就不再存在超出家庭的认同与行动单位，农民原子化程度很高，这样的村庄就成为原子化的村庄，典型地区如两湖平原。

从逻辑上讲，以上建构并非没有道理，问题是，不同地区的历史与地理条件差异很大，在受到现代性因素冲击之前的农村基层社会结构中，不同地区的情况就千差万别，且往往正是这种差异使得现代性的冲击—回应有了差异。当前中国不同区域村庄结构的差异，不仅是现代性冲击程度不同和方式不同的结果，而且也由其本来就存在的差异决定。不具体分析不同区域农村的历史地理条件，我们很难真正深入理解中国农村区域差异的复杂性及其内在机制。

在展开具体分析前，我们可以再回到弗里德曼的观点。他认为，中国东南宗族的发展与边陲地带、灌溉农业这两个因素有最为密切的关系。在边陲地带，中央权力难以深度介入，地方自治变得重要，以宗族为基础的地方自治单位通过族内团结、族外联宗、远交近攻，以维持地方基本的秩序；灌溉农业对水利的需要进一步强化了对基层合作能力的需要，同时灌溉农业高产出也为宗族自治提供了经济基础。

循弗里德曼的研究路数，王询讨论了中国南北方汉族聚居区宗族聚居差异的原因，他认为，在一个地域内，现有人口的始迁祖迁入该地的时间越早，则该地宗族聚居之势越强。从各大区域现有人口聚居格局形成时间看，大体说来，南方早于北方，这决定了中国近现代宗族聚居南盛于北的格局；从定居后的同族集聚情况看，北方的旱作农业和南方的灌溉农业对合作需求程度不同，面对外部冲突的背景不同，以及经济实力、组织力量和意识形态的不同等，都导致了宗族聚居强弱的差异；从国家政权组织方面看，距政治中心越近，国家政权组织对社会的控制力越强，控制成本越低，越能进行有效控制。北方一直是中国政治中心，华北地区宗族势力就更加缺少自由发育的空间。另外，近代以来，南方宗族势力盛于北方的既成事实下面，国家存在更多因势利导地通过宗族间接控制社会的可能，尤其导致"在中国的南北方之间，由于距国家政治中心的距离和原有宗族聚居程度和宗族势力强弱不同，国家实际上采取了不同的控制方式。不同的控制方式又对宗族的发展产生了反馈作用，进一步强化了南北方宗族聚居格局和宗族势力的差异"。①

从宗族本身的发育来看，宗族应该是宋明以来的新发明，宋以前的宗族一般指世家大族，到了宋代后期，经宋儒倡导，一般庶民建祠堂、修族谱、建祖先牌位和祭祖等不仅被允许，而且被国家有意提倡，到了明清两代，宗族已成为地方社会中的主要自治力量。②

从中国不同区域来看，因为移民时期、开发早晚、开发方式、种植结构、生产力发展水平、生态环境、距政权中心远近等差异，不同区域村庄结构包括宗族组织发展状况的差异颇大。以下主要从生态和历史两个层面讨论中国目前村庄结构形成的区域条件，并以此为基础，讨论当前中国村庄结构区域差异的成因。

（一）生态的区域差异

中国地理上划分南北的分界线是秦岭—淮河线，这条线是我国东部暖温带与亚热带、半湿润区与湿润区的分界线。此线南北水热条件差异显著，农业生产也截然不同：线北的北方地区以旱地耕作为主，发展了一整套旱地农业的生产经营制度；线南的南方地区则以灌溉农业为主。以下我们分别来看不同区域的地理和生态。

1. 华北地区

从地理和生态上看，华北地区有三个重要特点，一是黄土地，二是大平原，三是半干旱气候。黄土地容易开发，土地易耕，杂草易除，作物易成活，且土壤黏性较小，交通运输方便，黄河流域因此成为中华文明的发祥地。大平原一方面使得华北地区文化交流便利，语言相对统一，另一方面，一旦发生战乱等天灾人祸，因为无险可守，由战乱而饥荒，整个华北地区都容易受到严重影响。半干旱意味着灌溉农业难以发展起来，旱作物产量较低。此外，华北地区旱灾频繁，生态不稳定，黄河和淮海经常泛滥。

华北地区因为易于开发，又是大平原，在生产力条件具备的情况下，华北的开发就会十分迅速，人口繁衍速度很快。一方面，华北地区容易发生战乱，战乱导致华北地区多次出现大规模人口减少，然后移民再开发。

---

① 王询：《中国南北方汉族聚居区宗族聚居差异的原因》，《财经问题研究》2007年第11期。
② 具体讨论可参见冯尔康《18世纪以来中国家族的现代转向》，上海人民出版社2005年版。

因为是熟土且容易开发,外来移民快速繁衍,很快就形成密集人口,人地关系变得紧张。而恰恰是华北平原易开发,到清代以后,华北地区野生资源逐步减少,一旦出现天灾人祸,就很少有缓冲余地。

华北地区的生态条件使当地农民更容易选择聚居。第一,华北黄土不黏,半干旱,使得运输相对容易,田间作业可以距居住地较远。第二,按黄宗智的说法,华北平原河流少,地下水位深,水井不像南方那样随处可打,散居不利于到定点的水井打水,聚居则可以缩短取水距离,减少取水劳动量。华北农村重视水源选择,凡聚落之中心,往往也是一个村庄的井泉所在。① 第三,聚居可以满足劳动协作和共同防御贼匪的需要。② 因此,在华北平原容易形成大规模的聚居村落,村落与村落之间相对封闭。

2. 华南地区

江西、福建、广东、广西、湘南等地南方农村基本上是以山地为主,丘陵为辅,平原甚少,地表起伏。小块盆地和山区小水源水稻耕作环境,都极有利于强宗大族的发展。③ 从气候上讲,南方农村雨热同期,降水丰富,适合灌溉农业的发展。但在生产力不够发达的情况下,除草是一个严重问题,杂草往往比禾苗更有生长力,除非投入大量劳力锄草,水稻或者其他作物很难获得收成。直至明朝末年,来自南美的土豆、红薯、玉米等作物引进之后,由于这些作物生命力顽强,可以在与杂草竞争阳光与肥源上取胜,南方山地才得到充分的开发。

同时南方以山地为主,农业开发难度大,交通不便利,导致区域内的文化差异较大,语言繁杂。

3. 长江流域

长江上游是位于内陆的一个相对封闭的区域,按一般地理特征可以分为两大部分:东部为四川盆地,西部属青藏高原。西部地势高耸、气候严寒、人口稀疏,不是本文讨论的重点地区。东部则是平原或丘陵、气候温和、人口稠密、垦殖指数高。④ 东部核心区是川西平原(即成都平原),

---

① 黄宗智:《华北小农经济与社会变迁》,中华书局2000年版。
② 从翰香:《近代冀鲁豫乡村》,中国社会科学出版社1995年版,第71页。
③ 曾祥伟:《从多姓村到单姓村:东南宗族社会的生存策略》,《客家研究辑刊》2005年第2期。
④ 王笛:《跨出封闭的世界——长江上游区域社会研究(1644—1911)》,中华书局2001年版,第14页。

因为战国时期都江堰的修建，川西平原成为中国最好的自流灌溉地区之一。川西平原地形平坦、土地肥沃、生态稳定，是西南地区最为重要的农业经济区。

长江出三峡后自宜昌进入中游冲积平原，河床比降锐减，河道迂回曲折，尤其是湖北枝江至湖南城陵矶一段（称为荆江）尤为突出。由于水流缓，泥沙沉积旺盛，荆江河面高出地面，亦成"地上河"，每到汛期，洪水高出平地10—14米，极易溃堤成灾。因此，长江中游多洪水，1949年前的2000多年发生较大洪水200多次。尤其是明清时期，由于不断围垦，把洪水大部逼入主泓，加大了堤防压力，导致荆江两岸在清代后期几乎无年无灾。因为长江中游水患，致使直到明末，两湖地区人口并不密集。明清时期，两湖地区皆属于移民型社会（江西填湖广）。

长江中下游地区地势低平，湖泊密布，河渠稠密，水田连片，该流域最具有生产力的地区都集中在长江冲积形成的河网平原地带，这些河网平原地带拥有发展灌溉农业的极大便利，也具有相当高的生产能力。因为长江周期性的泛滥，以及非周期性的洪涝灾害，使得半耕半渔式的生产方式成为长江中下游地区农业生产的重要特征。江汉平原腹地的沔阳民谣称"沙湖沔阳州，十年九不收；若得一年收，狗子不吃糯米粥"，生动反映了长江中游地区水患多但土地肥沃的现实。水网密布，生态不稳定，加之长江流域土壤黏性大，交通道路网难以建立，农户不得不依山傍水而居，"房屋相互隔离，或三五成群，形成稀疏的小村落，这种散漫型的村落形态我们称之为散村"。[①]

4. 南中北方农村生态的比较

小结以上分析，华北、华南和长江流域在生态上有如下差异：

第一，从种植结构上看，华北多种植产量较低的旱作物，而华南和长江流域多种植高产水稻。长江流域还是湖泊密布的地域，渔业是重要产业。

第二，从居住形态上看，华北和华南多聚居，长江流域多散居。

第三，从生态多样性上看，华北地区缺少应对天灾人祸的自然缓冲，人地关系紧张，生态结构单一且脆弱，华南农村和长江流域具有较强的生

[①] 杨国安：《明清两湖地区基层组织与乡村社会研究》，武汉大学出版社2004年版，第29页。

态多样性，从而有较强的应对天灾人祸的自然缓冲。[①] 正如黄宗智所说，长江三角洲远较华北平原肥沃，当农民遇到困难，他们可以比较容易地通过自己的勤快和节俭，恢复到之前的生活水平，正因如此，长江三角洲的小农家庭可以保持相当的稳定，而华北农村，一年灾害，三年负债，两年灾害，终身穷苦。[②]

第四，从生态稳定性上看，华南生态稳定性较好，华北和长江中下游的生态稳定性均较差，其中华北最大的天灾是旱灾，长江流域最大的天灾是洪水泛滥，因为长江流域最具有生产力的地区是长江中下游冲积平原，这些地区恰恰最容易遭受洪水冲击。

第五，从开发难度上看，华北开发最容易，难度最低，华南地区和长江流域（尤其是长江中游地区）开发难度比较大，开发较晚且相对缓慢。长江流域和华南农村广大的未开发水面和山地，不仅使农民有了应对灾荒的回旋余地，而且随着生产力的发展、优良作物的引进与改良，农民可以向水面和山地争粮食。正是因此，当南方小平原建立的宗族群体人满为患时，当地居民就可以向水面和山地迁移，形成新的宗族组织。

第六，从战乱扩散难易程度上看，华北地区最容易受到战乱影响，长江流域因为地处中国中部，也容易受到战争影响，华南偏于一隅，且多山水阻隔，战乱较少且战乱不容易扩散。

第七，从文化传播角度上看，华北交通方便，文化统一程度高，语言相对单一。华南因为多山多水，文化传播比较困难，语言繁杂。长江流域因为地处中部，是文化交流的枢纽，因此相对包容和多样化。

（二）村庄历史的区域差异

几乎所有研究中国农村区域差异的学者都注意到了南北方村庄结构存在的巨大差异，其中的关键是华南普遍存在宗族结构，而华北宗族结构力量薄弱。造成宗族南北差异的重要原因与目前居住人口形成时间有密切关

[①] 在长江流域和华南农村，因为有山有水，遇到灾荒，当地居民总是可以想办法度过饥荒。比如据清宣统二年石印的《湖南乡土地理参考书》对两湖地区水灾与渔业的关系曾有过这样的总结："滨湖水滋稼败，而鱼虾聚焉；若水旱不侵，年谷顺成，则鱼稀至。"因此大水灾后，农民"或采菱、芦、藕以谋生"，"或收鱼、虾、鳖，介以给食"，引自夏明方《近代中国粮食生产与气候波动》，《社会科学战线》1998年第4期。

[②] 黄宗智：《长江三角洲小农家庭与乡村发展》，中华书局2000年版，第163—165页。

系。当前中国不同地区农村主流居住人口及村落建成时间顺序大致是华南（宋代）、华东（宋代）、西北（宋元）、华北（明代）、华中（明清）、西南（清代）、东北（清末），其中华东地区在太平天国时期发生大量人口损失，出现了局部移民。

要正确理解现居人口和现有村庄建成时间早晚对村庄结构的影响，需要特别注意两点，一是从始迁祖迁入到村庄成型需要时间；二是20世纪革命到来之前村庄的既有格局状况。在面对革命冲击时，村庄既有结构是十分关键的。我们假定在20世纪革命前均为传统时代，在传统时代，村庄是按照传统逻辑正常成长的。

1. 华南农村

虽然生态条件有差异，但自宋元以来，汉人聚居区的宗族组织普遍得到发展。自宋元开始，华南农村约有一千年相对稳定的农村发展史，这一千年既是村庄成长史，往往也是宗族发展史。在华南农村发展史上，先是北方汉人移居华南，或新辟田地，或借居土著。在汉人移居华南时，华南仍未得到充分开发，人口稀少，生产力水平较低，甚至到了宋代，广东、福建还是流放失意政客的未开化地区。华南地区还有大量未被开发的处女地，尤其是有大量丘陵和山地未被开发。随着人口繁衍，村庄不断拓展。一方面，随着人口增多和生产力发展，村民就地平面扩展，比如由平原到丘陵到山区的拓展；另一方面，因为人口增加，人地关系变得更加紧张，村民之间的关系变得更为紧张，血缘基础上的宗族内部更加紧密，宗族之间的竞争更加激烈。经过一千年的成长和消化，华南地区地缘与血缘相结合的宗族得到充分发育，小的宗族难以生存，或者附籍（依附性宗族），或者搬迁，形成宗族聚集，大量单姓宗族村落出现。宗族远交近攻的结果，形成了相当大区域的宗族连片。又因为宗族之间激烈竞争，导致宗族内部的高度凝聚与整合，地缘与血缘关系融为一体，宗族规范发展成熟，高度内化于其成员血脉之中，宗族具有极强的行动能力。也就是说，经过长期的发育，在华南农村出现了宗族结构与宗族规范的高度统一、宗族组织与宗族意识的高度统一。华南农村不仅具有大量强宗大族，宗族占有大量族田，有完善族谱，有高大宗祠，而且形成了完善的宗族文化，宗族意识已经融于每个人的血脉之中。在这种强大宗族文化和宗族意识中成长起来的每个人都在自己生命中融入了宗族的因子。结构与规范完美结合的华南宗族农村在面对20世纪革命冲击时，就可以表现得相当顽强。

2. 华北农村

相对来讲，华北地区的村庄大多起始于明初山西移民，其真正形成村庄应在一百年后，即在明朝中期。成型的村庄历史至今有五百多年。华北地区现居民是在熟土开发，又是在距离中央政权不远处发展。华北村庄的发育史中，绝少宗族之间血腥斗争及由此产生单姓村基础上的强宗大族，反而是在绝大多数村庄都形成了多姓聚居格局，从而在华北地区形成了以地缘关系为主的聚居结构。华北地区的血缘基础上的家族结构是依附于地缘关系并且是在地缘之内发挥作用的，或者说，华北地区形成了小规模血缘关系基础上的村庄结构，村庄内有多元力量并存，村庄之间缺少如华南农村那样的因为激烈竞争远交近攻所导致的宗族依附、合并和联宗。

华北地区多姓村是主导的村庄结构，村庄与村庄之间相对封闭。又因为华北地区是熟土开发，开发容易，人口繁衍和村庄增长很快，又缺少平面拓展的空间（无法由平原到丘陵再到山地或水面开发的可能），人口繁衍和村庄增长很快即到极限，人地关系变得紧张。熟土开发容易且彻底，使得华北地区环境条件脆弱，缺少生态多样性，易出现天灾人祸，农民缺少自然的缓冲（野生动植物少），村庄内部必须形成强有力的地方规范来应对人地关系紧张所必然产生的种种治理难题。比如为救助破产的边缘农民，村庄发展出具有一定道义经济色彩的打叶子、拾落穗权；[①] 20世纪初华北农村青苗会的看青人往往是本村贫民无赖，甚至惯偷。任命这样的人看青，既是为了防止他人偷窃，又是为了使他不故伎重演；[②] 土地买卖中的本村人尤其是族人具有先买权；[③] 李怀印通过对河北获鹿县档案的研究发现，迟至20世纪20年代，地方惯例仍然具有极大的效力，为当地农民所认同，甚至成为地方官员庭审的依凭。[④] 在华北农村，如此内生地方性规范，恰又是在村庄内充分发育具有明显功能倾向的血缘组织来助力，这

[①] 打叶子、拾落穗，前者指高粱即将成熟之际，允许他人采摘叶子作为家畜饲料；后者指在收割过的粮食作物田里，允许其他人进入拾取穗子。参见［日］丹乔二《试论中国历史上的村落共同体》。

[②] ［美］杜赞奇：《文化、权力与国家》，江苏人民出版社2004年版，第143页。

[③] 关于华北地区土地买卖中的族人先买权的讨论，可参见黄宗智《华北小农经济与社会变迁》，中华书局2000年版，第270—276页，更深入细致的讨论可参见赵旭东、张佩国等人的著作。

[④] 李怀印：《华北村治——晚清与民国时期的国家与社会》，中华书局2008年版。

个功能性血缘组织主要是五服内的血缘关系群体，五服与丧葬有密切关系，丧葬是传统时代农民家庭最为重大的事务，是需要社会帮助的事务。或者说，在华北村庄内，功能性的血缘小团体成为了村庄内生规范的组织基础。① 总之，到20世纪革命来临时，经过足够充分的发育，在华北农村可以看到的村庄结构情形是：华北农村多为多姓村，缺少强宗大族；村庄相对封闭；村庄内部合作的组织基础是五服内血缘小集团；在血缘小集团基础上，村庄形成了强大的内生规范，以应对因为人口繁衍所导致的严峻人地关系以及紧张局面和层出不穷的棘手问题。

由此可见，华北农村也是正常成长的村庄，因为村庄经过充分发育，形成了村庄结构与规范之间的有效匹配，或者说在村庄结构与村庄规范之间经历了相互塑造和相互强化。

显然，华北与华南形成了相当不同的村庄结构与地方规范的匹配形式，即华南主要是通过血缘与地缘的重合来强化血缘基础上的地缘关系，从而形成了华南普遍的强宗大族，华南宗族有大量族产，有广泛联宗，有高大宗祠，这些都是华北所罕见的。注意，因为结构与规范的相互塑造和强化，华南宗族不只是功能性的组织，而且具有伦理性的价值，具有强大的价值支撑能力。造成华北农村与华南农村村庄结构以上差异的原因恰在于：华北是在熟土开发，种植旱作物，距中央权力近，而华南多处女地开发，开发空间大，种植水稻作物，且距离中央权力较远，华北和华南形成村庄的时间也有一定差异。

3. 西北地区

相对华北村庄五百年历史，晋陕村庄的历史较长。尤其是晋东南和关中地区，一直是中华文明的重要腹地。由于黄河和太行山的阻隔，在唐宋以后，晋、陕相对稳定，并成功地实现了民族大融合，到元末明初时，山西人口众多，是后来向华北移民的人口前提。

有趣的是，晋陕村庄也多为分裂型结构，村庄内存在众多功能性的血缘群体，其中原因大致与其耕作方式、种植结构、地理条件、气候条件（半干旱地区）相关。关于晋陕与华北村庄结构相似性的原因还有待更加深入的调查讨论。

---

① 之所以华北地区村庄内多是小规模群体，其中一个重要原因与华北旱作农业有关。旱作农业剩余较少，无法形成大规模族产族田，从而难以形成强宗大族。

4. 长江中游：两湖地区农村

两湖地区也是移民社会，两湖地区与华北、华南的重大差异在于前者生态的多样性和不稳定性，以及因此在两湖地区形成的以散居为特征的居住结构。

两湖地区生态不稳定（周期性的洪水泛滥和非周期性的严重水旱灾害），并曾是宋元明代的主战场，这导致了该地区人口大量耗损，到了明朝初年，两湖地区人口稀疏，出现了"江西填湖广"。目前两湖地区居民多是在明代以后移居至此的，且直至明代中后期，张居正主持修建长江大堤，两湖地区周期性洪水泛滥才有所减弱，长江中游地区的生态稳定性才有所增强。明清时期，长江中游开发进入高潮，农业开发不断由丘陵平原向山区和湖区推进。①

与华北地区不同的是，现居民从外地移居过来时，两湖地区远不如华北地区那样已被充分开发，而是生态甚不稳定且具有多样性的地区。两湖地区的开发远较华北困难，因此，两湖地区人口增长速度较慢，人地关系也不如华北地区紧张。直至20世纪革命来袭时，两湖地区仍然具有很强的生态多样性，当地农民较华北农民拥有更多从未被开发的、在自然中谋生自救的手段，居民依据个人理性进行选择的空间甚大，由此两湖地区也就没有必要通过形成强有力的地方性规范来建立内部合作以应对风险。

这样一来，在长江中游的两湖地区，不仅村庄多是散居，而且村庄规范比较弱，在散居的村庄结构与薄弱的村庄规范之间，没有形成如华南农村和华北农村村庄结构与地方规范之间的相互塑造和相互强化的格局。

也许随着时间的推移，在人口繁衍导致人地关系紧张的严酷背景下，经过充分发育，两湖地区终究可以形成村庄结构与规范之间的相互塑造与强化。但直至20世纪革命来袭时，总体来讲，两湖地区仍未形成这种强化。有趣的是，到清末，尤其是在太平天国起义的强烈震撼下，因为国家的衰弱、基层的混乱，清政府被迫进一步开放族权，比如咸丰初年规定"凡聚族而居，丁口众多者，准择族中有品望者一人为族正，该族良莠责令察举"，族权开始普遍在基层与政权结合。② 两湖地区不同于华南，当宗族与政权结合时，功能性的宗族组织在两湖地区得以快速发育。宗族具

---

① 林济：《长江流域的宗族与宗族生活》，湖北教育出版社2004年版，第11、135页。
② 参见麻国庆《家与中国社会结构》，文物出版社1999年版，第102页。

有执法权,使得宗族成为维持内部团结合作、保护内部利益的手段,也因此可能成为豪强用于维护阶级利益的工具——这正是共产党人所常看到的。[①] 这种宗族组织与华南地区的差异有三,一是缺少宗族财产;二是缺少宗族的价值认同;三是缺少村庄结构力量的支持。

或者说,两湖地区的人地关系状况和生态条件,使得居民缺乏相互协作的压力和动力,村庄内生规范没有得到环境强有力的激发,人们生活在一个相对自由的环境之中,主要靠个人力量来应对环境。直到20世纪革命来袭时,在两湖地区的大部分农村,村庄结构和村庄规范都没有形成强有力的匹配(相对华南就更加明显了)。两湖地区每个个体的理性因此被充分调动起来。没有经过与村庄结构相互强化,从而没有真正深入到居民价值世界的村庄规范很快就被现代性冲垮,村庄很快就变得原子化了。这就是为什么一旦革命来袭时,两湖地区看起来强大的宗族很快就灰飞烟灭的原因。

5. 长江上游及西南地区

西南的情形与两湖类似,一是村庄历史很短;二是具有生态多样性。四川现居人口基本上是在清初移民而来,所谓"湖广填四川",外来移民先平原再丘陵再山区,直到晚清,四川人口才开始向边远的云贵移民。

作为四川核心区的川西平原,因为都江堰的功劳生态稳定,经济繁荣,且总体来讲,人地关系并不紧张。这里商品经济发达且租佃经济发达,从而形成了以集镇为中心的散居社区结构。

也就是说,在川渝,当20世纪革命来袭时,散居的村庄结构与薄弱的村庄规范并存,村庄结构没有与村庄规范之间形成强有力的相互塑造、相互强化,更没有相互匹配。当地农民十分理性地决策和行动,以各自应对事变。农民建立在村庄层面甚至更小范围的合作甚少。川渝地区没有获

[①] 杨国安意识到了两湖地区宗族的这个特点。他说,两湖地区大规模、制度化、组织化的宗族重建活动多集中于清代中后期,并专门用注释说明,宗族按实际功能和社会作用的不同,可以分为文化层面上的宗族和制度层面上的宗族,这很重要,不过,杨国安忽视了两湖地区宗族制度化过程中,因为缺乏制度与文化之间的相互激化,两湖地区制度化起来的宗族往往缺少文化的支撑,缺乏强有力的宗族规范的支撑及缺少价值的支撑。这是长江中游宗族与华南宗族的重大差异。另外,两湖地区也是差异很大的地区,其中相当部分地区直至清末才形成制度化的宗族组织,也正是因为两湖地区宗族制度化太晚,一旦宗族遇到20世纪的革命,两湖地区的宗族很快就瓦解掉了,参见杨国安《明清两湖地区基层组织与乡村社会研究》,武汉大学出版社2004年版,第263页。

得在传统中发育村庄结构的充足的机会。

西南地区的云贵汉人聚居农村，因为这里开发时间更短，村庄结构与规范更加没有形成有效匹配。

6. 长江下游

长江下游的长江三角洲地区，与华南农村（以及华北农村）有很大的差异，原因有四。一是长三角开发很早，生态稳定，土地肥沃，灌溉方便，长三角因此早在隋唐时期就成为中国经济的重心，朝廷通过京杭大运河从以长江三角洲为核心的江南地区调运粮食，以养活北方的政治重心。南宋开始有"湖苏熟，天下足"的民谚。因为是中国经济的重心所在，长江三角洲地区的"国家在场"就远多于华南地区。华南地区形成强宗大族的条件在长江三角洲并不存在。长江三角洲地区的宗族组织之间发生械斗的可能性远小于华南地区；二是长三角地区河网纵横，土壤黏性很大，大多种植水稻。为了取水、运输和耕作的方便，村居大多沿河而筑，村民居住分散，村庄往往由小而分散的同族集团构成，缺少大规模集中居住的村庄。这与长江中游的两湖地区几无差异；三是太平天国时期，长江三角洲成为主战场，人口遭到极大的损耗，经过大约五十年不间断地从周边地区移民，到了 19 世纪末，长三角才再次恢复了人口平衡；四是相对于华北生态的脆弱，长三角一直保持了生态的多样性，面临天灾人祸，居民有办法通过个体努力从自然中获取生存资源，从而减少了对合作的需要。

以上四个原因，使得长江三角洲地区在进入 20 世纪时，在村庄内并未形成强有力的结构与规范之间的相互强化和严密匹配。

7. 东北地区

东北地区的状况与西南一样，而且程度更深，因为东北地区移民历史更短。甚至东北大部分村庄在没有没有得到以传统方式发育成长的机会之前，即不得不面对 20 世纪的革命。

8. 中部农村含义及其扩展

以上讨论的长江流域，无论是上游的川渝、中游的两湖、下游的长三角，其村庄结构十分相似，主要表现为：散居为主；农业剩余较多；生态多样性使居民更容易通过个人努力向自然获取生存资源；因为天灾人祸而屡屡出现严重人口耗损，使得当前长江流域居民多是最近数百年移民。这些方面的原因累加起来，使得长江流域直至 20 世纪革命来袭之前，因为居民缺少进行合作的压力与动力，村庄未遭受严酷的环境压力而生成强大的内生地方性规范，村庄结构与村庄规范之间也未能相互强化和激化，更没有形成相互之间的严密匹配。散居和村庄规范薄弱，成为长江流域村庄社会结构的显著特征，这两个特征使得长江流域农村与华南、华北农村区分开来。长江流域位于中国中部，因此可以称为中部地区。

需要特别说明的是，中国西南汉族地区和东北地区因为开发比较晚，村庄正在形成过程中即遭遇20世纪的革命运动，这使西南汉族地区和东北地区的村庄结构与长江流域极其相似，都是分散型的村庄结构，且村庄规范较弱。为了便于理解中国农村区域差异，我们有时依村庄结构的特征将西南汉族聚居区和东北农村划归到中部地区。

（三）小结

以上关于北方、南方和中部地区生态环境与村庄历史的区域差异如表2所示。

表2　　　　　中国农村不同区域村庄生态环境与历史

		生态			历史	
	种植结构	地理条件	生态多样性	现居人口形成时期	村庄形态	
华南农村	赣闽粤桂琼	灌溉农业	多山区丘陵	宋代	聚居为主	
西北农村	晋陕甘	旱作农业	多平原	宋元	聚居为主	
华北农村	冀鲁豫	旱作农业	多平原	明代	聚居为主	
长江流域	上游，川渝	灌溉农业	地形复杂	中等	清初	散居为主
	中游，鄂湘皖	灌溉农业	平原丘陵	较高	散居为主	
	下游，苏浙	灌溉农业	平原丘陵	较高	宋代	散居为主
西南地区	云贵	灌溉农业	多山区	清代	散居为主	
东北地区	黑吉辽	兼有	平原丘陵	散居为主		

注：华南农村还包括湘南、浙西南、皖南、鄂东南部分地区在内；华北农村包括皖北、苏北地区。

四　村庄结构的定型

20世纪革命来袭之前，全国不同地区村庄结构差异很大，这些不同结构的村庄在面对革命时，也有相当不同的应对方式。从上述讨论来看，20世纪之前中国南中北方已经形成了差异极大的村庄结构形态。

到了明清时期，以华南为代表的南方地区地缘与血缘高度结合，村庄结构与宗族规范匹配完善，团结型宗族村庄类型在该地区村庄中占据绝对主导地位，在农村社会中，"族权"成为影响农民生活、决定乡村治理最为重要的一项权力。

进入20世纪之前，华北地区形成多姓村庄为主的聚居格局，同一村庄往往有多个姓氏和门派，地缘与血缘并不重合，村庄与宗族并不同一，且在村庄地缘关系之内的血缘关系因为缺少地缘力量的支持而难以充分发育，血缘关系相对薄弱。华北生态环境不稳定，且生态缺少多样性，为应对严酷环境，各村庄以地缘关系为基础形成了强有力的村庄规范，且村庄规范强过宗族组织。在强有力的村庄规范下面，血缘组织成为具有很强功能性特点的村庄内部组织。

进入20世纪之前，华南地区和华北地区的村庄结构均已定型。这里讲的定型不仅指村庄社会结构已经形成，而且指这种社会结构已经与各种社会制度安排（如土地买卖制度、家庭制度、祭祀制度、继承制度、族规家法等）相匹配，并且也与国家的相关制度安排相衔接。最为重要的是，村庄已经成熟，村庄社会结构与村庄社会规范（受大传统强烈影响但并不完全一致）相互支持、相互强化。

相对于南方地区和华北农村中村庄社会结构的定型，长江流域居住形式往往相当分散，村庄内的地缘关系与血缘关系高度不重合，甚至有大量居民半耕半渔生活，居所不定。长江流域仍处在发展中的、不稳定的地缘关系中，强有力的支撑性规范难以发育出来，且因为居住分散和仍有开发空间，居民逃离约束性规范的空间也比较大。

也就是说，在长江流域，因为居住分散和可能开发空间的存在，村庄仍在成长过程中，村庄的成长并不成熟，这意味着村庄仍然可以通过量的扩张而非对内施加规范性压力来保持地方秩序。居民并未因为强大的环境压力而产生合作动力，在物质性的村庄与文化性的规范之间，并未形成相互契合匹配的紧密关系，各种理性利益行为都有比较大的伸张空间。

综上所述，在进入20世纪之前，中国南方地区、北方地区（典型为华北）和长江流域已形成各不相同的村庄社会结构。虽然基于血缘关系的宗族在农村基层治理中总体上仍发挥着十分重要的作用，但宗族在不同区域发挥作用的程度是完全不同的。在南方农村，宗族是笼罩性的力量；在北方农村，基于血缘关系的家族是重要的功能性组织；无论是南方地区还是华北农村，因为居住关系的稳定，都已在地缘关系之上形成了起强有力的社会规范。这种社会规范，于南方农村有更多血缘的内涵，于北方农村仍有地缘的含义（如北方多村庙，南方多祠堂等）。长江流域因为地缘关系一直不够稳定，村庄仍处在成长状态，从而使无论是基于地缘还是基于血缘的社会规范性力量都不够强大，村庄结构与社会规范之间存在着若干的张力与弹性空间，如表3所示。

表3　　村庄结构与社会规范之间的张力与弹性空间的比较

	地方规范强弱	血缘组织	商品化程度	个人选择空间
华南地区	宗族规范强	多内生性强宗大族	中	小
华北地区	村庄规范强	功能性家族组织	低	小
中部地区	内生规范弱	外生性散居宗族组织	高	大

五　村庄社会结构的嬗变

20世纪以来，随着国家现代化建设的启动，现代国家权力快速向村庄渗透，各种现代性的革命力量借此深入到乡村社会。其中有两点最为重要，一是国家越来越有能力垄断所有的公共权力，过去基层社会中具有公权力特征的结构性力量都只能回归到私人生活的领域；二是基于个人自由平等基础上的现代观念取代了过去基于身份、血缘和财产占有关系的传统观念，个人越来越独立，自己对自己负责。基于国家权力的普适的法律制度取代了传统的地方性规范。

在20世纪现代性的革命来袭时，村庄社会结构受到强大冲击而发生了巨大改变。因为村庄社会结构有所差异，不同地区在应对这种现代性时，回应方式及改变程度也有所不同。现在我们在全国不同区域农村调研时所看到的村庄社会结构的差异，即是不同区域农村回应现代性来袭所遗留下来的成果。

第一，随着国家垄断所有的公共权力，传统的血缘与地缘组织合法性使暴力的空间没有了，宗族组织不再能打人骂人，不再能强制村民，所有人都可以从地方性的约束中解放出来，守法性的硬规范即限制人们行动自由的规范不再合法。

第二，宗族和村庄的公共财产被没收后分给农民，最后归并到集体，族田和族产被分掉了。"文革"中，族谱和祠堂一度被当作"四旧"破坏，祭祖被当作封建迷信而很少有公开举办的可能。

在国家权力摧枯拉朽的打击下，传统宗族与地方社会力量，尤其是其外显的硬性部分的力量很快被消灭掉了，在传统被消灭的地方，现代性开始生长。构成传统社会结构发生作用的外部力量很快被削平。这也是当前各地农民总说农村已发生巨变的原因。传统上那些硬的力量不再硬了。

但在南方地区和华北农村，传统的结构性力量并没有彻底消失，其仍是在观念层面，在软的方面仍在发挥作用，所谓"软的不软"。比如，在南方农村，宗族意识仍然强有力存在，甚至在改革开放之初在那里就发生了相当普遍的传统复兴和宗族再造。① 在华北农村，甚至在"文革"时期，村庄两派斗争往往只是传统的结构性力量以派性斗争形式的再度复活，甚至到了分田到户以后，因农民负担重而引发的村民群体上访背后，也大多是村庄传统结构性力量在起作用。

也就是说，南方农村与北方农村在村庄社会结构上的差异，使他们回应现代性来袭的方式十分不同，传统的结构性力量不仅决定了回应现代性方式的差异，而且这种结构性力量至今仍在发挥着重要作用，并正在回应新一轮的以市场经济为核心的现代性的来袭。

有趣的是在长江流域这个被我们称作中部地区，其村庄社会结构的回应方式及结果，主要表现在以下三个方面。

一是长江流域的村庄处于成长期（而非成熟期），且其地方性规范薄弱，之前在地方社会秩序生产中具有一定作用的结构性力量遇到强有力的革命力量的冲击，很快便瓦解消散。在华南的宗族农村，宗族想方设法阻拦革命力量，外来冲击被减缓。② 在华北农村，面对强有力的革命力量，村庄内不同门派各自借用革命话语以强化本门派的力量，革命因此被更加激进地引入。在长江流域，革命来了就来了，走了也就走了，既无结构性

---

① 参见王铭铭《社区的历程》，天津人民出版社 2001 年版。
② 以致人民公社时期，在华南农村，上级为了进入村庄，往往不得不任命独门小姓当村支书以打破村庄的封闭与团结。

力量阻挡,也无结构性力量利用和挽留。

但革命并非在中部地区没有成果,因为革命曾经来过,革命话语便在中部地区每个个体心中留下印痕,中部地区的农民以最快的速度接过现代性的话语并利用这些话语来谋取个人利益。在可能的条件下,中部地区农民最顺利地成长为现代人。

二是传统的结构性力量一去不复返,在改革开放以后,中部地区没有出现传统的复兴。

三是因为中部地区村民缺乏强有力的结构性力量可以依托,散居且多姓杂居,村内通婚成为农民应对风险的普遍方式。村内通婚,姻亲关系彻底分割了宗亲关系,村庄内的所有人之间都有着复杂的理不清楚的关系。① 这样一来,在村庄内,所有基于血缘关系的小群体都因为复杂姻亲关系的切割而难有行动能力。中部地区农村彻底地原子化,变成我们今天所看到的分散型的村庄结构。

正是不同区域村庄在进入 20 世纪之前在社会结构上的差异,使得村庄在面对现代性来袭时,会有不同的表现和后果。第一轮的现代性来袭是以赤裸裸的国家权力的介入为特征的,目前第二轮的现代性来袭则是以市场经济的形式进入的。马克思讲商品是天生的平等派,这个天生的平等派在中国特定区域性的村庄社会结构中会如何表现,一定是有趣的事情。

虽然在国家权力渗透的背景下,中国所有农村地区的传统力量都被削弱了,但南方地区村庄内的团结型结构仍在,并且仍然在一些被当地人所忽视的领域发挥作用。华北地区的情形同样如此,因为村庄内有着不同的门派,村庄里的小亲族之间的斗争仍然影响着村庄治理和村民生活的各个方面。最为有趣的是,在那些村庄仍然处在生长期,其社会结构与村庄规范尚未成熟即遇到现代性来袭的中部地区,现代性最有效地改变了农村社会及其中的人们,中部地区的人们最快地转变为这个国家的公民,并最快地丧失了小传统地方性力量的保护。他们为了自保而试图通过村内通婚来应对各种生产生活风险的努力,却进一步地瓦解了所有基于地缘关系的血缘关系,从而使他们变得更加孤立。好在市场经济条件下,他们有足够多的机会,似乎也不再需要地方性力量的保护。

---

① 对全国不同地区通婚圈及其区域差异进行研究,尤其是研究通婚圈对村庄结构的影响,是非常有意义的工作。

六 一个政策性的讨论：乡村治理的社会基础

当前中国南中北方农村，在村庄社会结构上普遍存在团结、分散和分裂的三种理想类型，下面我们试图通过对乡村治理社会基础的分析，来讨论不同类型村庄乡村治理机制的差异及由此表现出来的区域政策实践后果的差异。以下以农民负担政策为例讨论说明。

基层治理的根本目标与困难都产生于如何与千家万户的分散的小农打交道，而提取赋税是最典型、最基本的治理任务。村庄结构构成国家权力与分散小农打交道的中介。分田到户以后，虽然理论上讲，"交够国家的，留足集体的，剩下都是自己的"这样一种机制可以调动农民从事农业生产的积极性，却依然没有脱离数千年来国家与农民的关系，其中的核心是：若农民没有"交"的积极性怎么办？若国家"要"太多又怎么办？这个问题不解决，国家与农民关系很快就会再度陷入混乱。事实上，分田到户仅十年时间，"三农"问题再次成为跨世纪难题，而"三农"问题尤其是农民负担问题最严重也最为复杂难解的是中部地区农村，南方农村情况稍好，北方农村次之。其中一个原因，即与不同区域村庄结构的差异有关。

（一）团结型村庄

从村庄社会结构上讲，虽然当前南方宗族性的团结型村庄中一般不存在一个强有力的具备完全行动能力的宗族组织，但村民仍然具有宗族认同，宗族仍具有较强的号召力和一定的一致行动能力。因此，20世纪90年代，当农民负担过重和不合理时，南方团结型的宗族村庄的村民有联合起来抗争的能力，这种抗争往往通过强力事件比如集体上访来表达。1999年笔者到江西崇仁调研时得知，之前一年地方政府将生猪屠宰税按户平摊，将"猪头税变成了人头税"，有农户没有养猪，地方政府却强制摊派"猪头税"，因此引起农民不满。下村收税的县乡干部为此与农户发生争执和打斗，农民很快聚集起来，不仅围攻了收税的下乡干部，而且围攻了乡政府。经此一事，地方政府再也不会向农民平摊"猪头税"了。而在农户散养且非定点屠宰猪的情况下，政府要想征收屠宰税几乎没有可能，这也是为什么在20世纪90年代几乎全国农村生猪屠宰税都是按户平摊的原因。差异仅在于，在原子化程度很高的分散型村庄，农民倾向认为，他人都接受了平摊的"猪头税"，自己也随大流了；农民很少会起而反抗，更不会因此集结起来，而大多采取消极逃避的方式。

在团结型村庄，因为村庄存在宗族认同，存在一致行动的能力，村庄内的舆论压力就可以发挥很大作用。在分田到户后国家直接向农民征收税费时，村干部是村庄熟人社会的成员，又是自上而下行政体系的一部分，离开村干部，县乡进村收税费几无可能。在农民负担合理且不重的情况下，村干部协助县乡收税是不难的。若县乡乱收费，且税费负担太重，村干部就会逃离。没有村干部的协助，县乡直接向农民收税费就容易引发冲突。一旦税费收取成本高且易引发冲突，地方政府就不大会胡乱加重农民负担。

这样一来，在农民负担最重的20世纪90年代，南方团结型村庄农民负担相对较轻，且大致合理，农村中出现了标志性的与农民负担相关的群体性事件。因为受到强有力的村庄力量的约束，村干部并未成为"乡村利益共同体"的一部分，乡村社会仍然具有发展的活力。换句话说，即使农民负担最重、"三农"问题最严峻的90年代，南方团结型村庄中仍然保有活力。

（二）分裂型村庄

在分裂型村庄中，当村庄内不同门派之间可以合作时，村庄内的绝大多数事情都可以办成，办成事不是靠某个权威人物的专制，而是靠一个领导人充分发挥民主，即在由各门派代表人物组成的"委员会"上充分协商，以达成集体的共识。"少数服从多数"的表决是分裂型村庄治理中的大忌，因为被否定的少数很快就可以从占优势的多数中找到同盟军，从而改变村庄的政治格局。一旦村庄内不同门派的竞争关系超过协作关系，村庄内不同"小亲族"的合纵连横就会带来村庄内的严重冲突。

在20世纪90年代农民负担最重的时候，地方政府有加重农民负担的积极性，但具体落实还得靠村干部。村干部加重农民负担，中央电视台又天天在播放减轻农民负担的新闻，村庄非现任村干部所在门派的精英就联合起来上访，他们要借农民负担问题将现任村干部告下台，以便自己一派上台。2002年笔者到安徽阜阳的临泉县调查，即发现这种轮番群体性上访现象普遍存在。有趣的是，这种轮番上访不是削弱了地方政府的权力，而是强化了地方政府的权力，因为是否查处加重农民负担村干部只有地方政府才能决定。阜阳临泉县属皖北地区，淮河流域的腹地，华北大平原或黄淮海大平原的一部分，属于典型的北方农村。

农民的轮番上访最终可能强化了地方政府的权力，但其中诸多上访已经越过地方政府，到达中央。华北农村尤其是淮海流域农村在20世纪90年代是乱象丛生，《中国农民调查》一书中看起来不可思议的事情大都发生在这个地区。[①] 但实际上，华北农村的农民负担远轻于长江流域的农民负担，其中的机理是，在华北分裂型村庄，农民还有一定的组织能力，可以阻止明显存在问题的政策出台及实施。正是在这些地区，农民为村庄内部矛盾而群体上访，时间一长，他们就提高了与各级政府打交道的能力，由此不仅成为村庄政治斗争的高手（因为村庄内的合纵连横），而且越来越精通国家政治了。[②]

（三）分散型村庄

分散型村庄的主要特征是农民的原子化程度很高，也就是说，农民的认同与行动单位已收缩到了家庭以内，甚至兄弟之间也少有强有力的一致行动能力。因为缺乏一致行动能力，在村庄政治舞台上活跃着的就只有个人而没有集团，只有利益而没有政治。

分散型村庄中，缺少能够协同行动的村民集团，并非说所有村民之间就没有亲缘关系，也非所有村民之间没有利益联系，而是说，在村庄政治舞台上或乡村治理结构中，没有基于集团利益的政治，而只有基于个人利益关系的私下活动。村民与村民之间的关系薄弱且多元，往往是姻亲关系和个人朋友关系超过了基于地缘基础的血缘联系。没有永恒的朋友，只有永恒的利益，是对分散型农村的有效描述，地缘关系基础上的血缘关系往往被非地缘的姻亲关系和朋友关系所切割，每个人的亲戚和朋友都是不同的，这与基于地缘基础上的血缘关系形成的宗族或小亲族是根本不同的。

因为在地缘关系基础上难以形成强有力的集团行动，且村庄内的集体行动成本极高，以村内协作为基础的行动就往往因为少数人的"搭便车"而无法进行。在农民负担最重的20世纪90年代，分散型村庄农民的应对策略是拖。因为农民分散，地方政府就比较容易通过加重农民负担来做好

[①] 陈桂棣、春桃：《中国农民调查》，人民文学出版社2004年版。
[②] 南方宗族村庄的村民则普遍缺乏这样与各级政府打交道的能力。

事或谋利益。做好事如修路、建学校等，谋利益如通过集资来建政绩工程而不考虑其实际功效。农民负担重，农民不愿交也无力交，地方政府就通过奖励来提高村干部收取税费的积极性，而村干部就通过自己亲戚朋友带头，通过与县乡合谋打击钉子户，通过收买村庄势力人物（比如减免税费，或通过其他途径给予好处）来完成上级任务。总之村干部是通过差别化策略来完成任务，并从中获取提成。农民负担最重的时期，也是分散型村庄村组干部收入最多的时期，当然这只在开始的时候有效，因为村干部还可以从农民那里收到税费。到了90年代后期，税费越来越高，农民逃税费行为越来越普遍，村干部通过一般措施已很难完成任务了，这个时候，好人村干部就退出村政舞台，带有黑社会性质的狠人出任村干部。这些狠人通过威胁来收取税费，就一定要在收取税费时牟取私利（不然他没必要来当村干部）。县乡为了完成税费任务，对这些狠人村干部的牟利行为不闻不问，甚至有意包庇，乡村利益共同体形成。结果仅仅用了几年时间，村庄中的所有可能利益都被这帮狠人村干部瓜分一空，农民负担重、村级债务高、村集体资源全被消耗掉了，农民面对狠人村干部的逼迫只能以死抗争。

显然，分散型的中部农村是农民负担最重、"三农"问题最严峻的地区，但分散型村庄因为缺少强有力的组织载体，而无法形成对地方政府不良行为的有效反抗。中部地区"三农"问题严重到无解的时候，农民只是逃避而没有通过集群事件或群体上访来表达自己的诉求。

这样一来，在"三农"问题看起来很严重的南方或者北方地区，因为有农民抗争，"三农"问题还有解；在中部分散型村庄，农民没有积极抗争而只是消极逃避，"三农"问题变成死结。

（四）小结

以上主要借20世纪90年代农民负担问题讨论了不同类型村庄政策实践机制和后果的差异。在过去的研究中，笔者曾以村级债务为切入点讨论了村庄类型与村级债数量的关系，并验之以相关实证资料，得出了同样的结论。[1]

---

[1] 贺雪峰：《论村级债务的区域差异——农民行动单位的视角》，《管理世界》2007年第9期。

七 结语

在十余年的农村研究过程中,我们一直朝着两个目标努力:一是要认识中国农村,并进而认识中国社会;二是在获取更丰富和更深刻的关于中国农村社会经验性认识的基础上,力求超越经验本身而抽象出一般的社会理论。对于中国这样一个巨型国家和复杂社会,广泛拓宽经验性认识与不断进行理论提升,二者并行不悖,且必须如此才是进行社会科学建设的有效途径。本文对中国农村区域差异的研究,就是努力之一。

我们将近年来调查过的十余省市区数十个村庄纷繁复杂的农村社会现象进行分类、总结、概括、比较、解释,从中提炼出"村庄社会结构"这一要素,认为它可以构成理解不同地区村庄相似性和差异性的基础,从而提出以"村庄社会结构"为视角,建构区域村庄类型的理论设想。在随后的研究,我们在全国农村开展了从农民私人生活到基层治理等各个领域的广泛研究,在自然生态、历史文化、人口、家庭、政治等各个层面,逐步拓宽了关于中国农村区域差异的认识,并验证了这一理论建构的有效性。

中国农村区域差异理论的初步完成包含了两个过程:一是将零碎的农村社会现象提升为关于中国农村的经验认识,只有通过不断丰富这类经验,才能逐步达到深刻认识中国农村的目标,比如区域差异理论就突破了传统的仅从经济发展水平将中国农村划分为东中西部的认识,提出了南北中部村庄三种类型,拓宽了关于中国农村的社会学知识;二是完成了从经验认识到理论建构的突破,农村区域差异不但表明中国农村社会远较费孝通笔下的"乡土社会"复杂,并且"村庄社会结构"以及区域差异本身就构成一种理论资源,我们可以用村庄社会结构的视角和区域差异理论来解释不同地区的政策实践过程和后果,还可以用它来解释不同地区农民生活观念、性格、面子、社会交往、家庭结构、代际关系、自杀状况、宗教传播、基层治理等农村社会现象及其特征,所有的农村社会现象都是以村庄社会结构为发生背景的,因此,村庄区域差异可以不同程度地解释上述现象的区域差异特征。

从偶然的农村社会现象到较为普遍性的经验认识,以及从农村经验认识到提出一般性的农村社会理论,属于社会科学研究过程中的"两次飞跃"。它们与上述两个目标是一致的。当我们抱着开放的心态深入到农村社会中去，并长期坚持研究下去，就会在不同的领域同时实现很多类似的"两次飞跃"，也会在很多领域同时实现经验认识和理论建构方面的突破，这样一来，农村研究水平就不断提高了。只有当我们的农村研究能够不断地在此层面上拓展、提升，我们所期待的真正的基于中国农村深刻经验认识基础上的中国"农村社会学"才有希望出现。

农村社会问题

当代中国农村宗教发展及其解释[*]

吴理财

改革开放以后，随着我国高度集中的计划经济体制的解体，国家权力逐渐从社会中收缩回来，社会开始拥有一定的自主发展空间，并日益向世俗化方向发展。依据传统的宗教世俗化理论，随着社会日渐世俗化，宗教会逐渐走向衰败乃至消亡。但是我们反观当今世界及中国，宗教是不是在消亡呢？答案是宗教不但没有衰败，相反还出现新一轮勃兴之势，在20世纪80年代以后，不仅西方的宗教出现了某种程度的复兴，改革开放以来我国各大宗教也有不同程度的发展，但跟其他四大宗教相比较，基督教的发展尤其迅速。

虽然有关于此，至今仍然没有一个精确的统计，但一些机构和学者所提供的数据却毫无疑问地肯定了这一现象。在众多的关于中国目前基督徒人数估算数字中，最高的认为约为1.2亿，最低的约5000万，居中的数字为7000万。一些研究基督教的学者测算，家庭教会成员大概是"三自"教会成员的3倍，照此计算，"家庭教会"信徒的数量在3800万—9000万。这个数字也得到一些"家庭教会"领袖的认同。不过，美国普度大学社会学系的报告表明，根据全国性抽样调查，当代中国有18%即近1.85亿人自我认同为佛教信仰者，道教信仰者为1200万人，这还不包括大量的民间信仰者；自我认同为基督信仰者（含新教与天主教）只有3.2%，最多只有3300万人。同样，中国社会科学院世界宗教研究所课题

---

[*] 本文的主要内容曾以《宗教在当代中国农村的发展及其论争》《个体化与当代中国农村宗教发展》为题，分别发表在《中共天津市委党校学报》2012年第5期、《江汉论坛》2014年第3期上。

组公布的最新数据显示，基督徒（新教）约占全国人口总数的1.8%，总体估值为2305万人①。另外，还有人通过"圣经计量法"估测我国基督徒人数应该是在3000多万至4000万之间②。

事实上，即便使用最谨慎的数据与改革开放之前的数据进行比较，也可以轻易地发现基督教在当代中国的惊人发展。如此众多的基督教徒，一般被认为有80%左右生活在农村地区。改革开放以来基督教在我国农村的快速传播，已然改变了中国农村社会的宗教生态，成为当代中国农村社会的一大"奇观"。在200余年里，为什么基督教在长达180年时间里发展十分缓慢，而在近20多年却发展异常迅速？

对于当前中国社会出现的宗教热，学界主要有两种解释，即宗教发展的"空间论"与"市场论"。所谓"空间论"，试图从政策空间或体制空间这个角度解释改革开放以来基督教在我国快速发展的原因，认为当下基督教的发展主要得益于国家在政策上或者在基层治理领域让渡了一定的自由空间。而"市场论"是由美国学者罗德尼·斯达克（Rodney Stark）与罗杰尔·芬克（Roger Finke）提出来的，所谓"市场论"认为各种信仰之间是一种竞争的关系，信仰领域仿佛是一个"市场"，谁能够提供更好的信仰产品谁就能占有更大的市场份额。"在这里，人们易于回应的是那些尽最有效的努力来吸收成员的宗教。"③

杨凤岗在宗教"市场论"的基础上，结合国家对宗教的管制行为（或宗教的"空间论"），讨论了中国宗教市场的"三色"结构及其互动关系。他认为：加强宗教管制只能是导致宗教市场的复杂化，即出现三个宗教市场：合法的红市，非法的黑市，以及既不合法也不非法或既合法又非法的灰市。只要宗教组织在数量和活动上受到政府限制，黑市必然会出现；只要红市受到限制和黑市受到镇压，灰市必然会出现；宗教管制越严，宗教灰市越大。需要引起注意的是：宗教灰色市场越大，新兴宗教就越有可能兴盛，从而带来社会的不稳定。灰色市场的存在及其运作机制，

---

① 高师宁、何光沪：《当今中国基督教的主要问题与解决设想》，中国民族宗教网（http://www.mzb.com.cn/html/report/221226 – 1.htm），2011年7月16日。

② Pastor：《中国基督徒有多少?》，朴牧师的博客（http://blog.sina.com.cn/s/blog_645fb2660100nzf6.html），2010年12月16日。

③ [美] 罗德尼·斯达克、罗杰尔·芬克：《信仰的法则——解释宗教之人的方面》，杨凤岗译，中国人民大学出版社2004年版，第45页。

显示宗教管制效果的局限并不以人们的主观努力为转移①。杨凤岗的这一研究结论，再次印证了斯达克、芬克的基本观点，即宗教市场越开放越能改善信仰产品的供给。在政策主张上，他们都反对宗教（市场）管制。而阮荣平、郑风田、刘力通过对河南省农村调查数据的分析，检验了公共文化供给对宗教信仰具有"挤出效应"：对于村庄而言，公共文化供给增加能够显著降低村庄内的信教比重；对于农户而言，公共文化供给能够显著降低农户的宗教选择概率和宗教参与程度。这说明，公共文化供给对宗教信仰具有挤出效应。这一结果可以对目前农村"宗教热"现象进行解释，农村公共文化供给的长期缺乏是农村"宗教热"兴起的推力之一。按照宗教"精神合作社"假说，正是宗教的这一功能才使得宗教颇具吸引力。农村公共文化供给与农村宗教之间将为此构成竞争关系，彼此具有替代效应，因此，农村公共文化供给与农村宗教之间具有负相关关系②。虽然这一研究没有直接运用"市场论"的逻辑进行论证，但他们得出的结论却十分简洁明了——国家的公共文化供给跟宗教信仰产品的供给之间也存在竞争关系。由此不难得出这样的政策建议：应对当前农村"宗教热"的有效方法是加强并改善公共文化服务。

无论是"空间论"还是"市场论"甚至世俗化理论，其实都把讨论的焦点聚集在宗教本身，研究的落脚点也是宗教，而不是社会或信众。为什么宗教在当代中国农村得到快速发展，而基督教发展异常迅速？无疑，在当今中国社会，人们对于宗教信仰已经有了更加多样化的选择，而这一过程是伴随着我国经济的市场化及社会的世俗化的脚步逐渐展开的。但要解释这一现象，不能仅仅从宗教本身寻找答案，因为这无法解释不同时期同一宗教的发展变化；也不能仅仅从国家政策角度进行解释，因为这不能回答面对同样的宗教政策调整不同的宗教为何有不同的发展。

当然，简单地否定宗教本身的特点和国家宗教政策的调整对当代中国农村宗教产生的影响，似乎也不符合实际。很显然，原因是多方面的，但主要原因是什么呢？对于当代中国农村新兴的宗教运动，除了国家与市场的视角外，还必须放在改革开放以来农村变革的脉络中去理解，放在宽阔的社会视

---

① 杨凤岗：《中国宗教的三色市场》，《中国人民大学学报》2006年第6期。
② 阮荣平、郑风田、刘力：《公共文化供给的宗教信仰的挤出效应检验——基于河南农村调查数据》，《中国农村观察》2010年第6期。

野中重新解释。正是当代中国乡村社会的"个体化"或"公共性的消解"导致了农村宗教的发展。对农村宗教的发展,在某种程度上不妨将其解读为农村公共生活的衰落和亟待重构的一种变相反应。为了进一步论证这一观点,本文拟就个体化与当代农村宗教发展的关系进一步探讨。

一

在论及中国农村社会个体化时,德国社会学家贝克(Ulrich Back)夫妇指出:"在中国,个人正在变得越来越重要,但并不是像欧洲那样发生在制度上得到保障的架构中,……将个人从无所不包的城市单位和村集体等社会主义机构中解放出来。这导致了一种有限的、国家认可的个体化过程,在此过程中,个人被告知必须发挥自己的主观能动性,而中国社会主义安全网却消失殆尽。"[①] 阎云翔也认为:"中国的个体化进程确实给个体公民带来了更多的流动、选择和自由,但国家却没有给予相应的制度保障与支持。中国的个体为了寻求一个新的安全网,或者为了再嵌入,被迫回到家庭和私人关系网络中寻求保障,等于又回到他们脱嵌伊始的地方。"[②]

可是,如今的家庭和私人关系网络却不同于以往。"在传统关系模式中,个人是为了延续其家庭而存在,不是为了服务于个体的需要而创造家庭",现在"家庭不断变动以服务于个体对其如何参与家庭制度实践的需要,而传统已经失去了其绝对权威"[③]。对于许多人来说,现今的家庭已经不再是当初那个情感所系、意义所在的温馨的地方,一个温暖而又舒适的场所,而是无所退缩的"角落"、走投无路的"终点"。一些年轻人甚至把家庭当作向年迈父母索取的处所。在传统的家庭中,"敬上"(或敬老)是家庭关系的主轴,而现在的家庭关系则彻底翻转过来,变成父母对子女单一地承担无穷无尽的责任。而且,现在的家庭更加容易破碎,婚姻关系日益不稳定,性交易越来越随便,即便是夫妇俩也不可避免地相互算计着过活。不但子女靠不住,就连夫妻也靠不住。改革开放以后,一个

[①] [德]乌尔里希·贝克、伊丽莎白·贝克—格恩斯海姆:《前言:个体化的种类》,载[挪威]贺美德、鲁纳编著《"自我"中国:现代中国社会中个体的崛起》,许烨芳等译,上海译文出版社 2011 年版。

[②] 阎云翔:《中国社会的个体化》,陆洋等译,上海译文出版社 2012 年版,第 343 页。

[③] 同上书,第 22 页。

个个体不单从高度集中的、整齐划一的、无所不包的"总体性社会"中"脱嵌"出来,而且越来越多的个人从家庭、亲属关系、单位或集体、社群(社区)和阶级等结构性樊篱中脱离出来,日益成为"为自己而活"和"靠自己而活"的原子化个体。

在私人的交往方面,人际关系变成了待价而沽的交易关系——当人们行动时,总是要问自己"我能从中得到什么好处"。正是因为过分注重这种交易关系,以至于把社会关系量化为金钱的形式[①]。农村社区邻里之间传统的互惠性换工、帮工、互助、合作在越来越多的地方已不复存在,无论是在生产上还是在日常生活上,农民之间的劳动关系变成了即时性的金钱交易。社区内人际关系的金钱化,既从根本上削弱了传统的农村社区认同,也从根本上消解了传统农村社区自身。随着货币关系的泛化,农民之间的关系越来越原子化,农民因缺乏有效结合而处于孤立无缘的状态。

英国社会学家鲍曼(Zygmunt Bauman)赞同法国社会学家卡斯特(Robert Castel)的看法,他们认为现代社会的个体化应该对这种局面负主要责任。"现代社会用自我关注、个人利益、自爱和自我关心的个人责任代替紧密联系在一起的社群和组织,因而现代社会是建立在突发性的流沙上面的。现代社会的个人每天都被劝导、鼓捣着去追求他们自己的利益和满足,即使关心别人的利益和满足也是在其对自身的利益和满足产生影响的时候才会发生,因而现代社会的个人认为他们身边的人都是由类似的自我中心主义动机指导的——因此,对于无私同情和团结精神而言,也不能指望别人能给出多于他们自己被建议、要求并愿意给出的分量。在这样一个社会里,把人类的伙伴关系当作一种外部不安全的来源,当作布满陷阱和埋伏的领域,这种想法变得流行起来。在这样一个类似恶性循环的怪圈中,它会依次加重人类关系长久以来的脆弱性,并且会进一步增加这种脆弱性容易产生的恐惧。"[②] 与此同时,自由的市场经济又起着推波助澜的作用,因为"市场的繁荣是以不安全感为条件的;它利用人类的恐惧和不幸感从中谋利"[③]。这就为人们皈依宗教提供了重要的现实依据,因为

---

① [英] 保罗·霍普:《个人主义时代之共同体重建》,沈毅译,浙江大学出版社2010年版,第60—61页。

② [英] 齐格蒙特·鲍曼:《流动的恐惧》,谷蕾、杨超等译,江苏人民出版社2012年版,第145页。

③ 同上书,第149页。

宗教往往被看作治疗恐惧的一剂"良药"（也许是"鸦片"），由此它也从一个角度解释了为什么伴随着市场经济的发展和社会的日益世俗化，人们的宗教信仰不但没有萎缩，相反却恢复了往昔的生机，"宗教热"成为当今时代的一大景观。

改革开放以后所开启的乡村社会个体化，同样为中国农村宗教发展创造了极好的机会和条件，一些农民通过皈依宗教与其他信徒重新建构一种互助、合作关系，宗教的团体生活也在一定程度上弥补了农村公共生活的消解和阙如。宗教的团契生活，使那些无助、无靠、无所寄托的农民仿佛重新找到了已经远远逝去的守望相助、温馨和谐的村社共同体的感觉——"它就像一个家（roof），在它的下面，可以遮风避雨；它又像是一个壁炉，在严寒的日子里，靠近它，可以暖和我们的手"①。

对于那些外出务工的农民来说，他们过着"流动的生活——一种生活在永不确定环境下的、缺乏稳定性的生活"②，它充满着许多不确定性和太多无法预知的风险。总之，生活其中的事情往往是无法管理的，"我们不能管理的东西对于我们来说就是'未知'的；'未知'的东西是可怕的。恐惧是我们给自身的无助所起的另一个名字"③。因而，他们更加需要心灵的慰藉、伙伴的帮助和组织的依靠，加入宗教团体便成为其最便捷、最廉价、最容易获取的选择。

笔者基本同意杨倩倩、陈岱云的看法："当今中国社会的转型使得农村社会居民的社会支持系统功能弱化，使宗教具有的教化与慰藉功能成为农民获得社会支持的重要依托，随之出现了当前农村宗教热的现象。农民宗教热是中国目前社会转型所导致的农村由计划经济时高度组织化、拥有大量各方面资源的利益联合体的单位社会向社会联结松散的社会发展的一种过渡现象。"④ 但是，她们似乎轻忽了农村社会转向个体化的长期性及其所产生的深远影响，及早地判断农村宗教热是"一种过渡现象"未免过于轻率。

---

① ［英］齐格蒙特·鲍曼：《共同体》，欧阳景根译，江苏人民出版社2007年版，第2页。
② ［英］齐格蒙特·鲍曼：《流动的生活》，徐朝友译，江苏人民出版社2012年版，第2页。
③ 同上书，第102页。
④ 杨倩倩、陈岱云：《农民社会支持网络的演变与农村宗教热现象研究》，《东岳论丛》2011年第3期。

二

农村宗教的发展，可以看作对当代中国乡村社会个体化的一个回应。农村福利制度的缺失、互助互惠网络的消解、公共生活的式微和日益加剧的"流动的生活"，都为当下农村宗教的发展提供了现实理据。然而，为什么偏偏是基督教发展得更快呢？

这需要从两个方面同时进行解释：一是基督教本身的特点；二是乡村个体化的作用，而且这两个方面相辅相成。相对于其他宗教而言，基督教具有几个明显的特点：一是组织性强，并能构成一个庞大的组织网络；二是区隔性强，基督教徒与非基督教徒之间边界明晰；三是平等性强，教徒之间如兄弟姐妹般友爱；四是传播性强，（主动）传教被认为是荣耀上帝的行为。这些特点使得基督教比其他宗教更加契合个体化乡村社会的需要。

无论是"三自"教会还是"家庭教会"，基督教的教会组织相对于其他宗教而言联结得更加紧密，并且形成了巨大的组织网络，遍布城乡社会。尽管"家庭教会"并未得到政府的正式许可，但地方政府往往并不干预它们。在许多农村地区，"家庭教会"实际上是"三自"教会的一种延伸，并成为"三自"教会吸纳社会成员的一种有效机制，因为"家庭教会"更加方便那些年老体弱、行动不便的老人以及顾及家庭和照顾农业生产的留守妇女的经常性集会，通过这种集会他（她）们不但可以排解孤独、愁闷，而且可以形成一定的互助模式，解决他（她）们日常生活和生产中经常出现的靠单个人无法解决的实际问题（譬如老人照料、相互关照和农业生产上的互助合作等）。一个"家庭教会"的规模往往与村社共同体的范围具有极高的一致性，这也较好地说明了它更容易满足信徒日常生活的需要。即便是外出务工的农民，来到一个人生地不熟的城市，也容易在教会网络中寻找到必要的帮助，得到类似于家的温暖。

诚如涂尔干（Emile Durkheim）所言："真正的宗教信仰总是某个特定集体的共同信仰，这个集体不仅宣称效忠于这些信仰，而且还要奉行与这些信仰有关的各种仪式。这些仪式不仅为所有集体成员逐一接受；而且完全属于该群体本身，从而使这个集体成为一个统一体。每个集体成员都能够感到，他们有着共同的信念，他们可以借助这个信念团结起来。集体成员不仅以同样的方式来思考有关神圣世界及其与凡俗世界的关系问题，而且还把这些共同观念转变为共同的实践，从而构成了社会，即人们所谓的教会。"① 在那些政府公共服务缺位、村社共同体解体的地方，信仰基督教便成为个体化农民重新团结起来、再次"嵌入"社会的一个重要途径。

基督教作为一种强"制度性宗教"②，其区隔性一方面加强了信徒对教会的认同，另一方面又通过一套独特且完善的仪轨体系强化了基督徒跟非基督教徒之间的差异，乃至因此造成彼此的紧张与冲突，从而提升教会的内聚力。区隔增强了信徒之间的"我们感"，巩固了相互间的合作和团结。而在教会内部主张信徒如兄弟姐妹，彼此友爱如家人，进一步增强了信徒的归属感。此外，跟其他宗教比较，基督教更加注重主动地发展信徒，传教被视为教徒的神圣使命，并且可以荣耀上帝。就像何慧丽所言，"基督教有组织，有扩张性目的，有很强的排他性，在与其他宗教争取信众过程中很强势。即使农民出于功利化考虑加入基督教，它也会比其他信仰更有诱惑力"③。这些特点使得基督教在当下中国农村发展异常迅速。

杨庆堃认为，像民间信仰（台湾学者称之为"通俗宗教"）这样的中国社会"分散性宗教"在现代社会"失去了其存在的基础，没落的命运是不可避免的"。并且，他认为，"分散性宗教很大程度上取决于世俗制度的命运，而且不像普世宗教那样具有持久的特质，能形成独立的宗教生活制度。当世俗制度的实力和效力出现兴衰变动时，新的有作用的崇拜会应运而生并取代旧的"④。这也就是说，当乡村社会趋向个体化，中国农村原有的世俗制度逐渐失去了效力，与之相适应的中国旧的分散性宗教必然趋于消解，"当世俗制度面对新的社会危机始终表现束手无策时，弥散

---

① [法] 爱弥儿·涂尔干：《宗教生活的基本形式》，渠东、汲喆译，上海人民出版社 2006 年版，第 39 页。
② 杨庆堃：《中国社会中的宗教：宗教的现代社会功能及其历史因素之研究》，范丽珠等译，上海书店出版社 2007 年版，第 270 页。
③ 何慧丽：《农村宗教生态："多元一体"关系的动态发展》，《中国农村观察》2011 年第 2 期。
④ 杨庆堃：《中国社会中的宗教：宗教的现代社会功能及其历史因素之研究》，范丽珠等译，上海书店出版社 2007 年版，第 273—274 页。

其中的宗教也就因此失去了民众的支持"①。这个时候，新兴的基督教便取而代之，成为当下中国农村社会宗教发展的一支重要力量。

三

仅仅从基督教本身的特点来解释，尚不足以令人信服。基督教自1807年传入我国以来，在前180年时间里传播相当缓慢。直到新中国成立初期，全国基督教徒总数也只有七八十万人。随后30年间，基督教信徒人数则不断锐减。然而，在最近二三十年间，基督教却得到迅猛发展。在200余年里，为什么基督教在长达180年时间里发展十分缓慢，而在近20多年却发展异常迅速？有一种说法是，不同历史时期的基督教并非相同，改革开放以后在中国农村兴起的基督教跟之前在中国农村传播的基督教并非同一物。例如，梁家麟就曾认为："当代中国农村教会的惊人发展，基本上是一个崭新的信仰运动。自'文革'以来在中国农村地区崛起的教会，大多是新建立的信徒群体，参与者多为新皈依者，他们与此前的基督教历史只有极其淡薄的关系。"②

然而，诸多的研究表明，新兴的农村基督教跟之前的基督教传播往往具有一定的历史关联性，简单地斩断中国农村基督教的历史联系并不明智。根据于建嵘的调查，农村新兴的"家庭教会"主要分布在淮河流域和闽浙沿海地区，这两个"信仰带"也是基督教传统传播区域。

总之，改革开放以后在中国农村新兴的基督教与之前在中国农村传播的基督教并不完全相同，也非毫无瓜葛。单从基督教本身来解释其前后不同时期的发展状况是十分困难的，这个时候，就有必要从社会角度进行分析，因为改革开放前后中国农村最大的变化是社会结构，个体化便是其中一个不可忽视的社会变量。

众所周知，在个体化之前，像基督教这样的外来宗教往往难以在中国农村立足，因为基督教跟中国人的传统文化相互冲突，对于生活在传统村庄的农民而言，对于基督教不敬祖宗尤其不能容忍。然而，乡村社会个体

---

① 杨庆堃：《中国社会中的宗教：宗教的现代社会功能及其历史因素之研究》，范丽珠等译，上海书店出版社2007年版，第273页。

② 梁家麟：《改革开放以来的中国农村教会》，香港建道神学院1999年版，第30页。

化之后，人们不再像过去那样干涉他人宗教信仰，认为这是别人的宗教信仰自由。非信教村民对信教村民的态度从一味排斥转向温和的选择性认同。即便如基督教这样与中国传统格格不入的外来宗教，也不再被农民所排斥。

个体化在另一个方面也意味着传统的消失或者从传统的生活方式中脱嵌出来，换言之，个体化的乡村社会不再被传统规范所束缚，人们在形式上拥有了更多的选择自由。因之，农民在宗教信仰上日益多元化和自由化。如同刘志军研究所发现："乡村都市化使得乡村同质性遭遇化解，宗教信仰的多元化与自由化必然增强；同时，由于异质性增强导致的传统文化网络权力的削弱，以往因信仰叛逆导致的文化张力与社会压力都开始减弱，使得人们转变宗教信仰的机会成本下降，从而能为宗教的新一轮发展与转变提供有利的契机。"① 在各种新兴宗教竞争之中，基督教因为提供了更好的"信仰产品"而在宗教市场中占有更大的份额。恰如柏格（Peter L. Berger）所言，"宗教多元化之后，在社会学或社会心理方面的主要特征是，宗教不能再强迫人接受，必须透过市场销售。几乎必须优先考虑的是，若要将宗教商品销售给不受胁迫的消费者，就不能不考量他们对商品的期望"②。在众多宗教中，新兴的基督教相对较好地满足了个体化农民的"期望"和需要。

四

可是，在一个同样个体化的村庄里，为什么有些农民信教有些农民不信教呢？在回答这个问题之前，似乎有必要首先分析一下信教农民的结构。从诸多田野调查和笔者在农村的经验观察来看，当前信教的农民绝大多数是老人、妇女、疾病患者、残疾人和鳏寡孤独，尽管每个人的信教动机各不相同。

接下来，再看看农民在面对个体化社会转变时是如何解决其生活和生

---

① 刘志军：《乡村都市化与宗教信仰变迁：张店镇个案研究》，社会科学文献出版社2007年版，第293页。

② [美] 彼得·柏格：《世俗化过程的社会起源》，载 Jeffrey C. Alexander 和 Steven Seidman 主编《文化与社会：当代论辩》，吴潜诚总编校，立绪文化事业有限公司2005年版，第313—314页。

产上必要的互助和合作问题的。众所周知,在传统社会里,单个的农民主要依赖家族（或宗族）、村社共同体以及乡绅阶层的主导和协调来解决这些问题；在集体化时期,农民主要依靠基层政府和村社集体来解决这些问题。进入个体化社会,从理论上来讲,至少可以采取三种方式来解决这些问题：一是组织的方式,通过把农民组织起来或者加入某种现成的组织（包括宗教组织）,重构农民互助合作模式；二是政府提供的公共服务,可以解决其中某些问题；三是市场的方式,即通过购买、交易等途径来解决这些问题。然而,在一个完全个体化的农村,农民几乎不可能重新组织起来了；更为糟糕的是,农村公共服务体系仍然没有建立起来（即便有些地方建立了农村公共服务体系,但其公共服务的能力和效力并不令人满意）。也就是说,在现实中,农民可以通过加入某种组织解决生活互助和生产合作问题,还可以通过市场化机制解决生活互助和生产合作问题。

问题是,农村中的老人、妇女、疾病患者、残疾人和鳏寡孤独等往往是市场经济中的弱势群体或边缘群体,他们无力也无法依靠市场化机制来解决生活和生产上的合作问题,因此加入教会组织便是他们最便捷、最廉价、最容易获取的方式。相比较而言,那些不信教的农民往往可以借助市场化机制来解决他们生活和生产上的合作问题。也许有人问,一些农民为什么不加入经济合作社、协会等类似的组织？稍微了解农村的人都知道,在农村里这些经济组织也主要是乡村精英（能人）的"游戏俱乐部",农村弱势群体或边缘群体往往被排斥在外。

国外一些学者的调查也发现,年长者,尤其是年长的女性,整天忙于参加教会活动；如果一个中年人加入宗教组织,这可能意味着他/她正在被社会边缘化[1]。"这些研究得出的一个一般性结论是,灵异信仰是人们用来应对社会和经济不利地位带来的心理、生理压力的手段。因此,对灵异事物的信仰在边缘社会群体中拥有更多的信徒。"[2] 从这个意义上说,这些边缘或弱势农民未必（完全）是被某个宗教的教义所吸引,加入宗教组织或许是他们唯一可能的现实选择而已。

并且,这些边缘群体还可以借助宗教来建构自己的"隐藏的文本"（属于

---

[1] ［英］斯蒂芬·亨特：《宗教与日常生活》,王修晓、林宏译,中央编译出版社2010年版,第106页。

[2] 同上书,第119页。

弱势群体的意识形态),消解自身在乡村社会结构中的劣势处境,或者建立属于他们的认同感(以与优势群体相区隔)、道德感(重新评价优势群体)、自尊感(自我意义建构)。在这一点上,笔者赞同桂华的看法,他认为,基督教伦理被农民转化以后,贫弱阶层的农民以"信教"的方式来化解自身的劣势处境,并将其当作获取尊严感的不二法门,当作改变命运和意义的手段。不过,桂华主要是从乡村传统"权力文化网络"的角度把农民划分为"贫弱阶层"和"优势群体",认为"这些贫弱群体进入宗教组织,除了与农民的实用主义有关外,还与他们在村庄'权力文化网络'中的尊严感和意义感缺失有关。贫弱群体在道德价值上的边缘处境本质上由传统的'权力文化网络'定义,宗教教义则能够为他们的生活处境提供新的价值和意义支持"[1]。然而,自乡村社会个体化以来,传统的"权力文化网络"实际上也趋于消解,再以它界定农村社会阶层并不合适,取代它的是权力的"市场网络"。市场经济本身包含着一种筛选机制,它往往将一个村庄分化为两大群体,一部分人能够较好地适应市场经济,这些人往往被称为"能人",另外一部分人则被市场经济所淘汰,沦为乡村社会的边缘人;相对于前者,后者更容易被上帝所恩宠,成为他的信众。

此外,还有人调查发现,信教群众呈现从"三多"(老年妇女多、有病的多、无文化的多)到"三增"(男性增多、年轻人增多、知识分子增多)的变化趋势[2]。对此,不能简单地从农村宗教热上加以解释。更为重要的是,它表明在个体化乡村社会,越来越多的农民被市场经济边缘化。总之,乡村社会个体化与农村宗教发展,恰恰折射了当前中国农村治理的深层次问题,必须引起高度注意。

---

[1] 桂华:《阶级、"怨恨"与宗教意识》,《文化纵横》2013年第1期。
[2] 胡述宝:《新农村建设中的宗教问题探讨》,《中共郑州市委党校学报》2008年第1期。

阶层分化、代际剥削与农村老年人自杀[*]
——对近年中部地区农村老年人自杀现象的分析

杨 华 欧阳静

一 问题意识与研究综述

（一）问题意识与研究主题

从资源重新积聚的角度，孙立平认为20世纪90年代中期以后中国社会伴随贫富悬殊的两极分化出现了一个底层社会。这一底层社会由三个群体构成，一是束缚在土地上的农民，二是进入城市的农民工，三是城市里以下岗失业者为主体的贫困阶层。[①] 随着国家救扶措施的不断完善，城市下岗群体基本实现再就业，但城乡二元结构却长期得不到改变，农民及农民工成为中国底层社会的主体。因此，中国底层社会的绝大部分问题与代价，通过城乡二元结构与资源积聚机制，主要被农村承担下来了。底层社会的最大特点是"断裂"，以及社会结构固化、资源匮乏及高度生存竞争倒逼下的"底层沦陷"。"底层社会"及相关分析出现后，理论界对此颇有议论，许多社会问题被归结为底层社会问题[②]，农民自杀就是其中之一。

自费立鹏等揭示了当代中国的自杀状况以来，中国自杀状况已经成为海内外相关专家关注的热点问题[③]。一些研究将当前农村老年人、妇女和

---
[*] 原文发表于《管理世界》2013年第5期。
[①] 孙立平：《资源重新积聚背景下的底层社会形成》，《战略与管理》2002年第1期。
[②] 裴宜理、严小骏：《底层社会与抗争政治》，《东南学术》2008年第3期。
[③] 吴飞：《论"过日子"》，《社会学研究》2007年第6期。

农民工的自杀归结为底层问题[①]。他们认为 20 世纪 90 年代中期以来，中国各阶层的经济、社会地位急速拉开距离，贫富分化速度加快，各阶层的个人机会已经存在显著差异。尤其是近年，贫富差距急剧加大，底层向上流动的渠道基本被阻塞。从集体时代的机会相对均等中走过来的中国底层群体，对平等的追求和富裕的渴望仍十分强烈，这与生存生态不断恶化的底层现实形成鲜明对比[②]，于是在底层便出现了要么认命，要么自杀的情况。

笔者赞同从底层社会的角度去分析农民自杀，尤其是近 10 年农村老年人的自杀问题。但是，该视角将农民自杀归结为底层问题过于笼统，没有从经验层面将农民自杀的内在机制解剖出来，即没有追问以下问题：农民自杀如何与底层社会相关？底层社会的自杀是如何展开的？自杀是在所有底层群体中均衡分布，还是不平衡地发生？

已有研究表明，农村社会已非均质，而是分化成了不同的社会阶层，各阶层在职业、收入、利益关系、关系网络、政治社会态度等方面都有显著差异[③]。也有研究发现，近年农民自杀主要集中在农村老年人身上，该群体的自杀有持续增长的趋势。景军等人通过将 1987 年与 2009 年的全国性数据加以比较，发现农村自杀率下降的比例是 3.05，其中农村妇女自杀率下降的比率则高达 3.84，从而总体上拉低了农村自杀率[④]。陈柏峰对湖北京山农村的调查发现，农村妇女的自杀率从 20 世纪 80 年代前期的 179.8/10 万下降到近年的 37.5/10 万，而老年人的自杀率则从 20 世纪 80 年代前期的 132.2/10 万上升至近年的 702.5/10 万，上升了 5 倍多[⑤]。刘燕舞通过对几个区域的数据整理表明，20 世纪 80 年代农村年轻人的自杀人数占总自杀人数的 59.31%，老年人的自杀则只占 24%，而 2000 年以后的 10 年年轻人的自杀人数只占总自杀人数的 8.92%，老年人的自杀却

[①] 于德清：《富士康员工频自杀 底层社会现危机》，《侨报》2010 年 5 月 21 日；肖锋：《中国人压力报告》，《新周刊》2006 年 8 月 7 日。
[②] 孙立平：《黑窑奴工与底层的生存生态》，《南方都市报》2008 年 3 月 25 日。
[③] 陆学艺主编：《当代中国社会阶层研究报告》，社会科学文献出版社 2002 年版。
[④] 景军、吴学雅、张杰：《农村女性的迁移与中国自杀率的下降》，《中国农业大学学报》（社会科学版）2010 年第 4 期。
[⑤] 陈柏峰：《代际关系变动与老年人自杀——对湖北京山农村的实证研究》，《社会学研究》2009 年第 4 期。

占了 79.19%①。

本研究通过对中部地区 8 个村庄近 30 年来老年人自杀现象的分析,力图论证农村老年人自杀作为底层问题如何被建构起来。研究认为,被农村承担下来的底层社会的绝大部分问题与代价,正是通过农村社会的阶层分化与竞争机制,被分配到了农村的某个(些)阶层上。同时,农村社会又通过家庭内部的代际分工与剥削机制,将被分配到某(些)阶层的底层问题,一定程度上转嫁到了这个(些)阶层的老年人身上。农村老年人自杀则通过底层的去道德化机制被合理化与正常化。中国底层社会的问题在一定意义上通过牺牲农村老年人而得以解决和消化,这是近年农村自杀主要集中在老年人群体的根源。

(二)研究综述与路径选择

农村老年人的高自杀率一直是社会关注的焦点(中华人民共和国卫生部,2004)。既有研究主要从两条不同的路径展开分析,一是伦理分析;二是结构分析。

伦理分析的理论前提是对传统中国社会"伦理本位"的判断②,强调传统农村的孝道对老年人自杀的遏制效应。随着现代生活节奏的加快、竞争的激烈、对自我价值实现理念的重视、对经济利益的过分追逐等,使得养老的"机会成本"(包括时间、金钱等)急剧上升,从而使得传统孝文化难以维系,老年人得不到赡养或遭受虐待,这是导致老年人自杀的重要原因③。刘燕舞④认为,自杀向来就与道德联系在一起,当前农村的道德衰败是导致老年人自杀的重要原因。当前农村道德衰败的表征,是家庭关系正在经历一种由伦理型关系向契约型关系转换,它使老年人无法适应,老年人基于伦理的观念与子女基于权利的行为之间存在巨大冲突,从而引发老年人的自杀行为。伦理分析看到了农村孝道式微的现实,在一定程度上把握了农村社会变迁的脉搏,具有一定的解释力。但该分析有道德泛化的嫌疑,其价值判断过于浓厚,对道德变迁的叙述过于粗浅,而对道德变

---

① 刘燕舞:《中国农村的自杀问题(1980—2009)》,《青年研究》2011 年第 6 期。
② 梁漱溟:《中国文化要义》,学林出版社 1987 年版。
③ 颜廷静:《社会转型期老年人自杀现象研究》,《人口研究》2003 年第 5 期。
④ 刘燕舞:《农村老年人自杀现象的伦理学分析》,《江西师范大学学报》(哲学社会科学版)2011 年第 6 期。

迁与老年人自杀之间的内在联系缺少细致勾勒。老年人自杀作为一种社会行为，有其复杂的社会机制。若不对其机制进行解剖，则难以把握自杀问题的根源，孝道衰败与老年人自杀之间的逻辑联系就会过于粗糙，其解释力度也将降低。

结构分析在批判伦理分析的基础上发展起来，它试图超越伦理分析的价值不中立及表层相关的局限，从客观的家庭结构变动去透析老年人自杀问题。结构分析认为，传统家庭结构是预防自杀的有力武器，其可以提高家庭成员对自杀的免疫力，而新家庭结构则使家庭不再具有从前那种预防自杀的功能[1]，家庭结构变动恰恰是老年人自杀的直接原因。贺雪峰、刘燕舞等对湖北京山农村老年人自杀进行的研究发现，在家庭权力关系中，纵向上父亲掌权向儿子掌权的转变导致代际关系失衡，横向上丈夫当家向妻子当家的转变带来夫妻关系失衡，是造成京山农村老年人"自杀秩序"的根源[2]。刘燕舞还从老年人地位与权力下降使得其自杀在村庄内部得不到救助的角度去理解京山农村自杀秩序[3]。结构分析从某种意义上说是对导致老年人自杀的直接原因——代际矛盾、家庭纠纷等的抽象提炼，研究者预设家庭矛盾、家庭纠纷是家庭内部结构变动，尤其是家庭权力结构失衡的结果。结构分析的前提预设是家庭结构的变动，强调"变"带来自杀。这一分析方法对20世纪八九十年代老年人自杀最具解释力度，因为这段时期农村家庭结构变动最剧烈，但是2000年以后农村家庭结构变动渐趋完成，家庭内部的紧张关系渐趋缓和[4]，而老年人自杀却逐渐增多，那么单一的结构分析是否还有解释力？

笔者所关注的问题，一是老年人自杀是否均衡地分布在农村不同阶层的农户中？二是孝道衰微与代际关系变动是如何深嵌在老年人自杀的社会机制中？因此，本研究在吸收伦理分析与结构分析成果的基础上，引入阶层分析的视角，从农村阶层分化的角度去探讨老年人自杀问题。关于社会阶层与自杀行为的关系，国外研究颇丰，并都表明二者关系紧密。

---

[1] [法]迪尔克姆：《自杀论》，钟旭辉等译，浙江人民出版社1988年版。
[2] 贺雪峰：《被"规定"为无用的京山老人》，《中国老区建设》2009年第11期；刘燕舞：《自杀秩序及其社会基础》，《现代中国研究》（日本）2009年第9期；陈柏峰：《代际关系变动与老年人自杀——对湖北京山农村的实证研究》，《社会学研究》2009年第4期。
[3] 刘燕舞：《自杀秩序及其社会基础》，《现代中国研究》（日本）2009年第9期。
[4] 王跃生：《农村家庭代际关系理论和经验分析》，《社会科学研究》2010年第4期；钟琴：《社会变迁视角下的农民自杀现象研究》，华中科技大学硕士学位论文，2010年。

Durkheim 与 Henry Short 等人的传统观点认为处于底层的人自杀率较低，处于高层的自杀率较高。但近年来，绝大部分研究都表明，不管按收入，还是按职业划分阶层，社会阶层与自杀均呈现负相关，处于社会较低阶层的自杀率高，处于高阶层的自杀率低。Hasselback 等调查了加拿大 261 个人口普查部门，当收入增加 10%，自杀率就减少 6.11%。San Diego 对 195 例自杀者调查发现经济压力是自杀第二重要的危险因素，24% 的自杀与经济压力有关。对于这种现象的解释有多方面，社会阶层低的人群失业率高，经济压力大，以及精神疾病患者的向下漂移作用等[1]。我国较少有关社会阶层与自杀关系的报道，对农村老年人自杀的阶层分析尚未涉足。为此，展开阶层分化对农村老年人自杀影响的研究，确定农村自杀的高危人群、挖掘农民自杀的深层机制具有重大意义。

二 分析框架与研究命题

我们在中部农村调查时，一个很强烈的感受是，在中国底层资源稀缺条件的制约下[2]，由于农村阶层一定程度的分化，不同阶层之间、同一阶层内部家庭之间的社会性竞争非常激烈，村庄内部各个阶层都有强烈的地位焦虑与地位恐慌，生怕自己在竞争中处于劣势，被村庄社会甩出去，而处于中、下阶层农民的地位焦虑尤甚。这些阶层的农民使出浑身解数释放焦虑，其中一个很重要的途径是家庭内部的代际分工与代际剥削，在这个过程中老年人被利用、被忽略或被遗弃，并在村庄去道德化中最终走向自杀。在一定意义上，老年人自杀是农村阶层分化与高度竞争的结果。在农村社会生活中，通过三大机制勾连阶层分化与老年人自杀，一是阶层分化与竞争机制；二是代际分工与剥削机制；三是底层的去道德化机制。这也是本研究从阶层分化的角度去理解农村老年人自杀的逻辑结构。

（一）阶层分化与竞争机制

改革开放以来，农民由清一色从事农业劳动、收入水平相对平均的群体，分化成经营多种职业、收入差距不断加剧的不同阶层。农村阶层分化

---

[1] 转引自冯珊珊、肖水源《我国农村自杀问题的研究状况》，《实用预防医学》2005 年第 4 期。
[2] 孙立平：《生存生态恶化背景下的底层沦陷》，《经济观察报》2007 年 7 月 8 日。

是指固守在土地上的农民大量转移到国民经济的其他领域，从而改变自己的社会身份，成为其他身份主体的过程。阶层分化使农村社会的利益主体和利益来源多元化、利益关系复杂化、利益矛盾明显化，形成了极其复杂的利益新格局和社会矛盾新体系[1]。学界对农村阶层分化虽然持不同观点，却有以下基本共识：

一是农村阶层分化以家庭为基本单元。当前农村的主要家庭形式是核心家庭，即父母与未婚子女组成的家庭，或仅由夫妻组成的家庭[2]，农民以核心家庭而非以个人身份参与农村阶层的分化。老年人因其特殊性，一般依附于其子代的阶层身份和地位。

二是农村阶层分化在村庄内部展开。除了大规模的定量统计外，多数研究都是在村庄内部划分农村阶层和研究农村阶层分化，这与中国村庄的"共同体"性质相关[3]。虽然较传统时期有很大的开放性，但对多数农民而言，村庄依然是他们生活、生产、休闲以及获得意义与价值的场所，它对成员有着基本的分层与评价标准。因此，多数农民仍主要在村庄内部确认自己的位置，定位自己的身份。

三是农村阶层分化的程度决定着阶层之间的关系性质。我国农村区域广阔，不同农村的经济发展、开放水平差异很大，农民的分化程度也呈现不平衡性[4]，进而决定着阶层之间关系性质的不同。所谓关系性质，是指各阶层在相互之间的关系中体现各自的特征，不同阶层之间的实质性关系只有在不同阶层互动中才能被发现与解释[5]。从已有研究来看，我国农村呈现三种主要的阶层分化水平，其一是东部沿海发达农村地区的高度分化，其上层与下层的贫富差距极大，相互之间构成难以弥合的"区隔"（distinction）[6]，阶层之间形成对立关系——上层把持村庄政治并对下层构

---

[1] 卢福营：《中国特色的非农化与农村社会成员分化》，《天津社会科学》2007年第5期；陆益龙：《中国农村社会阶级阶层结构60年的变迁：回眸与展望》，《马克思主义与现实》2009年第6期；陆学艺主编：《当代中国社会阶层研究报告》，社会科学文献出版社2002年版。

[2] 王跃生：《当代中国家庭结构变动分析》，《中国社会科学》2006年第1期。

[3] 折晓叶：《村庄边界的多元化——经济边界开放与社会边界封闭的冲突与共生》，《中国社会科学》1996年第3期。

[4] 林炳玉：《农村社会阶层分化与村党组织建设》，《马克思主义与现实》2005年第3期。

[5] 仇立平、顾辉：《社会结构与阶级的生产：结构紧张与阶层研究的阶级转向》，《社会》2007年第2期。

[6] Pierre Bourdieu, *Distinction: A Social Critique of the Judgment of Taste*, Cambridge: Harvard University Press, 1984.

成政治排斥，下层通过弱者的武器——集体上访对抗上层[①]。其二是华北、华南宗族型村庄的低度分化，该类村庄的血缘宗亲观念较强，经济分化并未带来强烈的社会分化，因此其阶层呈现低度分化状态，阶层关系受血缘、亲情的约束而表现为合作关系[②]。其三是中部农村地区的中度分化，该地区已打破血缘关系的束缚，经济上存在较大分化，但因其上层农户皆已搬出村庄，而留下来的阶层在经济上差距不大，使得其内部家庭间、阶层间形成高度的竞争关系[③]。在该地区，因为血缘关系的瓦解，血缘关系不再是平衡经济分化的因素，因此经济上的分化很容易导致社会关系层面的分化。社会分化是比较与竞争的前提，并且所有的比较和竞争都是在跟自己最近的人之间发生的。在这些农村地区，随着最上层的富人阶层搬出村庄，各阶层农户的相互比较发生于留在村庄里的农户之间，而这些农户的经济水平有差距，但差距不大，所以很容易达到和追上比自己阶层地位高的农户。同样，处于相对较高位置的农户，其经济水平较他人高不了多少，也很容易被他人追赶上，或者稍有不慎就会掉入低层。所以，对于下层农户而言，上层并非高不可攀，它会通过自己的努力去攀登；而处在相对上层的农户要防止他人轻易超越自己或自己的跌落，也需要不断努力使自己往更高水平上跃升。这样，就形成了阶层之间、农户之间你追我赶的激烈竞争态势。反之，如果富人阶层没有搬出村庄，还参与村庄的面子竞争，那么各阶层比较的对象就是富人阶层，但是富人阶层是高不可攀的，没法与之竞争，因此也就形成不了竞争的态势。

　　阶层之间的关系实践形塑着村庄的政治社会形态。"上层成员始终会力求排斥和剥削下层，而下层成员也会力求穿透上层的界限，或者力求对等级秩序作大的改变，以有利于自身所处的层级。因此，分层体系一般都会突出地表现为争夺或斗争。"[④] 在本文所调查的中部农村地区，家庭、阶层之间的关系虽然没有沃特斯所说的那么严重，但其激烈的竞争关系必

[①] 陈锋、袁松：《富人治村下的农民上访：维权还是出气？》，《战略与管理》2010年第3、4期合编本；宋丽娜、田先红：《论圈层结构》，《中国农业大学学报》（社会科学版）2011年第1期。
[②] 徐嘉鸿：《农村土地流转中的中农现象》，《贵州社会科学》2012年第4期。
[③] 翟学伟：《中国人的脸面观》，社会科学文献出版社2011年版；袁松：《消费文化、面子竞争与农村的孝道衰弱》，《西北人口》2009年第4期。
[④] [澳]沃特斯·马尔科姆：《现代社会学理论》，杨善华等译，华夏出版社2000年版，第313页。

然会形塑其独特的村庄政治社会形态。社会性竞争以家庭为单位，主要围绕着村庄社会的地位与身份展开。这些竞争又必然具有物质方面的特性，涉及财产所有权的差异，或获取物质报酬的渠道方面的差异①。在村庄社会生活层面，这些竞争主要表现在对物质与文化产品的消费上，并已成为各阶层凸显自己的特殊符号。农民消费时所注重的不再是被消费的物品本身，他们更看重所消费物品所代表的一种身份符号，对这种物品符号意义上的消费可以给人带来某种愉悦的想象。至少它也提供了让其他人参考一个地位更好的团体来对你的社会地位做出评定的基础，从而使你拥有了一种摆脱你真正所属的团体而享有的精神上的满足与愉悦之感。这种消费行为实际上指向的是其他完全不同的目标：对个体进行曲折隐喻式表达的目标、通过区别符号来生产价值社会编码目标②。

在这种竞争过程中，各阶层注重与其他阶层、家庭的区隔（distinction），或者至少不落后其他阶层和家庭，主要表现在居地选择、子女上学、休闲及人情上③。人们通过这些消费上的投资，期待获得预期符号收益④，即"面子"与"脸上有光"，否则就会成为有缺陷的消费者（flawed consumer）⑤。农村各个阶层毫无例外地踏入这种区隔的游戏中，他们不仅攀比，而且刻意制造消费的层级化⑥，恰恰反映出各阶层急于在村庄社会展示差异的一种"焦虑"：根据与他人的"不差"或"不同"而提供确凿可靠的区隔标志。农村正在迈向这样一个社会，"人人都拼命地表现，期待获得成功，达不到标准心里就不痛快，便产生耻辱感"。⑦ 这表明农村各阶层在社会性竞争中，对未来地位提升的渴求与担忧，对未来的不确定性与地位下降怀有恐慌感与焦虑感，即所谓的地位焦虑。

地位焦虑在不同阶层的农户中有不同的分布。在底层社会资源匮乏、

---

① ［澳］沃特斯·马尔科姆：《现代社会学理论》，杨善华等译，华夏出版社2000年版，第313页。

② 许荣：《中国中间阶层：文化品位与地位恐慌》，中国大百科全书出版社2007年版，第223页。

③ 陈文玲、郭立仕：《关于农村消费的现状及政策建议》，《财贸经济》2007年第2期。

④ ［法］波德里亚·让：《消费社会》，刘成富、全志刚译，南京大学出版社2011年版。

⑤ ［英］齐格蒙特·鲍曼：《工作、消费、新穷人》，仇子明、李兰译，吉林出版集团有限责任公司2010年版。

⑥ 李培林、张翼：《消费分层：启动经济的一个重要视点》，《中国社会科学》2000年第1期。

⑦ 肖锋：《中国人压力报告》，《新周刊》2006年8月7日。

发展空间逼仄与生活空间局促的大环境下，相对而言，拥有更多物质资源、机会资源和社会关系资源的上层农户，其地位焦虑较少，释放焦虑的手段、途径、空间也较多；而处于下层的农户则因各方面资源的缺少，其地位焦虑就会更强烈，释放焦虑的选择空间有限。于是客观结果是：农村社会性竞争带来的地位焦虑，有向下层农户分配的"集中效应"[1]，下层农户承担了巨大的压力。下层农户因其地位焦虑的强烈，释放焦虑的途径有限，就有可能为了释放焦虑、纾解压力在有限的选择中走极端，其中包括犯罪、从事性工作[2]，以及下文要论及的代际分工与代际剥削。

（二）代际分工与剥削机制

在以家庭为分化单位的村庄社会，代际分工与代际剥削是农村中、下层农户释放焦虑的更为普遍和较为人们所接受的途径。

在当前农村，传统上比较普遍的"三代家庭"，逐渐被核心家庭形式取代[3]。这是家庭形式上的变化，但是家庭内核却在很大程度上得以保留，譬如法律上明确规定子代有赡养父辈的义务，家庭养老依然是农村养老的主流[4]；父辈对子代还有强烈的价值期待和情感寄托[5]，"父子一体"牵连着父代家庭与子代家庭。父代与子代被牢牢地捆绑在一起，尤其是当老年人丧失劳动能力、经济不能自主之后，在农村阶层结构中就没有独立的位置，必须依附子代在阶层结构中的地位与身份。这样，老年人就主动或被迫纳入子代的竞争体系，并服从和服务于这个竞争体系。处在农村社会下层的老年人更可能被纳入子代的竞争体系，主要表现在代际分工与代际剥削上。老年人进入子代的阶层竞争体系，必然切身感受到子代的地位焦虑和竞争压力，并将其内化为自己的焦虑与压力，从而希望为子代做点什么，"为子女着想"，或者被要求为子代做点什么，以减轻子代的"负担"。代际分工和代际剥削服务于子代的竞争。

代际分工是在传统的家庭性别分工之外发展起来的一种新型家庭分工

---

[1] ［美］威尔逊：《真正的穷人》，成伯清等译，上海人民出版社2007年版。
[2] 申端锋：《中国农村出现伦理性危机》，《中国老区建设》2007年第7期。
[3] 黄宗智：《中国的现代家庭：来自经济史和法律史的视角》，《开放时代》2011年第5期。
[4] 郭于华：《代际关系中的公平逻辑及其变迁》，《中国学术》2001年第4期。
[5] 贺雪峰、董磊明：《农民工外出务工的逻辑与中国的城市化道路》，《中国农村观察》2009年第2期。

模式。传统的性别分工是指夫妻之间对家庭事务的责任分配，一般是男主外、女主内，或者说男子负责对外事务和外出务工，妇女在家务农、负责家务劳动、照顾子女和赡养老人等①。而随着新一代农民工夫妻皆外出务工成为趋势后，家庭内部就形成了新的分工模式，即中老年父母与年轻夫妻之间的分工：年轻夫妻外出进城务工，老年人在农村务农、看家、饲养牲畜、负责人情以及照看孙辈。这种代际分工使得一个家庭的收入由两部分构成，一部分是外出务工的收入，约占家庭收入的 60%，另一部分是务农的收入，约占家庭收入的 40%。对于一个家庭的维持基本生活、完成劳动力再生产，尤其是参与阶层竞争而言，两部分收入都不可或缺②。通过代际分工，有劳动能力的老年人为子代增加了财富、减轻了压力。

  代际剥削是农村代际关系平衡被打破之后出现的现象。费孝通将中国子代的养老概括为反馈模式，其核心是指抚养与赡养之间的平衡，后者不仅包括经济方面的，还包括生活照料和精神慰藉方面③。郭于华进一步认为，中国家庭以"哺育"和"反馈"为表现形式的反馈型代际关系，表明代际有一种交换的逻辑存在④。传统社会中代际传承和亲子间的互动依循这一种交换原则，它所包含的既有物质、经济的有形交换，也有情感和象征方面的无形交换。无论是抚育—赡养关系，还是交换关系，代际关系都大致达到了一个平衡，它维系着农村社会的稳定和家庭的延续。但是在近 30 年间，农村代际关系却出现了失衡，主要表现为年轻一代在争取尽量多分割家庭财产的同时却不愿意承担养老责任，他们享受了长辈抚育之恩后并不知感恩，不思回报，而只想谋求个人利益的最大化。这样一种只讲对亲代索取的权利，不讲对亲代回报的义务和责任的代际关系被学者称为代际剥削，其根源在于近 30 年市场经济理性构成对家庭责任的冲击，一是市场机制对家庭机制的摧毁，二是自我中心式的个人主义的发展。这种个人主义是一种不平衡的个人主义，即权利义务失衡的自我中心价值取向，它无视道德规范、乡规民约和法律，无视责任、义务的平衡，导致人

---

① 谭深：《农村劳动力流动的性别差异》，《社会学研究》2007 年第 1 期。
② 孙文凯、路江涌、白崇恩：《中国农村收入流动分析》，《经济研究》2007 年第 8 期；贺雪峰、董磊明：《农民工外出务工的逻辑与中国的城市化道路》，《中国农村观察》2009 年第 2 期。
③ 费孝通：《家庭结构变动中的老年赡养问题——再论中国家庭结构的变动》，载《费孝通社会学文集》，天津人民出版社 1985 年版。
④ 郭于华：《代际关系中的公平逻辑及其变迁》，《中国学术》2001 年第 4 期。

们抛弃家庭责任，造成农村家庭的代际紧张和养老困境，传统养老文化迅速流失①。

子代的竞争压力加速了农村代际关系向不平衡的剥削式代际关系转变②。子代充分利用父代的劳动力，或索取父代创造的财富，或放弃对父代的赡养，以增加自己在阶层竞争中筹码，或减轻竞争的负担，由此加剧了代际关系的不平衡性。无论父代是否自愿，子代的上述行动客观上都构成对父代的剥削事实。代际分工本身是代际剥削的重要形式之一，老年人一直要劳动至丧失劳动能力为止③。阎云翔的研究展示了年轻夫妇在结婚前，合谋向男方父母索要高额彩礼以增加婚后小家庭的生活资本，而对老年人的赡养义务却被忘却的事实④。贺雪峰调查发现，农村婚姻上正在形成男方父母只有在城镇为儿子买房，女方才同意结婚的新传统，而子代在城镇安家后，父母则被遗忘在农村，他认为这是农村代际剥削的新形式⑤。

当老年人失去实质性的剥削价值，即生病和丧失劳动能力后，对老年人的治疗与赡养就成了子代的负担。在高度竞争体系下，照看、赡养老人会形成很高的机会成本⑥。或者说，此刻的老年人成了子代参与阶层竞争的累赘，照顾老人拖累子代，要花掉子代很多的精力、时间、机会以及金钱，使其在竞争中处于劣势。那么，子代为了确保在竞争中获胜，或不被甩出去，在权衡成本与收益之后，就很可能放弃照顾和赡养老人的义

---

① 阎云翔：《私人生活的变革：一个中国村庄里的爱情、家庭与私密关系1949—1999》，龚小夏译，上海书店出版社2006年版，第139、259页；孟宪范：《家庭：百年来的三次冲击及我们的选择》，《清华大学学报》（哲学社会科学版）2008年第3期；贺雪峰：《中国农村的代际间"剥削"——基于河南洋河镇的调查》，《中国社会科学报》2011年8月2日。

② 刘燕舞：《农村老年人自杀现象的伦理学分析》，《江西师范大学学报》（哲学社会科学版）2011年第6期。

③ 郭于华：《作为历史见证者的"受苦人"的讲述》，《社会学研究》2008年第1期；贺寨平：《社会经济地位、社会支持网与农村老年人身心状况》，《中国社会科学》2002年第3期。

④ 阎云翔：《私人生活的变革：一个中国村庄里的爱情、家庭与私密关系1949—1999》，龚小夏译，上海书店出版社2006年版。

⑤ 贺雪峰：《中国农村的代际间"剥削"——基于河南河洋镇的调查》，《中国社会科学报》2011年8月2日。

⑥ 穆光宗：《丧失和超越：寻求老龄政策的理论支点》，《市场与人口分析》2002年第4期；颜廷静：《社会转型期老年人自杀现象研究》，《人口研究》2003年第5期。

务[①]。而老年人自己也会意识到自己成了子代的负担，并为此负疚于子代。在子代与自我的双重压力下，处在农村社会下层的老年人很可能走向自杀。农村老年人成为中国底层的阶层竞争的牺牲品，这是最严重的代际剥削。

（三）底层的去道德化机制

孙立平在对"黑砖窑事件"的社会学解释中，认为在生存生态不断恶化的情况下，缺乏资源改善生存状态的底层会出现沦陷和堕落。底层的生存状况决定了底层的道德水平，道德沦陷是底层沦陷的组成部分[②]。在孙立平那里，底层沦陷实际上就是一个将危机、成本、代价等转嫁给其他底层人的过程，而道德的沦陷就是对这个转嫁过程进行的合理化。撇开其价值判断不论，该论点的启示在于：农村社会一旦发生普遍的"转嫁"现象，必然会有个去道德化的合理化过程。下层农户在社会性竞争的压力下，将释放地位焦虑的成本与代价转嫁给农村老年人，以提升或保全自己的阶层位置与身份，这需要有一个重新合理化的过程。

道德总是与一定的阶级、阶层相关。去道德化是指特定阶层的人们摒弃既有对事物的评价体系与道德标准，搁置对新兴事物的道德评价。去道德化与底层的生存状况密切相关。在农村，对"转嫁"行为的去道德化评价是在总体资源匮乏的背景下，阶层之间、阶层内部家庭之间的高度竞争倒逼的结果。也就是说，除了"转嫁"，下层农户可选择的其他资源和途径非常有限，"转嫁"行为成为必然，这就有必要对"转嫁"行为进行合理化处理，即建构一套崭新的意识形态来论证该行为的正当性。譬如，"二十四孝"的目的就在于让人们遗忘下一代，只对上一代负责[③]，这是对"孝"的合理性建构。同样，如今要名正言顺地放弃上一代，也需要意识形态的"包装"，否则就难以心安理得地"放弃"。

去道德化的动力主要有两个，一个是村庄共同体的瓦解，一个是代际关系的不平衡性。前者意味着村庄信仰、道德和规范的脆弱性，容易在利益、市场及其他力量的冲击下分崩离析。在老年人自杀的问题上，村庄形

[①] 袁松：《消费文化、面子竞争与农村的孝道衰弱》，《西北人口》2009 年第 4 期；杨华、范芳旭：《自杀秩序与湖北京山农村老年人自杀》，《开放时代》2009 年第 5 期。

[②] 孙立平：《黑窑奴工与底层的生存状态》，《南方都市报》2008 年 3 月 25 日。

[③] 唐松波、耿葆贞：《孝经二十四孝注释》，金盾出版社 2008 年版。

成不了整体性的舆论压力和道德氛围，自杀本身甚至丝毫不能成为村庄的公共事件。后者是指在代际关系中年轻人处于强势地位，掌握话语权，中老年人处于弱势地位，他们的意见、情绪和道德观念影响不了年轻人的决策，左右不了村庄的舆论导向。同时，老年人也有不给子代添负担的思想，他们对自杀更多的是往积极的方面去思考，较少道德情绪。这样，掌握资源和权力的年轻人垄断着去道德化的社会机制，从而有助于年轻人对老年人的权力关系不断再生产。一旦对"转嫁"行为给予了去道德化的建构，则反过来会强化这一行为，使它更加普遍、更加习以为常，成为农户的日常行为。去道德化的结果是村庄"道德的缺席"。

既然"转嫁"行为本身具备了正当性，那么，作为其后果之一的老年人自杀自然就具有合理性。否则，如果老年人自杀没有合理性，那么就会反过来否定"转嫁"行为本身。农村社会对老年人自杀合理性的建构，是对"转嫁"行为去道德化建构的重要组成部分，也是它的自然延伸。对老年人自杀的合理化建构，在农村会形成一套对老年人自杀去神秘化、正常化的文化秩序[①]（杨华、范芳旭，2009；刘燕舞，2009）。自杀秩序的去道德化建构，对于老年人而言，实质上是在底层社会的阶层行动者本身合谋的情况下，施加在他们身上的"符号暴力"，即他们并未领会到这是年轻人的"专断权力"施加的一种暴力，反而认可了这种暴力[②]。

以上通过对农村社会三大机制及其相互关系的逻辑分析，可以清楚地看到，中国底层社会问题是如何一步步地被分配与转嫁，最终通过某个（些）阶层的老年人自杀得到承担与化解的（见图1）。为此，本文拟提出以下研究命题：

命题1 农村阶层分化呈中度状态，村庄内部阶层、家庭间的社会性竞争则呈高度状态；

命题2 村庄的社会性竞争程度越高，地位焦虑就越强烈，释放焦虑的方式就越极端，处在下层的农户尤其如此；

命题3 在以家庭为分化单位的村庄社会，释放焦虑的重要方式是代际分工与代际剥削；

[①] 杨华、范芳旭：《自杀秩序与湖北京山农村老年人自杀》，《开放时代》2009年第5期；刘燕舞：《自杀秩序及其社会基础》，《现代中国研究》（日本）2009年第9期。

[②] 布迪厄、华尔康：《实践与反思——反思社会学导论》，中央编译出版社1998年版。

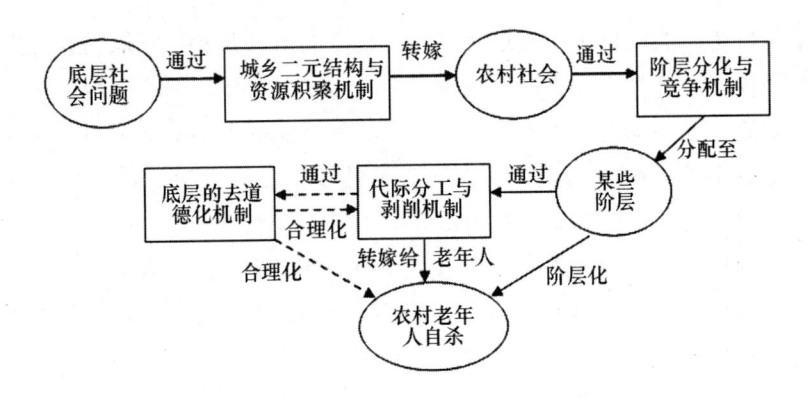

图1 农村老年人自杀作为底层问题的社会建构

命题4 农村老年人自杀是子代通过代际分工与代际剥削释放地位焦虑的表现与结果，其在村庄的去道德化中逐渐合理化；

命题5 农村老年人自杀是中国底层社会问题，是中国底层社会问题通过城乡二元结构与资源积聚机制、阶层分化与竞争机制、代际分工与剥削机制与低层的去道德化机制，最终转嫁至某个（些）阶层的老年人身上的结果。

三 中部地区八村老年人自杀现象分析

（一）个案村与自杀现象的基本情况

本研究分析的老年人自杀资料，来自笔者及所在团队于2008年、2009年和2012年对我国中部某省8个村庄进行的分批调查，8个村庄分别是房村、蒋村、梭村、邓村、沙村、龚村、新村和信村。每个村的调查人员一般为3—5人，调查时间为25—45天。调查方式为半结构式访谈。每个访谈对象一般访谈一个单位时间，对重点访谈对象采取多次回访。访谈对象主要包括自杀者的家属和近亲、自杀未遂者、有自杀意念者、参与自杀纠纷调解的当事人、熟知自杀事件过程的知情者与善后者，以及其他村庄精英和普通村民。

调查显示，8个村庄都是原子化村庄，最典型的表现是兄弟之间缺少血缘上的认同，村庄内部施行的是现代意义上的普遍主义，而非血缘、地缘意义上的特殊主义。这些村庄1980年至2009年的总人口数与自杀情况如表1所示。8个村庄总计228人自杀,其中老年人自杀145例,占自杀总人数的63.6%。就30年的平均自杀率来看,8个村庄总平均自杀率为81.2(单位十万分,下同),最高的龚村是189.5,最低的为新村26.7。除新村的自杀率接近费立鹏等人推算的27.1外①,其余皆超过这个数值,其中龚村和房村平均自杀率分别是费氏自杀率的7.0倍和4.5倍。这说明田野调查所得的自杀率要比通过公布的"权威数据"整理出来的自杀率高。另外,由于每个村的自杀个案是访谈出来的,因被访谈者的记忆、时间跨度及隐讳等原因,实际自杀个案要高于调查出来的个案,因此实际自杀率可能还要高于表中所列数字。

表1　　　　1980年至2009年八个村庄人口与自杀死亡数据②

村庄	房村	蒋村	梭村	邓村	沙村	龚村	新村	信村	总计
总人口	1060	1480	1350	1159	1432	510	1374	1000	9365
自杀人数	39	30	34	34	40	29	11	11	228
平均自杀率(十万分)	122.6	67.6	84.0	97.8	93.1	189.5	26.7	36.7	81.2
老年人数量	194	266	244	210	258	98	158	183	1621
老年人自杀	24	15	21	23	24	21	11	6	145
老年人自杀所占比例	61.5%	50.0%	61.8%	67.6%	60.0%	72.4%	100.0%	54.5%	63.6%
老年人自杀率(十万分)	412.4	188.0	286.9	365.1	310.1	715.3	232.1	109.3	298.2

(二) 农村老年人自杀变化的曲线图

表1显示,8个村的老年人自杀占各村总自杀人数的比例皆超过50%,其中最高的是新村100%,其次是龚村的72.4%,另有四个超过60%,排最后的是分别是蒋村的50.0%和信村的54.5%,8个村老年人自杀人数占自杀总数的62.3%。这都说明8个村的高自杀率主要是由老年人群体的自杀支撑起来的。从图2可以清晰地看出,无论是总计还是各村平均计,老年人群体自杀率都要比平均自杀率高出数倍之多,这说明老年人群体是农村自杀的高危群体。

---

① 转引自吴飞《论"过日子"》,《社会学研究》2007年第6期。
② 本表及以下各表中的人口构成比重采用三组数据的平均值:一是调查8个村在1981年分田到户时的数据,二是1990年全国人口普查时8个村所在地区人口构成的数据,三是2008年调查的实际数据。由于江汉平原的总体人口在外流,生育率下降,虽然生育基数较大,但人口保持相对平衡,调查的三组数据相差不大。因此,可以认为30年8个村的人口结构变动不大。

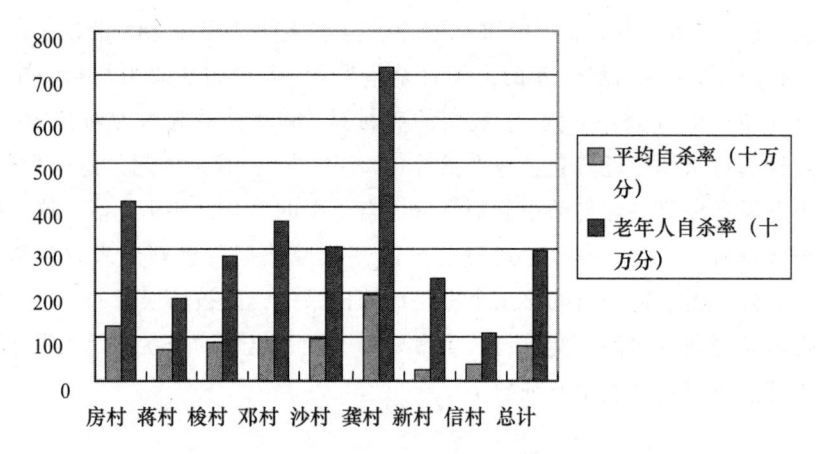

图 2 1980—2009 年平均自杀率与老年人自杀率

表 2 自杀死亡在八个村庄不同人群的分布（五年段）①

	年份	1980—1984	1985—1989	1990—1994	1995—1999	2000—2004	2005—2009
总计，人口 9365	自杀人数	31	33	34	33	38	59
	年均自杀率	62.2	70.5	72.6	70.5	81.1	126.0
18—54 岁男性人口数 2703，28.86%	自杀人数	5	2	3	5	4	5
	人群年均自杀率	37.0	14.7	22.2	37.0	29.6	37.0
	人群自杀比重	16.1%	6.0%	8.8%	15.2%	10.5%	8.5%
18—54 岁妇女人口数 2682，28.64%	自杀人数	18	15	12	7	4	3
	人群年均自杀率	134.2	111.9	89.4	52.2	29.8	22.4
	人群自杀比重	58.1%	45.5%	35.3%	21.2%	10.5%	5.1%
55 岁及以上老年人人口数 1621，17.31%	自杀人数	8	16	19	21	30	51
	人群年均自杀率	98.7	197.4	234.4	259.1	370.1	629.2
	人群自杀比重	25.8%	48.5%	55.9%	63.6%	78.9%	86.4%

① 人群自杀率是每一类人群中自杀的总数与这类人群的总人数的比，若同时对每一年求平均数，得出的是年均自杀率。以老年人 1980—1984 年的 5 年段自杀率计算为例，该 5 年段老年人自杀有 8 例，因此，老年人自杀的五年段自杀率为（8/1621×5）×100000＝98.7/10 万。其他人群自杀率的计算方法类似。人群自杀比重是指某一时期内某一类人群的自杀人数占同时期内总自杀人数的比重。以该 5 年段老年人自杀的人群比重计算为例，这一阶段共 31 人，老年人自杀有 8 人，则老年人的自杀人群比重为（8/31）×100%＝25.8%。其他人群自杀比重的计算方法与此类似。

与农村其他群体自杀情况比较,更能看出老年人自杀的基本状况。在本文中,笔者将老年人定义为55岁及以上的男性与女性,其他两个自杀群体分别是18—54岁的男性和18—54岁的妇女。从表2的数据与图3、图4的曲线来看,有四点值得注意,一是中青年妇女的自杀率与自杀比重有显著下降趋势,2005年以后已低于费立鹏推算的自杀率,这与妇女在家庭中的地位提高和人口流动相关;二是中青年男子的自杀虽在某些时段上有起伏,但基本上保持在比较低的水平上,对整个自杀比重影响不大;三是老年人的自杀率与自杀比重呈持续增长势头,近年的增速尤其

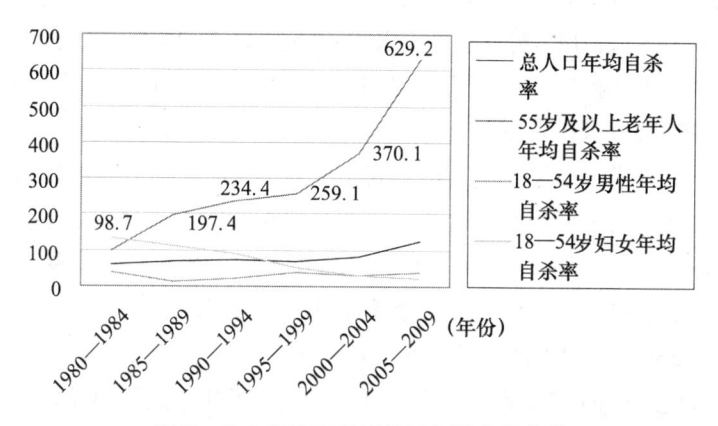

图3 八个村庄三类群体五年段自杀曲线

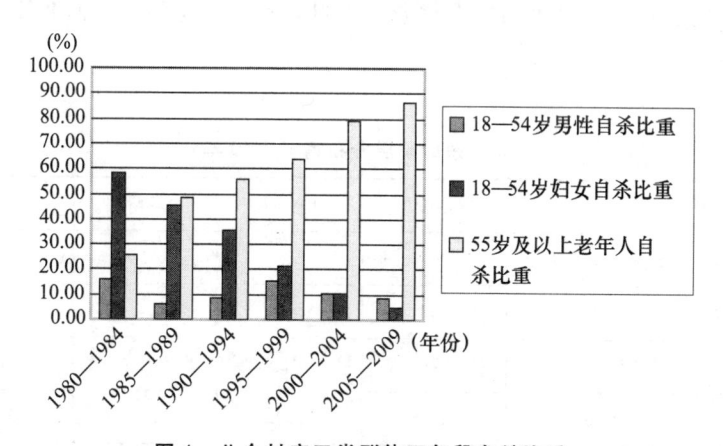

图4 八个村庄三类群体五年段自杀比重

迅猛，并支撑着农村整体自杀率的增长；四是中青年妇女与老年人两个群体的自杀率与自杀比重呈反方向发展，这中青年妇女与老年人在核心家庭中的作用与地位的此消彼长有关。

（三）农村老年人自杀的阶层分布

根据实地调查，研究将村庄的农户划分为四个阶层：富裕阶层、中上阶层、中等阶层与中下阶层。由于老年人的阶层位置是依附其子代而获得的，因此根据子代阶层位置的差异，以及被访谈对象的普遍认定，可以将145 例自杀老人划分在不同的阶层。

如表3所示，145 例自杀老年人中：98 例属于中下阶层，占了自杀人数的67%；27 例属于中等阶层，占19%；17 例属于中上阶层，占12%；属于富裕阶层的老年人自杀较少，仅有3 例，占2%。这3 个老年人之所以被划分在富裕阶层，是因为他们有一个或两个儿子属于富裕阶层，而另有一个或多个儿子属于其他阶层，因此从严格意义上说他们并不能完全划归在富裕阶层。另外，近30 年各阶层老年人群体的自杀率，从上层到下层呈增高的态势，富裕阶层的自杀率最小，为123.5，中下阶层的自杀率最高，达336.1。图5 的自杀曲线更清晰地表明，自杀比例与自杀率皆与老年人所属阶层的高低呈负相关，即老年人的子代家庭所属阶层越低，老年人自杀越多或越容易自杀；子代家庭所属阶层越高，老年人自杀越少或越不倾向于自杀。这表明，农村老年人自杀是个阶层问题，而非简单的孝道衰败问题。

表3　　　　　老年自杀的阶层分布情况（30 年）

所属阶层（单位）	富裕阶层	中上阶层	中等阶层	中下阶层
老年人数量（个）	81	243	324	972
老年人自杀（例）	3	17	27	98
老年人自杀比例（%）	2	12	19	67
老年人自杀率（每10 万人）	123.5	233.2	277.8	336.1

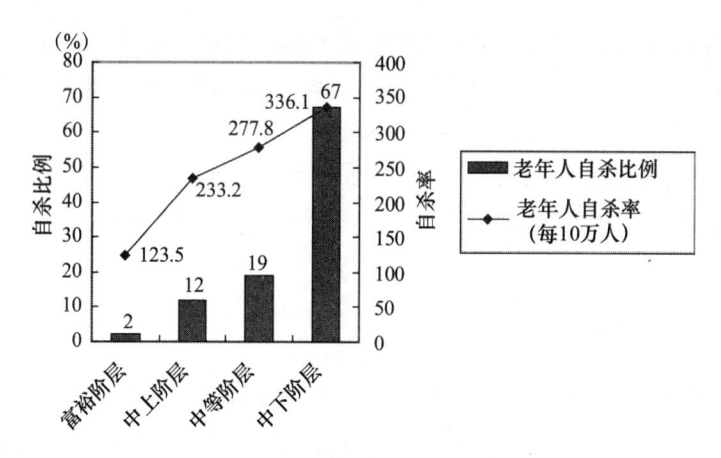

图5 老年人自杀数量和比例的阶层分布

（四）农村老年人自杀的诱因及变化

调查发现，近30年中部8个村庄老年人自杀的诱因主要有5大类，分别是代际矛盾、孤独无助、病痛难熬、子代不养以及老人不愿给子代添负担等。表4所示，代际矛盾是老年人自杀的最主要原因，有36例老年人自杀由此引发，孤独无助与子代不养都占34例，老人不愿给子代添负担占23例，病痛难熬占18例。

表4　　　　　　　　　　八个村庄老年人自杀诱因

自杀诱因	五年段	1980—1984	1985—1989	1990—1994	1995—1999	2000—2004	2005—2009	合计
	总计	8	16	19	21	30	51	145
代际矛盾	自杀人数	6	10	9	5	3	3	36
	自杀比重	75%	62.5%	47.4%	23.8%	10%	5.9%	24.8%
孤独无助	自杀人数	0	1	2	4	9	18	34
	自杀比重	0	6.25%	10.5%	19.04%	30%	35.3%	23.4%
子代不养	自杀人数	0	0	1	4	10	19	34
	自杀比重	0	0	5.26%	19.04%	33.3%	37.3%	23.4%
不添负担	自杀人数	1	2	4	4	5	7	23
	自杀比重	12.5%	12.5%	21.1%	19.04%	16.7%	13.7%	15.9%
病痛难熬	自杀人数	1	3	3	4	3	4	18
	自杀比重	12.5%	18.75%	15.8%	19.04%	10%	7.8%	12.4%

代际矛盾是指家庭内部的亲子矛盾和婆媳矛盾，老年人与儿子或媳妇因家庭事务或摩擦、龃龉而发生矛盾。该诱因引发的自杀往往比较激烈，老年人对子代怀有满腹的情绪，自杀是老年人"一气之下"的结果。"有气"说明老年人对子代还怀有强烈的伦理与价值期待，自杀是对子代没有满足期待的激愤行为。图6所示，这类自杀主要集中在20世纪八九十年代，2000年之后减少。

孤独无助是指老年人精神上空虚寂寞、生活上不方便。因该原因诱发的自杀都是单过的老年人，且其自杀往往发生在其老伴去世后。图6所示，该类自杀在20世纪80年代中期才零星出现，到2000年后直线上升，从20世纪90年代后期的4例，迅速飙升到近5年的18例。这说明"老年未亡人"在2000年以后越发孤独无助，子代对老年人精神和生活上的照料越来越缺少。

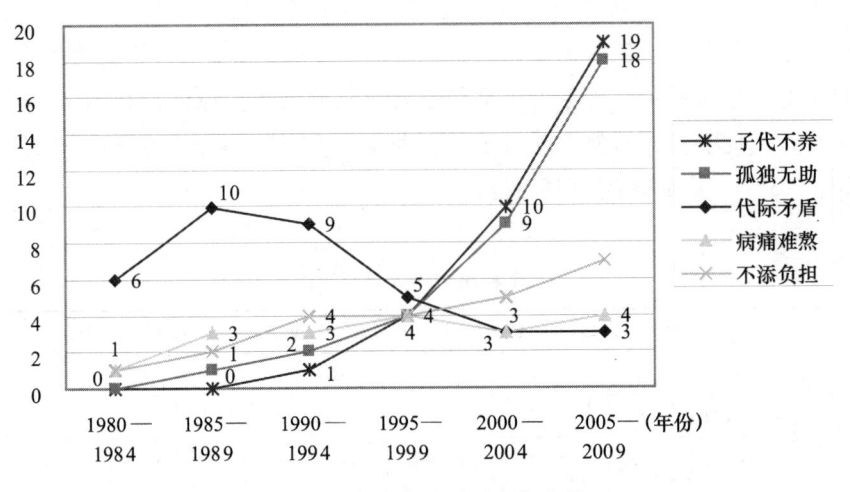

图6　老年人自杀诱因变化曲线

子代不养是指子代在物质生活上对老年人供养不足或不及时，使老年人的生活处于绝对贫困状态而绝望自杀。此类自杀出现在20世纪90年代初，2000年后迅猛增长，绝望成为引发老年人自杀的最重要因素。

不给子代添负担是指老年人对子代有着强烈的情感寄托，在意识到自己成了子代的负担之后，通过自杀以减轻子代的负担。这类利他型的老年人自杀，从20世纪80年代初已零星出现，20世纪90年代前后5年都保持在 4 例左右，2000—2004 年上升至 5 例，最近数年有 7 例。一方面，这表明老年人对子代不添负担的观念一直存在；另一方面，也表明最近数年农村子代的经济压力有增加趋势。

病痛难熬是指老年人因为经受不住自身病痛的折磨，而选择对自己有利的自杀行为。此类自杀均衡地保持在每 5 年 3—4 例，较少波动。

综上，除病痛难熬外，其他 4 个诱因皆与代际关系有关。

四 农村阶层分化：社会性竞争与地位焦虑

（一）农村阶层分化状况与特点[①]

根据农户的经济状况及他们在村庄的声望，研究将这 8 个村的农户划分为四个等级：富裕阶层、中上阶层、中等阶层与中下阶层。[②] 这种分类既便于理论分析，也符合农村阶层分化的实际情况。

表 5　　　　　　　　　　八个村庄各阶层分化状况[③]

分化状况	富裕阶层	中上阶层	中等阶层	中下阶层
人口比例（%）	3	15	20—25	60
年收入（万元）	10 以上	3—4	2—3	1.5—2
存款（万元）	100 以上	10	5	2 以下
耕种土地（亩）	0	2—3	15—25	7—15
收入方式	外出经商	经营副业；请人耕种 2—3 亩土地	子媳务工 1.5 万元，父母耕田 1 万—2 万元	耕种土地，打小工，小副业，或举家外出务工
居住地	县市或省会	6 成镇上，4 成村里	村里，少数镇里	村里
家庭结构	全家迁出	全家在镇上或村里	子媳在外，父母在家	上养老，下养小，或举家务工

[①] 本节的论述得益于与刘燕舞的讨论。
[②] 由于该地区处于长江中游冲积平原，土地肥沃，人均耕地在 2 亩左右，因而较少贫弱阶层。
[③] 本表以 2008 年的数据为准。

富裕阶层是农村中收入最高的阶层，占农村人口的3%。他们年收入在10万元以上，存款超过100万元。这批人大多是20世纪80年代末和90年代初外出经商，不再从事农业生产。他们已经完全脱离了农村，不参与村庄社会生活与价值生产，因而也不是被参照的标准。

中上阶层的收入水平远逊于富裕阶层，他们的年收入在3万—4万元，存款在10万左右，约占农村人口的15%。他们中有近4成住在村里，其余住在镇上。后者有一半是1995年至1997年农业税费最重时为逃脱税费而搬到镇上的，其余是近年搬出去的。中上阶层的农户基本上脱离了农业生产，他们从事的行业主要是交通运输、农业机械租借、个体经营等。20世纪90年代末因逃避税费搬到镇上的农户，在2003年"确权确地"中只保留2—3亩口粮地，他们一般请人代耕。其他中上阶层也耕种较少土地，其余土地按市场价格流转出去。中上阶层对村庄生活的介入都较深，参与村庄的价值生产和人情来往。

中等阶层属于农村中的半工半农的阶层，居住在农村。这样的家庭一般父子都年富力强，父子年龄结构是50—55岁和30—35岁，家庭分工是子女外出务工，父母在家种地，家庭刚性支出较小。父辈耕种15—25亩土地，年收入1万—2万元左右；儿子、媳妇或未婚子女则外出务工，一年收入在1万元左右。此类家庭的总收入在2万—3万元，家庭存款在5万元之间，与中上阶层的年收入差距不超过2万元。中等阶层约占农村人口的22%。

中下阶层属于农村中经济收入最低、家庭负担较重的阶层。这些农户耕种的土地在7—15亩，主要收入在土地上。农闲时到镇上的工厂、砖厂、建筑地当小工，家里搞点小规模养殖，平时还到河沟里去抓黄鳝和打鱼虾贩卖。他们中有一部分人举家外出务工。中下阶层的年收入在1.5万—2万元。他们的家庭结构是上有丧失或部分丧失劳动能力的老人，下有正在读书的小孩，家庭收入完全靠中间一代人支撑，家庭的刚性支出较大，存款在2万元以下。这类农户约占60%，是村里的主体人群。

通过以上的叙述，可归纳出8个村庄阶层分化的两大特点：

1. 阶层界限明确，但没有固化。阶层界限以经济状况为基准，且不同的经济状况的农户，在居住地上有明确的分布。因此，居住空间是阶层划分与阶层关系的最明显的"区隔"，受访农民容易以此将自己与其他农户划分在不同的阶层。尽管阶层间有区隔标准，但阶层并没有固化，农民有向上层流动的机会与动力，如中等阶层通过努力可以在镇上买房子，进入中上阶层的行列。向下流动也并非不可能，如中上阶层在城镇的生意遭受挫折，就可能沦落为中下阶层。正因为没有固化，阶层间的竞争与流动才成为可能。

2. 阶层呈中度分化状态，阶层关系为高度竞争关系。除富裕阶层以外，其他三个阶层的年收入都不多，相差在2万元左右。富裕阶层的收入水平虽然独占鳌头，但他们早已脱离农村，严格意义上说并不参与农村的阶层竞争。仅就后三个阶层而言，它们相互之间的差距不大，因此相对于阶层差距大的高度分化而言，这些村庄的阶层分化呈中度状态。也正因如此，阶层之间、阶层内部的家庭之间就可以在一个较低水平线上相互比较——这一竞争标准并非遥不可及，因此竞争便呈高度激烈状态。

（二）"比着过日子"：社会性竞争与地位焦虑

对于村庄里的农民而言，富裕阶层不是"面对面"[①]的群体，因而不是竞争的对象。调查发现，中等阶层与中上阶层的竞争很激烈。对中等阶层来说，他们绝对不甘心落后于中上阶层，因为他们起点最接近：他们的土地占有量、最初的资本、关系网络，以及个人能力相差无几。中等阶层会努力使自己成为中上阶层的人，而且，要跃升到中上阶层，对他们来说并非遥不可及的事情。即便他们认为自己比不上中上阶层，也会努力让下一代比中上阶层的下一代强。中下阶层与中等阶层的差距最近，他们要求自己事事都向中等阶层靠拢。因此，对处于较高阶层的中上阶层和中等阶层来说，除了继续努力攀升、警惕被人轻易赶上外，还要努力防止自己掉入较低阶层。这样，每个阶层都"勒紧裤带"参与竞争。

表6　　　　　　　　　　　各阶层的社会性竞争

竞争项目	富裕阶层	中上阶层	中等阶层	中下阶层
居地与房屋	县市或省会买房	城镇买房	城镇买房、村里建房	村里建房
子女就学	县市或省会中小学	县城中小学	镇上或县中小学	村里或镇中小学
娱乐休闲	高级娱乐场所	镇茶室；垂钓	村茶室；打麻将	偶尔打麻将
耐用消费品	各样齐全	彩电、冰箱、洗衣机、空调，少数有热水器	彩电、冰箱、洗衣机，少数有空调	彩电、甩干机，少数有冰箱

---

① 费孝通：《乡土中国 生育制度》，北京大学出版社1998年版。

在消费已成为身份符号的时代,展示自己地位、身份的最直接的方式,是日常生活中的消费行为。农村各阶层的社会性竞争也锁定在一些给人感官刺激大的消费项目上,如居住地与房屋的选择,子女就读学校的选择,娱乐休闲方式的选择,以及耐用消费品的选择上(见表6)。就目前各阶层的消费来看,中上阶层主要选择在城镇建房或买房,将子女送进县城中小学,并安排专人照看,经常在镇上的茶室喝茶或者邀人垂钓,家庭拥有相对齐全的耐用消费品。中等阶层力图在城镇买房,至少也得在村里建楼房,尽量将子女送到镇上或县城中小学就读,休闲方式主要是在村茶室喝茶、打麻将,耐用消费品有彩电、冰箱、洗衣机,少数家庭有空调。中下阶层在村里建楼房,子女一般在村或镇上中小学就读,因为缺少休闲时间偶尔打打麻将,家里耐用消费品较少,但至少会购置彩电,少数家庭有冰箱。在攀比的压力下,大部分家庭都已配备了摩托车。

耐用消费品、教育、居住地等方面的支出也是农村阶层"区隔"的表现,更是阶层身份的符号,它为每个阶层提供了一个明确奋斗的"目标",不在一定期限内达到该"目标",就会产生被区隔的"耻辱感"。村民陈某这样讲述阶层间的竞争:

> 都是一个湾的,总不能过得太差吧?大家都是比着过日子。田地都差不多,人家喜事办得热热闹闹,房子搞得漂漂亮亮的,家具、电器什么都有,自己家里却搞得乱糟糟的,都是个人,怎么能够比别人差呢?我们夫妻两个不争气,自己又生病,没有办法……我们隔壁那家,你们看房子盖得可漂亮……(陈某,40多岁,夫妻两人都患腰椎病,不能负重)①

阶层之间的竞争使得每个阶层都承受着竞争的压力,而压力最大的是中等阶层和中下阶层。中下阶层的竞争压力最大,因为他们家庭收入较低,而家庭的刚性支出较大,"赶超"面临较大困难。比如,中上阶层有能力将子女送到县城上学,而中等阶层、中下阶层为了不使自己的子女输在起点上,也要努力将子女送入县城,这无疑增加了他们的支出。但压力

---

① 袁松:《消费文化、面子竞争与农村的孝道衰弱》,《西北人口》2009年第4期。

再大，他们也不可能退出竞争体系成为不要"面子"的人，而是拼命地往中上阶层"制造"的符号标杆中挤。中上阶层则不断地制造"标杆"，以证明自己或避免被赶超。

在这个高度竞争的体系，每个人都紧张地生活着，生怕赶不上人家，落在人家后面，或者因掉入下一阶层而被人讥笑。一旦在竞争中被甩出去，在这个阶层结构中就没有一席之地，在村里就没有面子、地位和说话的分量，得不到他人的尊重，等等。这说明高度竞争的阶层体系，实质上是一个高度地位焦虑的体系。下面是已属于中上阶层的张女士对前几年自己焦虑感的叙述：

> 前几年条件不好，还要引（指养）两个孩子，出去打工挣的钱给小孩买奶粉，油都舍不得吃。什么都赶不上人家，老公没本事，我脾气坏得很，有点什么就跟他吵。那时候孩子小，没人引，孩子缠着干不成活，自己个性强就生自己的气。与邻居家比，人家在镇上买了房子，我家在村里还住老屋，就觉得丢脸，不敢请人家上屋里坐。心里急得很，就生气。生自己的气、生老公没本事的气，跟老公吵架，吵得全队人都知道。生气就气出病来，没有人知道我的心……（张某，女，34岁，现已在镇上买房、开小卖部）

可见，对竞争成败最敏感的是家庭妇女，最先有地位焦虑的也是她们，她们将这种焦虑归结为丈夫的没本事，公婆没有带孩子、没有为他们付出等。因此，处在中下阶层的农户的家庭矛盾较其他阶层多。为了获得成功，这些家庭中的所有人都被拉入竞争体系。人们除了不断奋斗外，还很看重家庭一丝一毫的得失，因为这些得失对竞争成败很关键。处在这种竞争"场域"（field）中的人在生活上被社会性地建构了锱铢必较、精打细算的"惯习"（habitus），表现为"能剥削就剥削""能占便宜就占便宜"的下意识而持久的思维、知觉和行动[1]。

---

[1] 李春玲、吕鹏：《社会分层理论》，中国社会科学出版社2008年版，第196页。

五　阶层分化下的代际关系与焦虑释放

（一）高度竞争与代际关系逻辑的转变

高度竞争要求家庭中每个成员都参与进来，尽其所能贡献自己的力量。老年人被拉进这个阶层竞争体系原因有二：一是当前农村的养老模式还是家庭养老，老人需要子代养老送终；二是老年人对子代有较强的情感寄托和"恩往下流"的思想。比较而言，前者更根本。因此，老年人也切身地感受到了子代家庭的竞争压力和地位焦虑，子代期待或"强迫"老年人为家庭的竞争服务，或者至少不添负担。

这样，老年人在子代的竞争中能不能发挥正面作用（"有没有用"），就成了子代考量代际关系的最基本标准。"有用"即能为子代在竞争中创造财富，或多或少减轻子代的负担，那么代际关系就相对平和，子代对老年人的态度相对较好，关照相对较多。"没用"即不能为子代创造财富，甚至要子代为他付出，从而使子代在竞争中处于劣势，那么代际关系就会变得紧张，子代嫌弃老年人，对老年人态度恶劣甚至辱骂殴打、不给吃穿和医疗费，等等。代际关系性质由传统反馈模式向阶层剥削模式转变。

反馈式代际关系讲究的是抚养与赡养的均衡，赡养是子代对父代抚育的回馈，并认为子女赡养父母不仅包括经济方面，还包括生活照料和精神安慰等方面，子代在父代失去劳动能力时为其提供生活费用，当其生活不能自理时提供照料服务，使之安度晚年[①]。反馈模式更多地带有伦理色彩，其基础是尊卑孝悌的伦理秩序。剥削模式讲究的是父代对子代在竞争上的付出，而不是子代对父代在抚育上的回馈。在这里，父代对子代有着无限的责任，除了将子代养育成人、为其成婚成家外，还要为子代的竞争耗尽毕生精力，否则就换不来子代的送终义务。如果说反馈模式是一种相对平衡的代际关系的话，那么剥削模式则是极度不平衡的代际关系，它以对子代较少付出与对老年人的剥削为基础。

在剥削模式下，老年人既可以是竞争的筹码，也可能成为竞争的负担。子代在如何对待老年人，诸如养老、分家、治病、看护、送终等事项

[①] 王跃生：《农村家庭代际关系理论和经验分析》，《社会科学研究》2010 年第 4 期。

上，总是嵌入一种赤裸裸的利益和物质的"算计"①，看怎么做"划得来"，怎么做"划不来"，划得来的做，划不来的不做或少做。以下案例就是当地剥削式代际关系的典型：

> 我哥哥去年61岁，得了癌症，去治的话要花4万块钱。他的儿媳妇算着老人治好以后应该还可以活10年，每年种田赚的钱不只4000元，加起来要超过4万块钱。给他治病是划得来的事，后来他媳妇就借钱去给他治了。要是我哥哥去年71岁，治好了也干不了几年活，即便干活也赚不了多少钱。那么，他媳妇肯定不会出一分钱给他治病，他就只有等死。（高某，60岁）②

老年人在剥削式的代际关系下，没有任何的主体性和能动性，他们在子代的"有用""没用"与"划得来""划不来"的算计中，犹如木偶一般任其摆布。可以说，在缺少伦理关怀、丧失父权和经济缺乏独立条件下，老年人成了子代参与阶层竞争中的一颗"棋子"，有用时用，没用时弃。当然，并非农村所有阶层都持剥削式代际关系。笔者对这些村庄81名其子代属于富裕阶层的老年人的安置情况进行了详细调查（见表7），从中很难看出子代对父辈的算计。除富裕阶层之外，其余三个阶层的代际关系都有不同程度的算计和剥削，中下阶层最高，中等阶层和中上阶层次之。这说明，富裕阶层的代际关系反馈性较强，剥削性较弱，代际关系较为平衡，而其余阶层的代际关系更具有剥削性质，反馈性较弱，代际关系失衡较严重。

表7　　　　　　　　　　富裕阶层老年人安置情况

共81人	夫妻俩在家	夫妻俩随儿在城市	孤老在家 生病请保姆	孤老在家 托人照顾	孤老随儿在城市
人数	12	16	8	4	41
百分比（%）	15	20	10	5	50

---

① 郭于华：《代际关系中的公平逻辑及其变迁》，《中国学术》2001年第4期。
② 另参见袁松《消费文化、面子竞争与农村的孝道衰弱》，《西北人口》2009年第4期。

（二）焦虑的释放：代际分工与代际剥削

农村家庭内部通过代际分工与代际剥削，使老年人服务于子代的社会性竞争，以此释放子代某种程度的地位焦虑。下层农户的竞争压力越大、地位焦虑越大，代际分工就越明显，代际剥削越严重。

代际分工是指家庭内部分工中，拥有劳动能力的老年人留守农村从事农业及相关生产，年轻人外出务工或做生意。通过代际分工，一个家庭就拥有了两笔收入，一笔是农业及相关副业的收入，一笔是外出务工的收入。一对夫妇外出务工，除去生活开支，一年下来可净赚1.5万—2万元。老年人在家耕种土地，一亩地一年可净赚1200元左右（见表8）。如果一个家庭有15亩左右的土地，那么其纯收入超过1.5万元，这笔收入并不比外出务工收入低。这样下来一个家庭的总收入可在3万元左右，这已达到中等阶层的收入水平。老年人在农村除了耕种外，还要给子代照顾小孩、走人情、看家护院以及自我养老，这都为子代家庭节省了很大一笔支出。

> 一年难得回来一两次，回来都是吃公家的（指由父母承担生活费用），谁会愿意分家？分家了孩子留给父母养，钱就蛮难算，不分家好多地方能够马虎一点就马虎一点过去了。我们反正尽量每个月寄点钱回来，有时候有点什么困难的话，他们（指父母）那边还能够承受一下。（李某，29岁，现在外务工）

> 我两个儿子，每个儿子又给我生了一个孙子，这两个孙子都是我养大的。大孙子现在已经上大学了，跟我们可亲热。小孙子在念高中，刚才还在向我要钱去买衣服，他奶奶给了100块钱他还翘着嘴巴不太愿意，给了300块才走。他父母都在广州打工，平时说要寄钱给我，我说不要他们的。我现在还干得动，每年能搞个万把块钱，能够让他们享点福就享点福吧，我也不想他们回报什么。（王某，68岁，儿子属中下阶层）

可见，老年人在家的收入是子代家庭晋升上一阶层至关重要。排除这笔收入，子代家庭则可能只在其所属阶层徘徊。因此，这里的老年人一直要劳动到不能劳动为止，8个村尚有近90岁的老人通过劳动自食其力。

代际剥削是指通过剥削老年人的劳动果实并放弃对老年人的义务，以增加子代在社会性竞争中的筹码或者减轻竞争的负担。上述代际分工的形式，本质上是代际剥削。代际剥削最极端的表现与结果是老年人自杀。

总结相关调查资料，当前农村代际剥削有以下典型形式：

表8　　　　　　　　农村老年人种地的亩均支出与收入

	毛收入	化肥支出	农药支出	种子支出	其他支出	支出合计	纯收入
冬季油菜	400斤/亩×2.5元/斤=1000元	264元（含碳铵、磷肥、复合肥各一百斤）	16元（含防病、防虫和除草）	20元	145元（含插秧请工、旋耕机耕田、柴油机油钱、抗旱排涝费等）	451元	1000－451=549元
夏季杂交稻	1100斤/亩×0.92元/斤=1012元	89元（含碳铵和磷肥各一百斤，以及打除草剂费用）	24元		230元（含旋耕机耕田、找临时工帮忙插秧、收割等）	343元	1012－343=669元
合计	2012元	369元	44元		375元	794元	1218元

注：以2009年的物价与工价为准。

1. 老年人有劳动能力时，直接剥削老年人的劳动成果。当老年人有劳动能力时，子代倾向于推迟分家，老年人单过的诉求就没有合法性。"会做人的老人不能单过图舒服"，他们得与子代一起生活，这样就能更好地为子代干活，并且赚的钱及积蓄应全数交给子代。但是，一旦"身体"被榨干、丧失劳动能力，老年人就成了子代竞争的包袱，子媳就开始埋怨老人，于是家庭矛盾顿起或升级，最后逼得老人主动提出分家。调查发现，现在单过的几乎都是缺乏足够劳动能力、只能自己糊口的那一部分老年人。跟子代生活在一起，很容易产生家庭矛盾、代际纠纷，这是老年人激愤、绝望自杀的诱因之一。另外，要劳动到没有劳动能力止，让很多老年人因看不到生活的劲头而自杀。

案例1　王某，男，86岁，有劳动能力，身体很好，有一个儿子。虽然86岁了，儿子媳妇仍将他当"壮劳力"使用。老人自己种田的收入除了自己吃外，剩下的全给了儿子。老人有一个爱好，喜欢喝点小酒，儿子媳妇因此感到很不满，认为应该将喝酒的钱也给他们，因此经常骂他。2008年农历正月初一，老人喝酒遭儿子媳妇痛骂后，无奈之下喝药自杀。

案例2　张某，男，75岁。自杀之前他与老伴种了几亩口粮田，放几千只鸭子，一年能够收入几千块钱。老人有三个儿子，老大是原来老婆生的，老二、老三是现在的老婆生的。老大的家庭条件比较好，他就把钱全部给了其他两个儿子。2006年时，老人原来住的房子坍塌了，于是老人就跟老三住，老伴跟了老二。与儿子、媳妇同住后经常磨嘴吵架。老人觉得，我所有的钱都给了你们，你们还不孝顺，还跟我扯皮，心里想不开，就喝药自杀了。

案例3　俞某，男，60多岁，在调查者进村之前刚刚自杀。该老人有三个儿子，老三两口子在外地打工，把小孩留给老人抚养，老二在镇里打工。老人住在大儿子家，每日除了要接送在镇里上学的孙子外，还要帮大儿子做农活和家务事，生活不堪重负。自杀前，老人放牛时和另一位老人说"活得太累，看不到头，不如死了算了"。当晚老人就上吊了。

2. 老年人丧失劳动能力，或得了大病后，子代不予养老、医治，间接剥削老年人。"老人能劳动就是个人，不能劳动就不是个人"，这是当地高度竞争下的普遍共识。老年人此时成了子代纯粹的"负担"，丧失了实质性的剥削价值，代际关系就会变得十分紧张，家庭氛围对老年人十分不利，老年人觉得生活得很憋屈。丧失劳动能力的老年人，连基本口粮都要自己向儿子要，要看儿子、媳妇的眼色，有时还拿不到口粮。如果有几个儿子，则很可能因子代的相互比较、推诿，谁也不养老。有的子代甚至公开辱骂、虐待老年人，巴不得老年人早点死。很多老年人受不了精神和肉体上的折磨而绝望地自杀。

案例4　李某的二叔和二妈，2007年先后喝农药自杀，两位老人死时皆已70多岁。他们只有一个儿子，儿子的家庭情况在村庄中处于中上水平，老两口一直是单独生活。老太太得了腰椎间盘突出，不能走路，坐在椅子上腰也不能直起来，一直由老伴照顾。自杀前这样生活了5年，媳妇从来不登门。老太太没病时，两人尚可以自食其力，而老太婆病倒之后，老伴也不能劳动了，生活每况愈下。就是在这种情况下，儿子、媳妇也没有照顾。最后发展到老人吃饭都成问题。两位老人便商量着一起喝农药自杀。因为老太太生活不便，老爷子要看着老太太死在自己前面，便喝得比较少，没有立即死亡。老太太死后，儿子忙着给老太太办理丧事，知道老爷子也是决心要死，就没有采取治疗措施。第二天，老太太出殡时，老爷子也死了。受访者李义忠说，这个兄弟盼望着自己的父母赶快死，死了之后埋了就算了。

案例5 贺某和张某也是一对夫妻,妻子张某2002年自杀,丈夫贺某则在3年后自杀,自杀时都是60多岁。他们有两个儿子、两个姑娘。两个儿子在养老上闹意见,分配不过来,最后抓阄,老太太归大儿子养老送终,老头归小儿子管。但两个儿子都不养老人,还破口骂老人,老人气不过。小儿子性格更加古怪,不仅不管老人、骂老人,还经常动手打老人,村里人都晓得这些事。受访人分析说,老人千辛万苦将儿子养大,操心得很,媳妇也娶了,屋也做了(指盖新房子),老人还给儿们引孩子、做事,儿们还骂还打,老人就生气,气不过就自杀。

老年人生病,若是伤风感冒等小病还好说,挨挨就过去了,或老年人自己花点钱医治,关键是大病,即治疗费用超过3000元的病。医疗费用在3000元以内,由诸子分摊,如果超过3000元,子代就不会花钱给老年人治病。一位媳妇谈起此事时,坦诚地对调查人员说:"要三四千的话,我们也拿不出,反正人总是要死的,年纪到了,治也没这个必要,治得好也增加了子女的负担,治不好子女们也难服侍。"这便是说,为老年人治大病,一来是增加子女的经济负担,二来是增加子女服侍时间与精力。前者是显性成本,一旦支出,就减缩了子代家庭参与竞争的资本,压缩了显示身份、地位的符号消费;后者造成的是机会成本,子代可以用这些时间与精力去创造足以增加竞争砝码的财富。许多老年人得病之后,怕子代不医治、没人照顾,就提前自杀了。因丧失劳动能力、大病后得不到医治而绝望自杀的老年人数,占老年人自杀总数的23.4%,近年有剧增趋势。

案例6 李某的大妈在2002年上吊自杀,死时不到70岁。老人的丈夫去世多年,她有三个儿子,大儿子没有结婚就死了,二儿子的老婆已经死了30多年,现在没有老婆,家庭经济状况非常差。三儿子经济条件较好,属于中上水平。老伴死后,老太太一直单过。二儿子的生活自顾不暇,一直在外面飘荡,照顾不到老太太身上来。小儿子虽然家庭条件较好,对她却不冷不热,晚年的生活非常凄凉。自杀之前老人得了小病,但远没有到生活不能自理的程度。受访者李某认为,老太太之所以自杀是恐怕自己将来没有人照顾,活受罪,与其没有什么意思地活着,还不如早早死了的好。

3. 老年人空虚无助,子代未予照料,间接剥削老年人。在当地农村,丧失劳动能力但尚能自理的老年人一般都单过,即便与子代名义没分家,但因子代长年举家外出务工,老年人实质上还是单过。如果老年人的老伴在世，则可以相互照料，相互排解寂寞，一旦有一方去世，单过的老人便会遭遇精神空虚、生活无助等问题。在选择是留在家里照顾老年人，还是将时间、精力花在竞争大业上，前者机会成本太大，很可能受拖累而失去赚钱的机会，所以一般情况下子代会选择后者。如果老年人得病丧失自理能力，需要子代切实地照顾，那么子代会十分愤懑，期待老年人早点死去。邓村受访者告诉笔者，这样的老人"基本上没有正常死亡的"。

案例7 房村原村主任、现年50岁的王某身体还很强壮，完全可以出去打工，但他没法出去，因为他家里还有个80岁偏瘫老母亲。他对笔者说，"（老母亲）说不定哪天就死了，不守着怎么办呢？"他毫不忌讳地说，希望自己的母亲早点死，这样他可以趁着还能干活，早点出去打工挣点钱，再拖几年出去也没人要了。

案例8 2010年房村一位60多岁女性老人自杀。这年老人在家生病，打电话给在广州打工的三个儿子。三个儿子都请假回来了，其中一个说，"我们只请了7天假，假期一满，就要回去上班。这7天内，你死也得死，不死也得死"。后来，老人便很快自杀了，儿子果然在7天之内办理完老人的丧事，然后大家又回去上班。①

更有甚者，有一中年男子为了能出去打工，在重病母亲的床边放一瓶农药，说："你还是喝药死了吧，你不死我怎么出去打工？"这一句话在当地广为流传。事实上，很多被认为是自杀的老年人死亡个案存在一些疑惑，如老年人卧床动弹不得，何来农药？受访者分析是子代故意放在老年人床边的。老年人死后，子代就可以没有任何后顾之忧地外出打工。

被子代撇在家里的"老年未亡人"，则很可能因受不了空虚寂寞，以及生活上的无助与不便，最终选择自杀。当然，若是能像富裕阶层那样安置老年人，也就不会有老年人的这种自杀，但这对于其他阶层农户来讲是巨大负担，因而没有人这么做。这类自杀占23.4%，近10年有迅速增多的趋势。

案例9 新村天山组，女，60多岁，独居，2007年上吊自杀。她有3个儿子，大儿子40多岁，一子一女，一家人都在外打工；二儿子有一子一女，都在上大学，他在农村杀猪卖；小儿子的男孩上高中，夫妻二人在外打工。老太太患有偏风，久治不愈，躺在床上没人照顾。上吊时由于房

---

① 这一案例是笔者2012年3月份再次调查时搜集到的。

梁太高搭不上绳子，老人就把绳子系在了窗框上，但窗户高度不够，老人就将双腿弯起来，可见其必死之决心。老太太上吊后数天才被邻居发现。

案例10 新村天山组，女，70多岁，2008年喝农药自杀。老太太有一个儿子，一直跟儿子住在一起，腿有残疾，生活不能自理。2008年儿子一家决定出去打工，老太太不大愿意，说"你们要走的话，我先走"。儿子一家外出打工后，老太太果然就喝药自杀了。数天后因尸体发臭才被人发现。

4. 老年人不给子代添负担的心理加重，以自杀来为子代减负，子代间接剥削老年人。身处高度竞争的阶层结构中，老年人切身地感受到子代的"不容易"。随着社会性竞争在近年愈发激烈，老年人不愿给子代添负担的心理也越来越明显。当老年人重病在身，或者丧失劳动能力后，老年人就越来越感觉自己是子代的负担。子代对老年人越好，这块心病就越重。此时，他们为子代减负的唯一方法就是自杀。此类自杀占15.9%，近年有快速增多的趋势。

案例11 李海林，60多岁，2006年撞车自杀。李的自杀一度成为邓村热议的话题。李只有一个儿子，家庭经济状况属于中等，子女在上中学，负担较重。李的老伴去世早，一直是一个人生活。自杀之前一直患有冠心病，儿子还算孝顺，多次为父亲治病。为了看病，花掉了儿子不少钱，但仍久治不愈。老人为此十分心疼，于是产生了自杀念头。自杀前，他曾跟儿子说过，如果他死在外面某个地方，不要去找他。老人本来想上吊或喝药自杀，他将自己的想法告诉本村民组的人，有人开玩笑地给他建议，与其这样，还不如在村子旁的公路上撞车自杀，那样还可以给儿子赚一笔赔偿金。没想到，李海林真的这样做了，他撞的是一辆跑长途客运的大巴车。事后，该大巴所属公司赔了李海林的儿子4万块钱。

六 农村老年人自杀与底层的去道德化建构

（一）阶层分化与底层的去道德化建构

从上述对老年人自杀的分析来看，代际剥削是老年人自杀的直接原因。因代际剥削导致的老年人自杀数量仍在走高，说明这一现象背后必然存在一种对老年人自杀进行合理化、去问题化处理的机制。通过这种处理，一方面对代际剥削及老年人自杀进行去道德的包装，使其成为日常生活中再正常不过的事；另一方面，反过来又强化这些行为，使这种行为源源不断地被制造出来。这种机制便是底层的去道德化机制。

调查时受访者称，在2000年前，老年人自杀还是个忌讳的话题，人们认为这对子代的声誉有严重的负面影响。当时农村流传这样的说法，老年人自杀让"儿们一辈子都抬不起头来"。但是，2000年以后，随着农村阶层进一步分化、社会性竞争日趋强烈，代际剥削越来越成为人们释放竞争压力和地位焦虑的手段，老年人自杀越来越普遍，子代在老年人自杀"当天就抬起头来了"，甚或"从来就没有低下过头"。老年人自杀对子代的负面影响已逐渐消失，说明对老年人自杀的评价已从不正常向正常转变。在农村各阶层中，至少有中上阶层、中等阶层和中下阶层参与了这一去道德化的过程。富裕阶层较少介入村庄社会生活，同时又有足够的经济实力妥当地安置老年人，因而没有参与这个过程。事实上，他们"最怕老年人照顾不好，毁了他们的名誉，到外头不好做人"，因此他们会尽量将老年人照顾好。下面的案例在富裕阶层中比较有代表性：

案例12　新村的明老汉现年92岁，老伴去世多年。老汉有四个儿子，大儿子已死，其他三个儿子都在上海经商，共同成立了废品收购公司，都在上海居住。老人身板子还硬朗，生活能自理，不愿意跟儿子到城里生活，便在家单过。前几年邻居张某问他，"你儿子、媳妇都不在家，不能动了怎么办？"老头回答说，"你别管我，我会准备好，不能动了就死。"明老汉的意思是准备农药，到时自我了断。后来老汉的儿子回家，张某就讲了这个事。儿子便骂父亲说，"你要这样子（自杀），我们就没法做了人。不能这样搞，要不你把我们送到当铺里去？你要钱给你钱，不能动了，我们回来服侍你！"老汉的儿子回上海之前，把手机号码给张某，嘱托他，"老头子没开门，就给我们看下，有事情及时打电话通知我们"。之后，老头跟张某说，"不买农药了，儿子不让，怕毁他们的名声"。

底层的去道德化是处于较低阶层的中上阶层、中等阶层和中下阶层彼此同情性理解的产物，也是他们出于自身利益的默不作声共同制造的"合谋的沉默"①。去道德之所以能成立，一是参与共谋的各阶层的资源占有量都相对有限，在激烈的社会性竞争中，如何获得更多资源，以及如何

---

① Scott, James C., *Domination and the Arts of Resistance*: *Hidden Transcripts*, New Haven and London: Yale University Press, 1990.

减少在其他方面的消耗,是他们的当务之急。二是一切以有利于子代的社会性竞争为主的评判标准。三是子代拥有对老年人的"专断权力"。去道德化以子代群体的单方面认可为准,老年人无法在村庄层面发声,他们的所有行为都是匿名的①,包括自杀。

(二) 底层去道德化的策略

基于上述前提,各阶层使用了以下去道德化策略:

1. 强调子代的难处。子代处在高度的社会性竞争中,必然有其难处,底层一般将这个客观因素放大,以冲淡传统"只要老年人自杀,不问青红皂白,就是儿们不孝"的道德判断,从而建立子代在事件中的"无辜"形象,给子代解套。针对子代不给钱粮、不照顾老年人的行为,新的论证不外乎是,"年轻人也负担重,一家四五口人吃饭,不容易;现在消费又高,什么地方都得花钱,人家有的你不能没有吧,都是一个湾的,看不过去;几个孩子不是上中学,就是上大学,都是正要花钱的时候;不是不给钱不给东西,他们也有苦衷,各方面都谅解他们"。类似的话不仅在中、青年人口中出现,老年人也常这么说。

对于子代外出务工而造成老年人因空虚无助自杀,则更有话头,"老年人不能动了,对下代不利,对自己也不利。得病一两个月,你不能一下死掉,后代总不能整天在你身边,天天给你吃、给你喝,也不能怪后代。他们请不起人来服侍,不出去打工,家里更贫困"。

2. 强调老年人"恶"的方面。这主要是针对家庭矛盾导致的老年人自杀,将过错归咎于老年人,给老年人上套。受访的中年人一再强调,家庭矛盾"也不只是儿们的问题,老年人也有过错,老人不会做老人,搞得兄弟、妯娌都不和气"。甚至老年人的性格也是死罪,"老年人个性太强,不好,邻里都不喜欢,都巴不得他早点死去,对自己,对子女,都是好事"。这样一来,老年人就"必死",而且应该死。

3. 强调年轻人"善"的方面。在强调老年人"恶"的同时,阶层间还从侧面给子代解脱。受访者在评价有老年人自杀的子代时,总是要额外地强调,"他人很好,与邻里的关系都处得好,人并不坏,他也不想出这个事"。

---

① 郭于华:《作为历史见证者的"受苦人"的讲述》,《社会学研究》2008 年第 1 期。

4. 强调老年人自杀的国家责任。调查中，无论自杀者家属，还是其他村民，都宣称老年人自杀不是个人问题，而是社会问题，认为国家不管，以后老年人自杀会越来越多，从而建构了老年人自杀是国家责任的说法。案例4中自杀老人的媳妇就直白地对笔者说，"现在做儿女的家庭经济压力都比较大，照顾老年人力不从心，希望国家能够给老年人一些补助"。受访者埋怨乡村干部对老年人自杀不闻不问，期待"后面二三十年，国家对这个老年人，要想办法，不想办法不行。老了，靠儿子靠不住。国家要把老年人聚集在一起，娱乐娱乐，就和谐了，不然家庭和睦都出现问题。国家政策不改，老了，都要走自杀这条路"。这种责任外挂的叙事方式在一定程度上推卸了子代的责任。

5. 强调老年人的道德境界。老年人在老死、病死之前自杀了，对子代来说，无疑是减轻阶层竞争负担的有益之举。因此，底层最终建构了一套不追究自杀原因的话语体系，只要是老年人自杀，都是"老年人觉悟提高"的表现，即能够意识到自己老了、病了，成了子代的负担了，自杀既是对自己的解脱，更是为了给子代减轻负担，为子代着想。"能够认识到这一层，说明老年人在道德上提升了境界。"有"觉悟"的老人会得到人们的赞赏，成为他人的榜样。没有"觉悟"、贪生怕死的老人则忍受子代的气，被子代瞧不起。常有媳妇这样谩骂这些"苟活"的老人，"你怎么还不去死啊，人家都喝药了，你不去喝？"也有他人背后指责这样的老人，说他们只知道自己"享清福"，一点都不为子女考虑。这样的老人在子代们建构的"新道德"面前抬不起头。至此，对于老年人而言，自杀本身成了最高的道德。

综上，通过给子代解套、责任外挂，给老年人上套、戴上光环等策略，农村底层在彼此同情性理解中完成了让老年人合情合理、心甘情愿地走向自杀，让子代没有心理包袱地完成去道德化建构。这种"自杀秩序"正是在各阶层共谋的"符号暴力"中得以生成。

七 结论与讨论

研究表明，农村老年人自杀问题不是单纯的孝道衰微的问题，更不仅仅是代际关系结构转型中的问题，它是中国底层社会问题的集中反映。文章之所以能揭示老年人自杀背后的复杂机制，主要得益于阶层分析。本文首先运用阶层分析讨论了农村阶层分化程度及各阶层的相互影响，这是本研究的基础。阶层分化程度决定阶层间的相互关系，后者在某种程度上决定着农村的政治社会生态。中部农村阶层的中度分化，决定着阶层间是高度竞争关系。这种竞争关系不是表现为对资源的赤裸裸的争夺，而是各阶层在资源占有匮乏条件下展开的社会性竞争。资源占有相对较多的阶层其地位焦虑较轻，而拥有较少资源的阶层，在激烈的竞争中往往有着较重的地位焦虑。

在关注农村各阶层地位焦虑的基础上，本文将阶层分析引向对各阶层如何释放地位焦虑的考察，并由此发现代际分工与代际剥削被农村下层阶层普遍采用。这与下层阶层资源占有的绝对量少，以及获取更多资源的途径的有限相关。通过代际分工与代际剥削，下层农户将老年人带入了高度的阶层竞争之中。研究发现，阶层地位越低的农户的老年人，其介入或被要求介入子代阶层竞争的程度就越高，即代际分工越明显，代际剥削越严重，其代际关系更具剥削性。待老年人失去剥削价值，他对子代的阶层竞争与焦虑释放最有价值的，就只剩下自杀本身了。这个过程在农村下层阶层间的同情性理解与合谋的沉默中，被重新定义与论证，老年人自杀也因此逐渐合理化。

本研究的阶层分析中隐含了一个很重要的前提，即下层农户资源占有的有限性，这是农村之为底层社会的根源。如果中国的资源向农村积聚，农村各阶层占有的资源都很丰富，即便展开激烈的社会性竞争，他们也可以通过多种渠道解决地位焦虑问题，代际分工与代际剥削作为释放焦虑的途径也就不会被使用。各阶层的老年人便可得到妥当的安置，老年人自杀就不会普遍出现。然而，事实上中国资源向城市积聚的现象仍在加剧，因此如果要从这方面考虑解决老年人自杀问题，应着眼长远的政策调整。

本研究还认为，老年人之所以被拉进子代阶层的社会性竞争，并且其中一部分人最终因被"剥削致死"，根本原因是农村的养老模式主要仍是家庭养老。只要老年人还主要依托儿子养老送终，无论是出于自愿还是被迫，老年人都必然进入高度竞争的体系中被剥削。反过来，如果能退出或不进入这个竞争体系，也就是养老送终不完全依托儿子，子代也就无法对老年人进行剥削。因此，要彻底解决农村老年人自杀问题，根本途径是通过制定政策变家庭养老为社会养老。